PONTI

italiano terzo millennio

PONTI

italiano terzo millennio

Intermediate Italian

Second Edition

Elissa Tognozzi
University of California, Los Angeles

Giuseppe Cavatorta
University of Arizona

HEINLE
CENGAGE Learning

Australia • Brazil • Japan • Korea • Mexico • Singapore • Spain • United Kingdom • United States

HEINLE
CENGAGE Learning™

Ponti: italiano terzo millennio, Second Edition
Tognozzi/Cavatorta

Executive Editor: Lara Semones

Development Editor: Sandra Guadano

Associate Editor: Caitlin M. Shelton

Assistant Editor: Catharine Thomson

Editorial Assistant: Catherine Mooney

Senior Media Editor: Laurel Miller

Media Editor: Morgen Murphy

Executive Marketing Manager: Lindsey Richardson

Marketing Coordinator: Jillian D'Urso

Senior Marketing Communications Manager: Stacey Purviance

Senior Content Project Manager, Editorial Production: Margaret Park Bridges

Art and Design Manager: Jill Haber

Manufacturing Buyer: Miranda Klapper

Senior Rights Acquisition Account Manager: Katie Huha

Text Researcher: Michael Farmer

Production Service: Preparé, Inc.

Senior Photo Editor: Jennifer Meyer Dare

Cover Design Director: Tony Saizon

Cover image credit: © Chris Knapton/Alamy

Compositor: Preparé, Inc.

For product information and technology assistance, contact us at
Cengage Learning Academic Resource Center, 1-800-423-0563.
For permission to use material from this text or product,
submit all requests online at **www.cengage.com/permissions.**
Further permissions questions can be e-mailed to
permissionrequest@cengage.com.

Library of Congress Control Number: 2008929481

ISBN-13: 978-0-547-20117-7

ISBN-10: 0-547-20117-6

Heinle
25 Thomson Place
Boston, MA 02210-1202
USA

Cengage Learning products are represented in Canada by Nelson Education, Ltd.

For your course and learning solutions, visit
www.cengage.com.
Purchase any of our products at your local college store or at our preferred online store **www.ichapters.com.**

Printed in Canada
1 2 3 4 5 6 7 12 11 10 09 08

Contents

| CAPITOLO **3** | **Terra di vitelloni e casalinghe?** | **61** |

Per comunicare   *Indicare luoghi; discutere relazioni interpersonali; discutere problematiche legate ai ruoli dell'uomo e della donna*

CAPITOLO 4   O sole mio?   93

Per comunicare *Fare richieste e suggerimenti; impartire ordini; parlare di musica e di musicisti*

CAPITOLO 5   Pizza, pasta e cappuccino?   121

Per comunicare *Parlare della cucina italiana moderna; esprimere preferenze; fare riferimento a luoghi e a quantità*

CAPITOLO 6   Tarantella, malocchio e... ?   152

Per comunicare *Parlare di tradizioni, sagre e feste italiane; discutere di superstizioni; fare riferimento ad avvenimenti del lontano passato; parlare di favole e fiabe*

Per comunicare *Discutere avvenimenti nel futuro; fare richieste educatamente; esprimere desideri ed intenzioni; parlare di computer, cellulari e cercapersone; formare frasi complesse*

Per comunicare *Esprimere opinioni, credenze, dubbi ed emozioni; discutere di volontariato e di argomenti sociali; discutere di argomenti legati alla società*

CAPITOLO **9** **Tutti in passerella?**   242

Per comunicare   *Esprimere opinioni sulla moda e sull'abbigliamento; parlare di cose da far fare ad altri; chiedere e dare permesso; esprimere ipotesi*

CAPITOLO 12 Italiani si diventa? 321

Per comunicare *Parlare dello stile di vita e delle abitudini degli italiani; parlare degli aspetti della vita quotidiana; affittare un appartamento in Italia; riconoscere e usare espressioni idiomatiche*

To the Student

Ponti is intended to bring today's Italy to you by offering an array of rich, culturally authentic materials. These materials provide a context for communicating both in and out of class on many themes, such as music, food, relationships, as well as topics that include current social issues like immigration and technology. The text supplies structure, guidance, learning strategies, and opportunities for cultural exploration. In **Ponti**, oral activities move from controlled practice to improvisation using the language skills you have already acquired. Activities are designed to develop your skills in listening, speaking, reading, and writing in Italian and to offer meaningful opportunities to express yourself. **Ponti** consistently presents overviews of Italy—its places, customs, and people and their ways of doing things both at home and around the world. Opportunities to contrast and compare Italian culture with your own will help you refine your understanding of the similarities and differences between the two.

The following tips are designed to help you get the most from your study of Italian:

- Read the information in An Overview of **Ponti's** Main Features and Components to familiarize yourself with the chapter organization and the many Web resources available to you.
- *Communication* is your ultimate goal. Take every opportunity to participate orally in class.
- Study on a daily basis and do all assigned homework. Coming to class prepared will make the time spent in class most effective.
- When listening, reading, or viewing the **Ponti** videos, focus on getting the information asked of you instead of worrying about trying to comprehend every word. Use context or visual clues to help you understand and be alert to cultural information provided. You will find that you gradually understand more and more easily.
- Use the various program components, especially the Student Activities Manual, to practice and reinforce what you learn in class.
- Do the activities on the Student Website to practice and reinforce what you study as you progress through each chapter. The activities and exercises serve as review material for elementary structures and for new material. They can help you prepare for tests because they include vocabulary and grammar practice with immediate correction.

Finally, we hope that you will approach your study of Italian as an adventure, with a willingness to make mistakes, laugh at yourself, and try new things.

Elissa Tognozzi
Giuseppe Cavatorta

An Overview of Ponti's Main Features

Integration of Technology Extends the Classroom Boundaries

Chapter Opener

Each chapter of **Ponti** opens with a photo related to the theme of the chapter. The chapter title poses a question to engage you in discussion of ideas related to the theme, and the **Oltre Ponti** song and movie/video list suggests resources you can explore and enjoy throughout the chapter.

The **Internet Cafè** Web activity at the beginning of each chapter establishes the cultural theme of the chapter. It immediately immerses you in Italian culture to prepare you for the thematic content of the chapter. Throughout the text, you are encouraged to use the Internet to experience a present-day view of Italy.

The Web icon, which appears at numerous points in each chapter, signals website material specific to **Ponti** that you can access to practice chapter content or to learn more about chapter topics and Italian culture.

Communication goals establish clear learning objectives for the chapter.

Internet Café

INDIRIZZO: http://college.hmco.com/pic/ponti2e

ATTIVITÀ: Rock... italianissimo

IN CLASSE: Porta in classe una foto del cantante o gruppo che hai scelto. Mostrala alla classe e spiega perché ti ha colpito in modo particolare. Oppure porta il titolo e il testo di una canzone e spiega, secondo te, qual è il messaggio.

Web Search Activity

PER COMUNICARE

Fare richieste e suggerimenti

Impartire ordini

Parlare di musica e di musicisti

CAPITOLO 4

O sole mio?

Luciano Ligabue, re del rock italiano.

○○○ Oltre Ponti

MUSICA:
- Ron: «Una città per cantare»
- Ligabue: «Tra palco e realtà»
- Ligabue: «Non dovete badare al cantante»
- Jovanotti: «Ciao mamma»
- E. Bennato: «Sei come un jukebox»
- E. Finardi: «Musica ribelle»
- E. Finardi: «La radio»

FILM & ALTRI MEDIA:
- Ligabue: *Radiofreccia*
- Ligabue: *Da zero a dieci*
- Battiato: *Perduto amor*

93

O sole mio?

borders (of a country)

a musica italiana che spesso arriva fuori dai confini° del Paese non rappresenta affatto i veri gusti musicali degli italiani e soprattutto dei giovani. Canzoni storiche come «Volare» e «O sole mio» fanno parte del patrimonio musicale italiano, ma sono lontanissime da quello che negli ultimi trent'anni è stato prodotto, cantato e ballato dai giovani di quelle generazioni. Nonostante la presenza continua delle vecchie canzoni nelle pubblicità e nei film, il panorama della musica italiana è molto più complesso.

si... one witnesses

Dopo le influenze inglesi e americane negli anni '60 con l'arrivo della musica rock, si assiste° alla proliferazione di numerosi gruppi e solisti, imitatori di quella nuova tendenza e di quel nuovo look. Il primo passo per uscire dalla stereotipica musica italiana o dall'emulazione di artisti stranieri viene fatto dai cantautori°, artisti che affrontano nei loro testi le problematiche della vita e società italiane per un pubblico non solo fatto di giovani. Da Guccini a Dalla, da Venditti a De Gregori insieme a tantissimi altri, comincia così l'era della canzone d'autore italiana che continua, ancora ai nostri giorni, a portare nelle piazze e negli stadi migliaia di vecchi e nuovi ammiratori.

singer-songwriters

periodo... period of apprenticeship

Passato il periodo d'apprendistato°, i cantautori stessi, nel giro degli ultimi vent'anni, hanno cominciato a curare con maggiore attenzione la parte musicale delle loro canzoni. Dagli anni ottanta e fino ai nostri giorni, accanto alla canzone d'autore e a quella melodica sono rappresentati quasi tutti i generi musicali: dal jazz di Paolo Conte al rhythm & blues di Zucchero, dal rap del primo Jovanotti all'hip hop di Frankie Hi-nrg, dallo swing di Paolo Belli al rock di Gianna Nannini, Ligabue, Vasco Rossi e tanti altri.

Possiamo affermare che oggi si ascolta ancora molta musica anglo-americana, ma allo stesso tempo i giovani italiani possono apprezzare un prodotto «made in Italy» che va incontro ai° loro gusti.

va... agrees with

DOMANDE

1. Cosa pensa l'autore di canzoni quali «O sole mio» e «Volare»? Conosci i titoli di altre canzoni italiane? Conosci qualche cantante o gruppo musicale italiano?
2. Che cos'è un cantautore? Esistono cantautori anche nel tuo Paese? Ricordi alcuni nomi?
3. Quali sono i tipi di musica che è possibile ascoltare in Italia? Che tipo di musica ascolti? Ascolti musica straniera?
4. Basandoti su quanto hai potuto vedere nello svolgere l'attività Web, qual è la tua impressione sulla musica italiana?

ACE Video
Activity

Thematic Vocabulary Builds
Communication Skills

The **Lessico.edu** section introduces vocabulary related to the chapter theme and provides practice to enable you to talk about ideas related to the theme.

Lessico.edu

CD 1
29–32

La canzone

il CD *CD*	il ritmo *rhythm*	il suono *sound*
comporre *to compose*	il ritornello *refrain*	il testo *lyrics*
la copertina *cover*	lo spartito *score*	il video musicale *music*
il disco *record*	lo stereo *stereo system*	*videoclip*

In concerto

l'amplificatore (*m.*) *amplifier*	il complesso / il gruppo *band*	il microfono *microphone*
applaudire *to applaud*	il / la corista *singer in a*	il / la musicista *musician*
il biglietto *ticket*	*chorus, backup singer*	il palcoscenico *stage*
il buttafuori *bouncer*	essere in tournée *to be on*	il pubblico / gli spettatori
il camerino *dressing room*	*tour*	*audience*
il / la cantante *singer*	il / la fan *fan*	lo spettacolo *show*
il cantautore / la cantautrice	fischiare *to boo* (literally, *to*	lo stadio *stadium*
singer-songwriter	*whistle*)	il volantino *flyer*
le casse *speakers*	le luci *lights*	

Gli strumenti

il basso *bass guitar*	il mandolino *mandolin*	la tromba *trumpet*
la batteria *drums*	il pianoforte *piano*	il violino *violin*
la chitarra *guitar*	il sassofono *saxophone*	il violoncello *cello*

C. Gli strumenti. Ad ogni genere musicale è possibile far corrispondere strumenti che sono necessari per quel tipo di musica. In gruppi di tre, pensate di formare un vostro complesso. Dopo aver elencato gli strumenti necessari ad un complesso rock, ad un complesso country ed ad un complesso jazz, scegliete gli strumenti per il vostro complesso. Presentatevi alla classe indicando gli strumenti usati da ognuno di voi, il nome del vostro gruppo e il titolo della vostra canzone più popolare.

gruppo rock	gruppo country	gruppo jazz	il vostro gruppo

D. Alla scoperta di nuovi talenti. Intervistate un compagno / una compagna per scoprire le sue capacità ed i suoi interessi musicali. Aiutatevi con gli spunti offerti qui sotto senza però limitarvi ad essi.

1. se ha orecchio e se è intonato/a
2. se suona uno strumento (quale, da quanto tempo, che tipo di musica, ecc.)
3. se non sa suonare uno strumento, se gli / le piacerebbe imparare, quale strumento e perché

E. Le nostre parole. Pensa a due o tre parole relative all'argomento di questo capitolo che ti sembrano importanti e che non sono presenti nella sezione lessicale. Possono essere parole provenienti dall'attività Web, parole contenute nella lettura iniziale o semplicemente parole che ti servono per comunicare meglio. Cercale sul dizionario e presentale in classe spiegando il loro significato in italiano. Poi scrivi le parole che tutti pensano siano importanti nel *Dizionarietto* alla fine del capitolo.

R A D I O PONTI

IDENTIFYING DETAILS AND PREDICTION

In Chapter 1 you practiced determining the main idea while listening. In addition to determining the main idea, it is also important to identify supporting details. We do this when we need to ascertain more than the gist. For example, when listening to information about an event, we need to know the when as well as the what. To identify important details, try to answer the questions who?, what?, when?, where?, and why?

Prediction can help identify details. Once you know what a passage, conversation, or announcement is about, you can use your background knowledge to help you predict what kind of information might be revealed. For example, if you are listening to an announcement about an event, you can expect to learn where and when it takes place.

O sole mio? **97**

Interactive activities in pairs and groups help you develop your ability to communicate and express ideas and opinions.

Strategies and Activities for Listening Improve Your Understanding of Spoken Italian

Radio Ponti listening tips and activities help you understand varied types of spoken messages.

The Web icon points you to links on the *Ponti* website where you can explore related topics. Web links are also provided with **Biblioteca 2000** and **Nel mondo dei grandi**.

Two activities in each chapter, one at the end of the **Lessico.edu** section and one at the end of the **Studio realia** section, are recorded on the in-text audio CD. The audio icon provides the CD and track number for each activity.

Authentic Cultural Readings and Realia Reflect an Up-to-Date Portrayal of Italy and Italians

Authentic readings and realia such as an ad, song lyrics, CD covers, and magazine articles in the **Studio realia** section of each chapter provide a setting for exploring culture.

CD 1 33

Ultimi biglietti!!! Ascolta un annuncio su un concerto e decidi se le seguenti informazioni sono vere o false.

ACE Practice Tests, Flashcards

SAM workbook activities

                                                  vero   falso

1. Questa sera c'è un concerto di Vasco Rossi a Milano.
2. Il concerto sarà in uno stadio.
3. Quest'anno Vasco Rossi farà solo tre concerti.
4. I biglietti saranno venduti allo stadio e nei bar vicini.

Studio realia

Web Links

BUON COMPLEANNO ELVIS, LIGABUE
«Certe notti»
«Hai un momento Dio?»
«Quella che non sei»
«Un figlio di nome Elvis»

TERRA E LIBERTÀ, MODENA CITY RAMBLERS
«Cent'anni di solitudine»
«Qualche splendido giorno»
«Danza infernale»
«Cuore blindato»

OVERDOSE D'AMORE, ZUCCHERO
«Menta e rosmarino»
«Senza una donna»
«Madre dolcissima»
«Hai scelto me»

Nontraditional Grammar
Sequence Focuses on
Intermediate-level Structures

Review of selected topics studied in
first-year courses is provided on the
Ponti website so that the textbook
can emphasize intermediate-level
structures and give you increased
opportunities to master key concepts.
The Web icon and accompanying
information lists the review topics
covered on the website.

Explanations in **Grammatica & Co.**
are in English to facilitate out-of-
class study. Examples and charts
further illustrate concepts to clearly
convey the information.

Grammatica & Co.

I I pronomi personali oggetto

Ripasso di grammatica
elementare: Aggettivi
interrogativi, Pronomi
interrogativi, Avverbi
interrogativi

There are two kinds of object pronouns: direct-object pronouns and indirect-object pronouns.

A I Pronomi oggetto diretto

pronomi oggetto diretto

singolare		plurale	
mi	*me*	ci	*we*
ti	*you*	vi	*you*
La	*you (formal)*	Li (*m.*), Le (*f.*)	*you (formal)*
lo	*him, it (m.)*	li	*them (m.)*
la	*her, it (f.)*	le	*them (f.)*

2] **Mi, ti, ci,** and **vi** change to **me, te, ce,** and **ve,** respectively. **Le** and **gli** become **glie** + *direct-object pronoun.* **Loro** follows the verb; however, spoken Italian usually substitutes **glie** + *direct-object pronoun* for **loro.**

Edoardo Bennato ha dedicato **la sua recente raccolta** alle sue **sorelle.**
Edoardo Bennato dedicated his most recent collection to his sisters.

Gliel'ha dedicata al suo ultimo concerto.
He dedicated it to them at his last concert.

o **L'**ha dedicata **loro** al suo ultimo concerto.

—**Mi** presterai **il libretto** all'interno del CD?
Will you lend me the booklet inside the CD?

—Certamente. **Te lo** porterò domani.
Certainly. I'll bring it to you tomorrow.

E I pronomi riflessivi e l'oggetto diretto

1] Reflexive pronouns combined with direct-object pronouns follow the same rules of placement as combined indirect- and direct-object pronouns.

pronomi riflessivi e pronomi oggetto diretto

me lo	me la	me li	me le
te lo	te la	te li	te le
se lo	se la	se li	se le
ce lo	ce la	ce li	ce le
ve lo	ve la	ve li	ve le
se lo	se la	se li	se le

—**Ti** metterai **i jeans** per andare in discoteca?
Are you going to wear your jeans to go to the disco?

—Sì, **me li** metterò.
Yes, I'm going to wear them.

👥 **D. Indovinate la domanda.** A coppie, cercate di formare una domanda in base alla risposta data. Questo vocabolario vi potrà essere utile.

il buttafuori	il flauto	«Libera l'anima»
il ritornello	Dixie Chicks	vi

1. Sì, le abbiamo viste in tournée.
2. No, purtroppo, non l'ha cantata.
3. L'ha suonato una volta sola.
4. Tutti l'hanno cantato.
5. Sì, è sceso dal palcoscenico per parlarci.
6. Gliel'ho chiesto e ci ha fatto entrare.

👥 **E. A chi le possiamo dare?** A coppie, formate domande e risposte dalla seguente lista e decidete a chi dare queste cose nella vostra classe.

ESEMPIO il CD di Vasco Rossi
Sᴛ. 1: A chi possiamo dare il CD di Vasco Rossi?
Sᴛ. 2: Possiamo darlo a Roberto.
Sᴛ. 1: Buon'idea. Glielo possiamo dare domani.

1. i dischi di Frank Sinatra
2. la chitarra di Jimi Hendrix
3. uno spartito di Maria Callas
4. il vecchio stereo del professore
5. i CD di musica rap
6. la radio della professoressa
7. le cassette dei Beatles
8. la musica dell'inno nazionale

ACE Practice
Tests,
Flashcards

SAM
workbook
activities

II L'imperativo

The imperative mood is used for commands, instructions, directions, and strong suggestions. Subject pronouns are not ordinarily used with the imperative, except for emphasis. When subject pronouns are used, the pronoun follows the imperative form.

Questa volta io non lo faccio.
Fallo tu!
This time I'm not going to do it. You do it!

A Le forme di *tu, noi e voi*

The **tu** and **voi** forms of the imperative are used to address friends and family. Commands with **noi** are equivalent to *let's* + *verb.* Regular imperative forms are identical to the present indicative except for the **tu** form of **-are** verbs, which ends in **-a** in the imperative.

*Ascolta...
il ritmo del
tuo cuore*

A range of exercises, from more
guided to more open, help you
build correct usage of the language.
Pair and group activities give you
opportunities to practice specific
structures in communicative contexts.

Web and SAM icons alert you to
important practice opportunities
available to reinforce chapter
concepts.

Short sayings, slogans, and phrases
that appear in the margins of the text
illustrate grammar concepts in
context and provide a lighthearted
touch to the presentations.

F. Un direttore terribile! Il nuovo direttore d'orchestra è molto pignolo e vuole tutto fatto alla perfezione. Non gli va mai bene niente e dà ordini a tutti. Basandoti sull'esempio, scrivi quello che il direttore dice alle varie persone usando l'imperativo informale **(tu / voi)** e i pronomi oggetto diretto.

> **ESEMPIO**   Il proprietario del teatro ammette *gli ospiti* in teatro.
> → Non ammetterli!

ACE Practice Tests.
Flashcards.
Raccontami una
storia

1. Il bassista e il sassofonista non rispettano *il ritmo*.
2. I flautisti non seguono *lo spartito*.
3. Un violoncellista non si è messo *la camicia bianca*.
4. Le due soprano cantano *una bell'aria*.
5. I due tenori non pronunciano bene *le parole delle canzoni*.
6. I sassofonisti non aspettano *il momento giusto* per cominciare.
7. Una persona indossa *un vestito viola* sul palcoscenico.
8. I tecnici non hanno messo *le luci appropriate*.

SAM
workbook and
lab activities

Biblioteca 2000   Web Links

READING COLLOQUIAL SPEECH

In Italian as in English, colloquial speech is characterized by informal constructions, idioms, and verbal habits not always found in written fillers like **eh... allora, quindi, hai dire** are some examples. Some of these usages have close equiv such as overusing *like, what I mean is,* and *really.* Sometimes are repeated. In the interview you are about to read, you will constructions like using **tu** to mean *one* or *I* ("ti auto-produc

e parole ti appaiono di fronte e devi affrettarti"). It is also common today to see borrowed words, especially from English. In the interview that follows you will see English in proper nouns and titles (**Sud Sound System; Salento Showcase**).

PRE-LETTURA

A.   Fate una breve ricerca sul Salento e / o sui salentini utilizzando l'Internet. Trovate minimo cinque fatti importanti ed interessanti da condividere con il vostro compagno / la vostra compagna in classe. Poi presentate i risultati della vostra ricerca agli altri studenti. Cercate informazioni geografiche, artistiche, storiche, turistiche, ecc. Controllate più di un sito per evitare eventuali ripetizioni di informazioni.

B.   Secondo voi, le seguenti frasi sono o vere o false? Spiegate la vostra opinione.
- La musica rende universale ciò che è particolare.
- Il mondo è dominato dall'insensibilità e dal disinteresse.
- Gli italiani attribuiscono molta importanza agli artisti stranieri, tanto da renderli poco umani.
- ne sono importanti e se tu non gli dai la dovuta importanza, saranno rendersela.

e, analizzate e discutete il significato delle seguenti espressioni Poi sceglietene una e create una breve conversazione in cui, attuta, è possibile usare l'espressione idiomatica che avete scelto.
re l'ascella al padrone
mettere sole prima che sorga
n pentola
e al diavolo

r leggere un'intervista ai Sud Sound System, un complesso di muffin italiano. In gruppi di tre, scrivete delle domande che vo usicisti per alcune delle categorie qui sotto.
onale
essionale
o con il pubblico
o con la società
usica
à della musica
per il futuro

Intervista ai Sud Sound System

DI FABIO CANGIANIELLO

Chi sono i Sud Sound System?
Nandu Popu, Terron Fabio, Don Rico, Gigi D e Papa Gianni; 5 giovani stagionati[1] provinciali.
Vi aspettavate un così grande successo per il a *«ACQUA PE STA TERRA»?*
No, però ci speri sempre. Specialmente se ti autoproduci[2] e vieni dal Sud.
Come nasce una vostra canzone?
Spesso, le nostre canzoni nascono da interrogativi assillanti[3] a cui bisogna dare delle risposte e ciò può durare diverso tempo, anche mesi. Tuttavia la parte creativa si riduce ad una manciata[4] di minuti in cui musica e parole ti appaiono di fronte e devi affrettarti[5] per coglierle in quel momento.
Come sono cambiate le cose in questi vostri 15 anni di attività?
Basta ascoltare i nostri dischi per cogliere i cambiamenti: musicalmente siamo cresciuti e oggi il nostro reggae ha il sapore del Salento. Gli argomenti sono quelli di sempre: non facciamo altro che raccontare storie di provincia.
Com'è nato l'incontro con la Bag-A-Riddim band?
La Bag-a-Riddim è nata da un'idea, quella di avere dei musicisti salentini. Infatti inizialmente era composta da ragazzi salentini. Successivamente abbiamo riallacciato[6] i contatti con Ficupala (basso) e Maestro Garofalo (tastiere), due siculi[7] purosangue, con i quali avevamo già suonato alla grande una cinquina[8] di anni prima (Timpa Dub & the Messapians). L'incontro tra la vecchia e la nuova generazione ha dato vita alla Bag-a-Riddim Band.

Più in generale, i concerti all'estero ci fanno capire che la musica è un linguaggio, capace di tradurre le nostre canzoni in un linguaggio universale. In fondo cantiamo un dialetto compreso in una piccola parte dell'Italia ed il fatto che molta gente "sente" le nostre canzoni significa proprio questo: la musica rende universale ciò che è particolare.
Siete autori di una compilation "Salento Showcase (giunta al terzo capitolo)[9], una panoramica su quello che bolle in pentola nel Salento. Avete qualche nome da pubblicizzare?
Ancora è presto per fare nomi... anche se un paio mi andrebbe di farli, ma mai promettere il sole prima che sorga. Il progetto Showcase ha come intento principale la promozione di nuove voci, e a questi ragazzi facciamo capire che per cantare bisogna essere innanzitutto motivati e preparati. Poi gli facciamo capire che la musica ha bisogno di persone sensibili e interessate

Di propria mano

WRITING AN INFORMAL LETTER

Letters to friends and family in English and Italian differ slightly in format.

A. Format   In Italian it is customary to note the name of the city where you are writing the letter, and the date (day, month, year) in the upper right-hand corner: Chicago, 3 gennaio 2008.

B. Salutations   The usual salutation when writing to family and friends is **caro**, which changes according to gender and number. The superlative **carissimo** is also common and conveys a more familiar or intimate relationship. A comma follows the salutation.

BLOCK NOTES

In questo capitolo hai avuto la possibilità di scoprire alcune caratteristiche del mondo musicale italiano. Tenendo in considerazione le letture fatte, l'esercizio Web e la discussione in classe, rifletti sui seguenti aspetti.

- Parla delle caratteristiche della musica italiana che più ti hanno colpito.
- Il panorama musicale dell'Italia può essere definito internazionale con un particolare interesse verso la musica britannica e statunitense. Paragona il panorama musicale italiano con quello del tuo paese.
- In Italia anche l'opera e la musica classica sono seguite da giovani e meno giovani. Parla dei generi musicali seguiti dai giovani del tuo paese al di là della musica rock e pop.

NEL MONDO **DEI GRANDI**

Uno dei grandi classici italiani: *Giacomo Puccini*

Giacomo Puccini nacque a Lucca, in Toscana nel 1858 e morì a Bruxelles nel 1924 prima di poter finire la sua ultima opera, *Turandot*. Puccini faceva parte della scuola romantica e la sua musica è semplice ma ti affascina, ti strega[1] e ti costringe[2] a riascoltarla. La qualità sensuale delle melodie, la ricchezza delle armonie e un'insuperabile orchestrazione contraddistinguono tutti i suoi lavori. Puccini era affascinato dalla figura femminile e quasi tutte le sue opere si basano su un'eroina. Si dice anche che Puccini fosse realmente innamorato di tutte le donne che sarebbero poi diventate le protagoniste delle sue opere.
Differentemente da quasi tutti i grandi compositori che lavoravano partendo dal testo per comporre[3] le loro opere, Puccini al solito scriveva la musica prima del libretto: abbozzava le sue opere come un architetto che disegna un palazzo. *Turandot*, l'incompiuta[4] pucciniana fu completata da Franco Alfano. Quest'ultimo impiegò sei mesi[5] per concludere l'opera che poi fu presentata per la prima volta nell'aprile del 1926. Durante la rappresentazione, il direttore d'orchestra Arturo Toscanini rifiutò di dirigere la parte non scritta da Puccini e nel mezzo del terzo atto, subito dopo le parole «Liù, poesia!», l'orchestra smise di suonare. Il maestro si girò verso il pubblico e disse: «Qui finisce l'opera perché a questo punto il maestro è morto». Le rappresentazioni successive inclusero anche il finale scritto da Alfano.
Puccini morì di cancro alla gola[6], causato dalle 90 sigarette che fumava, lasciandoci numerose opere indimenticabili tra cui *Tosca* e *Madama Butterfly*. Ora, Puccini riposa in una cappella nella sua Torre del Lago che oggi è un museo nazionale. Vicino alla sua casa si tiene un festival, a lui dedicato, grazie al quale grandi musicisti come Luciano Pavarotti hanno dato inizio alla loro carriera.

1. **ti...** enchants you   2. **ti...** forces you   3. to compose   4. unfinished work took him six months   6. throat

TRACCE DI RICERCA

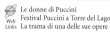
Web Links

Le donne di Puccini
Festival Puccini a Torre del Lago
La trama di una delle sue opere

Dizionarietto

CD 1 35-38

abbassare il volume *to turn down the sound*
abbozzare *to sketch, to outline*
abbracciare *to embrace, to hug*
accordare *to tune*
affascinare *to fascinate*
affrontare *to face, to confront*
alzare il volume *to turn up the sound*
amplificatore (*m.*) *amplifier*
applaudire *to applaud*
apprezzare *to appreciate*
ascella *armpit*
attesa *wait*
attraverso *through*
avere orecchio *to have an ear for music*
ballare (una canzone) *to dance (to a song)*
basso *bass guitar*
batteria *drums*
battuta *line (of song or dialogue)*
biglietto *ticket*
bollire *to boil*
buttafuori, *bouncer*

essere in tournée *to be on tour*
essere intonato *to have good pitch*
essere stonato *to be tone-deaf*
evitare *to avoid*
fan *fan*
fare impazzire *to drive someone crazy*
farsi fare un autografo *to get an autograph*
fisarmonica *accordion*
fischiare *to boo (literally, to whistle)*
flauto *flute*
gruppo *band*
insensibilità *insensitivity*
ispirare *to inspire*
luce (*f.*) *light*
mandolino *mandolin*
melodico *melodic*
mescolarsi *to mix*
microfono *microphone*
musicale (*adj.*) *musical*
musicista (*m./f.*) *musician*
orecchino *earring*
ospite (m./f.) *host, guest*

sassofono *saxophone*
schiavitù (*f.*) *slavery*
solleticare *to tickle*
sorgere *to rise*
spartito *score*
spettacolo *show*
spettatori (*m./pl.*) *audience*
spostare *to move*
spunto *cue, hint, starting point*
stadio *stadium*
stereo *stereo system*
suono *sound*
tamburello *tambourine*
tastiera *keyboard*
terrona (*f.*) *southerner (derogatory)*
terrone (*m.*) *southerner (derogatory)*
testo *lyrics*
tingere *to dye*
tromba *trumpet*
valutare *to evaluate, to value*
video musicale *music videoclip*
violino *violin*
violoncello, *cello*

Guided Writing and Journal Entries Develop Personal Expression

A guided approach to writing in **Di propria mano** includes presentation of specific writing strategies to reinforce correct language use and improve your ability to write more fluidly. Writing tips (**Errori comuni**) on the website address common pitfalls to avoid when writing in Italian.

Block notes activities encourage you to reflect on and record in Italian your personal observations about what you learn in the course and about Italy and Italians.

Opportunities to Expand Your Reading Abilities and Cultural Knowledge

Nel mondo dei grandi provides additional reading in each chapter and features the life and achievements of a famous Italian or Italian-American. This gives you an opportunity to stretch your reading skills. You can explore further using the **Tracce di ricerca** ideas and related Web links on the *Ponti* website.

The wrap-up list of vocabulary in **Dizionarietto** is intended as a handy reference as you study each chapter. The audio icon indicates that you can listen to the pronunciation of the words on the in-text audio CD.

Program Components

Student Activities Manual (SAM)

The SAM is designed to reinforce the structures and vocabulary presented in the text and to provide guided practice in the reading, writing, listening, and speaking skills needed for communicating in Italian. Varied vocabulary and grammar exercises in the Workbook section include guided exercises as well as personalized practice, open-ended questions, and illustration-based activities. The activities in the Lab Manual section provide pronunciation practice and explanation of the differences between Italian and English sounds, exercises designed to practice responding to oral cues, and practice that helps develop listening comprehension skills. The accompanying SAM Audio CD program contains the listening activities in the Lab Manual section.

DVD (New)

The *Ponti* DVD contains twelve short situational vignettes related to the chapter themes in the text. They include scenes such as an invitation, ordering at a restaurant, shopping, apartment hunting, making wedding plans, and reliving traditions. The Chapter 6 segment is new to the second edition. The video segments are included on the Student Website, accompanied by comprehension exercises that include responding to oral questions or cues. The video is also available as Mp4 files with a passkey on the Student Website.

In-Text Audio Program (New)

Available in CD format and as Mp3 files on the Student Website, the in-text audio contains the pronunciation of words and phrases in the chapter **Lessico.edu** lists and end-of-chapter **Dizionarietto**. The audio for each chapter also includes the two **Radio Ponti** listening comprehension activities. Varied announcements, ads, news reports, and conversations are designed to help you apply different listening strategies as you develop your listening skills.

Student Website

The expanded Student Website offers more ACE Practice Tests as well as new Flashcard exercises to practice chapter vocabulary and grammar. The site also includes ACE Video activities, **Internet Café** Web Search Activities, which introduce you to the cultural topics that are explored in the textbook chapters, and Web Links that provide sites of interest related to the chapter topics. It also includes review of first-year basics in Chapters 1–8 (**Ripasso di grammatica elementare**), Writing Tips (**Errori comuni**) for each chapter, and Mp3 files of the in-text audio. A passkey protected section contains Mp4 files of the video, Mp3 files of the SAM audio, and **Raccontami una storia** oral activities, a special section with storyboards designed to build speaking skills. Each chapter offers two activities: the first asks you to create a story based on the art and a second asks you to talk about a topic related to the chapter.

eSAM powered by Quia

This electronic version of the Student Activities Manual contains the same content as the print SAM in an interactive environment that provides immediate feedback on many activities. The audio associated with the Lab Manual section of the SAM is included.

See the Instructor's Edition for further information and for resources available for instructors.

Acknowledgments

Many people have worked hard to make this book a reality and they have earned our heartfelt thanks. Special acknowledgment goes to Laurel Miller, Senior Sponsoring Editor, and Rolando Hernandez, Publisher, for their critical support in developing a forward-looking, innovative second edition. We also thank the design, art, and production staff for their innovative and creative contributions, our project editor Rosaria Cassinese and copyeditor, Antonella Giglio.

Our development editor, Sandy Guadano, has been with us in one role or another since the inception of this project. Her collaboration has been critical to the success of this text. Her experience, creativity, and organizational skills continue to amaze us. Sandy has been not only an invaluable professional counselor and advisor, she has become a dear friend, whose advice we respect and whose judgment we are most grateful for. Her contribution to this project has become more evident as our working and professional relationships have continued.

Special thanks also goes to Anna Minardi, Dartmouth College, who has worked with us since the first edition. Her contributions as "another set of eyes" have been many and varied. In addition to her careful reviews of the text and her insights into the exercises and activities, she has helped to reinforce the foundations of activities and exercises throughout the book.

We would like to thank the many people who have contributed to the supplementary website materials: Gianluca Rizzo, UCLA for the art in the website *Raccontami una storia* activities; Amy Boylan, University of New Hampshire, for Student Website activities and ACE exercises; Armando Di Carlo, University of California, Berkeley, for the Web links; Patrizia Lissoni, UCLA, for the lesson plans, and Silvia Dupont, University of Virginia, for the multiple-choice test bank. We would also like to acknowledge the Office of Instructional Development at UCLA which provided support to develop WIMBA materials.

The authors and publisher would like to thank the many users of the first edition whose comments and feedback have helped shape this new edition, and, in particular, the following reviewers who generously shared their recommendations for improving the program.

Alberto Agosti, University of Texas at Austin

Douglas Biow, University of Texas at Austin

Bettye Chambers, Georgetown University

Silva Comuzzi-Sexton, University of Colorado at Boulder

Claudio Concin, City College of San Francisco

Angela Ellis, University of California, Santa Barbara

Irina Hargan, Northwestern University

Maria Mann, Nassau Community College

Donatella Melucci, Arizona State University

Giovanna Miceli-Jeffries, University of Wisconsin-Madison

Antonella D. Olson, University of Texas at Austin

Margherita Pampinella-Cropper, Loyola College in Maryland

Colleen Marie Ryan-Scheutz, Indiana University, Bloomington

Simone Sessolo, University of Texas at Austin

Sirietta Simoncini, Loyola College in Maryland

To my son, Anthony

                              E.T.

ad Anna,
cuore e sprone
alla mia avventura
americana

                              G.C.

Internet Café

INDIRIZZO: http://college.hmco.com/pic/ponti2e

ATTIVITÀ: La nostalgia comincia dalla pancia... per fortuna che c'è McDonald's!

IN CLASSE: Stampa una pagina del sito di McDonald's Italia dedicata ad un prodotto o ad una strategia pubblicitaria che ti ha colpito per essere diversa dai prodotti o strategie dei McDonald's del tuo Paese. Portala in classe, descrivila ai compagni e spiega la ragione per cui pensi che McDonald's l'abbia scelta per la sua campagna pubblicitaria italiana.

Web Search Activity

PER COMUNICARE

Fare paragoni

Discutere l'influsso dell'inglese sull'italiano

Discutere l'influsso americano sull'Italia e l'influsso italiano sull'America

Discutere tradizioni italiane associate al caffè

CAPITOLO
1

Italamerica?

CAFFE' NEW YORK

●○○ Oltre Ponti

MUSICA:

a) Remakes di canzoni americane:

• Dik Dik: «Sognando California»

• I Giganti: «Una ragazza in due»

• Ligabue: «A che ora è la fine del mondo?»

b) Il mito americano:

• Vasco Rossi: «Vita spericolata»

• Renato Carosone: «Tu vuo' fa' l'americano»

FILM & ALTRI MEDIA:

• Steno: *Un americano a Roma*

• Sergio Leone: *Il buono, il brutto e il cattivo*

• Lodovico Gasperini: *Italian fast food*

Un tocco d'America

Italamerica?

In Italia il grande boom verso l'americanizzazione nasce intorno agli anni '40 e '50. In questo periodo i cinema italiani proiettano° centinaia di film che, dal western al dramma, presentano una civiltà di grandi sentimenti, di successo e sempre all'avanguardia in tutti i campi°. Il fascino per l'America è testimoniato° anche dalla musica e dal cinema italiani* che, tra il serio e il faceto°, ironizzano° sulla mania degli italiani verso lo stile di vita degli Stati Uniti.

In confronto ad altri Paesi europei, gli italiani e la lingua italiana sembrano più aperti ad una «contaminazione», specialmente quando arrivi dagli Stati Uniti. L'esplosione tecnologica, inoltre, ha portato ad un continuo incremento di termini inglesi nella pubblicità e nella vita di tutti i giorni. Ma anche lo stile di vita sembra in parte adeguarsi° a quello americano: dall'introduzione di numerosi fast food alla cena davanti alla televisione invece del tradizionale pasto a tavola tutti insieme. Perfino la recente introduzione della festa di Halloween ha avuto enorme successo nelle grandi città, che di giorno in giorno acquistano un aspetto sempre più americaneggiante°.

A questo si aggiunge la novità di alcuni negozi aperti anche la domenica e di molti altri che sono passati all'orario continuato°, adattandosi così ad un modello dominato dalle leggi del consumismo°.

Ma dobbiamo anche riconoscere che l'Italia ha contribuito a modificare alcuni aspetti della vita degli altri Paesi, esportando soprattutto la propria immagine culinaria e quella della moda. Pizzerie e ristoranti italiani in primo luogo, ma anche il grande successo delle gelaterie italiane e dei caffè (si pensi al fenomeno Starbuck's), portano un po' dei sapori° italiani fuori dalla penisola, mentre gli stilisti italiani continuano a godere di un illimitato successo.

Tra esotismo e praticità: nomi dei piatti in italiano, ingredienti in inglese.

---

* Si pensi alla canzone «Tu vuo' fa' l'americano» di Renato Carosone e a film quali *Un americano a Roma* con Alberto Sordi.

> «*PRANZOALSOLE*» — Tra i neologismi coniati da Filippo Tommaso Marinetti per sostituire vocaboli stranieri: «polibibita» invece di cocktail, «pranzoalsole» per picnic, «traidue» per sandwich (*Futurismo I*, Cult, 21).

DOMANDE

1. Oltre al cinema, quali possono essere altre ragioni dell'influsso degli Stati Uniti sull'Italia?

2. Le pubblicità che vedi alla televisione usano a volte la lingua di altri Paesi? Quali possono essere le ragioni per cui lo fanno?

3. Conosci film o programmi televisivi che parlano dell'Italia o degli italiani all'estero? Quali immagini offrono dell'Italia, degli italiani o degli italiani all'estero?

4. Quali sono alcune parole inglesi che si usano in Italia? Quali sono parole di altre lingue che si usano comunemente in inglese?

5. In base a quanto presentato dall'attività Web, ti sembra che i fast food italiani siano influenzati dall'ambiente italiano? In che modo?

ACE Video
Activities

Lessico.edu

 Influssi culturali

CD 1
2–3

americaneggiante (*adj.*) *American style*

americanizzato/a *Americanized*

appropriarsi *to appropriate*

il caffè *coffee*

il caffè corretto *coffee with liqueur*

il caffè macchiato *coffee with a dash of milk*

il caffè ristretto *strong coffee*

il campo *field*

il consumismo *consumerism*

contraddistinguere *to mark, to distinguish*

il doppiaggio *movie dubbing*

il doppiatore / la doppiatrice *dubber*

da asporto / da portar via *take-out*

essere a disagio / sentirsi a disagio *to be uncomfortable*

essere a posto *to be fine, to be in order*

essere a proprio agio / sentirsi a proprio agio *to be at ease*

fare concorrenza a *to compete with (in business)*

l'influsso *influence*

l'interprete (*m./f.*) *interpreter*

italianizzato/a *Italianized*

la paninoteca / la panineria *sandwich shop*

la pizza al taglio *pizza by the slice*

lo scambio culturale *cultural exchange*

i sottotitoli *subtitles*

lo stereotipo *stereotype*

straniero/a *foreign*

L'inglese nell'italiano*

il / la babysitter *il bambinaio /*
la bambinaia
il boom *l'esplosione*
il club *il circolo*
il computer

l'email (*m.*) *la posta*
*elettronica***
il fax *il facsimile*
il fast food
il film *la pellicola*
cinematografica
il garage *l'autorimessa*
l'hi-tech *la tecnologia*
avanzata
l'Internet
il meeting *la riunione*
OK *va bene*

il popcorn
lo shock *il trauma*
lo shopping *le spese*
lo slogan *il motto*
pubblicitario / politico
lo smog *l'inquinamento*
lo sport
il test *l'esame di laboratorio*
l'UFO *l'oggetto volante non*
identificato
il Web *la Rete*
il weekend *il fine settimana*

* Le parole italiane di questa sezione possono essere usate anche se spesso sono preferite quelle di origine straniera.

** Ancora oggi si discute se email sia maschile o femminile. Gli autori, in linea con alcuni tra i più autorevoli vocabolari di lingua italiana hanno deciso di appoggiare la forma maschile della parola. Nell'italiano parlato la forma che sembra essere di moda è femminile, ma si basa sull'italianizzazione del vocabolo inglese: «la mail» per «l'email».

P R A T I C A

A. Insieme al cinema. Completa il brano con le parole appropriate.

| Coca-Cola | garage | film (2) | computer | skateboard |
| UFO | email | OK | doppiatori | sottotitoli |

Marco e Giorgio hanno deciso di andare insieme al cinema a guardare un
_____ con Bruce Willis. Marco voleva invitare anche Sandra ma il telefono era
sempre occupato; allora ha deciso di mandarle un _____ dal suo nuovo
_____. Intanto Giorgio era andato a prendere la macchina in
_____ e quando Marco ha finito di scrivere sono partiti. Quando sono
arrivati al cinema Sandra era lì che li aspettava.

GIORGIO: Ciao Sandra, come hai fatto ad arrivare così presto?

SANDRA: Appena ho ricevuto il messaggio di Marco sono scesa e con il mio
_____ ci sono voluti solo cinque minuti per arrivare qui.

MARCO: Bene! Sono contento che tu sia qui, e sono sicuro che ti divertirai.
Bruce Willis è bravissimo! Questa volta è la storia di un pilota della
TWA che ha un incontro ravvicinato con un _____ che viene da un
pianeta lontano.

SANDRA: Mah, non lo so. I vostri gusti sono diversi dai miei. Speriamo bene. Io preferisco i film in lingua originale.

GIORGIO: A me piacciono quelli in italiano. I ____ italiani sono molto bravi e l'ultima volta che ho visto un ____ in lingua originale, invece di gustarmelo, ho passato le due ore a leggere i _____.

MARCO: _____. Ora basta con le discussioni. Volete qualcosa prima di entrare? Io prendo un po' di popcorn e una lattina di _____.

SANDRA: Per me niente, grazie.

GIORGIO: Anch'io sono a posto.

B. Una lingua unica? A coppie, ricreate una breve conversazione tra un padre / una madre e suo figlio / sua figlia, ricordando che il genitore è un professore / una professoressa d'italiano e preferisce usare solo termini italiani mentre il figlio / la figlia utilizza molte parole straniere facendo spesso arrabbiare il genitore.

ESEMPIO

GENITORE: Cosa hai fatto oggi?

FIGLIA: Sono andata a fare shopping con le amiche.

GENITORE: Fare le spese! Quante volte devo dirti di parlare correttamente in italiano?

FIGLIA: Ma dai! La lingua di oggi è diversa…

GENITORE: Capisco per parole che non hanno un equivalente italiano come skateboard, ma…

C. Una città cosmopolita? Abbiamo visto che l'Italia è aperta alle suggestioni del mondo americano e, a poco a poco, comincia a cambiare in alcuni aspetti, come per esempio l'apertura di fast food. Con un compagno / una compagna, verificate se il vostro Paese sia aperto o meno agli influssi esterni. In caso affermativo, in quali campi e verso quali culture? Poi parlatene con la classe e identificate almeno una cultura che non vi sembra ben rappresentata nella vostra città.

tipo di cultura	influssi evidenti
italiana	
francese	
africana	
araba	

D. Le nostre parole. Pensa a due o tre parole relative all'argomento di questo capitolo che ti sembrano importanti e che non sono presenti nella sezione lessicale. Possono essere parole dall'attività Web, parole contenute nella lettura iniziale o semplicemente parole che ti servono per comunicare meglio. Cercale sul dizionario e presentale in classe spiegando il loro significato in italiano.

> **ESEMPIO** Uno studente potrebbe dire: Come si dice «whipped cream» in italiano?
> Va sul dizionario e dice: Ahhh… «panna montata»!
> Poi, in classe: La panna montata è bianca e dolce.
> Normalmente la mettiamo sulle torte o sulle fragole.
> In italiano non si dice «crema» ma «panna».

Poi scrivi le parole che tutti pensano siano importanti nel *Dizionarietto* alla fine del capitolo.

RADIO PONTI

LISTENING FOR THE MAIN IDEA

Listening strategies are often similar to strategies that you have learned, or will learn, for reading. For example, a listener's background knowledge of the topic will help interpret what is heard. A basic listening skill is to listen for the main idea. When listening for the main idea, it is not essential to understand every word the speaker is saying in order to grasp the gist. You should try to determine what the speaker is saying about the subject and determine the message that the speaker is aiming to convey. While listening to the following radio announcement, ask yourself what the purpose of the announcement is and jot down notes to assist recall of the main idea(s) expressed by the speaker.

Throughout the *Radio ponti* activities, pay attention to context or the type of text you will listen to. Is it an announcement, an advertisement, a conversation, a debate, a telephone message? This will help you identify the purpose for listening and the type of language you will hear. Also review the questions in the post-listening activity to help focus your listening on key words and phrases.

CD 1
4

Halloween in Italia. Ascolta un annuncio su una festa in strada e completa le seguenti frasi scegliendo tra le possibilità offerte.

1. In Italia, per Halloween, i bambini dicono _____ alle persone che gli aprono la porta.

    a. «dolcetto o scherzetto»

    b. «trick or treat»

    c. «da porta a porta»

2. La strada dove si tiene la festa sarà _____.
   a. aperta al traffico
   b. chiusa ad auto e scooter
   c. aperta solo per gli scooter
3. L'ingresso alla casa stregata (*the haunted house*) è ____.
   a. solo per i bambini
   b. libero
   c. in piazza

ACE Video
Activities

ACE Practice
Tests,
Flashcards

SAM
workbook
activities

Studio realia

 Web Links

Tutta l'Italia fa slurp.

la storia

All'inizio del secolo in una latteria di Empoli Romeo Bagnoli si guadagnò un'ottima reputazione per il gelato che produceva. Per farlo più buono usava un latte di prima qualità proveniente da una fattoria vicina che si chiamava Sammontana, e che finì con il dare il nome alla gelateria e poi all'azienda che nacque. Da lì ebbe inizio la storia di quella che oggi è una delle realtà più importanti sul panorama nazionale per la produzione del gelato.

Una storia fatta di scelte lungimiranti ed all'avanguardia come l'acquisto di nuovi macchinari all'estero, un rapporto stretto con i venditori e soprattutto, per primi assoluti, la proposta di mettere primi banchi frigo nei bar.

Così negli anni '50 Sammontana si trasforma da una realtà artigianale in un'industria, che da locale diviene rapidamente nazionale, iniziando ad operare con successo in tutta Italia. Nascono poi in rapida successione i prodotti che hanno costruito la fama del gelato Sammontana e che sono ancora grandi successi di vendita: Barattolino, Coppa Oro e Stecco Ducale, il primo stecco estruso lanciato sul mercato italiano.

Il carretto nella comunicazione

A. Tutta l'Italia fa slurp. Il gelato è sicuramente un prodotto che porta il nome dell'Italia fuori dai propri confini. In tutto il mondo, infatti, si cerca di imitare il gusto inconfondibile del gelato italiano. Sammontana, un'importante industria gelatiera, pubblicizza i suoi gelati con slogan spesso innovativi. Ora leggi la storia del gelato Sammontana e decidi se le informazioni sono vere o false.

	vero	falso	dato non fornito
1. Sammontana fa gelati dagli anni Cinquanta.	——	——	——
2. Si chiama Sammontana per il nome della fattoria da cui il proprietario comprava il latte.	——	——	——
3. Hanno comprato macchinari per produrre il gelato anche all'estero.	——	——	——
4. Sammontana produce anche torte.	——	——	——
5. Sono stati i primi a pensare di mettere i banchi frigo nei bar.	——	——	——
6. Nei gelati Sammontana c'è un ingrediente segreto.	——	——	——
7. Dagli anni Cinquanta, da attività artigianale diventa una vera e propria azienda nazionale.	——	——	——

B. L'Italia all'estero. Con un compagno / una compagna, fate una lista di alcuni prodotti italiani che sono pubblicizzati nel vostro Paese. Poi descrivetene uno, tenendo in considerazione soprattutto il modo in cui viene presentato. Quali caratteristiche italiane vengono enfatizzate? La pubblicità usa stereotipi? Perché vi sembra efficace?

C. Una pubblicità. Dovete creare la pubblicità televisiva di un prodotto del vostro Paese da vendere in Italia. Volete usare una giusta miscela di lingua italiana, per lanciare il messaggio, e di lingua inglese, per mettere l'accento sulla sua provenienza. In gruppi di tre, pensate alla breve descrizione del prodotto in italiano e ad una frase ad effetto in inglese. Poi pensate alla realizzazione grafica della vostra pubblicità ed ad ogni particolare che potrebbe funzionare per il vostro prodotto.

descrizione del prodotto

slogan in inglese

Grafica			
	sì	no	perché / quale
Volete usare un modello famoso / una modella famosa?			
Volete usare una canzone per aiutarvi a lanciare il prodotto?			
C'è un altro prodotto a cui dovete fare concorrenza?			

RADIO PONTI

CD 1
5

Gelati che passione! Ascolta una pubblicità radiofonica e decidi se le seguenti informazioni sono vere o false.

	vero	falso
1. C'è molta gente per strada.	_____	_____
2. Ci sono quasi 45 gradi.	_____	_____
3. Questi gelati non sono artigianali.	_____	_____
4. La gelateria della nonna offre 100 gusti differenti di gelato.	_____	_____

Grammatica & Co.

Il comparativo

The comparative form is used to compare qualities or attributes of people, things, ideas, or actions. There are three types of comparisons:

- **il comparativo di maggioranza** (*more than*)
- **il comparativo di minoranza** (*less than*)
- **il comparativo di uguaglianza** (*equal to, as . . . as*)

Ripasso di grammatica elementare: Articolo indeterminativo, Articolo determinativo, Verbi al presente indicativo

A Il comparativo di maggioranza e di minoranza

Comparisons of inequality are expressed using **più di / più che** (*more than*) and **meno di / meno che** (*less than, fewer than*).

1] **Più di** and **meno di** are used

    a. when comparing people or things in terms of a quality (adjective) or a possession or attribute (noun).

La California è **più grande dell'Italia.***	*California is bigger than Italy.*
La Danimarca ha **meno abitanti dell'Italia.**	*Denmark has fewer inhabitants than Italy.*

    b. when one noun is attributed to two or more people or things.

Hanno **più giorni di festa di** noi.	*They have more holidays than we have.*

    c. with stressed pronouns.

Maurizio beve **più** caffè **di me.**	*Maurizio drinks more coffee than I drink.*

    d. before **quanto** and **quel che. Quanto** can be followed by the indicative or the subjunctive. **Quel che** is followed by the subjunctive.

Gli italiani mangiano **più** hamburger **di quanto pensassi.**	*Italians eat more hamburgers than I thought.*
Gli italiani mangiano **più** hamburger **di quanto pensavo.**	
Lucio Dalla fa **meno** concerti **di quel che pensiate**.	*Lucio Dalla gives fewer concerts than you think.*

    e. before a number.

Teresa ha **più di quattro** amici italiani.	*Teresa has more than four Italian friends.*

2] **Più che** and **meno che** are used

    a. when comparing qualities (adjectives) or attributes (nouns) of a single person, place, or thing.

Grazia è **più intelligente che ricca!**	*Grazia is more intelligent than (she is) wealthy!*
Il gelato italiano è fatto con **più frutta fresca che frutta surgelata.**	*Italian ice cream is made with more fresh fruit than frozen fruit.*

---

* When the preposition **di** precedes an article, they combine to form a contracted preposition.

b. before an infinitive.

È **più** economico **comprare che affittare** un telefonino.	*It's cheaper to buy a cell phone than to rent one.*

c. before a preposition + noun or stressed pronoun.

È stato **più** divertente **per Anna che per me.**	*It was more fun for Anna than for me.*

B Il comparativo di uguaglianza

Comparisons of equality express equivalence in qualities, attributes, or actions using (**così**)... **come** or (**tanto**)... **quanto**. In both expressions, the first comparative term can be omitted.

Lucia è **tanto** intelligente **quanto** Riccardo.	*Lucia is as intelligent as Richard.*
Lucia è intelligente **quanto** Riccardo.	

1] **Così... come** is used with adjectives, verbs, adverbs, and pronouns when comparing people or things. It is invariable.

Roma è **(così) grande come** Sydney? (*adjective*)	*Is Rome as big as Sydney?*
Gli americani si vestono **(così) bene come** gli italiani? (*adverb*)	*Do Americans dress as well as Italians?*

2] **Tanto... quanto** may also be used with adjectives, verbs, adverbs, and pronouns.

Quel film era **(tanto) brutto quanto** pensavamo. (*adjective*)	*That film was as bad as we thought.*
Cucina **(tanto) bene quanto** uno chef. (*adverb*)	*He cooks as well as a chef.*
Loro vanno in Italia **(tanto) quanto** te? (*pronoun*)	*Do they go to Italy as much as you do?*
Gli italiani viaggiano **(tanto) quanto** gli americani? (*verb*)	*Do Italians travel as much as Americans?*

Note that unlike **così... come, tanto... quanto** can also be used with nouns. When used with a noun, **tanto... quanto** agrees in gender and number with the noun it modifies.*

Gli italiani comprano **tanti televisori quanti telefonini?** (*nouns*)	*Do Italians buy as many television sets as they do cell phones?*
Gli italiani esportano **tanto olio quanta pasta.** (*noun*)	*Italians export as much oil as pasta.*

P R A T I C A

A. Geografie a confronto. Completa con la forma corretta del comparativo e della preposizione articolata quando necessaria.

1. L'Italia è _____ piccola _____ Stati Uniti. (maggioranza)
2. L'Australia è _____ vasta _____ popolata. (maggioranza)
3. L'acqua dell'oceano Atlantico è _____ fredda _____ quella del Pacifico. (minoranza)
4. Venezia è _____ bella _____ interessante. (uguaglianza)
5. Piazza Navona ha _____ fontane _____ Piazza del Campo. (maggioranza)
6. Londra è _____ bella _____ Parigi. (uguaglianza)
7. Gli Appennini sono _____ alti _____ Alpi. (minoranza)
8. Milano ha _____ ristoranti etnici _____ altre città. (maggioranza)

B. Al bar italiano. Completa con la forma corretta del comparativo e della preposizione articolata quando necessaria.

1. Il caffè italiano ha _____ acqua _____ caffè americano. (minoranza)
2. I turisti bevono _____ cappuccini _____ caffelatte. (maggioranza)
3. Gli italiani possono bere un caffè in _____ _____ trenta secondi. (minoranza)
4. Nel bar ci sono _____ paste _____ panini. (uguaglianza)
5. Si ordinano _____ paste _____ gelati. (minoranza)
6. Andare al bar è _____ divertente _____ quanto pensassi. (maggioranza)
7. Il Florian è un bar _____ interessante _____ accogliente. (uguaglianza)
8. Quel bar è aperto _____ ore _____ quella trattoria. (maggioranza)

C. Come un animale? Spesso le caratteriche di persone vengono paragonate a quelle di animali. Pensa ad alcune espressioni nella tua lingua che si riferiscono agli animali. Poi, a coppie, provate ad indovinare quali animali completano l'espressione idiomatica italiana. Scegliete risposte che sembrano

---

* When there is only one noun compared in the sentence, the form of **quanto** may agree with that noun or remain masculine singular. **Esempio:** Gli italiani comprano **tante macchine quanto / quante** i canadesi.

logiche e provate a spiegare la ragione per almeno tre di loro. Non tutte le espressioni corrispondono all'inglese.

cane cavallo gallina leone   lepre (*hare*) mosca (*fly*)
mulo (*mule*) pesce uccellino tartaruga (*turtle*) toro (*bull*) volpe (*fox*)

1. Mi sento come un _____ fuor d'acqua.
2. Lei mangia (così) poco come un _____.
3. Sei tanto veloce quanto una _____.
4. È veramente lento come una _____.
5. Sei testardo come un _____.
6. Sono furbi come una _____.
7. Siete tanto coraggiosi quanto un _____ .
8. È noioso come una _____.

D. Due città. A coppie, paragonate una grande città del vostro Paese ad una grande città italiana. Considerate i seguenti elementi.

ESEMPIO inquinata
    ST. 1: San Francisco è più inquinata di Milano.
    ST. 2: Secondo me, invece, San Francisco è tanto inquinata
    quanto Milano.
    o Sono d'accordo…

1. popolata 3. caotica 5. vecchia 7. divertente
2. industriale 4. tranquilla 6. ricca   8. vivace

E. Il cinema. A coppie, formate delle frasi complete usando il comparativo pensando alle caratteristiche e alle differenze che contraddistinguono il cinema italiano e quello americano. Uno studente crea delle frasi e il compagno / la compagna dirà se è d'accordo o no. Fate attenzione alla forma del verbo e all'uso di **di** o **che**.

ESEMPIO cinema italiano / avere / messaggi politici / messaggi religiosi
    ST. 1: Il cinema italiano ha più messaggi politici che messaggi
    religiosi.
    ST. 2: Hai ragione…
    o Non sono d'accordo. Il cinema italiano ha tanti messaggi
    politici quanti messaggi religiosi.

1. gli attori italiani / essere / pagati / gli attori americani
2. i film italiani / presentare / trame (*plot*) realistiche / trame fantascientifiche
3. nel cinema americano / esserci / film romantici / film politici
4. i registi italiani / essere / capaci / i registi americani
5. in Italia / esserci / teatri all'aperto / sale cinematografiche

6. i personaggi dei film americani / essere / sentimentali / i personaggi dei film italiani

7. gli scenografi italiani / essere / bravi / gli scenografi americani

8. nelle colonne sonore (*soundtracks*) americane / esserci / musica moderna / musica classica

F. Amici di origine italiana. Paragona te stesso/a ad un tuo amico / una tua amica italo-americano/a, italo-canadese, italo-australiano/a, se ne hai. Se non hai nessun amico / nessuna amica di origine italiana, paragonati ad una persona della tua famiglia. Scrivi otto affermazioni e poi leggile al tuo compagno / alla tua compagna che dopo potrà farti delle domande e chiederti di giustificare le tue affermazioni.

ESEMPIO

St. 1: Il mio amico è molto meno sensibile di me.
St. 2: In che senso è meno sensibile di te?

G. Chi è il migliore artista? In gruppi di quattro, pensate ad un personaggio famoso. Quindi cominciate a descriverlo ad alta voce per gli altri gruppi (per esempio: ha i capelli lunghi, porta sempre i jeans, ecc.) e chiedete agli altri di disegnare il personaggio che state descrivendo. Alla fine della descrizione rivelate il nome del vostro personaggio e discutete le differenze che ci sono tra l'originale ed i disegni dei compagni (per esempio: Brad Pitt è più bello dell'uomo nel disegno di Chris; Brad Pitt ha i capelli meno lunghi dell'uomo nel disegno di Mary, ecc.).

ACE Practice
Tests,
Flashcards

SAM
workbook
activities

Ⅱ Il superlativo

Superlatives can be either relative or absolute.

A Il superlativo relativo*

1] The relative superlative expresses the ultimate degree of a particular quality (*the most, the least, the …-est*) compared to that of other people or things. It is formed using the definite article and an adjective with **più** or **meno.** When the superlative immediately follows the noun, the definite article is not repeated.

Il vino **più** bevuto dai toscani
è il Chianti.

*The wine most commonly drunk
by Tuscans is Chianti.*

La vita italiana è **la meno**
frenetica dei Paesi europei.

*Italian life is the least hectic of
any European country.*

---

* When the **superlativo relativo** is followed by **che,** it requires the subjunctive: è il più bel libro che abbia mai letto. (See capitolo 8, p. 229.)

2] Sometimes the relative superlative is used with varying forms of **tutto.**

È lo scrittore più famoso di **tutti.**   *He's the greatest author of all.*

Quella è la pasta più venduta   *That pasta is the most widely sold*
di **tutte.**   *of all.*

3] If the adjective is one that ordinarily precedes the noun, it does so in this construction as well.

Piazza del Campo è **la più bella**   *Piazza del Campo is the most*
piazza **d'**Italia.   *beautiful piazza in Italy.*

La Fiat è **la più vecchia** fabbrica   *Fiat is the oldest Italian car*
di automobili italiane.   *factory.*

B Il superlativo assoluto

The absolute superlative expresses the highest possible degree of a quality, independent of comparisons.

1] The absolute superlative is expressed by adding the suffix **-ssimo/a/i/e** to the masculine plural form of an adjective. Like all adjectives, the superlative agrees in gender and number with the noun it modifies.

Ornella Muti è una **bravissima**   *Ornella Muti is a great actress.*
attrice.

Alcuni attori americani sono   *Some American actors are very*
ricchissimi.*   *rich.*

2] Adjectives that ordinarily have only two forms (**triste, tristi**) have four possible forms when modified by the suffix **-ssimo/a/i/e.**

Nuovomondo è un film   The Golden Door *is a very sad*
tristissimo.   *film.*

Una delle protagoniste nel film   *One of the protagonists in the film*
Nuovomondo è **elegantissima.**   The Golden Door *is very elegant.*

3] Adverbs are invariable and use only the masculine singular form (**-issimo**) after dropping the final vowel. This form cannot be used with adverbs ending in **–mente.** In some cases, however, the two forms can be combined: **lento → lentissima → lentissimamente.**

Jovanotti canta **benissimo.**   *Jovanotti sings very well.*

Maria sta **malissimo.**   *Maria is very ill.*

La lettera è arrivata   *The letter arrived extremely*
rapidissimamente.   *quickly.*

---

* Because the masculine plural form of **ricco** is **ricchi**, when forming the superlative, the **h** is retained.

4] The absolute superlative can also be expressed by using adverbs like **molto, assai, decisamente, incredibilmente,** or **estremamente** to intensify an adjective. The adverb takes the place of **-ssimo** and is not used in conjunction with it.

Alcuni italiani considerano la presenza di fast food in Italia **molto** offensiva.

Some Italians consider the presence of fast-food restaurants in Italy very offensive.

—Come ti è sembrato il concerto?
—Bellissimo! Anzi, strabello!

5] The prefixes **ultra-, stra-, extra-, sovr(a)-, super-,** and **iper-** added to an adjective create an absolute superlative. As with many prefixes, there is no rule to apply in deciding which prefix to use; you have to learn by using the forms.

Il pendolino è un treno italiano **superveloce.**

The Pendolino is an extremely fast Italian train.

Durante i mesi estivi, il treno è spesso **sovraffollato.**

During the summer months, the train is often overcrowded.

6] The absolute superlative may also be expressed by repeating an adjective.

Quella mozzarella è **fresca fresca.**   *That mozzarella is very fresh.*

7] Some idiomatic expressions are used as superlatives.

Espressioni superlative			
bagnato fradicio	*soaked, drenched*	pieno zeppo	*jam-packed*
chiaro e tondo	*in no uncertain terms*	povero in canna	*dirt poor*
innamorato cotto	*madly in love*	ricco sfondato	*filthy rich*
morto stecchito	*stone dead*	stanco morto	*dead tired*
pazzo da legare	*totally crazy*	ubriaco fradicio	*dead drunk*

Billy è **innamorato cotto** di quella ragazza italiana.

Billy is madly in love with that Italian girl.

Dopo quel viaggio lunghissimo, ero **stanca morta.**

After that extremely long trip, I was dead tired.

Bisogna essere **ricchi sfondati** per comprare una villa a Forte dei Marmi.

You have to be filthy rich to buy a house in Forte dei Marmi.

8] A few irregular superlatives are rare in spoken Italian but commonplace in literature.

Forme irregolari		
acre	acerrimo	*extremely harsh*
celebre	celeberrimo	*very famous*
misero	miserrimo	*very miserable**

Solo scrittori **celeberrimi** hanno vinto quel premio.

Only very famous writers have won that award.

P R A T I C A

A. Un viaggio in Italia. Un amico / Un'amica chiede a un altro amico / un'altra amica del suo viaggio in Italia. A coppie, uno/a fa le domande e l'altro/a risponde usando superlativi regolari e irregolari.

> **ESEMPIO** l'albergo
> St. 1: Com'era l'albergo?
> St. 2: Era bruttissimo.
> o L'ho trovato pulito pulito.
> o Era un albergo misero.

1. i mezzi di trasporto
2. il cibo
3. gli italiani
4. il tempo
5. i negozi
6. le montagne
7. l'acqua del mare
8. il ritmo di vita

---

* With reference to income, **misero** means *poor:* **una misera pensione,** *a very small pension.*

B. Gli studenti d'italiano. Esprimi le qualità degli studenti d'italiano usando il superlativo assoluto. Forma ogni frase in due modi utilizzando gli aggettivi offerti o altri che, secondo te, li potrebbero descrivere meglio.

> **ESEMPIO** interessante
>
> Gli studenti d'italiano sono interessantissimi.
> Gli studenti d'italiano sono estremamente interessanti.

1. creativo
2. simpatico
3. divertente
4. curioso
5. romantico
6. interessato
7. flessibile
8. attento

C. Espressioni idiomatiche. Esprimi le seguenti frasi in un altro modo usando un'espressione idiomatica.

> **ESEMPIO** Non ha nemmeno i soldi per comprarsi un cappuccino.
> È povero in canna.

1. Tommaso ha perso la testa per quella ragazza.
2. Nel teatro non c'era più un posto libero.
3. Non ho dormito bene e ho lavorato molto.
4. Non avevo l'ombrello e sono arrivato a casa tutto bagnato.
5. Quell'uomo ha più soldi di Bill Gates.
6. Non ha più dubbi su quello che ho detto. Ho detto tutto mille volte in mille modi diversi.

D. Opinioni forti. Tu e il tuo compagno / la tua compagna avete opinioni molto diverse. A turni, uno esprime un'opinione e l'altro ribatte. Attenzione a fare l'accordo degli aggettivi.

> **ESEMPIO** sport / difficile
> St. 1: Il calcio è lo sport più difficile di tutti.
> St. 2: Ma che dici? Il ciclismo è lo sport più difficile.

ACE Practice
Tests,
Flashcards

SAM
workbook
activities

1. macchina / sportivo
2. ristorante / caro / questa città
3. musicisti / popolare
4. scrittrice / conosciuto
5. giorni della settimana / bello
6. attrice / famoso
7. atleta / bravo
8. avvenimento / emozionante / quest'anno

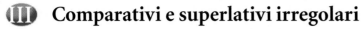

Comparativi e superlativi irregolari

A The adjectives **buono, cattivo, grande,** and **piccolo** have both regular and irregular comparative and superlative forms.

aggettivo	comparativo di maggioranza	superlativo relativo	superlativo assoluto
buono	più buono **migliore**	il più buono **il migliore**	buonissimo **ottimo**
cattivo	più cattivo **peggiore**	il più cattivo **il peggiore**	cattivissimo **pessimo**
grande	più grande **maggiore**	il più grande **il maggiore**	grandissimo **massimo**
piccolo	più piccolo **minore**	il più piccolo **il minore**	piccolissimo **minimo**

The irregular forms **migliore, peggiore, maggiore,** and **minore** may drop the final **-e** before nouns, except those beginning with **z** or **s** + *consonant.*

Severino era il **miglior** amico di mio padre.

Severino was my father's best friend.

B The regular and irregular forms are often interchangeable, but the irregular form is required to express certain meanings.

Il mio fratello **maggiore** abita a Napoli.

My oldest brother lives in Naples.

Il traffico è il **maggior** problema delle città grandi.

Traffic is the biggest problem in big cities.

L'aereo va alla sua **massima** velocità.

The airplane is going at its maximum speed.

Ho la **massima** stima per quel regista.

I have the highest regard for that director.

C **La maggior parte** and **la maggioranza** express *the majority, the most.* These expressions take the third-person singular verb form.

La maggior parte degli elettori ha votato, e **la maggioranza** ha scelto il candidato di centro.

Most of the voters voted, and the majority chose the middle-of-the-road candidate.

D The adverbs **bene, male, poco,** and **molto** also have irregular comparative and superlative forms.

avverbio	comparativo di maggioranza	superlativo relativo	superlativo assoluto
bene	meglio	il meglio	benissimo, **ottimamente**
male	peggio	il peggio	malissimo, **pessimamente**
poco	meno	il meno	pochissimo, **minimamente**
molto	più	il più	moltissimo, **massimamente, sommamente**

Il viaggio è andato **il meglio** possibile.

The trip went as well as it possibly could.

A Chicago i mezzi di trasporto pubblico funzionano **benissimo.**

In Chicago public transportation works very well.

When choosing between **migliore** and **meglio, peggiore** and **peggio,** decide whether you need an adjective or an adverb. Use the following table for reference.

buono	migliore		cattivo	peggiore
bene	meglio		male	peggio

Il gelato italiano è **buono.** È **migliore** del gelato americano.

Italian ice cream is good. It is better than American ice cream.

Gli italiani guidano **bene,** ma guidano **meglio** dei francesi?

Italians drive well, but do they drive better than the French?

Questa torta è **cattiva** ma quella è **peggiore.**

This cake is bad but that one is worse.

Pierlaura oggi sta **male** ma stava **peggio** ieri.

Pierlaura is not well today but she was worse yesterday.

E The expressions **sempre più** and **sempre meno** express increasing and decreasing quantities.

I giovani italiani passano **sempre meno** tempo con la famiglia.

Italian youth spend increasingly less time with their families.

Sempre più spesso si assiste ad un ritorno alle tradizioni.

More and more often we are seeing a return to traditions.

A. Una macchina a noleggio. Completa il seguente brano scegliendo tra gli aggettivi e gli avverbi tra parentesi.

L'estate scorsa siamo andati in Italia. Abbiamo deciso di noleggiare una macchina. Purtroppo, abbiamo noleggiato la _____ (peggiore / peggio) macchina possibile. Anche se molte macchine italiane, come la Ferrari ad esempio, sono le _____ (migliori / meglio) del mondo, la nostra esperienza ha dimostrato il contrario. È stata l'esperienza _____ (peggiore / peggio) del viaggio.

Di positivo posso dire che la costiera amalfitana è bellissima e, secondo me, la _____ (maggior / miglior) parte degli italiani guida _____ (migliore / meglio) di noi. Certo, guidano velocemente, ma stanno attenti e soprattutto usano la freccia per cambiare corsia. Secondo me i _____ (peggiori / peggio) autisti non usano mai la freccia.

I problemi sono iniziati quando la nostra macchina ha cominciato a non andare _____ (bene / buono). Era molto lenta. La _____ (massima / ottima) velocità possibile era 120 km e non potevamo superare gli 80. Nessuno rispettava le distanze di sicurezza. Ma il _____ (peggio / peggiore) doveva ancora arrivare. A metà strada la macchina si è guastata e alla fine abbiamo deciso di prendere il treno. È stata la decisione _____ (migliore / meglio) che potessimo prendere. Abbiamo abbandonato la macchina e abbiamo proseguito felici e contenti.

B. Il mercato peggiore e quello migliore. Completa il seguente brano scegliendo tra gli aggettivi e gli avverbi tra parentesi.

Questo è il paese _____ (peggio / peggiore) della zona con un mercato che è _____ (peggiore / peggio) di un supermercato. Di mercatini ce n'è solo uno ed ha dei prodotti _____ (pessimi / peggiori). Quelli _____ (migliori / meglio) si trovano nel paese accanto. Lì si può trovare dell'_____ (ottima / ottime) frutta. Ma è difficile arrivarci perché da noi l'autobus passa solamente ogni due ore. La strada poi è terribile, forse la _____ (peggiore / pessimo) del comune e con il vecchio autobus che ci mandano ci vogliono 45 minuti per fare dieci chilometri: non so se sia _____ (peggio / male) il tempo che si perde o il mal di schiena che hai quando arrivi. Da noi, anche i venditori sono veramente _____ (pessimi / male) perché non sono mai gentili. Poi tutto costa tantissimo: ieri le patate costavano 4 euro al chilo e in Italia il prezzo _____ (maggiore / massimo) delle patate è di 89 centesimi. Nel paesino qui vicino, c'è anche una bancarella che vende la _____ (minima / migliore) carne della zona. Voglio pensarci _____ (bene / ottimo), ma forse sarebbe più conveniente trasferirsi là.

C. Che bella serata! Completa il seguente brano mettendo la forma corretta del comparativo o del superlativo e facendo i cambiamenti necessari.

minore	migliore (2)	meglio
ottimo	peggiore	pessimo

Io sono di _____ umore. Ieri sera abbiamo invitato qualche amico a casa nostra ed abbiamo fatto una festicciola. Il fratello di Luigi è venuto con il suo _____ amico e loro due hanno preparato delle lasagne squisite. L'unica cosa _____ delle lasagne è stata il vino. Silvia sa scegliere i vini _____ di tutti. Per fortuna, lei porta sempre il vino! Purtroppo la torta che avevamo ordinato era _____. Sinceramente è stata la _____ torta che abbia mai mangiato, ma abbiamo risolto il problema con un altro bicchiere di vino!

D. Il migliore Paese. Chiedi a un tuo compagno / una tua compagna quale Paese offre il meglio / il peggio per le seguenti categorie. Usate le forme irregolari quando possibile. Fate tutti i cambiamenti necessari.

 ESEMPIO vini / buono
St. 1: Secondo te, chi ha i vini migliori del mondo? Perché? o Quali?
St. 2: Secondo me, l'Italia ha i vini migliori del mondo.

ACE Practice
Tests,
Flashcards

SAM
workbook
activities

1. il prosciutto / buono
2. i musei / grande
3. la moda / originale
4. i treni / veloce

5. la musica / moderno
6. le automobili / cattivo
7. i negozi / fornito (*well stocked*)
8. l'ambiente / buono

IV Il progressivo

1] The progressive, **il progressivo**, is used to describe an action in progress or an action taking place at the moment. It is formed with the verb **stare** plus the gerund.*

Presente		Imperfetto	
sto		stavo	
stai	+ mangiando /	stavi	+ mangiando /
sta	leggendo / finendo	stava	leggendo / finendo
stiamo		stavamo	
state		stavate	
stanno		stavano	

* The progressive can also be formed with other simple tenses. Esempio: **L'anno prossimo staranno lavorando all'estero** (futuro). **Penso che Luciana stia preparando il caffè** (congiuntivo). It cannot be formed with compound tenses.

— **Che cosa stai facendo?** *What are you doing?* (right now)
(proprio in questo momento)

— **Sto leggendo un libro.** *I am reading a book.*

Stavo leggendo un libro quando *I was reading a book when Beppe*
è arrivato Beppe. (proprio in *arrived.*
quel momento leggevo)

2] The gerund is formed by adding the endings -**ando** (-**are** verbs) and -**endo**
(-**ere** and -**ire**) to the stem of the verb.

ordinare	-ando	ordinando
chiedere	-endo	chiedendo
impedire	-endo	impedendo

Verbs that are irregular in the imperfect (**Capitolo 2**) are also irregular in
the formation of the gerund.

fare	facevo	facendo
bere	bevevo	bevendo
dire	dicevo	dicendo

3] Verbs that end in -**urre** and -**orre** have the following gerund forms.

produrre, tradurre → **producendo, traducendo**

porre (*to establish, set*), proporre (*to propose*) → **ponendo, proponendo**

P R A T I C A

A. Proprio in quel momento. Trasforma le frasi al tempo progressivo
usando **stare** al presente o all'imperfetto.

ESEMPIO Che cosa fate? → Che cosa state facendo?

1. Imparo l'italiano.
2. Studi adesso?
3. Lavoravamo in paninoteca.
4. Spiegava la parola «cultura».
5. Che cosa facevano da McDonald's?
6. Andate in Italia.
7. Di che parlavate?
8. Che CD ascoltano?
9. A chi dici «Ciao»?
10. Chi salutate?
11. Cosa mangiano?
12. Dove andiamo?
13. Paolo beve una Coca Light?

B. Linda in Italia. Trasforma i verbi sottolineati al tempo progressivo corrispondente.

Linda è una ragazza americana che vive in Italia. Non solo <u>frequenta</u> l'Università di Roma alla facoltà per interpreti, dove <u>segue</u> alcuni corsi estremamente impegnativi, ma <u>partecipa</u> anche ad attività sportive e di volontariato. Ieri la <u>osservavo</u> mentre <u>parlava</u> con alcuni professori e non ho potuto fare a meno di notare che tutti la <u>ascoltavano</u> con interesse. Naturalmente non ha molto tempo libero: adesso, per esempio, è in biblioteca dove <u>prepara</u> un esame insieme a Elisabeth, la sua migliore amica.

 C. Proprio adesso. A coppie, pensate a due cose che stanno, o stavano succedendo, nelle situazioni indicate qui sotto.

> **ESEMPIO** a Parma, in un ristorante (presente) → Tutti stanno mangiando prosciutto.
> a Venezia per il Carnevale (imperfetto) → I turisti stavano comprando delle maschere.

1. a un bar a Roma (presente)
2. allo stadio per la finale della Coppa del Mondo (imperfetto)
3. in una piazza italiana (presente)
4. nella più grande discoteca di Milano (imperfetto)
5. in una gelateria di Firenze (presente)
6. sulla spiaggia di Capri (imperfetto)

Biblioteca 2000 Web Links

USING A BILINGUAL DICTIONARY

A bilingual dictionary is a good resource but you should only resort to it after trying other strategies to determine the meaning of a word. Looking up too many words does not facilitate comprehension because it draws your attention away from the text. Before using a dictionary:

1] Try to determine what part of speech the word is.

2] Try to determine the meaning from the context of the surrounding words. For example, you may recognize that a word represents the name of a plant, or describes a state of mind or a way of talking, without being able to narrow down its precise English equivalent. That might be close enough in many situations.

3] If that doesn't work, determine whether you can continue reading without defining the word and still understand the text.

4] If not, glance ahead to see whether the word reappears and you can deduce its meaning from the other uses.

If none of these strategies works and you conclude that the meaning of the word is critical, a bilingual dictionary is the solution.

Choosing among dictionary definitions is easier when you know what part of speech you are looking for. You may be able to rule out many of the definitions in the entry.

Skimming the entire entry, or the part that pertains to the part of speech you are looking for, is a good idea. In particular, look at the idiomatic uses that appear at the end of the entry. Remember that in Italian the entries for adjectives are listed in the masculine singular form and verbs are listed in the infinitive form.

Un cliente gusta un espresso al banco di un bar.

PRE-LETTURA

A. Leggi le definizioni della parola **macchiato** e determina quale definizione è adatta al testo.

«… l'italiano all'estero è pronto a sottoscriverne l'affermazione, pur avendo desideri più modesti: cornetto e cappuccino, o un onesto caffè macchiato.»

> **macchiato, a. 1** stained; spotted, mottled (*variegato*):
> **m. di sangue** bloodstained; **marmo m.** spotted (variegated)
> marble; **legno m.** mottled wood. **2** (*di cavallo*) dappled;
> dapple. **3** (*ind. Cartaria*) foxed • **m. di fango** bespattered
> with mud • (*fig.*) **essere m. d'una stessa pece** to be tarred
> with the same brush • **caffè m.** coffee with a dash of milk
> • **latte m.** milk with a drop of coffee • **un pelame nero**
> **m. di bianco** a black coat with white spots.

B. A coppie, cercate di determinare il significato delle parole sottolineate. Usate il dizionario solo se è necessario.

1. L'assenza di bar <u>degni</u> di questo nome, non c'è dubbio, rappresenta uno degli aspetti più dolorosi dell'espatrio.

2. Convinto che si tratti di un <u>trucco</u> per non pagare la consumazione al tavolo.

3. Cent'anni dopo, il caffè <u>ha stracciato</u> ogni altra bevanda calda.

C. Negli ultimi anni la nascita di vari locali specializzati in caffè ha raggiunto proporzioni enormi. A ogni angolo e a tutte le ore, si possono trovare questi locali aperti con la gente che beve una varietà incredibile di bevande a base di caffè.
A coppie, rispondete alle seguenti domande.

1. Secondo voi, a che cosa si può attribuire questo boom della caffeina?
2. Descrivete uno di questi locali.
3. Frequentate questi posti? Perché?
4. Bevete il caffè? Che tipo? Se no, cosa bevete?
5. Siete mai stati in un bar italiano? Se sì, descrivetelo.
6. Vi piace il caffè italiano? Quale caffè preferite?

Un italiano in America

BEPPE SEVERGNINI

Beppe Severgnini, nato a Crema nel 1956, è un famoso giornalista italiano. Ha lavorato per *Il Giornale* ed è stato inviato speciale in Russia, in Cina e a Washington, D.C. per il quotidiano *La voce*. Oggi firma i suoi articoli per il *Corriere della Sera* e per *The Economist*. Tra i suoi libri ricordiamo *Inglesi* (1990), *Italiani con la valigia* (1993), *Un italiano in America* (1995) e *Italiani si diventa* (1998).

«La nostalgia di casa comincia dalla pancia[1]», diceva Che Guevara. Se il capo guerrigliero[2] pensava agli arrosti della natia[3] Argentina durante le notti sulla Sierra Maestra, l'italiano all'estero è pronto a sottoscriverne[4] l'affermazione, pur avendo desideri più modesti: cornetto e cappuccino, o un onesto caffè macchiato.

L'assenza di bar degni di questo nome, non c'è dubbio, rappresenta uno degli aspetti più dolorosi dell'espatrio. Per combattere la nostalgia, noi italiani insistiamo nel voler bere il caffè in piedi a Vienna e a Parigi, persuadendo così gli altri avventori[5] d'avere di fronte uno squilibrato[6], e irritando il gestore[7], convinto che si tratti di un trucco per non pagare la

Quanto italiano in questo menu di un caffè americano!

---

1. stomach   2. guerilla leader   3. native (of one's birth)   4. subscribe to, endorse   5. regular customers   6. crazy, unbalanced   7. manager

consumazione al tavolo. Un'altra nostra fissazione è chiedere l'«espresso all'italiana», ben sapendo che saremo puniti con intrugli[8] il cui sapore è a metà tra un amaro medicinale e la cicuta[9] di Socrate.

Quando questo accade, gli italiani all'estero non si accontentano di fare una smorfia[10] e allontanarsi. Rimangono sul posto ed entrano in lunghe discussioni dottrinali sul caffè dei turchi (troppo denso), dei francesi (troppo lento) e degli inglesi, cercando di convincere questi ultimi che quella cosa che chiamano *coffee* in fondo non è cattiva, ma devono proprio trovargli un altro nome. L'orgoglio ci impedisce d'ammettere che qualcuno faccia il caffè come noi, o meglio di noi. I bar, le torrefazioni[11] e le commedie di Eduardo de Filippo[12] ci hanno rovinato.

Negli Stati Uniti, questo orgoglio è fuori luogo. Non soltanto è facile trovare un buon espresso. Qui stanno facendo con il caffè quello che fecero a suo tempo con la pizza: se ne sono innamorati, e dicono d'averla inventata loro. In materia di caffè, bisogna dire, un po' di esperienza ce l'hanno. La prima *cafeteria* venne aperta a Chicago intorno al 1890.

Cent'anni dopo, il caffè ha stracciato[13] ogni altra bevanda calda. La versione più popolare rimane il caffè lungo, l'«acqua marrone» contro cui si sono battute invano generazioni di italiani. Rispetto al cugino inglese, questo *coffee* è più tecnologico (niente malinconici cucchiaini di miscela istantanea, sostituito da un'infinità di macchinari[14]), più pericoloso e meno decoroso[15]. Mentre gli inglesi amano il caffè tiepido nelle tazze di porcellana, gli americani lo bevono ustionante[16] da micidiali[17] bicchieri di polistirolo[18] e dentro i *mugs*, boccali[19] decorati con mostriciattoli[20], fumetti, super-eroi, scritte spiritose. Negli Stati Uniti, un uomo di governo non si vergogna di reggere un gotto[21] con scritto I BOSS! YOU NOT!; un capitano d'industria può esibire il *mug* personale con l'immagine dei Tre Porcellini, e nessuno si stupirà.

La droga di moda è però l'espresso — spesso eccellente, come si diceva. Nei bar, mi sono sentito chiedere, con linguaggio da spacciatori[22]: *How many shots?* — e il riferimento è al numero di caffè che il cliente intende bere tutti insieme (caffè semplice: *one shot;* caffè doppio, *two shots,* e così via, fino all'*overdose*). Una nuova, inquietante[23] abitudine è quella di chiedere un *caffeinated coffee*. Si tratta di una precauzione contro il decaffeinato, da parte di quegli americani (e sono molti) che ormai funzionano a caffeina.

Il caffè è entrato trionfalmente anche nelle serie televisive, vero radar degli umori del Paese. In *Friends*, in *Frasier* e in *Ellen* le scene girate dentro una *coffeehouse* non si contano più. La bella innamorata di Clark Kent-Superman, nel telefilm *Lois and Clark,* ordina *a short, non-fat mocha, decaf, no foam, no sugar, no whipped cream* (ovvero: un decaffeinato ristretto tipo «mocha» senza grassi, senza schiuma, senza zucchero e senza panna montata). Da Starbucks — la catena più nota, originaria di[24] Seattle — distribuiscono opuscoli[25] con le combinazioni possibili, e piccole guide alla pronuncia: *caf-ay' là-tay* (caffelatte), *caf-ay' mò-kah* (caffè mocha), *caf-ay' a-mer-i-cah-no* (caffè americano), *ess-press'-o cone pà-na* (espresso con panna).

Il più grande successo di questi ultimi anni è però il cappuccino (*cap-uh-cheè-no*) — soprattutto dopo pranzo, a conferma di una certa confusione mentale.* La marcia trionfale del cappuccino nel vocabolario degli americani (dove entrò in punta di piedi[26] intorno al 1950) — e il suo prezzo, doppio o triplo rispetto a un caffè normale — hanno qualcosa di misterioso. Una spiegazione potrebbe essere l'«effetto Chardonnay», un vino che gli anglosassoni preferiscono a qualsiasi altro vino bianco perché provano piacere a pronunciarne il nome. Se è così, gli americani non ordinano il cappuccino per poterlo bere, ma lo bevono per poterlo ordinare. Perverso? Certamente.

---

8. unappetizing concoctions 9. hemlock 10. grimace 11. coffee shops 12. Italian playwright and actor 13. **ha...** destroyed 14. machinery 15. decent, proper 16. scalding hot 17. deadly, lethal 18. styrofoam 19. jugs 20. little monsters 21. mug 22. drug dealers 23. disturbing 24. **originaria...** originally from 25. brochures 26. **in...** on tiptoe

* In general, Italians drink cappuccino only at breakfast.

COMPRENSIONE

A. L'umorismo di uno scrittore può nascere da varie fonti, ma spesso è legato alla percezione di una situazione nuova rispetto a una situazione più familiare al lettore. Qualche volta le percezioni sono accurate. Altre volte sono esagerate e non fanno necessariamente parte della realtà della situazione anche se ci può essere un elemento di verità. Leggi le seguenti affermazioni da *Un italiano in America* e determina se la descrizione dell'autore è basata sulla realtà o è un'esagerazione. Giustifica le tue risposte.

1. «Un'altra nostra fissazione è chiedere l'«espresso all'italiana», ben sapendo che saremo puniti con intrugli il cui sapore è a metà tra un amaro medicinale e la cicuta di Socrate.»
2. «Qui [gli americani] stanno facendo con il caffè quello che fecero a suo tempo con la pizza: se ne sono innamorati, e dicono d'averla inventata loro.»
3. «Il più grande successo di questi ultimi anni è però il cappuccino (*cap-uh-cheè-no*) — soprattutto dopo pranzo, a conferma di una certa confusione mentale.»
4. «Negli Stati Uniti, un uomo di governo non si vergogna di reggere un gotto con scritto I BOSS! YOU NOT!; un capitano d'industria può esibire il *mug* personale con l'immagine dei Tre Porcellini, e nessuno si stupirà.»

B. In classe, dopo aver letto le osservazioni di Severgnini, componi una lista delle cose simili e quelle differenti tra un «café americano» e un «bar italiano». Non dimenticare di parlare anche della qualità del caffè, dell'elemento sociale e del modo di bere.

C. A coppie, ricreate una situazione in cui l'autore entra in un café americano e ordina un caffè al barista. Cercate di immaginare una conversazione che rifletta il pensiero dello scrittore. Poi presentate la conversazione alla classe.

Di propria mano

COMPARISONS

Comparisons can take several forms. In the **Grammatica** section of this chapter, you have learned how to make explicit comparisons in Italian. Another effective strategy to portray something unfamiliar is to describe it in terms of the familiar. In the **Biblioteca** section, Beppe Severgnini does this for his Italian readers by describing the distinctive ways in which Americans have embraced Italian coffee and European café culture and made them their own. In this way, he portrays some aspects of the American character and makes indirect comparisons with Italy. Severgnini uses a very specific topic to make some broader points, comparing two cultures without ever making overt comparisons. Unfamiliar things or ideas presented in a new situation can seem either comical or troubling; Severgnini chose to approach the unfamiliar with humor.

PRE-SCRITTURA

Pensa a un viaggio che hai fatto in un'altra città o in un altro Paese. Fa' una lista degli avvenimenti del viaggio e delle tue esperienze e mettili in ordine cronologico.

Poi rifletti sulle differenze che ti hanno colpito. Queste differenze possono riguardare incontri con la gente, modi di dire o di fare, modi di vestire, mangiare, ecc. Fa' una lista delle differenze che ti vengono subito in mente.

SCRITTURA

Quando si notano differenze in altre culture, qualche volta queste possono dar fastidio in un primo momento. Tuttavia, nel ricordarle, sono spesso viste in una luce diversa che rende la situazione divertente. Utilizzando le liste delle riflessioni fatte in pre-scrittura, scrivi due o tre paragrafi che raccontano queste esperienze. Concludi spiegando se oggi la tua impressione di quella città è diversa da com'era all'inizio. Cerca di sfruttare l'umorismo!

Writing
Tips

ESEMPIO **Un albergo a Brindisi.** Una notte la mia famiglia è arrivata a Brindisi molto tardi e non avevamo ancora prenotato un albergo. Siamo stati costretti a chiedere consiglio al tassista. Il tassista ci ha detto che c'era un bellissimo albergo, vino compreso, in centro. Prezzo giusto. Abbiamo accettato. Quando siamo arrivati, abbiamo capito che il concetto di «bell'albergo» può variare estremamente. C'erano due lettini e una bottiglia di vino già aperta. Eravamo in quattro. Come abbiamo dormito bene quella notte! A proposito, naturalmente non abbiamo bevuto il vino.

BLOCK NOTES

This notebook will be an ongoing assignment throughout the course. You will be asked to record in Italian your observations about and reactions to what you learn about Italian lifestyles, traditions, behavior, and outlooks. The goal is not to promote grammatical accuracy but to provide a creative outlet and practice in self-expression. Content is key. At the end of the book, you will use your journal in a final writing assignment on cultural stereotyping.

Quando si pensa ad un Paese e alla sua cultura, è comune fare generalizzazioni e quindi creare degli stereotipi. Lo stereotipo nasce da una percezione o da un concetto relativamente rigido ed eccessivamente semplificato o distorto di un aspetto della cultura in questione. Nella lettura di questo capitolo, hai scoperto percezioni sia degli italiani dell'America, sia degli americani dell'Italia. Scrivi le tue osservazioni.

NEL MONDO **DEI GRANDI**

Il più famoso italo-americano in Italia: *Mike Bongiorno*

Probabilmente, l'italo-americano più famoso in Italia non vive negli Stati Uniti ma nella terra dei suoi nonni. Michael Nicholas Salvatore Bongiorno nasce a New York nel maggio del 1924, già giovanissimo, si trasferisce in Italia, a Torino, città natale di sua madre. Frequenta le scuole italiane ma durante la seconda guerra mondiale abbandona gli studi per unirsi ad un gruppo di partigiani. È catturato e trattenuto[1] in carcere per sette mesi, quindi deportato in un campo di concentramento tedesco fino a quando non viene liberato, prima della fine della guerra, in uno scambio di prigionieri tra americani e tedeschi. Torna in America nel 1946 dove lavora presso la[2] sede radiofonica del quotidiano *Il progresso italo-americano*, ma sette anni dopo rientra in Italia per dare il suo contributo alla nascita della televisione italiana. È stato lui, infatti, a presentare *Arrivi e partenze*, la prima trasmissione mandata in onda[3] dalla RAI. Da allora in poi Mike Bongiorno è diventato un'icona della televisione italiana e la sua presenza non si è limitata ai canali della RAI: dal 1982 infatti Mike ha cominciato a lavorare con Canale 5, Italia 1 e Rete 4, le grandi televisioni private concorrenti della televisione di Stato. Mike Bongiorno può essere considerato uno dei più grandi conduttori della televisione italiana. Sicuramente è «l'uomo dei quiz televisivi», visto che dagli esordi[4] di *Lascia o raddoppia* (1955–1959) a *Il migliore* (2006–2007) non c'è stato un solo anno in cui Mike non abbia condotto una trasmissione a quiz: i suoi programmi più famosi rimangono il *Lascia o raddoppia* degli esordi (versione italiana del quiz americano *The $64,000 Question*), *Rischiatutto* (1970–1974) e *Superflash* (1982–1985). La sua presenza è andata ben al di là dei programmi a quiz e, grazie alla sua fama e al suo successo — da cui il soprannome SuperMike — dal 1963 ad oggi ha condotto anche ben undici edizioni del Festival di Sanremo. Umberto Eco ha dedicato a questa icona della televisione italiana un lungo saggio[5] intitolato *Fenomenologia di Mike Bongiorno*. In tutti questi anni di televisione italiana, Mike non ha mai dimenticato i suoi legami[6] con gli States e ancora oggi, durante le sue trasmissioni, non perde occasione di correggere gli errori d'inglese dei suoi ospiti.

---

1. detained   2. at the   3. aired   4. beginning   5. essay   6. ties

T R A C C E   D I   R I C E R C A

La RAI

I programmi americani in versione italiana (per esempio, *Il grande fratello, Ballando con le stelle,* ecc.)

Web Links   Italo-americani nello spettacolo

CD 1
6–9

a noleggio *rented*
accadere *to happen*
accogliente *welcoming*
acquisto *purchase*
acre *harsh*
allestito *prepared*
amaro *bitter*
americaneggiante *American style*
americanizzato *Americanized*
appropriarsi *to appropriate*
assenza *absence*
avvenimento *event*
bagnato fradicio *soaked, drenched*
bancarella *stand (at a market)*
battersi *to fight*
caffè (*m.*) *coffee*
caffè corretto *coffee with liqueur*
caffè macchiato *coffee with a dash of milk*
caffè ristretto *strong coffee*
caffeina *caffeine*
caldo bestiale *unbearable heat*
cambiamento *change*
campo *field*
celebre *famous*
chiaro e tondo *in no uncertain terms*
colpire *to strike, to hit*
colonna sonora *soundtrack*
consumismo *consumerism*
contraddistinguere *to mark, to distinguish*
da asporto / da portar via *take-out*
dai! *come on!*
dolcetto o scherzetto *trick or treat*
doppiaggio *movie dubbing*
doppiatore / doppiatrice *dubber*
dubbio *doubt*
enfatizzare *to emphasize*
essere a disagio *to be uncomfortable*
essere a posto *to be fine, to be in order*
essere a proprio agio *to be at ease*

fare concorrenza a *to compete with (in business)*
freccia *turn signal*
godere *to enjoy*
guastarsi *to break (down)*
gusto *flavor*
influsso *influence*
innamorato cotto *madly in love*
interprete (*m./f.*) *interpreter*
italianizzato *Italianized*
lattina *can*
legame (*m.*) *tie, connection*
mal di schiena *backache*
malinconico *melancholy*
mandare in onda *to go on the air*
minacciare *to threaten*
miscela *mixture*
misero *miserable*
morto stecchito *stone dead*
occupato *busy*
panineria / paninoteca *sandwich shop*
paragonare *to compare*
pazzo da legare *totally crazy*
pieno zeppo *jam-packed*
pizza al taglio *pizza by the slice*
porre (*p.p.* posto) *to estabilish, to set*
povero in canna *dirt poor*
premio *award*
proporre *to propose*
pubblicità *publicity*
purtroppo *unfortunately*
ravvicinare *to bring closer*
ricco sfondato *filthy rich*
rovinare *to ruin*
saggio *essay*
scambio culturale *cultural exchange*
scenografo *set designer*
scherzosamente *jokingly*
sentirsi a disagio *to be uncomfortable*

sentirsi a proprio agio *to be at ease*
sfiorare *to get close to*
sfruttare *to make use of*
soffio *breath, whiff*
sottotitoli (*m. pl.*) *subtitles*
stampare *to print*
stanco morto *dead tired*
stereotipo *stereotype*
straniero (*adj.*) *foreign*
straniero (*n.*) *foreigner*
stregato *bewitched*
testardo *stubborn*
tenersi *to keep, to hold*
tracce (*f. pl.*) *guidelines*
trama *plot*
ubriaco fradicio *dead drunk*
volerci *to take (impersonal construction)*

Le vostre parole

CAPITOLO 2

PER COMUNICARE

Narrare e descrivere avvenimenti nel passato

Riassumere e discutere notizie attuali

Parlare di riviste e giornali italiani

Internet Café

INDIRIZZO: http://college.hmco.com/pic/ponti2e

ATTIVITÀ: Sfogliando le pagine di un giornale.

IN CLASSE: Stampa il breve riassunto dell'articolo che hai letto e portalo in classe. Presentalo, spiegando le ragioni per cui ti è sembrato interessante.

Web Search Activity

Mito o realtà?

Una tradizionale edicola italiana.

●○○ Oltre Ponti

MUSICA:

a) Mafia:
- Fabrizio De Andrè: «Don Raffaè»
- Luca Carboni: «Alzando gli occhi al cielo»
- Modena City Ramblers: «I cento passi»

b) La corruzione e i partiti politici:
- Modena City Ramblers: «Quarant'anni»

c) I mass media:
- Antonello Venditti: «Penna a sfera»
- Antonello Venditti: «Il telegiornale»

d) Il fascismo e la Resistenza:
- Modena City Ramblers: «Bella ciao»
- Modena City Ramblers: «Oltre il ponte» (testo di Italo Calvino)
- Francesco Guccini: «Auschwitz»

FILM & ALTRI MEDIA:
- Marco Tullio Giordana: *La meglio gioventù*
- Marco Tullio Giordana: *I cento passi*
- Marco Bellocchio: *Buongiorno, notte*

Mito o realtà?

ino a pochi anni fa l'immagine dell'Italia all'estero si basava sui racconti nostalgici degli emigrati, sui pochi film italiani che arrivavano su schermi stranieri e sull'esportazione dei suoi prodotti migliori, dal cibo alla moda. Un'immagine, dunque, che non poteva essere altro che romantica, dimentica° dell'effettiva realtà della penisola.

Oggi però si sono moltiplicate, per chi vive all'estero, le fonti che offrono un'idea più accurata della vita e della società italiana. Tra queste sono da sottolineare la rete° Internet e le trasmissioni satellitari, oltre a un sistema più efficiente di distribuzione che permette a quotidiani° e riviste di arrivare in tutto il mondo in tempo reale.

Sul territorio nazionale questo compito è affidato° soprattutto ai quotidiani e ai telegiornali. Alcuni quotidiani come il *Corriere della Sera, la Re-pubblica* e *La Stampa* sono diffusi in tutta l'Italia ma quasi ogni città di media grandezza produce il proprio quotidiano in cui l'enfasi° viene posta soprat-tutto sulla cronaca° della città stessa e della sua provincia.

La medesima situazione si riscontra° nelle programmazioni televisive. Le grandi reti nazionali, sia pubbliche sia private, offrono un gran numero di telegiornali e di programmi dedicati alla cronaca nazionale ed estera, mentre il compito della cronaca locale è lasciato alle numerosissime piccole emittenti° cittadine.

Infine, tra le centinaia di riviste che fanno mostra di sé nelle edicole° italiane, *L'espresso* e *Panorama* sono tra quelle che si concentrano in modo specializzato sulla cronaca e sulla politica nazionale ed internazionale. Notizie di

oblivious

network
daily newspapers

entrusted

emphasis
news

si... *is found*

TV broadcasting stations

newsstands

Aspettando il prossimo autobus una ragazza legge uno dei quotidiani gratuiti della capitale.

approach

weeklies (magazines or newspapers)

attualità possono essere trovate anche in altre riviste ma con un taglio° completamente diverso: tra i settimanali° più letti si trovano *Oggi* e *Gente*, indirizzati ad un pubblico medio e senza il tono scandalistico di riviste quali *Cronaca vera*, *Novella 2000* e molte altre.

Al lettore attento i vari mezzi di comunicazione offrono, accanto all'immagine romantica che spesso l'accompagna, un ritratto dell'Italia più vicino alla realtà ed ai bisogni delle persone che ne studiano la lingua e la cultura.

D O M A N D E

1. Cosa pensa dei film italiani l'autore del brano? Credi che i film del tuo Paese diano un'idea corretta del luogo in cui vivi, delle persone che conosci, della tua vita?
2. Leggi spesso quotidiani o settimanali? Quali? C'è una sezione del giornale che preferisci alle altre?
3. Qual è, secondo la tua opinione, il metodo migliore per tenersi aggiornati (*up-to-date*) sulle notizie nel mondo?
4. Pensi che i film ed alcune trasmissioni televisive del tuo Paese contribuiscano a creare stereotipi sugli italiani? Fa' alcuni esempi.
5. In base alle informazioni apprese° grazie all'attività Web, quali differenze trovi fra *la Repubblica* e il quotidiano che leggi normalmente?

ACE Video
Activities

learned

Lessico.edu

TV, giornali e giornalisti

CD 1
10

l'abbonamento *subscription*
il canale *channel*
il conduttore / la conduttrice *anchorman / anchorwoman*
la cronaca *news*
la cronaca nera *crime news*
la cronaca rosa *celebrity news*
il / la cronista *reporter*
l'edicola *newsstand*
l'edizione straordinaria *special edition*
l'emittente (*f.*) *television station*

il / la fotoreporter *news photographer*
il fumetto *comic (strip)*
il / la giornalista *journalist*
intervistare *to interview*
l'inviato/a *correspondent*
il mensile *monthly publication*
il notiziario *news bulletin*
le notizie *news*
il periodico *newspaper*
il programma *program*
il quotidiano *daily newspaper*
il redattore / la redattrice *editorial staff person*

il redattore capo / la redattrice capo *editor-in-chief*
la redazione *editorial office, editing*
la rete *network*
la rivista *magazine*
lo sciopero *strike*
il settimanale *weekly magazine or newspaper*
il telegiornale *television news*
tenersi aggiornato/a *to keep oneself up-to-date*

A. Non la conosco. Di cosa si occupa? In gruppi di tre, pensate a delle riviste che leggete o che conoscete. Poi indicate di cosa si occupano e con quale scadenza arrivano in edicola.

ESEMPIO *sports illustrated* → sport → settimanale

rivista	argomento	periodicità

B. In redazione. Leggi le definizioni date e scrivi la parola corrispondente e l'articolo determinativo.

1. la persona che cura i servizi fotografici di un giornale o di una rivista _____

2. un periodico che esce una volta al mese _____
3. il luogo dove lavorano i giornalisti _____
4. la cronaca che si occupa della vita degli attori _____
5. il luogo dove si comprano i giornali _____
6. il giornalista che lavora all'estero _____

C. I giornali per la famiglia. Completa il brano con i vocaboli corretti.

giornalisti   rivista   mensile   edicola

quotidiano   fotoreporter   periodici

Ieri sono andato all' _____ per comprare, come al solito, i _____ per me e per la mia famiglia. Tutti i giorni io compro il *Corriere della Sera*, il _____ di Milano, perché mi piacciono molto i _____ che ci scrivono. Per mia moglie ho preso una _____ d'informatica che esce settimanalmente e per mio figlio una rivista _____ di pesca che costa moltissimo ma fortunatamente esce solo una volta al mese. Le fotografie sono bellissime perché sono state scattate dai migliori _____: io penso però che non ci sia nulla di terribilmente interessante nel vedere fotografie di pesci morti!

Abbiamo dimenticato il giornale di oggi.

D. Le vostre abitudini. Completa la tabella qui di seguito e poi, con un compagno / una compagna, intervistatevi, seguendo il modello dell'esempio, per scoprire come vi tenete informati/e sugli avvenimenti di cronaca.

> **ESEMPIO** leggere riviste
> ST. 1: Leggi spesso riviste?
> ST. 2: Sì, le leggo spesso.
>   *o* No, non le leggo mai.

	mai	raramente	una volta alla settimana	spesso
leggere riviste				
leggere quotidiani				
guardare telegiornali				
seguire programmi di cronaca (Esempio: 20/20)				
collegarsi a Internet				

Dopo aver fatto le domande al vostro compagno / alla vostra compagna, cercate di scoprire perché le sue preferenze sono per un mezzo di comunicazione piuttosto che per un altro.

E. Le nostre parole. Pensa a due o tre parole relative all'argomento di questo capitolo che ti sembrano importanti e che non sono presenti nella sezione lessicale. Possono essere parole dall'attività Web, parole contenute nella lettura iniziale o semplicemente parole che ti servono per comunicare meglio. Cercale sul dizionario e presentale in classe spiegando il loro significato in italiano. Poi scrivi le parole che tutti pensano siano importanti nel *Dizionarietto* alla fine del capitolo.

RADIO PONTI

DISTINGUISHING BETWEEN FORMAL AND INFORMAL REGISTERS

A speaker's level of language—formal, informal, slang, etc.—affects the meaning of what he or she says. Formal language is generally used in journalism, documentaries, newscasts, and public announcements. In conversations, instructions, and advertisements, there is a tendency to use less formal language—sometimes even slang.

In newscasts, even though newscasters may speak more quickly than they might in ordinary conversation, they often follow a regular format. This helps the listener know what to expect and interpret the content more easily. News programs generally begin with a summary of the main stories to be covered. Local stories are followed by national and then international news. Weather forecasts and sports usually come last. Listen to the news highlights in this chapter for the main ideas contained in the message.

Radiogiornale. Ascolta i titoli del notiziario e in base a quelli completa le seguenti frasi scegliendo tra le possibilità offerte.

CD 1
11

1. Il governo discute con l'opposizione _____.
   a. del destino dei paesi africani
   b. delle coppie di fatto
   c. del diritto civile
2. Ci saranno limitazioni del traffico per _____.
   a. tutte le città italiane
   b. le grandi metropoli
   c. la capitale d'Italia
3. Per il weekend di Pasqua ci sarà _____.
   a. pioggia
   b. neve
   c. sole

ACE Practice
Tests,
Flashcards

SAM
workbook
activities

Studio realia

 Web Links

A. In prima pagina. Quella che vedete nella pagina precedente è la prima pagina del *Corriere della Sera*. Ogni sezione della pagina ha un nome particolare. Lavorate in coppia e cercate, attraverso le definizioni seguenti, di identificare sul giornale le parti indicate. Poi confrontate le vostre risposte con quelle della classe.

testata: la parte superiore della prima pagina di un giornale, contenente il nome e l'indicazione dell'anno, della data, del prezzo, ecc.

notizia d'apertura: la notizia più importante che appare immediatamente sotto la testata

titolo: frase in caratteri grandi che identifica l'argomento o il contenuto di un articolo

editoriale: articolo di fondo, per lo più di carattere politico, pubblicato sulla prima pagina di un quotidiano o di un periodico; scritto di solito dal direttore, rispecchia l'indirizzo (*position*) ideologico del giornale; normalmente si trova sul lato sinistro, per chi guarda, della prima pagina e il più delle volte è in corsivo

occhiello: frase introduttiva non più lunga di una riga posta sopra il titolo con caratteri più piccoli rispetto a quelli del titolo

articolo di spalla: articolo di minore importanza rispetto alla notizia d'apertura ma che compare parzialmente in prima pagina

vignetta: piccola illustrazione; scenetta, per lo più di carattere satirico o umoristico, stampata su libri o giornali

sommario: una o più frasi poste sotto il titolo che lo spiegano più dettagliatamente e anticipano il contenuto dell'articolo

News su Internet
NOTIZIE
QUANDO VUOI
SU CHI VUOI
SU QUELLO
CHE VUOI

B. Dentro la notizia. Leggi le notizie qui sotto e per ognuna scegli la categoria sotto la quale dovrebbe andare.

Categorie: politica interna, politica estera, cronaca nera, cronaca rosa, spettacolo, sport

1. L'Italia ha vinto sei medaglie d'oro agli ultimi campionati mondiali di nuoto.
2. Catturati due mafiosi mentre viaggiavano in auto verso la frontiera.
3. Domani il matrimonio tra il principe di Galles e la figlia del re di Svezia.
4. Il governo italiano ha deciso di abbassare le tasse sulla benzina.
5. Il concerto di Paolo Conte domani su RAI 2 alle ore 20:30.
6. Incontro tra i leader palestinesi e israeliani per riportare la pace a Gerusalemme.

Edizione straordinaria! Ascolta la notizia e decidi se le seguenti informazioni sono vere o false.

CD 1
12

	vero	falso
1. La notizia viene da un'edizione regolare del Radiogiornale.	_____	_____
2. I lavoratori Alitalia riceveranno 50 euro in più ogni mese.	_____	_____
3. I dirigenti di Alitalia non sono contenti.	_____	_____
4. Non ci sarà uno sciopero.	_____	_____

Grammatica & Co.

I Il passato prossimo

The **passato prossimo** expresses a completed past action, usually an action concluded in a precise time frame. The **passato prossimo** is also used to describe a past occurrence whose effects continue in the present.

Ripasso di grammatica elementare: Nomi irregolari, Verbi irregolari al presente indicativo

Ho aspettato tre ore all'aeroporto.	*I waited at the airport for three hours.*
Ho sempre **amato** viaggiare.	*I've always loved to travel (and still do).*

In English, the **passato prossimo** can be expressed in three ways.

Abbiamo letto il giornale.
$\begin{cases} \text{\textit{We read the newspaper.}} \\ \text{\textit{We have read the newspaper.}} \\ \text{\textit{We did read the newspaper.}} \end{cases}$

A Formazione del passato prossimo

1] The **passato prossimo** is formed with the present tense of the auxiliary verb **avere** or **essere** plus the past participle of the action verb.

aspettare		andare	
ho		sono	
hai		sei	+ andato/a
ha	+ aspettato	è	
abbiamo		siamo	
avete		siete	+ andati/e
hanno		sono	

2] Regular past participles are formed by adding the participle ending (**-ato,** **-uto, -ito**) to the end of the verb stem.

infinito	desinenza	participio passato
aspettare	-ato	**aspettato**
ricevere	-uto	**ricevuto**
partire	-ito	**partito**

Most first-conjugation verbs (verbs ending in **-are**) are regular.

3] Many common second-conjugation verbs (verbs ending in **-ere**) have irregular past participles.

infinito	participio passato	traduzione
accendere	acceso	*to turn on* (e.g., a light)
accorgersi	accorto	*to become aware of, to notice*
aggiungere	aggiunto	*to add*
cogliere	colto	*to gather, to collect, to pick*
crescere	cresciuto	*to grow*
cuocere	cotto	*to cook*
difendere	difeso	*to defend*
dipingere	dipinto	*to paint*
dividere	diviso	*to share, to divide*
esprimere	espresso	*to express*
fingere	finto	*to pretend*
mettere	messo	*to put, to place*
muovere	mosso	*to move* (an object)
nascere	nato	*to be born*
nascondere	nascosto	*to hide*
offendere	offeso	*to offend*
piangere	pianto	*to cry*
radersi	rasato, raso*	*to shave oneself*
rendere	reso	*to give back, to produce, to result in*
ridere	riso	*to laugh*
rimanere	rimasto	*to stay*
scegliere	scelto	*to choose*
scendere	sceso	*to descend*
spegnere	spento	*to turn off, to extinguish*
stendere	steso	*to hang, to lay out, to stretch*
svolgere	svolto	*to develop*

(cont.)

togliere	tolto	*to take away*
uccidere	ucciso	*to kill*
valere	valso	*to be worth*
vincere	vinto	*to win*

*The past participle **raso** is rarely used. It is preferable to use the past participle of **rasarsi**, which is **rasato**.

See the Appendix for a more complete list of verbs with irregular past participles.

4] Some third-conjugation verbs (verbs ending in -**ire**) also have irregular past participles.

infinito	participio passato	traduzione
aprire	aperto	*to open*
coprire	coperto	*to cover*
dire	detto	*to say, to tell*
morire	morto	*to die*
offrire	offerto	*to offer*
scoprire	scoperto	*to discover*
soffrire	sofferto	*to suffer*
venire	venuto	*to come*

B Verbi transitivi e intransitivi

1] When an object (a person, thing, or animal) receives the action of the verb, the verb is transitive. Most transitive verbs are conjugated with **avere.**

SUBJECT (PERFORMS ACTION)	VERB (EXPRESSES ACTION)	OBJECT (RECEIVES ACTION)
Luca	ha comprato	La Gazzetta dello Sport.
Luca	*bought*	*La Gazzetta dello Sport.*

Prima di uscire, Lucia **ha spento** le luci in redazione.

Before leaving, Lucia turned out the lights in the editorial office.

Cento giornalisti **hanno coperto** il vertice a Genova.

One hundred journalists covered the summit meeting in Genoa.

A direct object may be implied rather than expressed: **Ho già mangiato** implies that food was eaten without naming it.

2] An intransitive verb expresses a state of being and / or a change of location. An intransitive verb never takes a direct object. Nearly all intransitive verbs are conjugated with **essere,** and their past participles therefore, agree in gender and number with the subject of the sentence.

Siamo andati a Bologna ieri.	*We went to Bologna yesterday.* (change of location)
Lo scrittore **è morto** a 94 anni.	*The writer died at age 94.* (state of being)
È diventata professoressa nel 1998.	*She became a professor in 1998.* (state of being)
Quel discorso **è durato** un'ora.	*That speech lasted an hour.* (state of being)

3] Reflexive verbs, both transitive and intransitive, are always conjugated with **essere.**

I due giornalisti **si sono sposati** dopo tre anni di fidanzamento.	*The two journalists got married after a three-year engagement.*
Mi sono messo la cravatta per andare al loro matrimonio.	*I put on a tie to go to their wedding.*

4] A few verbs of movement are conjugated with **avere,** as are some verbs that do not take a direct object.

verbi di movimento coniugati con *avere*		verbi senza oggetto diretto coniugati con *avere*	
camminare	ho camminato	**dormire**	ho dormito
giocare	ho giocato	**ridere**	ho riso
nuotare	ho nuotato	**riposare**	ho riposato
passeggiare	ho passeggiato	**sbadigliare** (*to yawn*)	ho sbadigliato
sciare	ho sciato	**sorridere**	ho sorriso
viaggiare	ho viaggiato	**starnutire** (*to sneeze*)	ho starnutito

5] Some verbs, such as **piovere** and **nevicare,** are conjugated with either **essere** or **avere** as the auxiliary verb, with no change in meaning. Other verbs have a change in meaning, depending on whether they are conjugated with **essere** or **avere.**

   a. **Cominciare, iniziare, finire, terminare, trascorrere,** and **concludere** take **avere** when the subject is a living being. They take **essere** when the subject is inanimate.

Ho cominciato a studiare all'1:00.	*I started studying at 1 o'clock.*
Lo sciopero **è cominciato** alle 2:00.	*The strike began at 2 o'clock.*
Ha già **finito** il progetto.	*He / She already finished the project.*
Lo spettacolo **è finito** a mezzanotte.	*The show ended at midnight.*

b. **Migliorare, peggiorare, salire, scendere,** and **cambiare** take **avere** when a direct object is expressed; otherwise they take **essere**.

Caterina **ha peggiorato** la situazione.	*Caterina made the situation worse.*
Da quando è arrivata Francesca, tutto **è peggiorato.**	*Since Francesca arrived, everything got worse.*
Ho salito le scale.	*I climbed the stairs.*
Sono salita sul treno.	*I got on (boarded) the train.*
Abbiamo sceso le scale.	*We went down the stairs.*
Siamo scesi dall'aereo.	*We got off the plane.*
Hanno cambiato casa.	*They moved (to a different house).*
Sono cambiati i tempi.	*Times have changed.*

c. **Correre** and **volare** take **essere** when a point of departure or a point of arrival is stated; otherwise they take **avere**.

Ha mai **corso** una maratona?	*Has she ever run a marathon?*
È corso a casa loro.	*He ran to their house.*
Ho sempre **volato** con Alitalia.	*I've always flown Alitalia.*
Anche loro **sono volati** da Roma.	*They also flew from Rome.*

d. **Passare** takes **essere** when the meaning is *to stop by* or *to go by*. It takes **avere** in all other situations.

Hanno passato l'estate al mare.	*They spent the summer at the seashore.*
Siamo passati da loro ieri sera.	*We went by their house last night.*

C Il passato prossimo di *dovere, volere, potere*

1] The modal verbs **volere, dovere,** and **potere** may take either **avere** or **essere** when followed by an infinitive. If the infinitive is transitive, the auxiliary is **avere**. If it is intransitive, the auxiliary is **essere** and the past participle agrees with the subject in gender and number. If there is no infinitive, **avere** is used. In spoken Italian, **avere** is acceptable in both cases.

TRANSITIVO

Non ho potuto **prenotare** un albergo.	*I couldn't reserve a hotel.*
Ha dovuto **fare** un abbonamento per quel mensile.	*He had to subscribe to that monthly publication.*

INTRANSITIVO

Non sono volut**a andare** in Spagna.	*I didn't want to go to Spain.*
L'inviata non è potut**a tornare** nel tempo previsto.	*The correspondent couldn't return as planned.*

2] Using **volere, potere,** or **dovere** in the **passato prossimo** signifies that the action one wanted, was able, or needed to perform was, in fact, completed. If the action was not completed, or it is unclear whether or not it was, the imperfect is used. **Dovere,** when used in the imperfect, means *was supposed to.**

Volevo andare alla conferenza ma **ho dovuto** lavorare.	*I wanted to go to the conference but I had to work.*
Ho visto quel libro in vetrina e non **ho potuto** resistere. L'ho comprato subito.	*I saw that book in the window and I couldn't resist. I bought it immediately.*
Dovevo lavorare ma invece ho guardato la TV.	*I was supposed to work but instead I watched TV.*
Dovevo lavorare e allora non ho guardato la TV.	*I was supposed to work and therefore, I didn't watch TV.*

3] When a reflexive pronoun precedes the modal verb, the auxiliary verb is **essere.** When the pronoun follows the infinitive, the auxiliary verb is **avere.**

Non **ho** potuto iscriver**mi** a quel corso.	*I wasn't able to enroll in that course.*
Non **mi sono** potut**a iscrivere** a quel corso.	

4] **Desiderare, sapere,** and **preferire** function like **volere, dovere,** and **potere** in that they immediately precede an infinitive without a preposition. These verbs are always conjugated with **avere.**

Ho desiderato conoscerlo.	*I wanted to meet him.*

PRATICA

A. È successo ieri. Trasforma le seguenti frasi al passato prossimo.
1. La giornalista torna dall'ufficio alle tre di notte.
2. I miei amici leggono il *Corriere della Sera.*
3. Voi decidete di scioperare.
4. Le emittenti italiane trasmettono film stranieri.
5. Io e Gianni Minà andiamo a Cuba e intervistiamo Fidel Castro.
6. La sezione di cronaca rosa presenta il matrimonio di personaggi famosi.
7. I telegiornali della sera sono i più seguiti.
8. Tu rimani all'estero per molto tempo.

***Sapere** and **conoscere** also have different meanings when used in the **passato prossimo** and in the **imperfetto.** Esempio:

Solo ieri ho saputo dell'intervista.	*Only yesterday I found out about the interview.*
Sapeva scrivere articoli divertenti.	*She knew how to write entertaining articles.*
Abbiamo conosciuto Marta ieri.	*Yesterday we met (for the first time) Marta.*
Conoscevo quel giornalista.	*I knew that journalist.*

HAI VOLUTO LA BICICLETTA? PEDALA!

B. Al casinò a Forte dei Marmi. Raccontate questa storia di cronaca a un vostro compagno / una vostra compagna di classe.

1. Ieri la vicenda **svolgersi** a Forte dei Marmi.   *si è svolto*
2. La vicenda **cominciare** quando Giampaolo Bellini di Follonica **decidere** di tentare ancora la fortuna.   *è cominciata*   *ha deciso*
3. **Entrare** nel casinò e **iniziare** a giocare e a perdere.   *ha iniziato*
4. Poi **vedere** una signora anziana che **vincere** mille euro.   *che ha visto*   *ha vinto*
5. La donna **allontanarsi** dalle slot machines e **mettere** la vincita nella borsa.   *si è allontanata*   *ha messo*
6. A questo punto Bellini **avere** un'idea non troppo intelligente: **dare** alla vecchia uno spintone e **cercare** di prendere la sua borsa.   *ha avuto*   *ha cercato*   *ha dato*
7. Lei **cadere** per terra e tutti i soldi **volare** in aria.
8. Tutti **correre** ad aiutarla e Giampaolo Bellini **perdere** non solo i soldi ma anche la libertà.   *è caduta*   *sono volati*   *sono corsi*   *ha perduto*

C. Cronaca rosa: le vacanze del portiere Santini. Completa l'articolo con la forma corretta del passato prossimo.

La scorsa settimana tutti al mare _____ (potere) vedere il famoso Roberto Santini girare per le città adriatiche con un nuovo amore, Valeria Baldini, figlia del noto chirurgo degli atleti a Roma, Romolo Baldini. Sulla rottura del fidanzamento del famoso portiere con la fidanzata precedente, la famosa modella Claudia Betti, la Baldini _____ (dire): «Quando Roberto _____ (trovare) Claudia con un altro, non _____ (riuscire) a perdonarla. Ovviamente, io lo _____ (aiutare) a dimenticarla. Siamo felicissimi e nei giorni passati noi _____ (divertirsi) molto. _____ (trascorrere) una settimana in barca prima di venire qui a Rimini dove _____ (decidere) di dedicarci al relax e all'amore.» Infatti, il fotografo _____ (scattare) molte foto dei due innamorati che _____ (confermare) le parole della Baldini.

D. L'hai mai fatto? A coppie, fatevi le seguenti domande usando la forma corretta del passato prossimo. Attenzione all'ausiliare.

1. Tu _____ (volare / mai) con l'Alitalia?
2. _____ (nevicare / mai) nei Caraibi?
3. Tu _____ (avere / mai) l'abbonamento a qualche rivista?
4. Tu ed i tuoi amici _____ (salire / mai) sulla Torre di Pisa?
5. Tu _____ (volare / mai) a Roma o a Milano?
6. Il costo delle tasse universitarie _____ (scendere / mai) così tanto?
7. La lezione _____ (durare / mai) due ore?
8. Gli studenti non _____ (protestare / mai) contro le regole dell'università?

E. Le notizie. A coppie, parlate di alcuni fatti che sono successi negli ultimi giorni e che sono stati riportati dai mass media. Fate una lista degli avvenimenti (minimo cinque). Indicate cosa, quando e dove è successo. Poi paragonate la vostra lista a quella degli altri.

ACE Practice
Tests,
Flashcards

F. Lo scorso weekend.   In gruppi di tre o quattro, fate una lista di minimo sei cose che avete voluto, dovuto o potuto fare durante il weekend. Usate sia i verbi transitivi sia i verbi intransitivi. Poi paragonate quello che avete fatto a quello che hanno fatto i vostri compagni di classe.

ESEMPIO   Ho dovuto leggere un articolo per lavoro.

SAM
workbook
activities

G. Cronaca nera. Un furto di notte.   Studiate le vignette che seguono e poi, in gruppi di quattro, raccontate quello che è successo. Potete usare alcune delle parole qui suggerite: curatrice, tetto, furto, staccare, scivolare, disfare, caricare, rubare, scappare, aprire, scoprire…

II   L'imperfetto

The imperfect tense (**l'imperfetto**) is used to describe past actions and states of being that lasted for an extended and often unspecified period of time. In English, ongoing actions and states are often expressed with *used to* or *was / were* + the *-ing* form of the verb.

A   Formazione dell'imperfetto

The imperfect is formed by adding the characteristic endings to the stem of the verb.

telefonare	leggere	capire
telefon**avo**	legg**evo**	cap**ivo**
telefon**avi**	legg**evi**	cap**ivi**
telefon**ava**	legg**eva**	cap**iva**
telefon**avamo**	legg**evamo**	cap**ivamo**
telefon**avate**	legg**evate**	cap**ivate**
telefon**avano**	legg**evano**	cap**ivano**

Only a few verbs are irregular in the imperfect.

essere	dire	fare	bere	produrre*
ero	dicevo	facevo	bevevo	producevo
eri	dicevi	facevi	bevevi	producevi
era	diceva	faceva	beveva	produceva
eravamo	dicevamo	facevamo	bevevamo	producevamo
eravate	dicevate	facevate	bevevate	producevate
erano	dicevano	facevano	bevevano	producevano

* **Produrre** is a model for the **-urre** verbs that follow this pattern: **condurre, ridurre, tradurre**, etc.

Note that **avere** is regular in the imperfect.

B Usi dell'imperfetto

The imperfect is used in the following ways:

1] to describe weather, background settings, and characteristics of people and things

Quel giorno il sole **splendeva,** gli uccelli **cantavano** e tutto **sembrava** perfetto.	*That day the sun was shining, the birds were singing, and everything seemed perfect.*
Da ragazza, Marisa **era** molto curiosa.	*As a little girl, Marisa was very curious.*

TEMPORALI E NEVE AL NORD – Ieri, per chi si trovava sulle strade delle Alpi, non è stata una buona giornata. Le grandi nevicate dei giorni precedenti avevano già reso il controllo delle auto quasi impossibile. A questo si è aggiunta nuova neve, che continuava a cadere sui poveri automobilisti, e che ha dato al paesaggio intorno un'atmosfera da Paese nordico. Se faceva brutto ieri, non possiamo nemmeno aspettarci un miglioramento per oggi. Neve e pioggia continueranno infatti fino al prossimo venerdì.

2] to describe ongoing past actions

Ieri **a quest'ora** riscrivevo **ancora** l'articolo.	*At this time yesterday, I was still rewriting the article.*

3] to describe an ongoing action that is interrupted by another action

Mentre l'annunciatore **parlava,** è arrivata una notizia dell'ultima ora.	*While the announcer was talking, a news flash came in.*
Leggevo *Panorama* quando qualcuno ha bussato alla porta.	*I was reading* Panorama *when someone knocked at the door.*

Note that the interrupting action is expressed by the **passato prossimo.**

4] to describe habitual and / or repeated actions often signaled by key words such as **ogni, sempre, spesso, tutti i giorni,** and **di solito**

Quando ero piccola, **tutti i giorni** accompagnavo mio padre al bar, dove lui leggeva il giornale e io leggevo fumetti.	*When I was little, every day I went to the bar with my father where he read the newspaper and I read comics.*

5] to describe simultaneous actions, often signaled by **mentre**

Mentre lei scriveva, lui guardava il telegiornale.	*While she was writing, he was watching the news.*

6] to specify age

Quando Tommaso aveva **sei anni,** abitava in Turchia.	*When Tommaso was six years old, he lived in Turkey.*

7] to specify times of day, dates, and seasons

Erano **le undici** quando sono tornata a casa.	*It was 11 o'clock when I got home.*

8] to describe mental and physical states

Lui **credeva** di essere molto intelligente.	*He believed he was very intelligent.*
Non ha dormito ed aveva **mal di testa.**	*He didn't sleep and had a headache.*

9] as an alternative to the conditional in polite requests

Scusi, le **volevo** chiedere un'informazione.	*Excuse me. I wanted to ask you for some information.*

PRATICA

A. Quando eri ragazzo/a... Completa le seguenti frasi con la forma corretta dell'imperfetto.
Quando eri ragazzo che cosa _____ (fare) spesso d'estate?
Tu _____ (andare) al mare con gli amici? I tuoi amici _____ (giocare) sempre a calcio? Tu e tuo fratello _____ (mangiare) al bar? Dopo aver mangiato, tu _____ (dovere) aspettare prima di fare il bagno? A che ora tutti _____ (rincasare)? La tua famiglia _____ (guardare) tanti film? I tuoi amici del cuore _____ (fare) il tifo per la Juventus?

B. Un'intervista. A coppie, intervistatevi a vicenda sulle abitudini che avevate al liceo usando l'imperfetto.

ESEMPIO cosa / leggere / per divertimento
> ST. 1: Cosa leggevi per divertimento quando frequentavi il liceo?
> ST. 2: Leggevo spesso *La Gazzetta dello Sport* quando frequentavo il liceo.

1. chi / essere / scrittore preferito
2. leggere già / il giornale
3. i tuoi insegnanti / piacerti
4. suonare uno strumento
5. i tuoi genitori / permetterti di guidare la macchina
6. lavorare / dopo la scuola o durante il weekend
7. cosa / sognare di diventare
8. fare dello sport

C. Il primo anno all'università. A coppie, formate domande e risposte secondo l'esempio. Intervistatevi sui problemi che avete dovuto affrontare durante il primo anno di università. Poi presentate alla classe gli aspetti positivi e negativi dell'esperienza dell'intervistato.

ESEMPIO mangiare bene in mensa
> ST. 1: Mangiavi bene in mensa?
> ST. 2: No, non mangiavo bene in mensa.
> *o* Sì, mangiavo abbastanza bene in mensa.

1. vivere vicino a casa
2. pagare molto d'affitto
3. andare all'università in autobus
4. metterci poco tempo ad arrivare all'università
5. sentirsi a proprio agio durante le lezioni
6. uscire spesso con gli amici
7. arrivare in orario per l'inizio della lezione
8. dover studiare fino a tardi

D. Cane salva un bambino. Completa con la forma corretta del passato prossimo o dell'imperfetto.
Ieri io __ho letto__ (leggere) sul giornale un articolo che mi __ha commosso__ (commuovere). __Era__ (essere) la storia di un cane che aveva salvato (*had saved*) la vita a un bambino che __si giocava__ (giocare) vicino alla piscina. A quanto pare, il bambino, che __aveva__ (avere) soli due anni, __è uscito__ (uscire) di casa all'insaputa di (*unnoticed by*) tutti. __Si è avvicinato__ (avvicinarsi) alla piscina e __ha cercato__ (cercare) di fare andare la sua barchetta. All'improvviso, il bambino __è caduto__ (cadere) in piscina e ovviamente non __sapeva__ (sapere) nuotare. Il cane __ha cominciato__ (cominciare) ad abbaiare in modo pazzesco e __ha chiesto__ (chiedere) di uscire. Quando la

mamma _ha fatto_ (fare) uscire il cane, lui _è corso_ (correre) alla
piscina, _è saltato_ (saltare) dentro ed _ha tirato_ (tirare) fuori il bambino
che _era_ (essere) scioccato ma sano e salvo. _to pull out_

E. Un momento nostalgico. Lavori per un settimanale dedicato agli
animali e il tuo redattore capo ti ha chiesto di trovare una buona storia.
Intervista un tuo compagno / una tua compagna chiedendogli/le di parlare
di un animale importante nella sua adolescenza. L'intervistato/a descriverà
l'animale parlando delle sue caratteristiche e di cosa facevano insieme.

> **ESEMPIO** Avevo un cane che si chiamava Garibaldi. Garibaldi ed io
> giocavamo tutti i giorni. Era un cane molto affettuoso…

ACE Practice Tests,
Flashcards,
**Raccontami una
storia**

SAM
workbook and
lab activities

F. Un articolo di interesse generale. In gruppi di quattro, componete
un articolo su un argomento che interessa a tutti per il giornale della vostra
università. Dovete descrivere una situazione che merita di essere pubblicata
perché influenza la vita studentesca. Ad esempio, può trattarsi di una manifestazione o protesta degli studenti, di un/un'atleta straordinario/a o di una
squadra dell'università, oppure dell'amministrazione dell'università. Usate
l'imperfetto e il passato prossimo.

Biblioteca 2000   Web Links

USING FORMAT TO PREDICT CONTENT

Newspaper and magazine articles often adhere to predictable formats. It is a
journalistic convention that the most important facts appear at the beginning
of the story so readers can gather essential information quickly. The writer does
not present personal opinions but often quotes the opinions of others. The
writing style is straightforward.

Non-textual clues can help readers predict content. An accompanying
photograph or graphic may orient you to the basic thrust of the article. The
headline is usually short and informational, but it may employ plays on words
and references unfamiliar to non-native readers. The subtitle typically summa-
rizes the article and may be easier to understand. The location of the event often appears at the beginning of the article. When you begin reading Italian
newspaper articles, make a habit of first surveying all these cues. This is an approach that can also help you decipher other kinds of texts in Italian.

PRE-LETTURA

A. A coppie, guardate la foto e l'articolo, cercando di capirne il contenuto
dal formato. Provate a rispondere alle seguenti domande.

1. Chi?
2. Dove? (Quale città?)
3. Dove vanno?

4. Qual è l'argomento principale?
5. Chi protesta?
6. Per quanto tempo è durato?

B. In gruppi di tre, rispondete alle seguenti domande e in seguito parlatene con i compagni di classe.

1. Quali mezzi di trasporto sono disponibili nella tua città?
2. Quando e per quale motivo prendete dei mezzi pubblici?
3. Come reagireste se i mezzi di trasporto (1) costassero troppo; (2) arrivassero sempre in ritardo; (3) fossero sempre pieni zeppi?
4. Avete mai avuto degli inconvenienti dovuti al servizio dei mezzi pubblici?
5. Elencate i vantaggi e gli svantaggi dei mezzi di trasporto pubblici.

vantaggi	svantaggi

Un gruppo di viaggiatori provenienti da Salerno ha bloccato il traffico.
Ritardi per una cinquantina di convogli[1]. Difficile mediazione con le Ferrovie.

Roma, occupata la stazione Tiburtina In tilt[2] il traffico ferroviario nel centro Italia

I manifestanti sciolgono il blocco solo dopo otto ore ma i disagi[3] sono proseguiti per ore

DI BRUNO PERSANO

ROMA — Duecento pendolari hanno bloccato per quasi otto ore la stazione Tiburtina a Roma; vogliono il rinnovo dell'accordo tra Trenitalia e Regione Campania che gli permetteva di acquistare i biglietti con il 50% di sconto. Il traffico ferroviario nel centro Italia è andato in tilt: almeno cinquanta treni sono rimasti bloccati o hanno accumulato fino a sei ore di ritardo. Deviati su altre linee nove treni. Coinvolti[5] nel caos anche i convogli diretti alla stazione ferroviaria dell'aeroporto di Fiumicino. Cinquanta agenti di polizia, in tenuta antisommossa[6], sono stati schierati[7] nella stazione

I pendolari[4] manifestano nella stazione Tiburtina

---

1. trains   2. haywire   3. discomforts   4. commuters   5. Involved, Implicated   6. protective uniforms   7. positioned

Tiburtina pronti ad intervenire. Dipendenti della protezione civile hanno distribuito bottigliette d'acqua sui treni bloccati sotto il sole; una ragazza ha accusato un malore[8] per il troppo caldo. Dopo quasi otto ore, i manifestanti[9] hanno lasciato la stazione imbarcandosi su un altro treno proveniente da Palermo ma diretto anch'esso[10] a Milano. Il traffico ferroviario ha ripreso lento a muoversi ma i disagi sono proseguiti per ore. Nel tentativo di trovare un accordo tra Trenitalia e la rappresentanza dei pendolari, l'assessore al lavoro della Regione Campania ha offerto la propria mediazione, invitando le due parti ad un tavolo delle trattative.[11]

«Tariffe troppo care». La protesta è iniziata stamane all'alba. I due binari sono stati invasi dai pendolari che dalla Campania si muovono verso il nord per raggiungere il luogo di lavoro con il treno notturno 830 Salerno-Milano. Grazie ad una convenzione con la Regione Campania, fino a poco tempo fa i pendolari pagavano un biglietto ridotto, ma ormai l'accordo è scaduto[12] «e adesso — spiegano i manifestanti — siamo costretti a versare[13] anche 60 euro per abbracciare i nostri figli: è troppo per i nostri miseri stipendi». «Sei mesi fa — racconta un operaio napoletano — il biglietto costava 15 euro. Inoltre il treno delle 23 da Napoli è stato eliminato.

Io guadagno 500 euro al mese, ho bisogno del biglietto a prezzo ridotto».

[...]

Passeggeri infuriati. Infuriati anche i viaggiatori degli altri treni soppressi[14] che vengono invitati, di volta in volta, a trasbordare[15] di treno in treno per poter arrivare a Roma, ma poi si ritrovano a restare fermi sulle carrozze bloccate dalla rivolta dei pendolari: «Le Ferrovie avrebbero dovuto organizzare dei servizi sostitutivi di pullman», si lamenta un passeggero. «Invece non hanno fatto nulla e noi siamo qui bloccati senza sapere quando potremo ripartire». Solo alle undici, con l'arrivo in massa degli agenti di polizia, il personale di Trenitalia ha fatto scendere dal treno occupato i passeggeri che hanno pagato l'intero biglietto[16]: saranno accompagnati alla stazione Termini con alcune navette[17] per proseguire il viaggio su altri convogli.

Le Ferrovie: «Tutti devono pagare il biglietto». Marco Mancini dell'ufficio stampa di Trenitalia, è convinto che ogni trattativa con i manifestanti deve partire dal principio che «chiunque usa le Ferrovie, prima di tutto, deve pagare il biglietto. È un atto di rispetto verso il nostro azionista che è il ministero delle Finanze, cioè il popolo italiano».

(*25 giugno 2007*)

8. illness   9. protesters   10. that one too   11. negotiations   12. expired   13. spend   14. affected   15. connect, transfer
16. **l'intero...** full fare   17. shuttles

COMPRENSIONE

A. Motivi della rivolta. A coppie, elencate i motivi per cui gli operai hanno bloccato il traffico.

B. Gli inconvenienti. Dopo aver letto l'articolo, in gruppi di due o tre, elencate gli inconvenienti che gli altri passeggeri hanno subito a causa della rivolta. Poi paragonate le vostre osservazioni con quelle dei vostri compagni di classe.

C. Colpa di chi?   In gruppi di tre, discutete le opinioni dei seguenti gruppi:
   1. i pendolari che hanno bloccato i treni
   2. i passeggeri bloccati
   3. l'ufficio delle ferrovie

D. Dibattito.   Dividete la classe in tre squadre e preparatevi a dibattere i pro e i contro della manifestazione. Una squadra prende la posizione dei pendolari che hanno bloccato i treni, un'altra prende la parte dei passeggeri bloccati e l'altra prende la parte dell'ufficio delle ferrovie. Utilizzate le idee che avete già discusso e pensate ad altre ragioni per giustificare la vostra posizione.

E. Un viaggio in treno.   Tu e il tuo miglior amico / la tua miglior amica avete passato una settimana in Calabria. Quando era ora di tornare a Bergamo, siete arrivati/e alla stazione dei treni per prendere il treno e avete scoperto che c'era stata una manifestazione e i treni erano stati bloccati. Ora dovete telefonare a casa per spiegare perché non potete tornare. Completate il seguente dialogo e descrivete la situazione che avete trovato. Poi presentatelo in classe.

Drin, drin…

[   ]: Pronto.

TU: Ciao, _____. Ti telefono dalla Calabria.

[   ]: Ciao. Come va?

TU: Male. Siamo arrivati/e alla stazione in anticipo per prendere il treno per tornare a Bergamo e abbiamo trovato caos dappertutto.

[   ]: Non ho capito. Cos'è successo?

TU: …

Di propria mano

PARALLEL WRITING

Composing your own original written work by imitating a model text is called *parallel writing*. Parallel writing is a method used to familiarize students with the conventions of particular formats, such as a personal essay or a persuasive essay or even the construction of a single paragraph. In parallel writing, the content is original but the student uses the model for guidance in organizing the material. This process provides students with the structure of the model and with methods of effective presentation.

Parallel writing is useful for writing in a foreign language. It can promote fluency in writing by simplifying the task so that you can concentrate on expressing meaning. In this chapter, you are going to write a newspaper article using as a model the conventional news article with which you are familiar. Newspaper articles lend themselves particularly well to parallel writing because their format is succinct and familiar.

PRE-SCRITTURA

A. Preparati a scrivere il tuo articolo di cronaca, scegliendo uno dei seguenti titoli.

L'Italia sconfigge (*defeats*) la Francia: campioni del mondo 2006
Furto all'Harry's Bar
Materazzi sposa la sorella di Zidane
L'Eurostar bloccato in mezzo alla galleria per tre ore

B. Scrivi le risposte alle seguenti domande prima di cominciare l'articolo.

1. Chi è il pubblico del tuo articolo?
2. Chi, quando, che cosa, come e perché?
3. Quali sono le informazioni più importanti che devono andare all'inizio dell'articolo?
4. Chi puoi citare? (Non esprimere opinioni personali ma usa citazioni.)

SCRITTURA

Writing
Tips

Imitando il formato di un articolo in un quotidiano, usa le informazioni raccolte nelle tue risposte per sviluppare una storia che rispecchi il titolo che hai scelto. Non dimenticare di usare costruzioni e vocabolario semplici.

Prima di consegnare l'articolo all'insegnante, rileggilo per correggere errori di grammatica e ortografia e per determinare se hai bisogno di chiarire dei dettagli.

BLOCK NOTES

In questo capitolo hai scoperto alcuni aspetti del panorama giornalistico in Italia. Tenendo in considerazione le letture fatte, l'esercizio Web e la discussione in classe, rifletti sui seguenti punti.

1. Parla degli aspetti del giornalismo italiano che più ti hanno colpito.
2. Paragona la prima pagina di un giornale italiano a quella del quotidiano del tuo Paese che leggi di solito.
3. Al di là dei quotidiani, in Italia esistono numerose riviste settimanali e mensili che si occupano di politica, spettacolo, sport ed altro. Scegline una del tuo Paese che leggi abitualmente e descrivine le caratteristiche (titolo, copertina, uso di immagini, contenuto, ecc.).

Pietro Verri e Il Caffè

Quando si parla di periodici italiani, il primo nome che viene in mente è quello di Pietro Verri il quale, unitamente al fratello Alessandro e agli amici dell'Accademia dei Pugni[1], tra cui Beccaria e Longo, diede vita a *Il Caffè*, la più prestigiosa rivista dell'Illuminismo italiano. Con «Illuminismo» s'intende il periodo che va grossomodo[2] dagli inizi del XVIII secolo fino alla Rivoluzione francese (1789–1799) che esaltava i principi di libertà, uguaglianza e fratellanza, e in seguito alla quale si assistette a numerosi cambiamenti in svariati campi, da quello dei diritti umani a quello scientifico, con un forte sviluppo del pensiero razionale (che «illumina» la via del progresso) in chiara opposizione a quello religioso che aveva tenuto l'uomo nelle tenebre della superstizione.

Pietro Verri nasce a Milano nel 1728 da genitori appartenenti alla nobiltà milanese. Economista, soldato e uomo politico, Pietro Verri è ricordato soprattutto per *Il Caffè*, una rivista che cercava di portare avanti numerose riforme in campo economico e sociale. La rivista uscirà ogni dieci giorni, dal giugno del 1764 fino al maggio del 1776, per un totale di settantaquattro numeri[3]. Il titolo della rivista è fondamentale per capire il nuovo mondo in cui operava la cultura italiana di quegli anni ed anche per proiettarci al Novecento quando i caffè, come il Giubbe Rosse di Firenze, diventeranno i veri centri delle discussioni letterarie non solo italiane ma anche europee. Dalla corte rinascimentale ai salotti del primo Settecento ogni periodo ha avuto il suo luogo letterario-culturale: per l'Illuminismo questo luogo

sarà sicuramente il caffè. Non si può infatti dimenticare che il giornale di Verri nasce in contemporanea alla grandissima diffusione delle botteghe del caffè in tutta Europa. E nei caffè esistono tutte le prerogative per dar vita ad un giornale vivo[4], al passo con i tempi, perché rappresentano il punto d'incontro e di discussione tra ceti[5] diversi e quindi tra quelle forze capaci di portare avanti le richieste riformiste che vengono presentate dal giornale stesso. Un aspetto altrettanto importante de *Il Caffè* fu la sua battaglia contro il purismo linguistico che risultava spesso d'ostacolo[6] alla diffusione della cultura e delle idee. Uno degli slogan del giornale era infatti «Cose e non parole», per cui non era sufficiente riprodurre la realtà ma bisognava immergersi in essa e saperla appunto «illuminare» per tutti. Anche in questo Pietro Verri, che morirà a Milano nel 1797, era stato capace di vedere nel futuro di quella che diventerà la lingua letteraria italiana una volta superate le resistenze puriste che proteggevano il toscano letterario.

---

1. illuministic cultural institution   2. approximately   3. issues   4. up-to-date
5. social classes   6. obstacle

TRACCE DI RICERCA

Web Links

I luoghi della letteratura
L'illuminismo italiano
I giornali italiani
I caffè letterari

Dizionarietto

CD 1
13–17

a vicenda *in turn*
abbaiare *to bark*
abbassare *to lower*
abbonamento *subscription*
accendere (*p.p.* acceso) *to turn on (a light)*
accorgersi (*p.p.* accorto) *to become aware of, to notice*
aggiungere (*p.p.* aggiunto) *to add*
allontanarsi *to move away from*
argomento *subject, topic*
avvicinarsi *to approach*
azionista *stockholder*
battaglia *battle, fight*
binario *railroad line, track or platform*
bussare alla porta *to knock on the door*
canale (*m.*) *channel*
caricare *to load*
chiarire *to clarify*
citare *to cite, to quote*
cogliere (*p.p.* colto) *to gather, to collect, to pick*
collegarsi a Internet *to connect to the Internet*
commuovere (*p.p.* commosso) *to move (emotionally)*
conduttore *anchorman*
conduttrice *anchorwoman*
consegnare *to turn in, to hand over*
copertina *cover*
coppia di fatto *unmarried couple living together*
crescere (*p.p.* cresciuto) *to grow*
cronaca *news*
cronaca nera *crime news*
cronaca rosa *celebrity news*
cronista *reporter*
cuocere (*p.p.* cotto) *to cook*
curare *to take care of*
curatore, curatrice *curator*
difendere (*p.p.* difeso) *to defend*
dipingere (*p.p.* dipinto) *to paint*
diritto *right*
disponibile *available*
dividere (*p.p.* diviso) *to share, to divide*
edicola *newsstand*
editoriale (*m.*) *editorial*

edizione straordinaria *special edition*
emittente (*f.*) *television station*
esprimere (*p.p.* espresso) *to express*
fingere (*p.p.* finto) *to pretend*
fonte *source*
fotoreporter *news photographer*
fumetto *comic (strip)*
furto *robbery*
galleria *tunnel, arcade, gallery*
giornalista *journalist*
intervistare *to interview*
inviato *correspondent*
mensa *cafeteria*
mensile *monthly publication*
mettere (*p.p.* messo) *to put, to place*
muovere (*p.p.* mosso) *to move (an object)*
nascere (*p.p.* nato) *to be born*
nascondere (*p.p.* nascosto) *to hide*
notiziario *news bulletin*
notizie (*f. pl.*) *news*
offendere (*p.p.* offeso) *to offend*
periodico *newspaper*
piangere (*p.p.* pianto) *to cry*
piuttosto *rather*
portiere (*m.*) *goalkeeper*
pregio *quality, merit*
programma *program*
quotidiano *daily newspaper*
radersi (*p.p.* rasato) *to shave oneself*
raggiungere *to reach*
reagire *to react*
redattore, redattrice *editorial staff person*
redattore capo, redattrice capo *editor-in-chief*
redazione *editorial office, editing*
rendere (*p.p.* reso) *to give back, to produce, to result in*
rete *network*
riassumere (*p.p.* riassunto) *to summarize*
richiesta *request*
ridere (*p.p.* riso) *to laugh*
ridotto *reduced*
rimanere (*p.p.* rimasto) *to stay*
rincasare *to return home*
riportare *to take, to achieve, to report*
rispecchiare *to reflect*

rivista *magazine*
rivolta *revolt*
rottura *breakup*
rubare *to steal*
sbadigliare *to yawn*
scadenza *deadline, due date*
scattare (una foto) *to take a picture*
scegliere (*p.p.* scelto) *to choose*
scendere (*p.p.* sceso) *to descend*
schermo *screen*
scioccato *shocked*
sciogliere (*p.p.* sciolto) *to break up, to dissolve*
sciopero *strike*
scivolare *to slip, to slide*
settimanale *weekly magazine or newspaper*
sfogliare *to leaf through*
solito *usual*
spegnere (*p.p.* spento) *to turn off, to extinguish*
spintone *big push*
staccare *to remove, to take down*
starnutire *to sneeze*
stendere (*p.p.* steso) *to hang, to lay out, to stretch*
superare *to overcome, to pass*
sviluppare *to develop*
svolgere (*p.p.* svolto) *to develop*
telegiornale *television news*
tenebre (*f. pl.*) *darkness*
tenersi aggiornato *to keep oneself up-to-date*
tentare *to try, to attempt*
testata *masthead*
tifo (fare il) *to be a fan*
togliere (*p.p.* tolto) *to take away*
trascorrere (*p.p.* trascorso) *to pass, to spend*
uccidere (*p.p.* ucciso) *to kill*
valere (*p.p.* valso) *to be worth*
vicenda *business*
vignetta *cartoon*
vincere (*p.p.* vinto) *to win*
vincita *win, winnings*

Le vostre parole

LE PERLE D'ITALIA

Al di là del cibo, della moda e naturalmente dell'arte, l'Italia si distingue nel mondo in numerosissimi campi. Il design italiano è apprezzato da tutti e c'è chi farebbe pazzie per una cucina, un mobile, una bicicletta, un'automobile firmati da un disegnatore italiano. L'Italia è anche il paradiso degli archeologi, grazie alla sua storia che si perde nel tempo, e inoltre primeggia nel campo dell'artigianato, della ceramica e del vetro. Non si può, infine, dimenticare che in Italia si trova l'asilo più all'avanguardia del mondo e che ogni anno, centinaia di persone vanno a Reggio Emilia dall'Europa e dalle Americhe per cercare di scoprirne i segreti. Nel caso strano che nessuna di queste cose vi stimoli a visitare l'Italia e le sue perle, pensate al gelato artigianale italiano, un prodotto che non è possibile gustare se non in una delle sue tante città.

DOMANDE

1. Quali sono le «perle» del tuo Paese?

2. Tra i settori in cui l'Italia primeggia, quale ti attira di più e perché?

3. Quale di questi aspetti trovi che rappresenti meglio l'Italia? Quale invece ti sembra il meno rappresentativo? Perché?

Le cucine prodotte in Italia sono tra le più belle e funzionali del mondo.

Anche nell'arredamento contemporaneo ed un po' avanguardistico lo stile italiano ha un posto di rilievo.

Non solo Ferrari! Una Aston Martin progettata da Giugiaro, uno dei designer italiani più famosi del mondo.

Il successo del design italiano nel mondo delle due ruote non si ferma alle biciclette da corsa.

Un gruppo di archeologi recupera il carico di un'antica nave in uno scavo a Pisa.

Un artigiano di Ravenna mette insieme i pezzi di un mosaico. Le ceramiche di questa zona sono ricercatissime.

Negli asili di Reggio Emilia viene utilizzato il "Reggio Method", considerato un modello da imitare in tutto il mondo: bambini liberi di agire per non frenare la loro creatività.

Il vero gelato è solo italiano: qui, una gelateria a conduzione familiare in Italia.

Internet Café

INDIRIZZO: http://college.hmco.com/pic/ponti2e

ATTIVITÀ: Un nome... per sempre?

IN CLASSE: Stampa il significato del tuo nome italiano, portalo in classe e presentalo ai tuoi compagni.

Web Search
Activity

PER COMUNICARE

Indicare luoghi

Discutere relazioni interpersonali

Discutere problematiche legate ai ruoli dell'uomo e della donna

Terra di vitelloni e casalinghe?

●○○ Oltre Ponti

MUSICA:

a) Generazioni:
- Claudio Baglioni: «I vecchi»
- Lorenzo Jovanotti: «I giovani»
- Renato Zero: «Vecchio»
- Francesco Guccini: «Il pensionato»

b) Figli e genitori:
- Alex Britti: «Mamma & Papà»
- Luciano Ligabue: «Libera nos a malo»
- Claudio Baglioni: «Ragazza di campagna»

c) Antidivorzista:
- Adriano Celentano: «Siamo la coppia più bella del mondo»

d) Le donne:

- Roberto Vecchioni: «Voglio una donna» (antifemminista)
- Francesco Baccini: «Le donne di Modena»
- Marco Ferradini: «Teorema»
- Zucchero: « Donne»

e) Le donne cantano le donne:
- Patty Pravo: «Pazza idea»

FILM & ALTRI MEDIA:
- Pietro Germi: *Alfredo, Alfredo*
- Pietro Germi: *Divorzio all'italiana*
- Silvio Soldini: *Pane e tulipani*
- Giuliano Montaldo: *L'Agnese va a morire*
- Federico Fellini: *I vitelloni*

Donne in divisa: una vigilessa dà indicazioni ad un anziano.

Terra di vitelloni e casalinghe?

A cominciare dalla fine degli anni Sessanta, una vera e propria rivoluzione ha sconvolto° i rapporti tra uomo e donna che per secoli erano rimasti consolidati° in Italia. E così, il mito del latin lover italiano o quello della donna-casalinga° hanno bisogno di essere rivisti alla luce della nuova realtà.

La donna italiana, dopo secoli di soprusi° e di lotte, da quelle per il voto a quelle per una pari opportunità° lavorativa, negli ultimi trent'anni è riuscita ad entrare in campi che sarebbero stati impensabili fino a pochi decenni fa: il mondo della scienza e della politica, quello degli affari e del sistema giudiziario e, ultimo a cadere, quello militare non sono più campo esclusivo dell'universo maschile. Avendo raggiunto una propria indipendenza economica e psicologica, le donne sono anche riuscite, a poco a poco, a far promuovere leggi sulla famiglia che non le costringono° più ad abbandonare carriera e sogni per prendersi cura° della casa e dei figli.

L'uomo italiano sembra avere accettato il nuovo ruolo delle donne e sembra anche aver cominciato a prendersi le proprie responsabilità all'interno del nucleo familiare: non è più una novità vedere padri in giro da soli con le carrozzine° o giocare con i figli al parco, come non è più un'eccezione alla regola trovare padri che decidono di stare con i figli a casa per permettere alle mogli di portare avanti la loro carriera lavorativa. Sempre di questi ultimi anni è il fenomeno dei ragazzi padri°, fenomeno pressoché° sconosciuto fino agli inizi degli anni '80.

La strada da fare, comunque, è ancora lunga, soprattutto quando si guardi alla vita nei paesini lontani dall'influenza delle grandi città, dove la tradizione sembra opporre una maggiore resistenza.

Tempi che cambiano: un padre con la sua bambina in giro per la città.

---

margin glosses:

upset, unsettled
solidified, static
housewife
abuses
pari... equal opportunities

force
to take care of

baby carriages

ragazzi... unwed fathers with primary care of children / almost, nearly

---

D O M A N D E

1. Il mito (o lo stereotipo) del latin lover è legato all'uomo italiano. Spesso lo stereotipo della donna è quella della madre in cucina che insiste che tutti mangino! Conosci altri stereotipi su uomini e donne italiani? Quali pensi che siano gli stereotipi all'estero sulla tua cultura?

2. Quali sono alcuni lavori che fino a pochi anni fa sarebbero stati principalmente di competenza (*responsibility*) femminile o maschile nel tuo Paese?
3. Quali sono alcuni dei ruoli che stereotipicamente vengono dati all'uomo e alla donna nell'ambito familiare? Ci sono ancora ruoli decisamente femminili o maschili all'interno della famiglia nella tua cultura?
4. Secondo te, è più facile emanciparsi in una grande città che non in un piccolo paesino? Perché?
5. Porti il cognome di tuo padre, di tua madre o quello di entrambi? Cosa pensi della tradizione italiana di dare ai figli solo il cognome del padre?

ACE Video
Activities

Lessico.edu

La famiglia

CD 1
18–21

all'antica *old-fashioned*
il bebè *baby*
condividere *to share*
la convivenza *cohabitation*
convivere *to live together*
la coppia di fatto *committed couple living together*

without the benefits of a legal union
divorziare *to divorce*
la ragazza madre *young unwed mother with primary care of children*

il ragazzo padre *young unwed father with primary care of children*
il rispetto *respect*
separarsi *to separate*
sposarsi *to marry*

In casa

l'asciugatrice *clothes dryer*
la casalinga *housewife*
l'elettrodomestico *appliance*
le faccende domestiche *household chores*

fare il bucato *to do laundry*
il ferro da stiro *iron*
lavare i piatti *to wash the dishes*
la lavastoviglie *dishwasher*

la lavatrice *washer*
stirare *to iron*
tagliare l'erba *to mow the lawn*

Al lavoro

il lavoro a tempo pieno *full-time work*
il lavoro part-time *part-time work*

le pari opportunità *equal opportunity / opportunities*
la parità *equality*
la routine *routine*

lo stipendio *salary, wages*
l'uguaglianza *equality*

Altre parole ed espressioni utili

la femminista *feminist*
lecito/a *permissible*
litigare *to fight*
il maschilista *male chauvinist*
occuparsi di *to be responsible for*

prendersi cura di *to take care of*
ribellarsi *to rebel*
il sopruso *abuse (of power)*
il vitellone *self-indulgent young man*

voler bene a *to be fond of, to love*

PRATICA

A. Problemi al lavoro ed in casa. Completa la conversazione tra Carla
e Francesca che escono dall'ufficio e parlano dei problemi al lavoro e in casa.

a tempo pieno	~~antica~~	~~ragazza-madre~~
rispetto	condividerle	part-time
litighiamo	~~maschilista~~	~~ho divorziato~~
stira	mi sono ribellata	faccende domestiche
ci sposeremo	pari opportunità	soprusi

CARLA: Sono proprio stanca. E pensare che
ora devo correre a prendere il bambino a scuola e preparargli qualcosa
da mangiare. Non è facile, dopo due
anni di convivenza, ritrovarsi sola
come una _ragazza madre_.

FRANCESCA: Lo so. Ci sono troppe responsabilità:
il lavoro, i bambini, la casa, la scuola.
Forse non sarebbe male avere qualcuno con cui _condividerle_.

CARLA: Forse, ma non è sempre vero.
Da quando _ho divorziato_ da Filippo infatti
mi sembra di avere meno cose
da fare.

FRANCESCA: Certo, ma Filippo era un uomo un po'
all'_antica_, vero? Mi sembra che avesse
le stesse idee di mio nonno per quanto
riguarda i ruoli nella famiglia.

CARLA: Direi proprio di sì. Era impossibile chiedergli di occuparsi delle
faccende domestiche. Con la scusa che lui lavorava _a tempo pieno_ e io lavoravo solo
part-time, la casa e il bambino diventavano qualcosa di mia
competenza assoluta. Ma _mi sono ribellata_ e quando ho visto che lui non
voleva cambiare ho deciso di lasciarlo.

FRANCESCA: Hai fatto proprio bene. Quando le cose vanno così vuol dire che
non c'è _rispetto_. Sono tanti anni che noi donne lottiamo per le
pari opportunità nel mondo del lavoro e, all'interno del nucleo familiare,
non è più lecito accettare i _soprusi_ di chi è ancora un _maschilista_.

CARLA: Lo so, lo so. Ma a proposito, come va tra te e Luciano?

FRANCESCA: Va perfettamente. Condividiamo ogni cosa, non _litighiamo_ mai e
presto _ci sposeremo_.

CARLA: Ma sei sicura?

FRANCESCA: Certo. Dove potrei facilmente trovare un altro uomo che ~~ci sposserò~~ *stira*
i suoi e i miei vestiti?!?

CARLA: La solita fortunata…

B. Ragazzi padri e ragazze madri.   In questi ultimi anni succede sempre
più frequentemente di vedere ragazzi e ragazze che, da soli, devono prendersi
cura dei loro figli. Lavorando in coppia, pensate a come cambierebbe la vostra
vita se vi trovaste nella medesima (*same*) situazione e a come vi organizzereste sia
dal punto di vista del lavoro o dello studio sia da quello della routine familiare.

	Cosa fate adesso?	Cosa dovreste fare?
sveglia alla mattina	Ci svegliamo alle 10:00.	Dovremmo svegliarci alle 6:00.
lavori di casa		
tempo libero		
lavoro / studio		
divertimenti serali		

C. Punti di vista differenti!   Le cose cambiano da generazione a generazione e a volte la comunicazione tra genitori e figli risulta per questo difficile.
Con un compagno / una compagna, esaminate cosa pensavano le persone
della generazione precedente alla vostra riguardo ai temi suggeriti. Poi dite
come la pensate voi.

	la generazione precedente	la vostra generazione
divisione dei lavori di casa		
lavoro		
divorzio		

D. E voi siete all'antica?   Pensate a quali cose vi aspettereste dal vostro /
dalla vostra partner e quali invece credete che dovreste fare voi. Poi confrontate le vostre risposte con quelle della classe.

	il / la partner	io
lavare i piatti	dovrebbe…	dovrei…
fare la spesa		
fare la manutenzione auto		
fare il bucato		
tagliare l'erba		

E. Le nostre parole. Pensa a due o tre parole relative all'argomento di questo capitolo che ti sembrano importanti e che non sono presenti nella sezione lessicale. Possono essere parole dall'attività Web, parole contenute nella lettura iniziale o semplicemente parole che ti servono per comunicare meglio. Cercale sul dizionario e presentale in classe spiegando il loro significato in italiano. Poi scrivi le parole che tutti pensano siano importanti nel *Dizionarietto* alla fine del capitolo.

RADIO PONTI

INFORMAL LANGUAGE: REDUNDANCY AND UTTERANCES

In an informal conversation, the level of language is not the same as in more formal speech. Redundancy is common and rhythms are different. Speakers naturally repeat what they are saying in different terms to assure that their listeners understand their message. Listeners, for their part, often affirm what they have understood the speaker to say. The listener must also extract meaning from utterances such as **ehi** (*hey*), **boh** (*I have no idea*), **eh?** (*what?*), **aia / oooiii** (*ouch*), etc. These utterances are not words in the ordinary sense; however, they have important significance in communication, which you must understand when listening to fully comprehend the message being conveyed.

CD 1
22

Prezzi speciali. Ascolta una conversazione tra due ragazzi e completa le seguenti frasi scegliendo tra le possibilità offerte.

1. L'offerta speciale dei Megastore Gamma dura _____.
   a. circa due settimane
   b. tutto il mese di luglio
   c. per un weekend

2. La vecchia _____ fa più rumore di un elicottero.
   a. lavastoviglie
   b. asciugatrice
   c. lavatrice

3. Tutti gli elettromestici ai supermercati Gamma costano _____.
   a. da 150 a 200 euro
   b. da 200 euro in giù
   c. da 200 euro in su

ACE Practice
Tests,
Flashcards

SAM
workbook
activities

Donne al lavoro durante la Seconda guerra mondiale in una fabbrica di pasta.

PRATICA

A. Nuovi uomini e nuove donne. Leggi i seguenti brani dal *Corriere della Sera* e poi spiega come le informazioni nei brani neghino (*refute*) gli stereotipi del ruolo tradizionale dell'uomo e della donna. Elenca le caratteristiche dell'uomo e della donna moderni che trovi descritte nelle letture.

CASALINGHI NON DISPERATI

Il club degli uomini che hanno mollato tutto: siamo quasi 5 mila — Antonella Mariotti

TORINO — «Su in soffitta, giù in cantina. Disfa i letti, vai in cucina. Lava i piatti. Il fuoco accendi. Poi lava, stira e stendi». Ma Cenerentola[1] non abita più qui. Adesso è l'era dei «casalinghi», nel senso di uomini di casa, e tutt'altro che disperati. Sono un bel gruppo di 4300 riuniti in una sigla e in un «libro manifesto» hanno scritto la loro filosofia di vita: perché le faccende domestiche sono Zen. Parola di Asuc, Associazione uomini casalinghi. Fiorenzo Bresciani è il presidente e il fondatore da quando un'estate mentre faceva la «pummarola d'agosto»[2], ha pensato di lasciare la sua attività di commerciante e occuparsi di moglie (medico), casa e figli. E da allora è felice come scrive sul sito Internet www.asuc.it e durante una trasmissione tv, dove con Fabrizio Diolaiuti (autore del libro «Casalinghi e contenti, manuale per sopravvivere alle faccende domestiche» Sperling & Kupfer) spiegano ogni giorno: «Da come si stira a come si lavano i vetri, quanto ci vuole, e che detersivi usare».

---

1. Cinderella   2. tomato sauce

CASALINGHE ADDIO – Il modello casalinga-moglie-madre non funziona più. Oggi le donne si pensano in modo diverso. Come lavoratrici, innanzitutto. In coppia, ma non necessariamente. E con un figlio. Le statistiche confermano: tre anni fa il modello tradizionale era accettato dal 42,7% delle ragazze fra i 25 e i 34 anni. Oggi la percentuale è scesa al 34,8. Risultato: la casalinga è diventata una specie in via d'estinzione. L'Istat[1] ha calcolato che al Nord nel 71% delle coppie più giovani lavorano sia lui sia lei, mentre nel Mezzogiorno la percentuale scende, ma resta pur sempre consistente: 50%.

---

1. **Istituto Nazionale di Statistica**

B. A volte è necessario recuperare. Nel passaggio da una situazione all'altra, si possono perdere delle cose di valore. In gruppi di tre o quattro, elencate possibili aspetti positivi che possono andare persi (o che sono andati persi) nello sviluppo di questi nuovi ruoli dell'uomo e della donna. Spiegate perché, per certi aspetti, sarebbe bene averli come una volta. Pensate ad almeno quattro situazioni. Presentate le vostre argomentazioni agli altri studenti per sentire se sono d'accordo oppure no.

R A D I O   P O N T I

CD 1
23
Dove non c'è parità. Ascolta una notizia del radiogiornale sulle coppie di fatto e decidi se le seguenti informazioni sono vere o false.

	vero	falso
1. Le coppie di fatto hanno gli stessi diritti di quelle sposate.	_____	_____
2. I conservatori sono favorevoli alla nuova proposta.	_____	_____
3. Bisogna riscrivere la proposta di legge prima che possa essere approvata.	_____	_____
4. Le donne intervistate sono favorevoli alla proposta della sinistra.	_____	_____

Grammatica & Co.

I Il trapassato prossimo

The **trapassato prossimo** expresses an action or state in the past that preceded another named past action or state. The English equivalent uses *had + past participle*:

Ripasso di grammatica elementare: Aggettivi dimostrativi, Aggettivi qualificativi, Preposizioni

Quando sono arrivati alla conferenza, la scrittrice **aveva** già **presentato** il suo nuovo libro.

When they arrived at the conference, the writer had already presented her new book.

Non siamo andati al congresso perché **eravamo andati** l'anno prima.

We didn't go to the conference because we had gone the year before.

A Formazione del trapassato prossimo

The **trapassato prossimo** is formed with the imperfect of the auxiliary verb **essere** or **avere** and the past participle of the action verb. When the auxiliary verb is **essere,** the past participle agrees in gender and number with the subject.

B Usi del trapassato prossimo

1] The **trapassato** is often introduced with such expressions as **dopo che, appena, perché, poiché, non... ancora,** and **già,** and used in conjunction with the **passato prossimo** and / or **imperfetto.**

Lei è arrivata **dopo che** gli ospiti **erano** già **andati** via.

She arrived after the guests had already left.

Aveva appena vinto la partita quando i tifosi hanno cominciato a circondarla.

She had just won the game when the fans began to surround her.

Gli avvocati erano stanchi **poiché erano appena tornati** dal tribunale.

The lawyers were tired since they had just returned from court.

Non avevo ancora fatto le faccende domestiche quando i bambini sono tornati da scuola.

I hadn't yet done the household chores when the children got home from school.

The adverbs **appena, già, ancora,** and **mai,** when used with compound tenses, most commonly are placed between the auxiliary verb and the past participle.

2] The **trapassato** can also be used in an independent clause when the later action is implied but not stated.

—Era la prima volta che andavate in Italia?

Was it the first time you went to Italy?

—No, l'**avevamo già visitata** un anno prima.

No, we had already visited it a year earlier.

P R A T I C A

A. Vita di coppia. Completa la descrizione della vita di Daniele e Rosa usando i verbi al trapassato.

L'anno scorso Daniele e Rosa si sono sposati ed hanno cominciato la loro vita di coppia. Prima di sposarsi Daniele _era_ già _laureato_ (laurearsi) ma non _aveva_ mai _lavorato_ (lavorare) a tempo pieno mentre Rosa _era_ già _trovato_ (trovare) un impiego part-time in banca. Prima del matrimonio, però, loro non _avevano_ mai _dovuto_ (dovere) condividere i lavori domestici e non _____ mai _____ (litigare). Ora le responsabilità sono aumentate, quindi devono concentrarsi su quei progetti che non _avevano_ ancora _realizzato_ (realizzare) quando erano single e vivevano con i loro genitori. Per esempio, _avevano pensato_ (loro / pensare) di comprare subito una casa ma adesso aspettano un bambino e quindi non se lo possono più permettere.

B. Prima dell'università. Un amico / Un'amica ti chiede quello che avevi già fatto e quello che non avevi ancora fatto prima di frequentare l'università. Formate domande usando i verbi suggeriti al trapassato prossimo e rispondete alle domande. Se non l'avete mai fatto, usate il passato prossimo nella risposta.

> **ESEMPIO** abitare da solo/a
> Sт. 1: Avevi già abitato da solo/a?
> Sт. 2: Sì, avevo già abitato da solo/a.
> *o* No, non avevo ancora abitato da solo/a.
> *o* Non ho mai abitato da solo/a.

1. studiare giornalismo
2. pubblicare articoli sul giornale
3. scrivere un racconto breve
4. leggere un romanzo di Antonio Tabucchi
5. andare a San Francisco
6. innamorarsi
7. lasciare il cuore a San Francisco
8. volare su Alitalia
9. decidere cosa studiare all'università
10. sposarsi

C. Ieri sposi! Ieri Antonella e Francesco si sono sposati ma prima della cerimonia avevano dovuto fare moltissime cose. Con le informazioni fornite, forma delle frasi con il trapassato descrivendo quello che hanno fatto o non hanno fatto, secondo il modello.

ESEMPIO (Loro) ordinare / i fiori / 14 giugno
Avevano già ordinato i fiori il 14 giugno.
o Non avevano ancora ordinato i fiori il 14 giugno.

Accaddo

1. (Loro) scegliere i biglietti d'invito / 6 giugno
2. (Lui) andare alla festa di addio al celibato / 2 luglio
3. (Loro) sposarsi in Comune / 30 giugno
4. (Lei) provare il vestito da sposa / 4 luglio
5. (Loro) decidere il posto per il viaggio di nozze / 13 giugno
6. (Loro) comprare gli anelli / 15 giugno
7. (Lei) trovare la chiesa / 20 febbraio
8. (Lui) affittare una discoteca per festeggiare / 7 giugno

D. Prima di te. Adesso racconta ad un tuo compagno / una tua compagna di classe cinque avvenimenti d'importanza mondiale che erano già successi prima della tua nascita.

ESEMPIO L'uomo era già arrivato sulla luna.

E. Un incontro disastroso. Completa la seguente storia di Giuseppe inserendo la forma corretta del verbo tra parentesi al passato prossimo, all'imperfetto o al trapassato prossimo, secondo il caso.

Ieri a mezzogiorno io _____ (andare) in centro per incontrare una vecchia amica, Sofia, che _____ (conoscere) otto anni fa. Oggi è un'attrice famosa e non è più molto facile incontrarsi con lei. Quindi io _____ (prenotare) un tavolo nel migliore ristorante della città. Io _____ (arrivare) prima di lei e _____ (sedersi) al bar del ristorante. Siccome lei non _____ (arrivare / ancora), ho deciso di prendere un aperitivo. Mentre _____ (bere) un Martini, _____ (sentire) un rumore fortissimo venire da fuori. Quando _____ (uscire), _____ (vedere) Sofia con intorno almeno 10 o 12 paparazzi che _____ (cercare) di scattarle delle fotografie. Lei _____ (salutare) continuamente i paparazzi. Quando finalmente io _____ (riuscire) a portarla dentro il ristorante i paparazzi ci _____ (seguire). Io _____ (essere) stanco di questa situazione e le _____ (chiedere) se _____ (volere) pranzare in un luogo più tranquillo e lei _____ (dire) sì.
   Quando noi _____ (tornare) alla mia macchina, non _____ (riuscire) più a trovarla. Per la fretta io _____ (parcheggiare) in divieto di sosta e un signore mi _____ (informare) che un carro attrezzi (*tow truck*) _____ (portare) via la mia macchina pochi minuti prima. A quel punto lei mi _____ (guardare) dicendo che _____ (avere) un appuntamento con un famoso produttore. Mi _____ (lasciare) in mezzo alla strada solo come un cane. Una giornata davvero sfortunata!

 ACE Practice Tests, Flashcards

 SAM workbook activities

Ⅱ Preposizioni semplici e articolate

A preposition specifies the position or relation of something or someone to something or someone else. A preposition can have different meanings in different contexts, and its meaning is typically determined by the words that follow it.

A Preposizioni semplici

Simple prepositions include: **di, a, da, in, su, con, per, tra,** and **fra.** In general, the uses of **su, con, per,** and **tra / fra** correspond to the uses of their English equivalents. **Di, a, da,** and **in** also have many predictable uses, but some of their idiomatic uses simply have to be memorized.

B Preposizioni articolate

1] When the prepositions **a, di, da, in,** and **su** precede a definite article, they contract to form one word.

preposizione	articolo singolare				articolo plurale		
	il	lo	l'	la	i	gli	le
a	al	allo	all'	alla	ai	agli	alle
di	del	dello	dell'	della	dei	degli	delle
da	dal	dallo	dall'	dalla	dai	dagli	dalle
in	nel	nello	nell'	nella	nei	negli	nelle
su	sul	sullo	sull'	sulla	sui	sugli	sulle

Note: **Tra, fra,** and **per** do not combine with the article. **Con** can combine with the articles **il (col)** and **i (coi),** but this construction is not common in modern written Italian.

2] Nouns that take a simple preposition and no article when unmodified usually take a contracted preposition when modified.

Doveva incontrare il presidente della compagnia **in** ufficio.	BUT	Doveva incontrare il presidente della compagnia **negli** uffici al decimo piano.
Va **a** scuola alle 8:00.	BUT	Va **alla** scuola elementare alle 8:00.
Giocano **in** giardino.	BUT	Giocano **nei** giardini pubblici.

C La preposizione *di*

1] **Di** is used to express possession, origin, characteristics, material, and content.

Quelli sono i libri **di Alessandro.**
(*possession*)

Those are Alessandro's books.

Lui è **di Londra.** (*origin*)

He is from London.

Sono libri **di ottima qualità.**
(*characteristics*)

They are well-made books.

Sono **di carta giapponese.**
(*material*)

They are made with Japanese paper.

Legge sempre libri **di storia.**
(*content*)

He always reads history books.

2] **Essere** + *aggettivo* + **di** + *infinito.* **Di** is used with an adjective and an infinitive to express a feeling about an action.

È contento di avere il suo nuovo posto di lavoro.

He's happy to have his new job.

Siamo lieti di conoscervi.

We're happy to meet you.

3] Certain verbs are followed by the preposition **di** before an infinitive. Some examples are:

accorgersi	dimenticarsi	promettere	trattare
consigliare	occuparsi	ricordarsi	vergognarsi
dichiarare			

Quando va in discoteca, non si accorge **di bere** troppo.

When he goes to the disco, he doesn't realize that he drinks too much.

Ti prometto **di venire** alla festa.

I promise you that I will come to the party.

4] Some verbs are followed by the preposition **di** before a noun or a pronoun.

accorgersi	innamorarsi	parlare*	soffrire
dimenticarsi	intendersi	puzzare	trattare
discutere	interessarsi	ricordarsi	vergognarsi
fidarsi	occuparsi	ridere	

Com'è possibile che non si sia accorta **di quel bell'uomo?**

How is it possible that she hasn't noticed that good-looking man?

Mi fido **del mio fidanzato** al cento per cento.

I trust my fiancé 100 percent.

D La preposizione *a*

1] **A** + *city*. **A** is typically used with the names of cities and small islands.**

Hanno passato la luna di miele **a Capri.**

They spent their honeymoon on Capri.

Poi sono andati **a Venezia** per vedere la casa di Casanova.

Then they went to Venice to see Casanova's house.

2] **A** is also used with times of day, months†, meals, and ages.

Hanno mangiato **a mezzogiorno in punto** tutti i giorni. (*time of day*)

They ate at noon on the dot every day.

Sono partiti **a giugno** e ritornati **a luglio.** (*month*)

They left in June and came back in July.

Detersivo Dolce Carezza… E sarà lui a lavare i piatti!!!

---

*When **parlare** is followed by **di**, it means *to talk about something / someone.*
When referring to a group of islands, such as Hawaii, Fiji, or Barbados, the preposition is combined with the article **le: alle Hawaii, alle Fiji, alle Barbados.
† The preposition **in** may also be used: **Mi sposo a giugno. / Mi sposo in giugno.**

A cena ho mangiato le lasagne al pesto. (*meal*)

At dinner I ate lasagna with pesto.

Si sono sposati **a 27 anni.** (*age*)

They were married at 27 years of age.

3] A number of expressions use the preposition **a.**

a calcio	a cena	a mani vuote / a piene mani	a scuola
a carte	ad alta voce	a piedi	a teatro
a casa*	a lezione	a poco a poco	a tennis

4] Certain verbs are routinely followed by the preposition **a** before an infinitive.

abituarsi	continuare	forzare	provare
aiutare	convincere	giocare	rinunciare
avvicinarsi	costringere	mettersi	riuscire
cominciare	divertirsi	obbligare	servire

Ci siamo abituati **a lavorare** senza la pausa pranzo.

We got used to working without a lunch break.

Sono riuscite **a far passare** delle leggi.

They were able to get some laws passed.

5] Some verbs are followed by **a** before a noun or a pronoun.

abituarsi	assomigliare	badare	giocare	partecipare
andare	avvicinarsi	credere	interessarsi	rinunciare
assistere				

Non mi sono mai abituata **al suo carattere.**

I've never gotten used to his personality.

Domenica giochiamo **a calcio** con i bambini.

Sunday we are going to play soccer with the children.

Mi sono avvicinata **a lui.**

I moved closer to him.

6] Some exceptions to the rule that nouns that take a simple preposition and no article when unmodified usually take a contracted preposition when modified, include **a casa** and **a lezione.**

> Va **a casa** alle 8:00.   BUT   Va **a casa di Marco** alle 8:00.
> Vado **a lezione** alle 10:00.   BUT   Vado **a lezione d'italiano** alle 10:00.

---

* The phrase **a casa** is invariable when used to mean *at home* or *at the house of.* When used with a possessive adjective, the adjective follows **casa: Vado a casa mia. Vai a casa di Roberto.** BUT when used simply to refer to a house, the article contracts with the preposition: **Vada alla casa verde qui accanto.**

Donna... Dillo ad alta voce!

E La preposizione *da*

1] **Da** is used to express the agent of an action, distance from a given place, duration of an action begun in the past and continuing in the present, or movement away from a place or object.

La cena è stata preparata **da suo marito.** (*agent*)	The dinner has been prepared by her husband.
Lui lavora a soli 6 km **da casa.** (*distance*)	He works only 6 kilometers from home.
Sono sposati **da sette anni.** (*time*)	They've been married for seven years.
Tornano **da Vittoria** oggi.* (*movement*)	They're returning from Victoria today.

2] When the verb **venire** is used to express place of origin, including a city, state, or country, it is accompanied by the preposition **da.**

Michele viene **da Napoli.**	Michele is from Naples.
Marta viene **dagli Stati Uniti.**	Marta is from the United States.

3] **Da** is used with **essere, andare,** and other verbs of movement plus a person's name or profession to express location. It can be used as a simple or contracted preposition.

Sono **da mia cognata.**	I'm at my sister-in-law's house.
Vanno **dall'avvocato** oggi pomeriggio alle 3:00.	They are going to the lawyer's this afternoon at 3:00 o'clock.

4] **Da** + *infinitive* is used to indicate obligation, necessity, or ability to do something.

Prima di decidere una carriera, c'è molto **da prendere** in considerazione.	Before deciding on a career, there's a lot to take into consideration.
La strada **da fare** è ancora lunga prima di avere una vera uguaglianza tra uomini e donne.	There is still a long road ahead of us before we have true equality between men and women.

---

*When using **tornare da** or **venire da** with a word that requires an article, **da** contracts with the article: **Torna dal Canada.**

5] **Da** is also used to express physical characteristics and behaviors.

Quel ragazzo **dai capelli turchini** vuole esprimere la sua individualità.

That young man with turquoise hair wants to express his individuality.

Quelle signore **dalle maniere eleganti** non vogliono essere associate al ragazzo dai capelli turchini.

Those refined ladies don't want to be associated with the young man with turquoise hair.

6] Some verbs are usually followed by **da** before a noun or a pronoun.

allontanarsi	divorziare	prendere
derivare	evadere	separarsi
dipendere	partire (*also* per)	venire
distinguersi		

Si è allontanata **da** quella situazione problematica.

She distanced herself from that troublesome situation.

7] **Uscire** takes **da** except in the phrase **uscire di casa.**

Sono uscita **di casa** alle 8:00 stamattina.

I left the house at 8:00 this morning.

Sono uscita arrabbiata **dalla riunione.**

I left the meeting mad.

F La preposizione *in*

1] **In** is used to refer to continents, nations, regions, and large islands (such as Sicilia and Sardegna)*, as well as to express generic locations.

Suo genero ha viaggiato **in Inghilterra** ed **in Irlanda.** (*nations, large islands*)

His son-in-law traveled to England and Ireland.

Ha passato due settimane **in città** e due **in campagna.** (*generic location*)

He spent two weeks in the city and two weeks in the country.

---

*Though they are large islands, **Cuba, Portorico** (Puerto Rico), and **Haiti** take the preposition **a.**

2] **In** is also used with the names of rooms and other enclosed locations, with means of transportation, and with other locations when they are unmodified.

in aereo	in campagna	in cucina	in spiaggia
in autobus	in centro	in farmacia	in treno
in bagno	in città	in giardino	in ufficio
in barca	in classe	in macchina	
in camera	in collina	in montagna	

È uscita di casa in fretta per andare **in** ufficio.	*She left the house in a hurry to go to the office.*
Ha girato l'isola **in** macchina.	*He went around the island by car.*

3] It is also used with nouns ending in **-ria** and **-teca.**

in biblioteca	in enoteca	in paninoteca	in segreteria
in biglietteria	in gelateria	in periferia	in tabaccheria
in discoteca	in lavanderia	in pizzeria	

Prima devo portare i vestiti **in lavanderia** e poi mi fermerò **in paninoteca** per mangiare un boccone.	*First I have to take the clothes to the dry cleaner's and then I'm going to stop at the sandwich shop to have a bite to eat.*

4] In certain cases with the preposition **in,** when the noun is modified, the preposition not only contracts but also changes.

Ho studiato **in** biblioteca.	BUT	Ho studiato **alla** Biblioteca Nazionale.
Lavoro **in** banca.	BUT	Lavoro **alla** Banca d'America.
Sono andati **in** gelateria.	BUT	Sono andati **alla** gelateria di Beppe.
Vengo **in** macchina.	BUT	Vengo **con la** macchina di Marco.
Arriviamo **in** treno.	BUT	Arriviamo **con il** treno Milano-Roma.
Camminano **in** spiaggia.	BUT	Camminano **sulla** spiaggia di Rimini.

5] **In** also indicates fields of study, professions, and business activities.

Lei si è specializzata **in psicologia.**	*She specialized in psychology.*
Lui, invece, è un dottore **in legge.**	*He, on the other hand, has a law degree.*

6] **In** is used in certain idiomatic expressions.

in acqua	(essere) in due, tre, ecc.	in luna di miele
in cattive acque	in fretta e furia	in ritardo / anticipo

Quella ragazza che ha mentito si troverà **in cattive acque** quando verrà scoperta.	*That girl who lied is going to be in hot water when she gets caught.*

G La preposizione *su*

1] **Su** is used when referring to content, location, position or numbers, and when estimating.

La conferenza è stata **su Dacia Maraini.** (*content*)	*The conference was on Dacia Maraini.*
Su Internet ci sono molti articoli interessanti. (*location*)	*On the Internet, there are many interesting articles.*
Mentre parlava ha posato il suo libro **sul podio.** (*position*)	*While she was talking, she placed her book on the podium.*
È una scrittrice **sui 60 anni.** (*age*)	*She's a writer about 60 years old.*
Il libro costa **sui 30 euro.** (*price*)	*The book costs about 30 euros.*
Una volta **su 100,** vinco a carte. (*estimation*)	*I win at cards 1 out of 100 times.*

2] The meaning of **su** often corresponds to English *in* or *on*.

Ho letto **sul giornale** che ci sarà un manifesto per i diritti delle donne.	*I read in the paper that there will be a demonstration for women's rights.*
Si è seduto **su una sedia** in prima fila.	*He sat in a chair in the front row.*
So di poter sempre contare **su di te.**	*I know that I can always count on you.*

H La preposizione *con*

Con is used to express accompaniment, weather, cause, and equipment.

Viaggia sempre **con il suo segretario.** (*accompaniment*)	*She always travels with her secretary.*
Escono pure **con la pioggia** all'ora di pranzo. (*weather*)	*They go out at lunchtime even in the rain.*
Con quell'atteggiamento finirà per divorziare. (*cause*)	*With that attitude, he'll end up divorced.*
Lei non fa il bucato **con la lavatrice;** lo fa a mano. (*equipment*)	*She doesn't do the laundry in the machine; she does it by hand.*

I La preposizione *per*

Per is used to express purpose, motivation, duration, destination, value, and goals.

Gli hanno fatto un bel regalo **per il matrimonio.** (*purpose*)	*They gave them a lovely gift for their wedding.*
Il padre lo fa **per** amore. (*motivation*)	*The father does it for love.*
Sono stati fidanzati **per cinque anni.** (*duration*)	*They were engaged for five years.*
Subito dopo il matrimonio, sono partiti **per le Hawaii.** (*destination*)	*Right after the wedding they left for Hawaii.*
Hanno trovato un albergo perfetto **per poco.** (*value*)	*They found a perfect hotel for a great price.*
Lui preferiva andare in Sardegna, ma è andato alle Hawaii **per accontentarla.** (*goal*)	*He would have preferred to go to Sardinia, but he went to Hawaii to make her happy.*

J Le preposizioni *tra* e *fra*

Tra and **fra** are interchangeable. Both are used to express future time, comparisons, locations, and approximate values.

Partiranno **fra una settimana.** (*future time*)	*They will be leaving in a week.*
La compagnia aerea che hanno scelto è **tra le migliori.** (*comparison*)	*The airline they chose is among the best.*
Il paese che visitano si trova **fra Siena e Perugia.** (*location*)	*The small town they will visit is between Siena and Perugia.*
I biglietti costavano **tra i 300 e i 400 euro.** (*value*)	*The tickets cost between 300 and 400 euros.*

A. Liberi di scegliere. Completa con la preposizione corretta scegliendo tra **a** e **di**.

Molte coppie _____ oggi preferiscono convivere anziché (*rather than*) sposarsi ma questa preferenza può creare problemi specialmente in caso _____ malattia o _____ eredità. In molti Paesi, in caso di morte, l'eredità spetta (*is due*) solo _____ uno o più eredi legittimi. Le coppie _____ fatto dello stesso sesso o _____ sesso diverso continuano _____ non avere un riconoscimento legale. In Italia le coppie di fatto spingono per arrivare _____ una forma di riconoscimento simile _____ quella di altri Paesi, come l'Olanda o la Spagna, ma ancora oggi non sono riuscite _____ ottenere gli stessi benefici che spettano ad una famiglia tradizionale.

B. Aforismi sulle donne e sugli uomini. Completa con la preposizione corretta scegliendo tra **in, su, tra** e **da**.

1. Era triste perché era amato *da* tante persone, ma non era l'amore di nessuno. *Diario di Anna Frank*
2. *In* guerra e *in* amore tutto è lecito.
3. Ah! La forza delle donne deriva *da* qualcosa che la psicologia non può spiegare. Gli uomini possono essere analizzati, le donne… solo adorate. *O. Wilde*
4. Vorrei avere nella mia casa: una donna ragionevole, un gatto che passi _____ i libri, degli amici in ogni stagione senza i quali non posso vivere. *Guillame Apollinaire*
5. La ragione umana, che è tutto men che pura, avendo una prospettiva limitata trova ad ogni passo nuovi problemi _____ risolvere. *Karl Marx*
6. Il meglio del meglio non è vincere cento battaglie _____ cento, bensì sottomettere il nemico senza combattere. *Sun Tzu*
7. Un uomo *tra* le braccia della donna amata non è più cosciente né del mondo interiore, né di quello esteriore. *Upanishad, testo indiano*
8. Quale governo è il migliore? Quello che c'insegna a governarci *da* soli. *Wolfgang Goethe*

C. Oggi sposi! Scegli la forma corretta della preposizione semplice.

_____ (Per / Tra) lui e lei c'è molto rispetto e affetto. Lui lavora _____ (a / in) tempo pieno _____ (per / di) una ditta _____ (di / in) informatica. Lei è manager di un negozio _____ (a / in) centro. _____ (A / Da) casa, tutti e due fanno le faccende domestiche. Hanno deciso _____ (da / di) sposarsi _____ (su / in) luglio _____ (a / in) un giardino _____ (di / tra) una bellissima villa rinascimentale _____ (in / su) una collina. Dalla collina si possono vedere il centro storico e il mare. Dopo il matrimonio, andranno _____ (su / in) luna di miele _____ (da / a) Maui ma prima _____ (da / di) pensare a quello, ci sono moltissime cose _____ (per / da) fare.

D. Sogno ad occhi aperti. A coppie, parlate della signorina. A che cosa pensa? Dove va? Con chi? A trovare chi? Create quante frasi possibili per descrivere la scena usando preposizioni semplici.

E. Amore a prima vista. Scegli la forma corretta della preposizione semplice o articolata.

Luca e Laura si sono appena conosciuti ma si amano già tantissimo. Purtroppo lui abita _____ (a / in) Milano e lei vive _____ (a / in) Toscana, _____ (a / in) un paesino vicino _____ (a / di) Lucca. Due volte _____ (al / del) mese Luca va _____ (in / per) treno _____ (a / di) trovarla e gli altri due fine settimana Laura chiede _____ (a / ai) suoi genitori la macchina _____ (per / a) poter andare a Milano. Quando si incontrano, parlano _____ (a / del) loro futuro e discutono _____ (dei / nei) valori che sono importanti _____ (per / di) una coppia. A Milano, vanno spesso _____ (in / da) un piccolo bar e bevono tè freddo mentre si guardano _____ (negli / sugli) occhi e sognano un poco. Quando sono _____ (con / da) Laura, i due preferiscono andare _____ (sulle / dalle) spiagge toscane e guardare il mare apprezzando felici il sole e la brezza marina. Pensano _____ (di / a) trasferirsi presto _____ (dalla / nella) stessa casa dove potranno _____ (tra / in) poco tempo cominciare _____ (di / a) costruire giorno dopo giorno la loro vita di coppia.

F. La mattina di Lucia. Racconta la mattina di Lucia ricordando di usare le preposizioni semplici o articolate corrette in ogni frase.

ESEMPIO Lucia si alza _____ letto _____.

Lucia si alza **dal** letto **alle 6:30 del mattino.**

1. Fa colazione _____ cucina _____.

2. Si lava i denti _____ lo spazzolino _____.

3. Esce _____ casa _____.

4. Entra _____ macchina _____.

5. Lucia arriva _____ ufficio _____.

6. Legge le notizie *in* giornale _____ *alle nove*.

7. Lavora *su* computer _____.

8. Beve un caffè _____ i colleghi _____.

9. Risponde _____ telefono _____.

10. Mangia una pizza *nella* pizzeria «Bella Italia» _____.

11. Esce _____ pizzeria _____.

G. Tutti lavorano. Completa con la forma corretta della preposizione semplice o articolata.

1. In anni recenti gli uomini hanno cominciato _____ lavorare _____ casa.
2. Il ruolo _____ donna è fondamentale _____ l'economia del Paese.
3. Per avere una vita dignitosa, la famiglia italiana deve contare _____ almeno due stipendi.
4. _____ fine degli anni '70 la famiglia tipica italiana era formata _____ genitori e _____ due figli.
5. _____ futuro aumenterà il numero _____ persone che lavora part-time.
6. Una ragazza madre deve dividersi _____ le responsabilità _____ famiglia e quelle _____ lavoro.
7. Spesso i genitori _____ antica non accettano le idee _____ loro figli.
8. _____ società moderna uomini e donne hanno le stesse opportunità _____ lavoro.
9. Le leggi _____ famiglia hanno permesso numerosi miglioramenti _____ vita _____ donne.
10. Il lavoro _____ un ragazzo padre comincia _____ 6:00 _____ mattino e non finisce prima _____ mezzanotte.

H. Pochi figli. Completa il seguente brano tratto dal *Corriere della Sera* scegliendo la forma semplice o articolata delle preposizioni.

Meglio i figli o la carriera? Le donne _____ (con / di) un figlio piccolo lavorano _____ (in / nel) 47% _____ (ai / dei) casi. Ma le differenze _____ (tra / dal) Nord e Sud sono enormi: _____ (in / nelle) regioni settentrionali le mamme che vanno _____ (in / all') ufficio sono il 63%, _____ mentre (al / nel) Mezzogiorno la percentuale si dimezza. _____ (Con / Tra) le donne che ricoprono incarichi (*occupy jobs*) _____ (di / da) dirigenti, rivela l'Eurispes*, quasi il 30% ha però rinunciato _____ (a / ai) figli _____ (dell' / per) avanzare _____ (nel / sul) lavoro. Così gli asili si svuotano: il numero _____ (di / dei) figli _____ (alla / per) donna è sceso _____ (dal / al) 2,42% del 1970 _____ (dall' / all') 1,19% di oggi.

---

*Istituto di Studi Politici, Economici e Sociali

👥 **I. Bambini in cucina.** A coppie, descrivete il disegno che vedete qui accanto. Dove sono i bambini? Cosa dicono alla madre? Cosa fa la madre? Cosa dice la madre ai bambini? Create quante frasi possibili per descrivere la scena usando preposizioni semplici e articolate.

Ⅲ Altre preposizioni

Other common prepositions and prepositional phrases include the following:

davanti a *in front of*	intorno a *around*	salvo *except*
di fronte a *in front of*	invece di *rather than;*	sopra (di) *above*
durante *during*	*instead of*	sotto (di) *under*
eccetto *except*	lontano da *far from*	tranne *except*
fino a *until*	lungo *along*	verso *toward*
insieme con / a	presso *for; at*	vicino a *close to*
together with	prima di *before*	

Maria ha trovato un nuovo lavoro **presso** un avvocato.

Maria found a new job (working) for a lawyer.

Ci sono molti negozi **lungo** l'Arno.

There are many shops along the Arno River.

PRATICA

Un nuovo lavoro. Completa con la preposizione adatta. Usa ogni preposizione una volta sola.

vicino	fino a	invece di	lontano
di fronte	insieme con / a	lungo	durante
tranne	intorno	presso	

Monica ha finalmente trovato lavoro _____ un avvocato. Per un anno non ha trovato niente ma _____ questo periodo lei è rimasta ottimista. _____ deprimersi (*get discouraged*), ha continuato la sua ricerca _____ quando ha telefonato all'avvocato con cui lavora. Adesso Monica lavora _____ lui e ad altre due avvocatesse. Il loro ufficio non è _____ dal tribunale ma è in centro, _____ a un bar famoso dove va a prendere un buon aperitivo dopo il lavoro. _____ all'ufficio c'è anche il teatro municipale dove fanno concerti quasi tutta l'estate _____ il mese d'agosto. Il teatro si trova _____ l'Arno e lì _____ ci sono tanti bei negozi. Insomma, Monica ha aspettato tanto per trovare un buon lavoro ma ne è valsa la pena!

Biblioteca 2000

 Web Links

DISTINGUISHING THE MAIN IDEA FROM SUPPORTING DETAILS

In a well-written expository paragraph, the first or topic sentence orients the reader and establishes the main idea. The rest of the paragraph elaborates on and supports the main idea with relevant detail and extensions of the central premise. When you read in Italian, distinguishing the main idea from the supporting details will help your comprehension.

In narrative writing, however, as in the case of the story you are about to read, *L'Agnese va a morire*, the subject, setting, and characters are revealed less directly in the course of telling a story.

PRE-LETTURA

A. Nel racconto che stai per leggere, Agnese partecipa alla Resistenza ai fascisti durante la Seconda guerra mondiale. Fino al 1943 la partecipazione alla guerra era insolita per una donna. Visto che questo racconto descrive un momento storico, il passato remoto è usato al posto del passato prossimo. Ricorda che la forma è differente da quella del passato prossimo ma il significato è lo stesso.

Scorri la lettura e cerca di determinare l'idea principale in ogni paragrafo. Scegli la frase che rappresenta meglio l'idea principale.

1. [Agnese] stava appoggiata[1] al muro, e aveva paura. Da un pezzo lavorava per i partigiani[2], ma il Comandante non lo conosceva. Sapeva che lo chiamavano «l'avvocato», che era uno istruito, un uomo della città che aveva sempre odiato i fascisti, e per questo era stato in prigione, e poi in Russia e in Ispagna. E adesso aveva una grande paura di lui, della sua voce quasi dolce, delle parole che avrebbe pronunciato. Certo doveva sgridarla[3] per il suo gesto pazzo che distruggeva uno stato di quiete e di sicurezza. Lei aspettava il rimprovero[4] da quando era entrata, e il ritardo aumentava il suo orgasmo[5]. […] Poi il Comandante parlò ed a lei parve di ascoltarlo in sogno. […] «Clinto, la mamma Agnese viene con noi.»

---

1. leaning against   2. partisans   3. to scold her   4. reprimand   5. agitation

    a. _____ il Comandante che odiava i fascisti
    b. _____ i pensieri dell'Agnese partigiana

Terra di vitelloni e casalinghe?   **85**

2. In una delle tre barche, seduta tra Clinto, il Comandante e altri due partigiani, l'Agnese a un tratto ebbe voglia di parlare. Ma tutti stavano zitti, e lei strinse sotto il mento[1] il nodo del fazzoletto[2], e fissò l'acqua torbida, piena di erbe marce[3]. Un brivido d'aria corse sulle terre basse: il cielo si faceva bianco, era l'alba fredda della valle. Il rematore[4] spinse forte il paradello[5] contro il fondo, la barca andò veloce. Erano ormai lontani dall'argine[6], nascosti nei canneti[7]; la casa non si vedeva più.

---

1. chin   2. handkerchief   3. rotten   4. oarsman   5. oar   6. embankment   7. reed thicket

    a. _____ un viaggio in barca
    b. _____ la casa lontana

3. Si udirono allora rombi e scoppi[1] distanti: «Si svegliano,» disse Clinto. «Siamo venuti via in tempo.» L'Agnese sussurrò: «Mi dispiace.» «Vi dispiace di aver ammazzato il tedesco?» disse Clinto, e il Comandante si mise a ridere. L'Agnese li osservò con timidezza: «Mi dispiace che si sia dovuto lasciare il posto.» Arrossì un poco, la voce si fece più ferma: «Ma del tedesco non mi importa, e neppure che mi abbiano bruciata la casa, e di non avere che un vestito addosso. Volevo ammazzarli quando vennero a portare via mio marito, perché lo sapevo che l'avrebbero fatto morire, ma non fui buona di muovermi. Invece ieri sera è venuto il momento.»

---

1. **rombi...** explosions

    a. _____ la decisione di Agnese
    b. _____ uno scontro tra partigiani e tedeschi

B. Donne soldato. Anche se, fin dai tempi di Giovanna D'Arco (*Joan of Arc*), esistono delle donne che hanno provato il loro valore in combattimento, fino a pochi anni fa le donne italiane non potevano arruolarsi (*enlist*) nell'esercito o seguire la carriera militare. Infatti, ancora oggi in molti Paesi è proibito. Prima di leggere il seguente brano, rispondete in classe alle seguenti domande.

1. Perché tradizionalmente, secondo voi, alle donne non è stato permesso entrare nell'esercito?
2. Secondo voi, è giusto che le donne facciano le soldatesse? È giusto che gli uomini facciano i soldati? Perché?
3. Per le ragazze in classe: vi arruolereste nell'esercito?
4. La guerra rende la gente capace di fare cose che non potrebbe fare in tempi di pace? Perché?

L'Agnese va a morire

RENATA VIGANÒ

Renata Viganò (Bologna, 1900–1976) partecipa alla Resistenza con il marito. Il ricordo
della guerra partigiana ritornerà in tutti i
suoi scritti più conosciuti tra cui
Matrimonio in brigata (1976) e il bestseller
L'Agnese va a morire, vincitore del Premio
Viareggio (1949), tradotto in 13 Paesi e da
cui è stato tratto l'omonimo film di Giuliano
Montaldo con Ingrid Thulin.

In questo breve passo de L'Agnese va a morire, *troviamo
la protagonista che deve incontrarsi per la prima volta
con il Comandante del gruppo partigiano con cui si era
impegnata e che qui decide di farla aggregare a loro.
Agnese, dopo aver ucciso un tedesco, aveva dovuto lasciare la sua casa che in precedenza era servita ai partigiani come rifugio sicuro ma che ora non lo sarebbe più
stato. Per questo Agnese si sente in colpa.*

Gruppo di partigiani ascolta gli ordini del comandante.
Le donne ricoprirono un ruolo importantissimo nella
Resistenza italiana contro i nazi-fascisti.

«Sono stata io. Ho ammazzato[1] un tedesco.» […]
Stava appoggiata[2] al muro, e aveva paura. Da un
pezzo lavorava per i partigiani[3], ma il Comandante
non lo conosceva. Sapeva che lo chiamavano «l'avvocato», che era uno istruito, un uomo della città che
aveva sempre odiato i fascisti, e per questo era stato in
prigione, e poi in Russia e in Ispagna. E adesso aveva
una grande paura di lui, della sua voce quasi dolce,
delle parole che avrebbe pronunciato. Certo doveva
sgridarla[4] per il suo gesto pazzo che distruggeva uno
stato di quiete e di sicurezza. Lei aspettava il rimprovero[5] da quando era entrata, e il ritardo aumentava
il suo orgasmo[6]. Nella stanza sembrò che non ci fosse
più nessuno. Poi il Comandante parlò, ed a lei parve di
ascoltarlo in sogno. Disse proprio così: «Clinto, la
mamma Agnese viene con noi.»

[…] In una delle tre barche, seduta tra Clinto, il
Comandante e altri due partigiani, l'Agnese a un

tratto ebbe voglia di parlare. Ma tutti stavano zitti, e
lei strinse sotto il mento[7] il nodo del fazzoletto[8], e
fissò l'acqua torbida, piena di erbe marce[9]. Un brivido
d'aria corse sulle terre basse: il cielo si faceva bianco,
era l'alba fredda della valle. Il rematore[10] spinse forte
il paradello[11] contro il fondo, la barca andò veloce.
Erano ormai lontani dall'argine[12], nascosti nei canneti[13]; la casa non si vedeva più.

Si udirono allora rombi e scoppi[14] distanti: «Si
svegliano,» disse Clinto. «Siamo venuti via in tempo.»
L'Agnese sussurrò: «Mi dispiace.» «Vi dispiace di aver
ammazzato il tedesco?» disse Clinto, e il Comandante
si mise a ridere. L'Agnese li osservò con timidezza: «Mi
dispiace che si sia dovuto lasciare il posto.» Arrossì un
poco, la voce si fece più ferma: «Ma del tedesco non mi
importa, e neppure che mi abbiano bruciata la casa, e
di non avere che un vestito addosso. Volevo ammazzarli
quando vennero a portare via mio marito, perché lo
sapevo che l'avrebbero fatto morire, ma non fui buona
di muovermi. Invece ieri sera è venuto il momento.»

---

1. killed   2. leaning against   3. partisans   4. to scold her   5. reprimand   6. agitation   7. chin   8. handkerchief
9. rotten   10. oarsman   11. oar   12. embankment   13. reed thicket   14. **rombi...** explosions

Rivide finalmente nella memoria la sua cucina scura, il soldato grasso appoggiato alla tavola, risentì nel cervello, nelle braccia quell'onda di forza e di odio che l'aveva buttata nell'azione. Non si pentiva più. Le sembrò di essere calma, quasi contenta.

Il partigiano del paradello si piegò avanti, remando[15]. Disse: «Ma come hai fatto, compagna? Gli hai sparato[16]?» L'Agnese afferrò per la canna[17] il mitra[18] che Clinto teneva fra le ginocchia, lo sollevò, rispose: «Io non so sparare. Gli ho dato un colpo così.» Fece l'atto, poi rimise piano piano il mitra sul sedile. La sua vecchia faccia era immobile, contro il chiaro dell'alba. Tutti, nella barca, guardavano quelle grandi mani distese[19].

---

15. rowing   6. **hai...** you shot   17. gun barrel   18. machine gun   19. stretched out

COMPRENSIONE

A.   Pensa ad alcuni aggettivi che possono descrivere Agnese. Scrivi gli aggettivi che ti vengono subito in mente e poi presentali alla classe.

B.   Qual è la reazione di Agnese davanti al Comandante? Trova esempi nel testo per motivare le tue osservazioni.

C.   Parla del carattere di Agnese rispetto a quello che ha fatto. Come si sente dopo aver raccontato l'episodio al Comandante? Il suo comportamento rispecchia il suo carattere?

D.   Sei d'accordo con le azioni di Agnese? Se fossi stato/a al posto di Agnese, cosa avresti fatto?

E.   La descrizione fisica di Agnese viene data nell'ultimo paragrafo del brano. Come l'avevi immaginata prima di leggere la descrizione?

F. Seguire la coscienza.   Durante il corso della vita, ognuno (come Agnese) ha bisogno di seguire la propria coscienza nonostante quello che fanno e dicono gli altri. Dove e quando hai dovuto prendere una posizione o difendere una tua convinzione? Secondo te, qualche volta è difficile difendere la propria posizione se non è proprio quella condivisa dai più? Racconta ad un tuo compagno / una tua compagna di classe un episodio in cui tu ti sei ritrovato/a in una situazione simile.

Di propria mano

WRITING A REACTION PAPER

A reaction paper reports your thoughts about and emotional responses to an article or story you've read, a play or film you've seen, or an event you've attended. The paper details your responses, and in doing so describes and assesses the work in question. A reaction paper calls for (1) attentiveness to the piece in question when you first encounter it, (2) a careful account of your initial reactions supported by specific references to the piece, and (3) a more considered final assessment.

When writing any description of a sequence, transition words are useful to organize your account and make it flow gracefully. The following transition words may be useful.

all'inizio *in the beginning*	ad un tratto *all of a sudden*
prima *first*	per questo *for this* (*reason*)
prima di + infinito *before ...-ing*	quindi *therefore, then*
secondo *second*	siccome *since*
poi *then, next*	così *like this, this way; thus*
dopo *after*[1]	infine *finally*
dopo di che *after that*	alla fine *in the end*
in seguito *following that*	

(1) Dopo essersi presentata al comandante, non si sono più scambiati una parola.

P R E - S C R I T T U R A

Rifletti su quello che hai letto in *L'Agnese va a morire* e scrivi le tue reazioni alle seguenti domande.
1. Che cosa ti ha colpito di più della lettura? Cita un esempio dalla lettura che lo dimostra.
2. Che tipo di sentimenti ti ha provocato questa lettura?
3. Ti piacerebbe leggere tutto il libro? Perché sì o no?

S C R I T T U R A

Usando le informazioni raccolte e le tue opinioni, scrivi le tue reazioni alla lettura del passo (*passage*), tenendo presente la seguente organizzazione ed utilizzando le parole di transizione per rendere il tuo testo scorrevole. Organizzati in questo modo:

Writing
Tips

1. una breve introduzione che presenti l'argomento principale della lettura e le reazioni che essa ti ha provocato
2. la descrizione di uno o più passi che più ti hanno colpito e il motivo per cui hai scelto quel passo / quei passi
3. una conclusione che esprime il tuo giudizio finale sulla lettura in questione

BLOCK NOTES

In questo capitolo hai scoperto altre possibili differenze e somiglianze importanti tra il tuo Paese e l'Italia. Continua a scrivere le tue osservazioni sui costumi italiani. Alcuni punti da considerare:

1. Pensi che le donne e gli uomini italiani abbiano gli stessi doveri e diritti delle donne e degli uomini nel tuo Paese?
2. Che cosa dovrebbe ancora cambiare in Italia per arrivare ad una vera e propria parità? E nel tuo Paese?
3. Solo a partire dal 2001 l'Italia ha aperto le porte dell'esercito alle donne. Qual è la tua posizione e quella del tuo Paese rispetto a questo argomento?
4. La vita di uomini e donne in Italia è cambiata notevolmente in questi ultimi anni per quanto riguarda la famiglia e il lavoro. Quale pensi sia stato il cambiamento più importante?

NEL MONDO **DEI GRANDI**

Premio Nobel per la medicina: *Rita Levi-Montalcini*

Rita Levi-Montalcini, scienziata italiana di fama internazionale, Premio Nobel per la medicina, nasce a Torino il 22 aprile del 1909. Frequenta la facoltà di medicina presso[1] l'Università degli studi di Torino dove inizia la sua ricerca[2] sul sistema nervoso, che avrebbe poi caratterizzato tutta la sua carriera. Laureatasi[3] nel 1936, gli inizi della sua professione non sono certo facili. Solo due anni più tardi, infatti, le leggi razziali[4] promulgate[5] dal governo fascista, la costringono a rifugiarsi[6] in Belgio, dove comunque, unitamente al suo professore universitario Giuseppe Levi, anche lui ebreo[7], continua nelle sue ricerche. I suoi studi sul sistema nervoso attirano l'attenzione degli Stati Uniti e nel 1947 è invitata a continuare il suo lavoro presso la Washington University in Missouri: Rita Levi-Montalcini accetta e continuerà a lavorare oltre oceano fino al 1977, quando poi torna in Italia dove continuerà la sua ricerca per molti anni. Proprio in America scopre il fattore di crescita nervoso[8] sul quale poi concentrerà tutto il suo interesse. Questa scoperta è la ragione per cui nel 1986, insieme allo statunitense Stanley Cohen, riceve il Premio Nobel per la medicina. Nel 2001 è nominata senatore a vita dal presidente della Repubblica Carlo Azeglio Ciampi. Rita Levi-Montalcini è anche fortemente impegnata in campo sociale: tra le sue battaglie si devono ricordare quella contro le mine anti-uomo[9], quella per la prevenzione delle guerre legate allo sfruttamento[10] delle risorse naturali e quella per la responsabilità degli scienziati verso la società. Nel 1998 ha anche fondato la sezione italiana di Green Cross International, organizzazione umanitaria oggi riconosciuta dalle Nazioni Unite.

---

1. at   2. research   3. graduated   4. racial laws   5. enacted   6. find refuge   7. Jewish
8. Nerve Growth Factor   9. land mines   10. exploitation

TRACCE DI RICERCA

Web
Links

Le leggi razziali
Scienziati italiani all'estero
Sezione italiana di Green Cross International

CD 1
24–28

abituarsi *to get used to*
ad un tratto *all of a sudden*
all'antica *old-fashioned*
all'inizio *in the beginning*
alla fine *in the end*
allontanarsi *to go away from*
anello *ring*
appoggiare *to support*
arrossire *to blush, turn red*
asciugatrice (*f.*) *clothes dryer*
asciutto *dry*
asilo *pre-school*
assomigliare *to be like*
atteggiamento *attitude*
avvicinarsi *to approach*
badare *to pay attention to*
bebè *baby*
beneficio *benefit*
brezza *breeze*
casalinga *housewife*
cervello *brain*
comune (*m.*) *city hall*
condividere (*p.p.* condiviso) *to share*
convivenza *cohabitation*
convivere (*p.p.* convissuto) *to live together*
coppia di fatto *committed couple living together without the benefits of a legal union*
così *like this, this way, thus*
costringere (*p.p.* costretto) *to force, to compel*
davanti a *in front of*
dettame *dictate*
di fronte a *in front of*
dichiarare *to declare*
dimezzare *to cut in half*
disperato *desperate*
divieto (di sosta) *no parking*
divisa *uniform*
divorziare da *to divorce*
dopo *after*
dopo di che *after that*
durante *during*
eccetto *except*
elettrodomestico *appliance*
erede (*m./f.*) *heir*
eredità *inheritance*
esercito *army*
estinzione *extinction*
faccende domestiche (*f. pl.*) *household chores*
fare il bucato *to do laundry*

femminista (*f./m.*) *feminist*
ferro da stiro *iron*
fidarsi *to trust*
fino a *until*
giudizio *judgment*
in cattive acque *in hot water*
in fretta e furia *in a real hurry*
in seguito *following that*
infine *finally*
innanzitutto *above all*
insieme a / con *together with*
insolito *unusual*
intendersi (*p.p.* inteso) *to be an expert*
intorno a *around*
invece di *instead of, rather than*
lavare i piatti *to wash the dishes*
lavastoviglie (*f.*) *dishwasher*
lavatrice (*f.*) *washer*
lavoro a tempo pieno *full-time work*
lavoro part-time *part-time work*
lecito *permissible*
litigare *to fight, to argue*
lontano da *far from*
lotta *struggle, fight*
luna di miele *honeymoon*
lungo *along*
mani vuote (*f. pl.*) *empty handed*
manutenzione *maintenance*
maschilista *male chauvinist*
Mezzogiorno *southern Italy*
mollare *to let go*
notevolmente *remarkably, considerably*
omonimo *having the same name*
opporre (*p.p.* opposto) *to oppose*
occuparsi di *to be responsible for*
paradello *oar*
pari opportunità (*f. sing. or pl.*) *equal opportunity, opportunities*
parità *equality*
peccato *sin*
pentirsi *to repent*
per questo *for this (reason)*
poi *then, next*
prendersi cura di *to take care of*
presso *for, at*
prima *first*
prima di *before*
prima di + infinito *before -ing*
puzzare *to stink*
quindi *therefore, then*
ragazza madre *young unwed mother with primary care of children*

ragazzo padre *young unwed father with primary care of children*
recuperare *to recover*
ribellarsi *to rebel*
rifiutare *to refuse, to reject*
riguardo a *with regard to*
rispecchiare *to reflect*
rispetto *respect*
routine (*f.*) *routine*
salvo *except*
scappare *to escape, to get away*
scorrere (*p.p.* scorso) *to scroll*
scorrevole *flowing*
secondo *second*
separarsi *to separate*
siccome *since*
sigla *acronym (e.g., ASUC Associazione Uomini Casalinghi)*
soldatessa *female soldier*
soldato *male soldier*
sopra (di) *above*
sopruso *imposition, injustice*
sotto (di) *under*
sottomettere (*p.p.* sottomesso) *to subject*
sposarsi *to marry*
stipendio *salary, wages*
stirare *to iron*
sussurrare *to whisper*
svuotare *to empty*
tagliare l'erba *to mow the lawn*
tranne *except*
tulipani *tulips*
uguaglianza *equality*
valere (la pena) (*p.p.* valso) *to be worth it*
vergognarsi *to be ashamed of*
verso *toward*
vicino a *close to*
vigilessa *(traffic) policewoman*
vigile *(traffic) policeman*
vitellone (*m.*) *self-indulgent young man*
voler bene a *to be fond of, to love*

Le vostre parole

Internet Café

INDIRIZZO: http://college.hmco.com/pic/ponti2e

ATTIVITÀ: Rock... italianissimo

IN CLASSE: Porta in classe una foto del cantante o gruppo che hai scelto. Mostrala alla classe e spiega perché ti ha colpito in modo particolare. Oppure porta il titolo e il testo di una canzone e spiega, secondo te, qual è il messaggio.

Web Search Activity

PER COMUNICARE

Fare richieste e suggerimenti

Impartire ordini

Parlare di musica e di musicisti

O sole mio?

Luciano Ligabue, il re del rock italiano.

●●○ Oltre Ponti

MUSICA:

- Ron: «Una città per cantare»
- Ligabue: «Tra palco e realtà»
- Ligabue: «Non dovete badare al cantante»
- Jovanotti: «Ciao mamma»
- E. Bennato: «Sei come un jukebox»
- E. Finardi: «Musica ribelle»
- E. Finardi: «La radio»

FILM & ALTRI MEDIA:

- Ligabue: *Radiofreccia*
- Ligabue: *Da zero a dieci*
- Battiato: *Perduto amor*

O sole mio?

borders (of a country)

La musica italiana che spesso arriva fuori dai confini° del Paese non rappresenta affatto i veri gusti musicali degli italiani e soprattutto dei giovani. Canzoni storiche come «Volare» e «O sole mio» fanno parte del patrimonio musicale italiano, ma sono lontanissime da quello che negli ultimi trent'anni è stato prodotto, cantato e ballato dai giovani di quelle generazioni. Nonostante la presenza continua delle vecchie canzoni nelle pubblicità e nei film, il panorama della musica italiana è molto più complesso.

si... one witnesses

Dopo le influenze inglesi e americane negli anni '60 con l'arrivo della musica rock, si assiste° alla proliferazione di numerosi gruppi e solisti, imitatori di quella nuova tendenza e di quel nuovo look. Il primo passo per uscire dalla stereotipica musica italiana o dall'emulazione di artisti stranieri viene fatto dai cantautori°, artisti che affrontano nei loro testi le problematiche della vita e società italiane per un pubblico non solo fatto di giovani. Da Guccini a Dalla, da Venditti a De Gregori insieme a tantissimi altri, comincia così l'era della canzone d'autore italiana che continua, ancora ai nostri giorni, a portare nelle piazze e negli stadi migliaia di vecchi e nuovi ammiratori.

singer-songwriters

periodo... period of apprenticeship

Passato il periodo d'apprendistato°, i cantautori stessi, nel giro degli ultimi vent'anni, hanno cominciato a curare con maggiore attenzione la parte musicale delle loro canzoni. Dagli anni ottanta e fino ai nostri giorni, accanto alla canzone d'autore e a quella melodica sono rappresentati quasi tutti i generi musicali: dal jazz di Paolo Conte al rhythm & blues di Zucchero, dal rap del primo Jovanotti all'hip hop di Frankie Hi-nrg, dallo swing di Paolo Belli al rock di Gianna Nannini, Ligabue, Vasco Rossi e tanti altri.

Possiamo affermare che oggi si ascolta ancora molta musica anglo-americana, ma allo stesso tempo i giovani italiani possono apprezzare un prodotto «made in Italy» che va incontro ai° loro gusti.

va... agrees with

Zucchero in concerto.

1. Cosa pensa l'autore di canzoni quali «O sole mio» e «Volare»? Conosci i titoli di altre canzoni italiane? Conosci qualche cantante o gruppo musicale italiano?
2. Che cos'è un cantautore? Esistono cantautori anche nel tuo Paese? Ricordi alcuni nomi?
3. Quali sono i tipi di musica che è possibile ascoltare in Italia? Che tipo di musica ascolti? Ascolti musica straniera?
4. Basandoti su quanto hai potuto vedere nello svolgere l'attività Web, qual è la tua impressione sulla musica italiana?

ACE Video Activity

Lessico.edu

CD 1
29–32

La canzone

il CD *CD*
comporre *to compose*
la copertina *cover*
il disco *record*

il ritmo *rhythm*
il ritornello *refrain*
lo spartito *score*
lo stereo *stereo system*

il suono *sound*
il testo *lyrics*
il video musicale *music videoclip*

In concerto

l'amplificatore (*m.*) *amplifier*
applaudire *to applaud*
il biglietto *ticket*
il buttafuori *bouncer*
il camerino *dressing room*
il / la cantante *singer*
il cantautore / la cantautrice *singer-songwriter*
le casse *speakers*

il complesso / il gruppo *band*
il / la corista *singer in a chorus, backup singer*
essere in tournée *to be on tour*
il / la fan *fan*
fischiare *to boo* (literally, *to whistle*)
le luci *lights*

il microfono *microphone*
il / la musicista *musician*
il palcoscenico *stage*
il pubblico / gli spettatori *audience*
lo spettacolo *show*
lo stadio *stadium*
il volantino *flyer*

Gli strumenti

il basso *bass guitar*
la batteria *drums*
la chitarra *guitar*
la fisarmonica *accordion*
il flauto *flute*

il mandolino *mandolin*
il pianoforte *piano*
il sassofono *saxophone*
il tamburello *tambourine*
la tastiera *keyboard*

la tromba *trumpet*
il violino *violin*
il violoncello *cello*

Altre parole ed espressioni utili

abbassare il volume *to turn down the sound*
accordare *to tune*
alzare il volume *to turn up the sound*
avere orecchio *to have an ear for music*

ballare una canzone *to dance to a song*
il discografico *person in the record industry*
la discoteca *disco*
essere intonato/a *to have good pitch*

essere stonato/a *to be tone-deaf*
farsi fare un autografo *to get an autograph*
melodico/a *melodic*
musicale (*adj.*) *musical*
le prove *rehearsal*

PRATICA

A. Le parole della musica. Collega le definizioni della prima colonna alle parole corrispondenti.

1. Le parole di una canzone
2. Il luogo dove si balla
3. La persona che scrive le parole delle sue canzoni
4. Il luogo dove il cantante si prepara
5. La persona che protegge il cantante dai fan
6. Lo fanno gli spettatori quando sono scontenti

a. fischiare
b. il camerino
c. la discoteca
d. il buttafuori
e. il testo
f. il cantautore

B. Il super fan di Jovanotti. Completa il racconto con le seguenti parole.

testi ~~CD~~ look concerto ~~musicale~~
melodici cantante ~~stadio~~ ~~ballare~~

Ieri sera io e Luca siamo andati a un _concer_ di Jovanotti. Siamo usciti di casa alle 17:00 e siamo arrivati allo _Stadio_ Olimpico di Roma poco prima delle 18:00. C'erano già tantissimi ammiratori dell'unico vero _cantante_ rap italiano. Forse esagero, ma amo troppo Jovanotti! Nella mia collezione a casa ho tutti i suoi _CD_. I _testi_ delle sue canzoni sono la cosa più importante: i giovani come me possono riconoscersi nelle sue parole, cantarle con lui e sentirle proprie. Ma anche la parte _musicale_ mi fa impazzire. Non posso evitare di _ballare_ ogni volta che lo sento cantare «Ciao Mamma» o «Ragazzo fortunato». Lui ha davvero molto talento. L'anno scorso mio padre mi aveva portato a vedere Andrea Bocelli ma è stata una cosa molto diversa. Prima di tutto era in un teatro e poi non mi piacciono gli artisti troppo _melodici_. E poi che noia: tutti erano vestiti allo stesso modo. Qui, invece, tutti hanno un _look_ diverso ma so che sono tutti come me. Tutti con un cuore che batte per lui, l'unico, Jovanotti!

Moltissima energia sul palcoscenico del primo rapper italiano Jovanotti.

C. Gli strumenti.   Ad ogni genere musicale è possibile far corrispondere strumenti che sono necessari per quel tipo di musica. In gruppi di tre, pensate di formare un vostro complesso. Dopo aver elencato gli strumenti necessari ad un complesso rock, ad un complesso country ed ad un complesso jazz, scegliete gli strumenti per il vostro complesso. Presentatevi alla classe indicando gli strumenti usati da ognuno di voi, il nome del vostro gruppo e il titolo della vostra canzone più popolare.

gruppo rock	gruppo country	gruppo jazz	il vostro gruppo

D. Alla scoperta di nuovi talenti.   Intervistate un compagno / una compagna per scoprire le sue capacità ed i suoi interessi musicali. Aiutatevi con gli spunti offerti qui sotto senza però limitarvi ad essi.

1. se ha orecchio e se è intonato/a
2. se suona uno strumento (quale, da quanto tempo, che tipo di musica, ecc.)
3. se non sa suonare uno strumento, se gli / le piacerebbe imparare, quale strumento e perché

E. Le nostre parole.   Pensa a due o tre parole relative all'argomento di questo capitolo che ti sembrano importanti e che non sono presenti nella sezione lessicale. Possono essere parole provenienti dall'attività Web, parole contenute nella lettura iniziale o semplicemente parole che ti servono per comunicare meglio. Cercale sul dizionario e presentale in classe spiegando il loro significato in italiano. Poi scrivi le parole che tutti pensano siano importanti nel *Dizionarietto* alla fine del capitolo.

R A D I O P O N T I

IDENTIFYING DETAILS AND PREDICTION

In Chapter 1 you practiced determining the main idea while listening. In addition to determining the main idea, it is also important to identify supporting details. We do this when we need to ascertain more than the gist. For example, when listening to information about an event, we need to know the when as well as the what. To identify important details, try to answer the questions who?, what?, when?, where?, and why?

Prediction can help identify details. Once you know what a passage, conversation, or announcement is about, you can use your background knowledge to help you predict what kind of information might be revealed. For example, if you are listening to an announcement about an event, you can expect to learn where and when it takes place.

Another basic skill is to listen for the main idea. You do not need to understand every word the speaker says in order to get the sense of the statement. Try to determine in a general way what the speaker is talking about as well as the primary message the speaker is trying to convey. Ask yourself: What does the speaker hope to do in this conversation or announcement.

CD 1
33

Ultimi biglietti!!! Ascolta un annuncio su un concerto e decidi se le seguenti informazioni sono vere o false.

	vero	falso
1. Questa sera c'è un concerto di Vasco Rossi a Milano.	_____	_____
2. Il concerto sarà in uno stadio.	_____	_____
3. Quest'anno Vasco Rossi farà solo tre concerti.	_____	_____
4. I biglietti saranno venduti allo stadio e nei bar vicini.	_____	_____

ACE Practice
Tests,
Flashcards

SAM
workbook
activities

Studio realia   Web Links

BUON COMPLEANNO ELVIS,
LIGABUE

«Certe notti»
«Hai un momento Dio?»
«Quella che non sei»
«Un figlio di nome Elvis»

TERRA E LIBERTÀ,
MODENA CITY RAMBLERS

«Cent'anni di solitudine»
«Qualche splendido giorno»
«Danza infernale»
«Cuore blindato»

OVERDOSE D'AMORE,
ZUCCHERO

«Menta e rosmarino»
«Senza una donna»
«Madre dolcissima»
«Hai scelto me»

PRATICA

A. Copertine. Ecco tre copertine di cantanti e gruppi italiani e alcuni titoli delle loro canzoni. In gruppi di tre o quattro, pensate quale copertina si colleghi meglio al titolo dell'album e perché. Poi cercate di immaginare, con l'aiuto delle copertine, dei titoli degli album e delle canzoni, quale tipo di musica questi artisti suonino.

dimmi = tell me (handwritten)

B. La copertina del secolo. Ora, con lo stesso gruppo, immaginate di dover disegnare la copertina per il prossimo CD del vostro gruppo favorito. Valutate, per esempio, le seguenti cose.

1. l'argomento del CD (amore, politica, giovani, società, ecc.)
2. i colori della copertina
3. la grafica della copertina
4. alcuni titoli delle canzoni

Di seguito, esprimete le vostre idee su come fare la copertina usando espressioni quali **Facciamo..., Disegniamo..., Mettiamo...,** ecc. A casa, mettete in atto le vostre idee e disegnate la copertina. Portatela in classe e lasciate giudicare agli studenti la copertina migliore.

C. «Libera l'anima». Il seguente testo di Jovanotti è un invito a gustare la musica e attraverso essa liberarsi dai problemi. La musica diventa così l'unica «droga» di cui i giovani avrebbero bisogno. Leggete il testo con un compagno / una compagna e sottolineate tutti gli imperativi che trovate.

Libera l'anima[1]

Di sopra, di sotto, di lato, di fianco
di ballare questo disco non mi stanco mai
io non mi stanco mai e non ti stancherai
se tu mi seguirai «baby»
il basso gira come una trottola[2]
fammi sentire che ti piace dimmi di sì (sì)
bene bene
mi piace, mi piace così
senti questo ritmo che va   *tell me >s* (handwritten)
LIBERA L'ANIMA
Ok ok dimmi che ci sei,
fammi sentire che ti piace
grida forte Ok (ok)
Lasciati andare «baby»   *let yourself go* (handwritten)
lasciati andare
segui questo ritmo che sale
lasciati andare
segui questo ritmo che sale
non ti devi impressionare[3] se cominci a sudare[4]

farai meglio ad ascoltare e continuare a ballare
la carica[5] ti arriva attraverso le casse
passa nelle tue gambe e nelle zone più basse
poi raggiunge le braccia che si muovono in alto
e la carica passa attraverso le mani di un altro
l'energia si propaga con le onde sonore[6]
ti colpisce[7] le orecchie poi ti passa nel cuore
senti come va, senti senti senti come va
senti come va, senti senti senti come va
LIBERA L'ANIMA, LIBERA L'ANIMA
tutta la droga del mondo
non vale un grammo della mia adrenalina
LIBERA L'ANIMA, LIBERA L'ANIMA
e non è mai troppo tardi
e non è mai troppo presto
per fare quello che ho chiesto
per fare quello che ho chiesto
LIBERA L'ANIMA, LIBERA L'ANIMA
LIBERA L'ANIMA, LIBERA L'ANIMA

---

1. spirit, soul   2. spinning top   3. **non...** don't be upset   4. sweat   5. (electric) charge
6. **le onde...** sound waves   7. strikes, hits

Dopo aver letto il testo, fate una lista di tre cose suggerite dal cantautore che possono aiutare a liberare l'anima.

D. Un ritornello originale. In gruppi di tre, provate a creare un ritornello vostro. Prima dovete decidere l'argomento. Sarà l'amore, la perdita di un amore, la pace, la politica? Può essere qualsiasi argomento che vi ispiri. Poi cercate di scrivere almeno un esempio per ogni elemento.

> **ESEMPIO** **argomento:** l'amore perduto
> **il suono / la musica:** blues
> **la rima:** sei / vorrei, me / te
> **il ritornello:** Almeno nel mio sogno, abbracciami!

Formate quattro versi usando quattro parole in rima e poi aggiungete il ritornello.

> **ESEMPIO** Da due giorni non ci sei
> Ma ogni istante ti vorrei
> La tua foto qui con me
> La mia voglia qui di te
> Almeno in sogno, abbracciami!
> Almeno in sogno, abbracciami!

E. Siamo tutti cantautori! Ora in gruppi di tre, pensate a due canzoni che vorreste scrivere (una d'amore, una sociale o politica) e per ognuna scrivete almeno cinque imperativi che usereste per lanciare il vostro messaggio. Poi, presentate le vostre canzoni alla classe spiegando le ragioni per cui avete scelto quegli imperativi.

canzone d'amore	canzone sociale / politica
1. di	1. Fai
2. tieni mi	2. Pensaci
3. vieni	3. Rompelo
4. non uscia mai	4. litisa
5.	5.

CD 1
34

Una novità.   Ascolta un annuncio su un nuovo CD e completa le seguenti frasi scegliendo tra le possibilità offerte.

1. Il vero nome di Jovanotti è _____ .
   a. Lorenzo Sangue
   b. Lorenzo Cherubini
   c. Lorenzo Penelope

2. Nel CD «Buon Sangue», Jovanotti _____ .
   a. sperimenta con nuovi ritmi
   b. abbandona gli elementi della tradizione
   c. parla di MTV

3. Edoardo Bennato è _____ .
   a. una canzone di Jovanotti
   b. un cantautore italiano
   c. un video di Jovanotti

Grammatica & Co.

 I pronomi personali oggetto

There are two kinds of object pronouns: direct-object pronouns and indirect-object pronouns.

Ripasso di grammatica elementare: Aggettivi interrogativi, Pronomi interrogativi, Avverbi interrogativi

A I Pronomi oggetto diretto

pronomi oggetto diretto			
singolare		**plurale**	
mi	*me*	ci	*we*
ti	*you*	vi	*you*
La	*you (formal)*	Li (*m.*), Le (*f.*)	*you (formal)*
lo	*him, it (m.)*	li	*them (m.)*
la	*her, it (f.)*	le	*them (f.)*

1] A direct-object pronoun replaces a direct object. A direct object is the person, animal, thing, or concept that directly receives the action of a verb, answering the question "what?" or "whom?" Only transitive verbs have direct objects.

Da piccolo Mario suonava **la chitarra** ma ora non **la** suona più.	*Mario played the guitar as a child but now he doesn't play it anymore.*
—Ho visto **Mario Venuti** a Milano. Anche tu **l'**hai visto?	*I saw Mario Venuti in Milan. Did you see him too?*
—Quando farà **il suo prossimo concerto?**	*When will he give his next concert?*
—**Lo** farà tra qualche settimana.	*He'll give it in a few weeks.*

2] A direct-object pronoun precedes a conjugated verb or may attach to an infinitive. When a direct-object pronoun attaches to an infinitive, the infinitive's final -e is dropped.

—Dottor Santini, **La** posso aiutare? —Dottor Santini, posso aiutar**La**?	*Dr. Santini, can I help you?*

As language evolves, the use of capital letters with formal pronouns is less common. It is still considered to be the most accurate usage.

3] Direct-object pronouns also attach to **ecco.**

—Ha un volantino con le informazioni?	*Do you have a flyer with the information?*
—Ecco**lo.** Prendine uno!	*There it is. Take one!*

4] When a direct-object pronoun precedes a verb containing a past participle, the past participle agrees in gender and number with the third-person pronouns lo, la, La, li, Li, le, and Le. Agreement is optional with **mi, ti, ci,** and **vi.**

—Avete sentito la nuova canzone di Zucchero?	*Have you heard Zucchero's new song?*
—Sì, **l'**abbiamo sentit**a.** È bellissima.	*Yes, we heard it. It's beautiful.*
—Abbiamo visto i nuovi cantanti al concerto. Tu **li** hai vist**i?**	*We saw the new singers at the concert. Did you see them?*
—Sì, anch'io **li** ho vist**i** al concerto!	*Yes, I also saw them at the concert!*
—E **ci** hai visto / vist**i?**	*And did you see us?*
—Io **vi** ho visto / vist**i** ma non ho potuto salutar**vi** da lontano!	*I saw you, but I couldn't say hi from so far away!*

When **lo** and **la** are used before a form of **avere,** they are elided. **Li** and **le** are never elided. **Mi, ti, ci,** and **vi** are sometimes elided, especially in common speech.

Vi ho chiamati ma non **m'**avete vista!   *I called you but you didn't see me!*

5] The following common verbs take a direct object, whereas their English equivalents are followed by a preposition.

ascoltare *to listen to*

cercare *to look for; to try to*

guardare *to look at*

aspettare *to wait for*

chiedere *to ask for*

pagare *to pay (for)*

Preferisci comprare i CD o scaricarli sull'iPod?

Ho **ascoltato** il CD a casa di Gianni e poi **l'ho cercato** subito in tutti i negozi.	*I listened to the CD at Gianni's house and then I looked for it immediately in all of the stores.*

B Il pronome neutro

The pronoun **lo** meaning *it* or the demonstrative *that* can replace an entire concept.

—Quello spartito è una grande opera.	*That score is a great work.*
—Sì, **lo** è.	*Yes, it is.*
—Sapevi che è uscito il nuovo album di Adriano Celentano?	*Did you know that Adriano Celentano's new album came out?*
—No. Non **lo** sapevo.	*No. I didn't know that.*

C I pronomi oggetto indiretto

pronomi oggetto indiretto			
singolare		**plurale**	
mi	*to me*	ci	*to us*
ti	*to you*	vi	*to you*
Le	*to you (formal)*	Loro	*to you (formal)*
gli	*to him*	loro	*to them*
le	*to her*	gli	*to them*

1] An indirect-object pronoun replaces an indirect object. An indirect object is a person *for whom* or *to whom* an action is performed. Only transitive verbs have indirect objects. An indirect-object noun is always preceded by the preposition **a** or **per.**

—Hai telefonato **a Salvatore?**	*Did you call Salvatore?*
—Sì, **gli** ho telefonato a casa ma non è ancora tornato.	*Yes, I called him at home but he's not back yet.*

2] Like direct-object pronouns, indirect-object pronouns precede a conjugated verb or may attach to an infinitive. The final -e of the infinitive is dropped.

Non sono riuscita a comprar**gli** un biglietto.	*I wasn't able to buy a ticket for him.*

3] The indirect-object pronoun **loro** always follows the verb. However, spoken Italian usually substitutes **gli** for **loro.** When the indirect-object pronoun **Loro** (formal) is used, it cannot be replaced with **gli.**

Ho scritto **loro** che il concerto era stato rinviato.	*I wrote them that the concert had been rescheduled.*
Gli ho scritto che il concerto era stato rinviato.	

4] Past participles do not agree with indirect-object pronouns.

Le ho spedit**o** i prezzi dei nuovi CD per email.	*I sent her the prices for the new CDs by email.*

D I pronomi combinati

1] When indirect- and direct-object pronouns are combined, the indirect object precedes the direct object.

pronomi combinati			
me lo	me la	me li	me le
te lo	te la	te li	te le
glielo	gliela	glieli	gliele
ce lo	ce la	ce li	ce le
ve lo	ve la	ve li	ve le
glielo	gliela	glieli	gliele
(lo... loro)	(la... loro)	(li... loro)	(le... loro)

2] **Mi, ti, ci,** and **vi** change to **me, te, ce,** and **ve,** respectively. **Le** and **gli** become **glie** + *direct-object pronoun.* **Loro** follows the verb; however, spoken Italian usually substitutes **glie** + *direct-object pronoun* for **loro.**

Edoardo Bennato ha dedicato **la sua recente raccolta** alle sue **sorelle.**	*Edoardo Bennato dedicated his most recent collection to his sisters.*
Gliel'ha dedicat**a** al suo ultimo concerto.	
o **L'**ha dedicat**a loro** al suo ultimo concerto.	*He dedicated it to them at his last concert.*
—**Mi** presterai **il libretto** all'interno del CD?	*Will you lend me the booklet inside the CD?*
—Certamente. **Te lo** porterò domani.	*Certainly. I'll bring it to you tomorrow.*

E I pronomi riflessivi e l'oggetto diretto

1] Reflexive pronouns combined with direct-object pronouns follow the same rules of placement as combined indirect- and direct-object pronouns.

pronomi riflessivi e pronomi oggetto diretto			
me lo	me la	me li	me le
te lo	te la	te li	te le
se lo	se la	se li	se le
ce lo	ce la	ce li	ce le
ve lo	ve la	ve li	ve le
se lo	se la	se li	se le

—**Ti** metterai **i jeans** per andare in discoteca?	*Are you going to wear your jeans to go to the disco?*
—Sì, **me li** metterò.	*Yes, I'm going to wear them.*

2] When using reflexives with direct-object pronouns, the past participle agrees in gender and number with the direct object.

—**Si** è tolto **la giacca** prima di cominciare a ballare?	*Did he take off his jacket before dancing?*
—Sì. **Se la** è tolt**a** e gli ho ricordato di non dimenticar**sela.**	*Yes. He took it off and I reminded him not to forget it.*
—Al concerto **mi** sono dimenticato **le parole delle canzoni.**	*At the concert I forgot the words to the songs.*
—Anche tu? Anch'io **me le** sono dimenticat**e** completamente.	*You, too? I completely forgot them, too.*

PRATICA

A. Antonello Venditti. Durante la sua ultima tournée Antonello Venditti, cantautore romano, ha girato per tutta l'Europa. Ha chiesto aiuto ai suoi assistenti parecchie volte. Rispondi alle domande di Venditti usando i pronomi oggetto diretto.

1. Avete preso i microfoni dal camion?
2. Chi può trovare gli amplificatori per me?
3. Dovrei cantare canzoni dal mio penultimo CD?
4. Avete noleggiato i camion per spostarci domani sera?
5. Chi ha scelto i ristoranti dove fermarci durante il viaggio?
6. Il chitarrista ha accordato la chitarra?
7. Possiamo visitare le città dove suoneremo?
8. Dove finiremo la tournée?

B. Le operette. Rispondi usando al posto degli oggetti diretti e / o indiretti i pronomi corrispondenti e fa' tutti i cambiamenti necessari.

1. Hai chiesto ad Isabella di comporre lo spartito per la nuova operetta?
2. Ti ha detto che potevi consegnare i testi a me entro un mese?
3. Lei inviterà Luigi e Renzo a collaborare?
4. Avete ricevuto tutti i fondi necessari per produrre questo spettacolo?
5. Dirà a Massimo domani la cifra esatta?
6. In generale, tutti comprano i biglietti prima del giorno della prima?
7. Hai mai sentito le operette di Isabella?
8. Sai la data della prossima operetta?

C. Due fan. Completa la conversazione con la forma corretta dei pronomi oggetto diretto e / o del pronome neutro.

Due ragazzi parlano di Zucchero, un cantante molto popolare nel mondo della musica italiana.

FAN 1: Conosci Zucchero, vero?

FAN 2: Sì, ___lo___ conosco. Perché?

FAN 1: Ho sentito dire che sarà qui in concerto il mese prossimo.

FAN 2: E chi te ___lo___ ha detto?

FAN 1: Un'amica. Chissà se è vero?

FAN 2: Questo non te ___lo___ so dire. Mi pare un po' strano.

FAN 1: Perché?

FAN 2: Perché recentemente cancella tutti i concerti all'ultimo momento.

FAN 1: È vero. ___li___ cancella tutti. Hai proprio ragione. Possiamo telefonare in biglietteria per informarci.

FAN 2: Perfetto. ___lo___ fai tu? Mi piacerebbe proprio veder ___lo___.

FAN 1: Certo! ___lo___ faccio subito!

Il cantautore
Antonello Venditti
in tournée.

👥 **D. Indovinate la domanda.** A coppie, cercate di formare una domanda in base alla risposta data. Questo vocabolario vi potrà essere utile.

il buttafuori	il flauto	«Libera l'anima»
il ritornello	Dixie Chicks	vi

1. Sì, le abbiamo viste in tournée.
2. No, purtroppo, non l'ha cantata.
3. L'ha suonato una volta sola.
4. Tutti l'hanno cantato.
5. Sì, è sceso dal palcoscenico per parlarci.
6. Gliel'ho chiesto e ci ha fatto entrare.

👥 **E. A chi le possiamo dare?** A coppie, formate domande e risposte dalla seguente lista e decidete a chi dare queste cose nella vostra classe.

> **ESEMPIO** il CD di Vasco Rossi
> ST. 1: A chi possiamo dare il CD di Vasco Rossi?
> ST. 2: Possiamo darlo a Roberto.
> ST. 1: Buon'idea. Glielo possiamo dare domani.

1. i dischi di Frank Sinatra
2. la chitarra di Jimi Hendrix
3. uno spartito di Maria Callas
4. il vecchio stereo del professore
5. i CD di musica rap
6. la radio della professoressa
7. le cassette dei Beatles
8. la musica dell'inno nazionale

ACE Practice
Tests,
Flashcards

SAM
workbook
activities

II L'imperativo

The imperative mood is used for commands, instructions, directions, and strong suggestions. Subject pronouns are not ordinarily used with the imperative, except for emphasis. When subject pronouns are used, the pronoun follows the imperative form.

Questa volta io non lo faccio.	*This time I'm not going to do it.*
Fallo tu!	*You do it!*

A Le forme di *tu, noi e voi*

The **tu** and **voi** forms of the imperative are used to address friends and family. Commands with **noi** are equivalent to *let's + verb*. Regular imperative forms are identical to the present indicative except for the **tu** form of **-are** verbs, which ends in **-a** in the imperative.

*Ascolta...
il ritmo del
tuo cuore*

	-are	-ere	-ire
tu	abbassa	discuti	senti, restituisci
noi	abbassiamo	discutiamo	sentiamo, restituiamo
voi	abbassate	discutete	sentite, restituite

Giampaolo, **abbassa** il volume!

Corriamo! Il concerto sta per incominciare.

Giampaolo, turn down the volume!

Let's run! The concert's about to begin.

B Le forme di *Lei* e *Loro*

1] The formal imperative with **Lei** and **Loro** is used when addressing professionals, older people, strangers, and people you don't know well. The forms of the formal imperative are the same as those of the present subjunctive (reviewed in **Capitoli 8** and **9**).

	-are	-ere	-ire
Lei	inviti	legga	senta, finisca
Loro	invitino	leggano	sentano, finiscano

Signore, **firmi** qui, per favore!

Professori, **ci lascino** ascoltare la musica jazz in classe!

Sir, please sign here!

Professors, let us listen to jazz in class!

2] In spoken Italian, the **voi** form of the imperative is usually substituted for the **Loro** form:

Professori, lasciateci ascoltare la musica jazz in classe!
instead of
Professori, ci lascino ascoltare la musica jazz in classe!

C Le forme irregolari dell'imperativo

Essere and **avere** have irregular imperative forms.

	tu	Lei	noi	voi	Loro
essere	sii	sia	siamo	siate	siano
avere	abbi	abbia	abbiamo	abbiate	abbiano

These common verbs are also irregular in the imperative.

	tu	Lei	noi	voi	Loro
andare	va'	vada	andiamo	andate	vadano
dare	da'	dia	diamo	date	diano
dire	di'	dica	diciamo	dite	dicano
fare	fa'	faccia	facciamo	fate	facciano
sapere	sappi	sappia	sappiamo	sappiate	sappiano
stare	sta'	stia	stiamo	state	stiano
tenere	tieni	tenga	teniamo	tenete	tengano
uscire	esci	esca	usciamo	uscite	escano
venire	vieni	venga	veniamo	venite	vengano

D L'imperativo negativo

Non precedes the verb in negative commands. The negative form of the second-person singular, **tu,** is **non** + *infinitive*. All other imperative forms simply insert **non** before the affirmative form.

(tu) **Non credere** a tutto quel che senti dire!   *Don't believe everything you hear!*

(Lei) **Non creda** che quella musica sia originale!   *Don't believe that that music is original!*

E I pronomi oggetto e l'imperativo

1] Object pronouns attach to the **tu, noi,** and **voi** forms of the imperative. With the formal imperative, **Lei** and **Loro,** pronouns precede the verb (except for the indirect-object pronoun **loro,** which always follows the verb).

—Non ho ancora aperto **la bottiglia di champagne.**   *I haven't opened the bottle of champagne yet.*

—Apri**la!** Festeggiamo!   *Open it! Let's celebrate!*

—Devo comprare **il vino per gli ospiti?**   *Should I buy wine for the guests?*

—Certamente, **lo** compri **loro.**   *Certainly, buy it for them.*

2] In negative informal **tu** commands, object pronouns can precede the infinitive or attach to it. When attaching pronouns, the **-e** of the infinitive is dropped. In negative **voi** and **noi** commands, pronouns also precede or attach to the verb. In negative formal commands, object pronouns precede the verb, except for the pronoun **loro.**

Non ascoltare **quel disco!**   *Don't listen to that record!*

Non **lo** ascoltare! *o* Non ascoltar**lo!**   *Don't listen to it!*

Non compri **quel CD per Alessio e Daria!** Non **gli** piacerà.   *Don't buy that CD for Alessio and Daria! They won't like it.*

Non **glielo** compri. *o* Non **lo** compri **loro.**	*Don't buy it for them.*
Non **lo** facciamo più! Non **facciamolo** più!	*Let's not do that anymore!*
Non mettete **quella canzone!** Non **la mettete!** Non **mettetela!**	*Don't put on that song!*

3] When the imperative form is a single syllable, the initial consonant of the pronoun that attaches to it is doubled. The only exception is the pronoun **gli.**

Dammi il testo, per favore!	*Give me the lyrics, please!*
Facci sapere quando arrivi!	*Let us know when you're arriving!*

BUT . . .

Digli l'ora delle prove!	*Tell him what time the rehearsal is.*

4] The same rules that govern the use of object pronouns with the imperative apply to reflexive pronouns as well.

Signore, **si** affretti, per favore!	*Sir, please hurry!*
Si vestano bene per questa sera!	*Dress well for this evening!*
Non mette**tevi** quegli stivali per ballare! / Non **ve li** mettete!	*Don't put on those boots to dance! Don't put them on!*

F Altre espressioni dell'imperativo

The imperative may also be expressed with the modal verb **dovere** + *infinitive*.

Devi comporre la colonna sonora!	*You have to compose the soundtrack!*

P R A T I C A

A. Una giovanissima al concerto. Elena ha 13 anni e va per la prima volta al concerto del suo cantante preferito. Naturalmente sua madre le dà molti consigli prima di uscire. Elena chiede alla madre il permesso di fare alcune cose. A coppie, uno / una fa la parte della madre e l'altro / l'altra risponde alle domande della ragazza usando l'imperativo informale e i pronomi.

ESEMPIO Posso tingermi i capelli per il → Certamente! Tingiteli!
concerto? *o* Non tingerteli!

1. Posso mettermi la minigonna rossa?
2. Posso invitare la mia migliore amica?
3. Posso comprare la giacca del tour?
4. Posso chiedere un autografo al cantante?
5. Posso farmi un tatuaggio (*tattoo*)?
6. Posso ascoltare il suo disco quando torniamo a casa?

B. Il discografo. Sei un / una cantante di un gruppo rock e un'importante casa discografica vuole registrare il vostro primo disco. Prima di offrirvi un contratto, però, vi chiede di fare alcuni cambiamenti. Forma delle frasi con i suggerimenti qui sotto usando l'imperativo informale e i pronomi.

> **ESEMPIO** provare un nuovo look
> Provate un nuovo look. → Provatelo!

1. tingervi i capelli di verde
2. usare più effetti speciali durante i concerti
3. cambiare il chitarrista
4. mettervi un orecchino al naso
5. cantare quella canzone in inglese
6. smettere di portare gli occhiali in concerto
7. dare messaggi sociali con le canzoni
8. finire il lavoro prima di mezzanotte

C. Un compagno / Una compagna di stanza terribile. Il tuo compagno / La tua compagna di stanza è un / una musicista e fa spesso cose che ti creano problemi. Chiedigli / Chiedile di cambiare il suo atteggiamento usando l'imperativo e i pronomi oggetto diretto e indiretto.

> **ESEMPIO** Suona la chitarra di notte. → Non suonarla di notte!

1. Organizza una festa ogni settimana.
2. Ascolta la musica ad alto volume.
3. Non ti chiede il permesso di usare i tuoi CD.
4. Mette poster di cantanti per tutta la casa.
5. Spende i soldi dell'affitto per comprare CD.
6. Non ti restituisce le cose che gli hai prestato.
7. Invita i membri del suo gruppo a dormire a casa vostra.
8. Non rispetta le regole per una buona convivenza.

D. La festa da ballo. Hai organizzato una festa per alcuni tuoi amici e per i loro genitori. Parlando con loro, gli chiedi di fare alcune cose per la festa usando, a seconda dei casi, l'imperativo formale o informale.

> **ESEMPIO** ad un amico: alzare il volume → Alza il volume!
> alla madre di un tuo amico → Per favore, alzi il volume!

1. ad un amico: portare i CD di Lucio Battisti
2. al padre di un tuo amico: non fumare in salotto
3. a due amici: scegliere la musica da ballare
4. al fidanzato / alla fidanzata: ballare con te
5. ai genitori di una tua amica: aprire lo champagne
6. ad un amico: abbassare le luci
7. ad un'amica: dire al suo ragazzo di non bere troppo
8. a te stesso e ai tuoi amici: cantare questa canzone insieme
9. ai genitori di un tuo amico: tagliare la torta
10. alla madre di una tua amica: togliersi la giacca

E. Il coro di Montesagro. Il maestro del coro di Montesagro invita un gruppo di ragazzi della provincia ad un loro concerto. Prima del concerto gli parla della musica di montagna e poi gli spiega le regole fondamentali di comportamento ad un concerto del genere. Scrivi almeno cinque regole suggerite dal maestro ai ragazzi usando alcuni dei seguenti verbi.

ascoltare	fare	pronunciare	tornare
cantare	giocare	scappare	venire
correre	mettersi	stare	
discutere	prendere	toccare	

F. Un direttore terribile! Il nuovo direttore d'orchestra è molto pignolo e vuole tutto fatto alla perfezione. Non gli va mai bene niente e dà ordini a tutti. Basandoti sull'esempio, scrivi quello che il direttore dice alle varie persone usando l'imperativo informale (**tu / voi**) e i pronomi oggetto diretto.

> **ESEMPIO** Il proprietario del teatro ammette *gli ospiti* in teatro.
> → Non ammetterli!

ACE Practice Tests, Flashcards, **Raccontami una storia**

1. Il bassista e il sassofonista non rispettano *il ritmo.*
2. I flautisti non seguono *lo spartito.*
3. Un violoncellista non si è messo *la camicia bianca.*
4. Le due soprano cantano *una bell'aria* malamente.
5. I due tenori non pronunciano bene *le parole delle canzoni.*
6. I sassofonisti non aspettano *il momento giusto* per cominciare.
7. Una persona indossa *un vestito viola* sul palcoscenico.
8. I tecnici non hanno messo *le luci appropriate.*

SAM workbook and lab activities

Biblioteca 2000

Web Links

READING COLLOQUIAL SPEECH

In Italian as in English, colloquial speech is characterized by informal constructions, idioms, and verbal habits not always found in written language. Pause fillers like **eh...** and crutch words like **cioè, allora, quindi, hai capito,** or **voglio dire** are some examples. Some of these usages have close equivalents in English, such as overusing *like, what I mean is,* and *really.* Sometimes words or phrases are repeated. In the interview you are about to read, you will notice colloquial constructions like using **tu** to mean *one* or *I* ("**ti auto-produci...**" and "**musica** e **parole ti appaiono di fronte e devi affrettarti**"). It is also common today to see borrowed words, especially from English. In the interview that follows you will see English in proper nouns and titles (**Sud Sound System; Salento Showcase**).

PRE-LETTURA

A. Fate una breve ricerca sul Salento e / o sui salentini utilizzando l'Internet. Trovate minimo cinque fatti importanti ed interessanti da condividere con il vostro compagno / la vostra compagna in classe. Poi presentate i risultati della vostra ricerca agli altri studenti. Cercate informazioni geografiche, artistiche, storiche, turistiche, ecc. Controllate più di un sito per evitare eventuali ripetizioni di informazioni.

B. Secondo voi, le seguenti frasi sono vere o false? Spiegate la vostra opinione.

- La musica rende universale ciò che è particolare.
- Il mondo è dominato dall'insensibilità e dal disinteresse.
- Gli italiani attribuiscono molta importanza agli artisti stranieri, tanto da renderli poco umani.
- Le donne sono importanti e se tu non gli dai la dovuta importanza, saranno loro a prendersela.

C. A coppie, analizzate e discutete il significato delle seguenti espressioni idiomatiche. Poi sceglietene una e create una breve conversazione in cui, nell'ultima battuta, è possibile usare l'espressione idiomatica che avete scelto.

Solleticare l'ascella al padrone

Mai promettere sole prima che sorga

Bollire in pentola

Mandare al diavolo

D. State per leggere un'intervista ai Sud Sound System, un complesso di reggae-raggamuffin italiano. In gruppi di tre, scrivete delle domande che volete fare ai musicisti per alcune delle categorie qui sotto.

vita personale

vita professionale

rapporto con il pubblico

rapporto con la società

stile di musica

originalità della musica

progetti per il futuro

Intervista ai Sud Sound System

DI FABIO CANGIANIELLO

Chi sono i Sud Sound System?
Nandu Popu, Terron Fabio, Don Rico, Gigi D e Papa
Gianni: 5 giovani stagionati[1] provinciali.
*Vi aspettavate un così grande successo per il disco
«ACQUA PE STA TERRA»?*
No, però ci speri sempre. Specialmente se ti auto-
produci[2] e vieni dal Sud.
Come nasce una vostra canzone?
Spesso, le nostre canzoni nascono da interrogativi assillanti[3] a cui bisogna dare delle risposte e ciò può durare diverso tempo, anche mesi. Tuttavia la parte
creativa si riduce ad una manciata[4] di minuti in cui
musica e parole ti appaiono di fronte e devi affrettarti[5]
per coglierle in quel momento.
*Come sono cambiate le cose in questi vostri 15 anni
di attività?*
Basta ascoltare i nostri dischi per cogliere i cambiamenti: musicalmente siamo cresciuti e oggi il nostro
reggae ha il sapore del Salento. Gli argomenti sono
quelli di sempre: non facciamo altro che raccontare
storie di provincia.
Com'è nato l'incontro con la Bag-A-Riddim band?
La Bag-a-Riddim è nata da un'idea, quella di avere dei
musicisti salentini. Infatti inizialmente era composta
da ragazzi salentini. Successivamente abbiamo riallacciato[6] i contatti con Ficupala (basso) e Maestro Garofalo (tastiere), due siculi[7] purosangue, con i quali
avevamo già suonato alla grande una cinquina[8] di anni
prima (Timpa Dub & the Messapians). L'incontro tra
la vecchia e la nuova generazione ha dato vita alla Bag-
a-Riddim Band.
*Come sono state le vostre esperienze all'estero? Come
reagisce il pubblico europeo?*

Più in generale, i concerti all'estero ci fanno capire
che la musica è un linguaggio, capace di tradurre le
nostre canzoni in un linguaggio universale. In fondo
cantiamo un dialetto compreso in una piccola parte
dell'Italia ed il fatto che molta gente "sente" le nostre
canzoni significa proprio questo: la musica rende
universale ciò che è particolare.
*Siete autori di una compilation "Salento Showcase"
(giunta al terzo capitolo)[9], una panoramica su quello
che bolle in pentola nel Salento. Avete qualche nome
da pubblicizzare?*
Ancora è presto per fare nomi... anche se un paio mi
andrebbe di farli, ma mai promettere il sole prima che
sorga. Il progetto Showcase ha come intento principale
la promozione di nuove voci, e a questi ragazzi facciamo capire che per cantare bisogna essere innanzitutto motivati e preparati. Poi gli facciamo capire che
la musica ha bisogno di persone sensibili e interessate,
dato che ormai il mondo è dominato dall'insensibilità
e dal disinteresse.

---

1. mature   2. self-produce   3. troubling   4. handful   5. to hurry   6. we reestablished   7. Sicilians   8. about five
9. third CD

Ultimamente il Salento sembra una terra molto florida, in quanto a musicisti e attività culturali. Come mai ci sono tante band provenienti da questo territorio?

Ci sono due aspetti da considerare: il primo aspetto riguarda la storia musicale del Salento, che si perde nella notte dei tempi, il secondo aspetto è legato ad una momentanea isteria collettiva che sicuramente ha esasperato questo fenomeno musicale. Il fatto che oggi ci siano tanti gruppi e tanti artisti nel Salento corrisponde a quanto accadeva qualche secolo fa, quando i nostri nonni facevano festa ogni sera con tamburelli, chitarre e mandolini. La musica era liberazione e le canzoni mandavano al diavolo i padroni della terra che costringevano i contadini alla schiavitù. Più o meno la situazione odierna[10] ... solo che oggi qualche artista, per puro compiacimento personale, solletica[11] l'ascella[12] al padrone! Speriamo che non sia il padrone a pizzicare il ragno![13]

Come sono nate le collaborazioni con Luciano, Anthony Johnson e General Levy? Cosa vi hanno saputo trasmettere musicalmente e umanamente?

Le combinazioni con questi artisti sono state casuali. Alcuni di loro avevano fatto degli show nel Salento e noi li abbiamo invitati a "tagliare"[14] nel nostro studio. Per il resto ci pensa la musica a tradurre intenzioni e sentimenti. È stato importante portarli in studio e trovarseli accanto. Spesso noi italiani attribuiamo molta importanza agli artisti stranieri, tanto da renderli poco umani. La lezione invece è stata quella di trovarsi di fronte a persone normali, sembravano dei terroni[15] come noi e ci hanno fatto capire che dobbiamo rimanere noi stessi così come stavamo facendo.

Da sempre l'amore è presente nelle vostre canzoni. Quanto sono importanti le donne per i Sud Sound System?

[...] Tanto importanti! Le donne sono importanti, e se tu non gli dai la dovuta importanza, saranno loro a prendersela...

---

10. modern   11. tickles   12. armpit   13. bite the spider (which is the contrary action since spiders usually bite the people)   14. to cut, make a CD   15. southerners

COMPRENSIONE

A. Prima di leggere l'intervista avete scritto delle domande da fare ai musicisti. Lavorate di nuovo con il gruppo con cui avete lavorato prima, e discutete a quali delle vostre domande è stata data una risposta. Quali sono le risposte?

B. In gruppi di tre, cercate di trovare tre o quattro parole chiave o idee centrali che riassumano le risposte dei musicisti per ogni domanda proposta nell'intervista ai Sud Sound System.

ESEMPIO Come nasce una vostra canzone?

1. interrogativi assillanti
2. bisogna dare delle risposte
3. la parte creativa dura poco

Dopo aver trovato le idee centrali per tutte le risposte, riassumetele con parole vostre.

C. In alcune risposte ci sono riferimenti alla storia ed alla cultura salentina. A coppie, sfogliando l'intervista, trovate cosa dicono i musicisti. Elencate i riferimenti.

D. In quali risposte si esprimono i pensieri politici dei musicisti? Che tipo di idee sono? Siete d'accordo con le loro opinioni? Spiegate perché.

Di propria mano

WRITING AN INFORMAL LETTER

Letters to friends and family in English and Italian differ slightly in format.

A. Format   In Italian it is customary to note the name of the city where you are writing the letter, and the date (day, month, year) in the upper right-hand corner: Chicago, 3 gennaio 2008.

B. Salutations   The usual salutation when writing to family and friends is **caro,** which changes according to gender and number. The superlative **carissimo** is also common and conveys a more familiar or intimate relationship. A comma follows the salutation.

C. Body of Letter   The first line below the salutation is indented and begins with a lowercase letter. The first paragraph typically indicates the purpose of the letter. Each new topic begins a separate paragraph.

D. Conclusion   The concluding phrase usually expresses affection. Some examples:

con affetto   tante care cose   un abbraccio   un bacione

E. Envelope   The envelope generally includes the professional title of the recipient: **Dottore (Dott.), Professoressa (Prof.ssa), Signorina (Sig.na), Signora (Sig.ra), Signore (Sig.),** for example. **Famiglia (Fam.)** plus the family's last name would be used when addressing an entire family. **Gentilissimo/a** might precede any of the words above. The street number follows the street name. The zip code or **CAP (Codice d'Avviamento Postale)** always precedes the name of the city.

Sig.na Anna Simonetti
SS Ponente 17
53100 Siena, Italia

PRE-SCRITTURA

Recentemente sei andato/a per la prima volta ad un concerto rock (se non sei andato/a ad un concerto, puoi parlare di un concerto che hai visto alla televisione). Hai visto un gruppo o un / una cantante molto popolare. Scrivi una lettera ad un tuo amico / una tua amica a proposito del concerto rock che hai visto. Prima di scrivere, rispondi brevemente alle seguenti domande.

1. A chi scrivi?
2. Chi hai visto in concerto, e dove?
3. Com'era l'atmosfera?
4. Ci sono stati dei problemi e / o degli inconvenienti?
5. A quale concerto vorresti andare in futuro?

SCRITTURA

Adesso, scrivi una lettera ad un tuo amico / ad una tua amica raccontandogli/le tutti i dettagli del concerto. Dividi la lettera in tre parti seguendo il modello.

Writing
Tips

Parte 1: **Introduzione**
1. Racconta con chi, dove e quando hai visto il concerto.
2. Descrivi l'ambiente.
3. Descrivi le tue impressioni quando hai sentito la prima canzone.

Parte 2: **Complicazioni incontrate**
Spiega a quest'amico/a che a questo concerto rock hai avuto un problema (dei problemi) e descrivi il problema (i problemi).

Parte 3: **Soluzioni per il prossimo concerto**

Avendo avuto questi problemi, hai imparato cosa si deve fare ad un concerto rock, cosa non si deve fare e perché. Spiega all'amico / all'amica le soluzioni trovate. Usa l'imperativo quando è possibile.

ESEMPIO Prendi i trasporti pubblici! Trovare un parcheggio è un problema e gli ingorghi (*traffic jams*) sono impossibili. Meglio prendere l'autobus!!

Parte 4: **Conclusione**

Per concludere, esprimi un parere generale sulla musica che hai sentito al concerto: se ti è piaciuta, cosa ti è piaciuto di più e se è valsa la pena andarci. Proponi poi di andare con lui / lei ad un altro concerto.

Prima di spedire la lettera, rileggila e controlla il formato, la punteggiatura e l'ortografia.

BLOCK NOTES

In questo capitolo hai avuto la possibilità di scoprire alcune caratteristiche del mondo musicale italiano. Tenendo in considerazione le letture fatte, l'esercizio Web e la discussione in classe, rifletti sui seguenti aspetti.

- Parla delle caratteristiche della musica italiana che più ti hanno colpito.

- Il panorama musicale dell'Italia può essere definito internazionale con un particolare interesse verso la musica britannica e statunitense. Paragona il panorama musicale italiano con quello del tuo paese.

- In Italia anche l'opera e la musica classica sono seguite da giovani e meno giovani. Parla dei generi musicali seguiti dai giovani del tuo paese al di là della musica rock e pop.

NEL MONDO **DEI GRANDI**

Uno dei grandi classici italiani: *Giacomo Puccini*

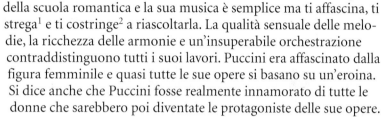

Giacomo Puccini nacque a Lucca, in Toscana nel 1858 e morì a Bruxelles nel 1924 prima di poter finire la sua ultima opera, *Turandot*. Puccini faceva parte della scuola romantica e la sua musica è semplice ma ti affascina, ti strega[1] e ti costringe[2] a riascoltarla. La qualità sensuale delle melodie, la ricchezza delle armonie e un'insuperabile orchestrazione contraddistinguono tutti i suoi lavori. Puccini era affascinato dalla figura femminile e quasi tutte le sue opere si basano su un'eroina. Si dice anche che Puccini fosse realmente innamorato di tutte le donne che sarebbero poi diventate le protagoniste delle sue opere.

Differentemente da quasi tutti i grandi compositori che lavoravano partendo dal testo per comporre[3] le loro opere, Puccini di solito scriveva la musica prima del libretto: abbozzava le sue opere come un architetto che disegna un palazzo. *Turandot*, l'incompiuta[4] pucciniana fu completata da Franco Alfano. Quest'ultimo impiegò sei mesi[5] per concludere l'opera che poi fu presentata per la prima volta nell'aprile del 1926. Durante la rappresentazione, il direttore d'orchestra Arturo Toscanini rifiutò di dirigere la parte non scritta da Puccini e nel mezzo del terzo atto, subito dopo le parole «Liù, poesia!», l'orchestra smise di suonare. Il maestro si girò verso il pubblico e disse: «Qui finisce l'opera perché a questo punto il maestro è morto.» Le rappresentazioni successive inclusero anche il finale scritto da Alfano.

Puccini morì di cancro alla gola[6], causato dalle 90 sigarette al giorno che fumava, lasciandoci numerose opere indimenticabili tra cui *Tosca*, *La Bohème* e *Madama Butterfly*. Ora, Puccini riposa in una cappella nella sua residenza di Torre del Lago che oggi è un museo nazionale. Vicino alla sua casa ogni estate si tiene un festival, a lui dedicato, grazie al quale grandi musicisti e cantanti come Luciano Pavarotti hanno dato inizio alla loro carriera.

---

1. **ti...** enchants you   2. **ti...** forces you   3. to compose   4. unfinished work   5. **impiegò...** it took him six months   6. throat

T R A C C E   D I   R I C E R C A

Web Links

Le donne di Puccini
Festival Puccini a Torre del Lago
La trama di una delle sue opere

CD 1
35–38

abbassare il volume *to turn down the sound*
abbozzare *to sketch, to outline*
abbracciare *to embrace, to hug*
accordare *to tune*
affascinare *to fascinate*
affrontare *to face, to confront*
alzare il volume *to turn up the sound*
amplificatore (*m.*) *amplifier*
applaudire *to applaud*
apprezzare *to appreciate*
ascella *armpit*
attesa *wait*
attraverso *through*
avere orecchio *to have an ear for music*
ballare (una canzone) *to dance (to a song)*
basso *bass guitar*
batteria *drums*
battuta *line (of song or dialogue)*
biglietto *ticket*
bollire *to boil*
buttafuori *bouncer*
camerino *dressing room*
cantante (*m./f.*) *singer*
cantautore *male singer-songwriter*
cantautrice *female singer-songwriter*
casse (*f./pl.*) *speakers*
CD *CD*
chitarra *guitar*
cifra *figure, amount*
compiacimento *satisfaction, pleasure*
complesso *band*
comporre (*p.p. composto*) *to compose*
copertina *cover*
corista *singer in a chorus, backup singer*
disco *record*
discografico *person in the record industry*

discoteca *disco*
essere in tournée *to be on tour*
essere intonato *to have good pitch*
essere stonato *to be tone-deaf*
evitare *to avoid*
fan *fan*
fare impazzire *to drive someone crazy*
farsi fare un autografo *to get an autograph*
fisarmonica *accordion*
fischiare *to boo* (literally, *to whistle*)
flauto *flute*
gruppo *band*
insensibilità *insensitivity*
ispirare *to inspire*
luce (*f.*) *light*
mandolino *mandolin*
melodico *melodic*
mescolarsi *to mix*
microfono *microphone*
musicale (*adj.*) *musical*
musicista (*m./f.*) *musician*
orecchino *earring*
ospite (*m./f.*) *host, guest*
palcoscenico *stage*
parere (*m.*) *opinion*
pentola *pot*
pezzo *piece (musical in this chapter)*
pianoforte (*m.*) *piano*
pignolo *picky, fastidious*
pizzicare *to pinch*
prendersela *to be angered*
proporre (*p.p. proposto*) *to propose*
prove (*f./pl.*) *rehearsal*
proveniente *coming from*
pubblico *audience*
raccolta *collection*
ragno *spider*
rapporto *relationship, report*
riferimento *reference*
rinviare *to postpone*

ritmo *rhythm*
ritornello *refrain*
sassofono *saxophone*
schiavitù (*f.*) *slavery*
solleticare *to tickle*
sorgere (*p.p. sorto*) *to rise*
spartito *score*
spettacolo *show*
spettatori (*m./pl.*) *audience*
spostare *to move*
spunto *cue, hint, starting point*
stadio *stadium*
stereo *stereo system*
suono *sound*
tamburello *tambourine*
tastiera *keyboard*
terrona (*f.*) *southerner (derogatory)*
terrone (*m.*) *southerner (derogatory)*
testo *lyrics*
tingere (*p.p. tinto*) *to dye*
tromba *trumpet*
valutare *to evaluate, to value*
video musicale *music videoclip*
violino *violin*
violoncello *cello*
volantino *flyer*

Le vostre parole

PER COMUNICARE

Parlare della cucina italiana moderna

Esprimere preferenze

Fare riferimento a luoghi e a quantità

Pizza, pasta e cappuccino?

Olio e formaggi tra i gioielli della cucina italiana.

○○○ Oltre Ponti

MUSICA:
- Fabrizio De André: «A' cimma»
- Alberto Camerini: «Gelato metropolitano»
- Alberto Camerini: «Maccheroni elettronici»
- Alberto Camerini: «Il ristorante di Ricciolina»
- Pupo: «Gelato al cioccolato»

FILM & ALTRI MEDIA:
- Ettore Scola: *La cena*
- Sandra Nettelbeck: *Ricette d'amore* (Germany)
- Campbell Scott, Stanley Tucci: *Big Night* (in English)

Pizza, pasta e cappuccino?

n ogni angolo del mondo è ormai possibile trovare ristoranti italiani, trattorie° e pizzerie che tentano° di esportare il piacere per la buona tavola. Ma se questa caratteristica accomuna° la penisola italiana dalle Alpi alla Sicilia, lo stesso non si può dire di una vera e propria cucina italiana. In Italia esistono differenze enormi tra la cucina tradizionale del nord, del sud e del centro. Parlare di cucina italiana è parlare di un insieme estremamente complesso, non rappresentabile da un singolo ristorante, città o regione. Naturalmente, pasta e pizza nei ristoranti e nelle pizzerie, così come il cappuccino o l'espresso da gustarsi° seduti al tavolino dei bar, appartengono alla realtà italiana ma non sono che la punta di un iceberg.

Troppo semplicistico sarebbe fermarsi alle solite distinzioni tra burro, riso e polenta al nord da contrapporsi ad° olio, pasta e pomodoro al sud. Infatti, anche tra città vicinissime le differenze si fanno fortemente sentire: si pensi solo ai famosi ravioli in brodo della tradizione natalizia emiliana che, a Parma, Reggio Emilia, Modena e Bologna non solo hanno nomi e forme leggermente diverse, ma anche ripieni con caratteristiche proprie.

Anche i flussi migratori° interni, iniziati nei primi anni '50, hanno contribuito a rendere assai più eterogeneo il panorama culinario italiano. Per questo non sorprende trovare un piatto di spaghetti alla carbonara in un ristorante di Milano o un piatto di risotto in uno a Roma. Negli ultimi anni si è anche assistito all'incremento di ristoranti etnici, sebbene solo le grandi città siano in grado di offrire una scelta varia e completa.

Sembra in declino il tradizionale pasto di mezzogiorno infrasettimanale° che ha lasciato lo spazio a spuntini° veloci in bar, paninoteche° e tavole calde: l'era del pisolino° pomeridiano sembra scomparire anche se è ancora possibile, soprattutto nei piccoli centri, trovare i negozi regolarmente chiusi nelle prime ore del pomeriggio.

La tradizione che resta intatta è dunque quella del gusto per la buona cucina. Tradizione che si cerca di proteggere sia opponendosi ai cibi modificati geneticamente sia facendo riconoscere a livello di Comunità Europea i prodotti tipici, in modo da evitare la scomparsa dei sapori° più veri della tradizione italiana.

Cibo e sole nell'estate fiorentina.

family-style restaurants / try / unites

da... to savor

da... to contrast with

flussi... waves of migrants

midweek snacks / sandwich shops nap

flavors

DOMANDE

1. Quali sono i piatti italiani che conosci? A quale area geografica italiana pensi che appartengano?
2. Come viene presentata l'Italia nei ristoranti italiani del tuo Paese?
3. Nel tuo Paese esistono tradizioni culinarie che appartengono solo ad aree specifiche? Quali?
4. La scomparsa del pasto completo a mezzogiorno ha reso la cena il pasto principale. Come sono suddivisi per importanza i vari pasti all'interno della tua famiglia? Pensi che siano un momento conviviale importante oppure no?
5. In molti Paesi sono permessi sia l'uso di ormoni per accelerare la crescita degli animali sia lo sfruttamento della tecnologia genetica, mentre in Italia sono vietati. Qual è la tua posizione rispetto a questa situazione?
6. Nell'attività Web hai potuto informarti su uno dei prodotti che sono motivo di orgoglio per l'Italia. Quali sono i prodotti della tua cucina che sono o che pensi dovrebbero essere esportati in tutto il mondo?

ACE Video Activities

Il pane nello spazio... **...in ITALIA**

- Pane ferrarese · Campagnola · Pan brioche
- Michette · Rosette piene · pugliese
- Pane nero
- Pane Carasau · Pane di Genzano
- Frusta
- pane sciapo di Terni · Pane casareccio
- Pane di Altamura
- Lumachelle
- panini all' olio
- **Pane toscano**
- Rosette vuote · Ciriola romana · Ciabatta

Il **pane** pur avendo alla base un impasto di acqua e farina, si diversifica per forma e varia composizione secondo usi e tradizioni di luoghi diversi. La creatività dei panettieri italiani ha consentito di trasformare il pane, così importante per la nostra alimentazione, in ricercate occasioni di piacere anche per i palati più esigenti.

Farina, lievito, acqua e sale sono gli ingredienti principali. Si possono poi aggiungere olio, sesamo ed aromi speciali......ma indispensabile alla buona riuscita del pane è la passione di chi lo prepara.

Lessico.edu

Le bevande

l'acqua del rubinetto *tap water*
l'acqua minerale gasata
  sparkling mineral water

l'acqua minerale naturale
  mineral water

l'aperitivo *aperitif*

In tavola

l'antipasto *appetizer*
apparecchiare (la tavola)
  to set (the table)
cenare *to eat dinner / supper*
il contorno *side dish*
il dolce *dessert*

essere pieno/a, essere sazio/a
  to be full
la formaggiera *bowl for
  grated cheese*
le posate *silverware*
il primo (piatto) *first course*

il secondo (piatto) *second
  course*
sparecchiare (la tavola)
  to clear (the table)
lo spuntino *snack*

In cucina

l'agnello *lamb*
al forno *baked*
alla griglia *grilled*
l'arrosto *roast*
arrosto (adj. inv.) *roasted*
assaggiare *to taste*
bollito/a *boiled (added to
  boiling water)*
il chilo(grammo) *kilo(gram)*

il condimento *dressing*
la fetta *slice (of bread, of
  watermelon, etc.)*
fritto/a *fried*
i frutti di mare *seafood*
lessato/a *boiled (added to cold
  water and brought to a boil)*
la macedonia *fruit salad*
il maiale *pork*

il manzo *beef*
ripieno/a *stuffed*
il ripieno *stuffing*
la salsa *sauce*
il salume *cold cut*
lo spiedino *food cooked
  on a skewer*
il sugo *sauce (for pasta)*
il vitello *veal*

Luoghi

l'enoteca *wine shop*
l'osteria *inn, tavern*

la paninoteca *sandwich shop*
la tavola calda *café*

la trattoria *family-style
  restaurant*

La salute

l'additivo *additive*
biologico/a *organic*
il colorante *food dye*
il conservante *preservative*
dimagrire *to lose weight*

il dolcificante *sugar
  substitute / sweetener*
essere a dieta *to be on a diet*
ingrassare *to gain weight*
l'ormone *hormone*

il / la vegano/a *vegan*
il / la vegetaliano/a *vegan*
il / la vegetariano/a
  vegetarian

Anche una pizza può trasformarsi in una cenetta romantica.

PRATICA

A. Una cena d'anniversario. Completa il seguente brano con le seguenti parole. Leggilo prima per capire il contesto.

ripieni	secondo	gasata	aperitivi
salumi	alla griglia	trattoria	piena
dolce	antipasto	primi	fetta

Ieri sera Amanda e Giulio sono andati alla _____ «Da Filippo» per festeggiare il loro terzo anniversario di matrimonio. Quando sono arrivati, il cameriere li ha fatti sedere ad un piccolo tavolo dove hanno trovato due _____ pronti per loro che hanno bevuto subito. Poco dopo il cameriere è ritornato e loro hanno ordinato una bottiglia di acqua minerale _____ ed una bottiglia di vino rosso. Poi, come _____ hanno diviso un piatto di _____ tipici toscani, olive e pomodori _____.

   Poi Giulio ha ordinato, tra i _____, un piatto di lasagne mentre Amanda ha preferito assaggiare gli spaghetti ai frutti di mare. Dopo aver finito gli spaghetti, Amanda era _____ e non ha voluto ordinare il _____. Giulio, invece, ha ordinato della carne _____, specialità della trattoria. Per finire, hanno ordinato il _____: un po' di tiramisù per Amanda e una _____ di torta di mele per Giulio.

B. Celebrare insieme. Le feste sono spesso celebrate con un pasto speciale che deriva da una tradizione della famiglia, della città o del paese in cui si vive. Con un tuo compagno / una tua compagna, intervistatevi a vicenda e scoprite quali sono per voi le feste più importanti e quali piatti ne accompagnano la celebrazione. Poi cercate di organizzare un pranzo che accomuni le due tradizioni e presentatelo alla classe spiegando per quale celebrazione vorreste utilizzare il nuovo menu.

	io	il mio compagno / la mia compagna	il nostro pasto insieme
festa			
antipasti			
primi piatti			
secondi piatti			
contorni			
dolci			
altro			

C. Le nostre parole. Pensa a due o tre parole relative all'argomento di questo capitolo che ti sembrano importanti e che non sono presenti nella sezione lessicale. Possono essere parole dall'attività Web, parole contenute nella lettura iniziale o semplicemente parole che ti servono per comunicare meglio. Cercale sul dizionario e presentale in classe spiegando il loro significato in italiano. Poi scrivi le parole che tutti pensano siano importanti nel *Dizionarietto* alla fine del capitolo.

R A D I O P O N T I

LISTENING TO DIRECTIONS OR INSTRUCTIONS

To fully comprehend spoken directions, it is important to be an active listener. Concentrate and avoid distractions. Activities such as listening to a recipe, a joke, or directions to a location generally follow an order. Paying attention to word indicators such as **prima, secondo, poi, dopo, quindi,** etc. will help you follow the organization.

Italian sub? Ascolta la ricetta del giorno e completa le seguenti frasi scegliendo tra le possibilità offerte.

CD 1
44

1. Prima di mettere il pane nel forno, bisogna aggiungere _____.
   a. parmigiano
   b. olio d'oliva
   c. prosciutto
2. Subito dopo aver tostato il pane, ci si mette sopra del _____.
   a. formaggio
   b. salame
   c. prosciutto
3. Con il panino si dovrebbe bere _____.
   a. una bibita
   b. vino bianco
   c. birra scura

ACE Practice
Tests,
Flashcards

SAM
workbook
activities

Studio realia

  Web Links

I CONSIGLI DI UN ESPERTO PER SCEGLIERE I CIBI GIUSTI

Qual è la dieta sana? Ecco cosa ne pensa Gianni Cavinato,
alimentarista e difensore dei consumatori.

promossi	bocciati
IL PANE, MEGLIO SE INTEGRALE Preferite le pagnotte grandi (500–1.000 grammi) che si conservano più a lungo, con mollica[1] soffice e crosta dorata. Ottimo il pane integrale con farina biologica.	**DIFFIDATE[2] DEL PANE CARRÉ[3]** Per mantenerlo così fresco e morbido a lungo è riempito di additivi, per esempio quelli contro i microbi. Sconsigliato soprattutto ai bambini.
CARNE, SÌ A QUELLA DOC[4] Il prodotto fresco è da preferire sempre a quello surgelato. Da preferire i punti vendita che indicano la provenienza geografica e la sede del macello.	**NO ALLA FETTINA DI VITELLO** I vitelli sono macellati a sei mesi di vita dopo aver mangiato solo latte in polvere e integratori. La carne può contenere residui di antibiotici.
OLIO, SOLO EXTRAVERGINE Ricavato dalla spremitura[5] meccanica delle olive, non subisce trattamenti chimici. Se ha l'etichetta «spremuto a freddo», è di qualità ancora migliore.	**AL BANDO[6] I SEMI VARI** Oli di semi e margarine sono prodotti a basso costo, spesso all'estero, contengono additivi: da evitare. Sconsigliate le confezioni[7] di plastica.

---

1. soft part of bread   2. do not trust   3. **pane...** sandwich bread   4. **Denominazione di Origine Controllata**   5. squeezing   6. **Al...** ban   7. packages

FRUTTA E VERDURA DI STAGIONE

I prodotti italiani (soprattutto quelli biologici) contengono meno pesticidi; in stagione costano meno e non vengono conservati artificialmente.

FORMAGGI, SCEGLIETE I TIPICI

Il sale è l'unico additivo permesso in Italia. Perciò i prodotti tradizionali offrono più garanzie. Ora hanno il bollino DOP: denominazione di origine protetta.

UOVA, DI CATEGORIA EXTRA

Da preferire le confezioni che hanno la fascia rossa e indicano la classe «extra»: garantiscono che il prodotto ha al massimo 7 giorni.

PASTA: OTTIMA QUELLA DI SEMOLA

«Pasta di semola» o «semolato di grano duro»: a queste denominazioni corrispondono sempre prodotti di grande qualità.

VINO, SEMPRE TAPPO DI SUGHERO[13]

Sono da preferire le bottiglie DOC, con tappo di sughero originale. Attenzione: in etichetta non è obbligatorio indicare eventuali additivi utilizzati.

DOLCI: SCEGLIETELI ALLA FRUTTA

Per fare felice un bambino senza rovinargli la salute, privilegiate dolci o caramelle a base di miele e frutta. Sono ottime le spremute.

SALUMI: CERCATE IL MARCHIO DOP

Gli insaccati[14] a denominazione di origine protetta garantiscono una buona qualità. Gli additivi, ridotti al massimo, sono sempre indicati in etichetta.

NON IN SCATOLA

Se non si consuma fresca, meglio scegliere le confezioni di vetro. La confezione di latta può rilasciare resine e residui di metalli pesanti.

OCCHIO AI FORMAGGINI

I formaggi che fondono[8] e i formaggini sono a rischio perché possono essere fatti con scarti di lavorazione[9]. Contengono additivi: da non dare ai bambini.

ALLA LARGA[10] DA QUELLE SPORCHE

Se presentano tracce di sterco[11], c'è il rischio salmonella. Evitare quelle sfuse[12] quando se ne ignora la provenienza; potrebbero non essere fresche.

ATTENZIONE A QUELLA FRESCA

Il prodotto fresco è ottimo. Ma se viene preparato in condizioni igieniche scarse o con ingredienti di bassa qualità, perde quasi tutto il suo valore.

MAI PRODOTTI SFUSI

Dietro le vendite porta a porta si nascondono le peggiori truffe merceologiche. In generale, diffidare dei prodotti anonimi e privi di etichetta.

NIENTE COLORANTI

Da evitare tutti i prodotti che contengono additivi, aromatizzanti e coloranti. Da ridurre al massimo dolciumi con alto contenuto di zucchero.

SOLO STAGIONATI

No agli insaccati non stagionati perché ricchi di additivi. Controllare in etichetta anche che non contengano carne congelata e latte in polvere.

---

8. melt   9. **scarti...** byproducts   10. **alla...** keep away (from)   11. dung   12. loose   13. cork
14. cured ground meat in a casing (e.g., sausages, salami, etc.)

A. Mangiare con un occhio alla salute.   Ogni tipo di ristorante ha prodotti migliori di altri dal punto di vista della salute. In gruppi di tre o quattro, guardate il tipo di locali elencati qui sotto e per ognuno indicate cosa credete che vada bene mangiare e cosa no, basandovi anche sulla lettura fatta. Poi discutete con la classe delle scelte che avete fatto.

tipo di ristorante	cosa mangiare	cosa non mangiare
italiano		
cinese		la carne fritta in olio d'arachidi
giapponese		
messicano	le tortillas vegetariane	
McDonald's		

B. Prossima apertura!   Dopo aver letto l'articolo insieme ad un compagno / una compagna, dovete decidere il menu per il vostro nuovo ristorante italiano «Salute e sapori». Tutta la vostra pubblicità si basa sulla promozione di cibi che offrono garanzie per la salute. Volete dunque che i prodotti siano di prima qualità. Preparate una lista di domande che vi dovreste fare prima di acquistare i vari prodotti e rispondete alle stesse seguendo il modello.

> **ESEMPIO** Pasta
> —Che tipo di pasta dovremmo usare?
> —Ci piacerebbe usare la pasta di semola.

carne	frutta e verdura	uova	vino
olio	formaggi	pane	salumi

C. Una cena a «Salute e sapori».   Lavorando in coppia, uno di voi sarà il cliente e l'altro il proprietario. Il proprietario risponde alle domande del cliente sui prodotti che usa e sui modi di cucinare, cercando di rassicurarlo sulla qualità dei prodotti. Per formulare le domande il cliente può usare i seguenti suggerimenti.
  1. piatto consigliato di carne
  2. olio usato nei condimenti e in cucina
  3. presenza o meno di additivi in vini e insaccati
  4. tipo di frutta nella macedonia
  5. significato della sigla DOP su insaccati e formaggi
  6. specialità della casa
  7. una vostra domanda personale

🎧 **Quasi... bene!** Ascolta questa notizia su una serie di ispezioni in ristoranti
CD 1 romani e decidi se le seguenti informazioni sono vere o false.
45

	vero	falso
1. C'è stata un'ispezione per controllare l'igiene nei ristoranti.	_____	_____
2. Centosettanta ristoranti non hanno avuto problemi.	_____	_____
3. Hanno dato una multa ai camerieri che non si lavavano le mani.	_____	_____
4. Domani tutti i duecento ristoranti ispezionati saranno aperti.	_____	_____

Grammatica & Co.

Ripasso di grammatica
elementare: Avverbi di
negazione

Ⅰ **Le particelle *ci* e *ne***

A *Ci*

> RISTORANTE
> «ANTICHI
> SAPORI»
> ANDARCI
> SIGNIFICA
> DOVERCI
> RITORNARE
> **LA DURA**
> **LEGGE DEL**
> **PIACERE**

You are already familiar with **ci** used as a reflexive and reciprocal pronoun, and
as a direct- and indirect-object pronoun. **Ci** can also be used in a number of
other ways with different meanings.

1] As an adverb, **ci** refers to a previously mentioned location. It replaces a
prepositional phrase consisting of **a, in,** or **su** + *location*. Examples of such
phrases are:

al bar *at the bar*   sul pane *on the bread*
a Roma *in Rome*   sul tavolo *on the table*
in quel luogo *in that place*   in trattoria *in the restaurant*

—Hai mai mangiato in quel
ristorante?
—No, non **ci** ho mai mangiato.

Have you ever eaten in that
restaurant?
No, I have never eaten there.

—Cosa vuoi mettere sul pane?
—**Ci** vorrei mettere un po' di
marmellata.

What do you want to put on the bread?
I'd like to put a little bit of jam on it.

2] When referring to location, **ci** is often used with verbs like **rimanere,**
andare, stare, essere, and **venire.**

Siamo andati al bar e **ci** siamo
rimasti tutta la mattina a
chiacchierare.

We went to the bar and we stayed
there talking all morning.

3] **Ci** may also substitute for a prepositional phrase, introduced by **a, in,** or **su,** that refers to a complete idea.

—Vuoi iscriverti a quel corso di cucina con me? — *Do you want to enroll in that cooking class with me?*

—**Ci** penserò. (Penserò a quella cosa.) — *I'll think about it.*

Venite stasera a cena? **Ci** conto. (Conto su ciò.) — *Are you coming to dinner tonight? I'm counting on it.*

[handwritten: to be able to do something]

4] **Ci** can take the place of a phrase introduced by **a** + *infinitive* after verbs like **riuscire, credere, provare,** and **rinunciare.**

—Riesci a fare la pasta a mano? — *Are you able to make homemade pasta?*

—No, non **ci** riesco e poi preferisco comprarla. — *No, I can't do it, and anyway, I prefer to buy it.*

—Hai mai provato a fare i ravioli? — *Have you ever tried to make ravioli?*
—No, non **ci** ho mai provato. — *No, I've never tried it.*

[handwritten: to see] *[handwritten: to hear]*

5] **Ci** has an idiomatic function with a number of verbs. **Vederci** and **sentirci** mean *to be able to see* and *to be able to hear.*

Senza occhiali non **ci vedo.** Mi puoi leggere il menu? — *Without glasses I can't see. Can you read the menu to me?*

Gli parlo sempre ad alta voce perché non **ci sente** da un orecchio! — *I always speak loudly to him because he can't hear in one ear!*

6] The verbs **volerci** and **metterci** can both be used to express *to take time* but they are used differently. **Volerci** is impersonal, is used only in the third-person singular and plural, and takes the auxiliary **essere.** **Metterci** is conjugated in all forms to agree with the subject and takes the auxiliary **avere.**

Ci vogliono tre ore per preparare quel sugo. — *It takes three hours to make that sauce.*

Quanto tempo **ci hai messo** per preparare l'arrosto? — *How long did it take you to make the roast?*

7] The verb **volerci** can also be used to express how many people or things are required to perform an action.

Ci vogliono due chef per la festa dell'anniversario. — *Two chefs are necessary for the anniversary party.*

Per cuocere tutti questi ravioli, **ci vuole** una pentola grande. — *It takes a big pot to cook all these ravioli.*

8] Other verbs that are used idiomatically with **ci** are:

avercela (con) *to have it in for, be angry with (someone)*	**farcela** *to be able to do something*
cascarci *to fall for (be tricked)*	**tenerci** *to attach importance to*

Vieni alla festa con noi? **Ci tengo.** *Are you coming to the party with us? It's important to me.*

Non credevo di **farcela** ma ci sono riuscita. *I didn't think I'd be able to do it but I did.*

Quando gli ho detto che non gli avevo fatto una torta per il suo compleanno, **ci è cascato.** *When I told him that I hadn't made a cake for his birthday, he fell for it.*

Giampaolo **ce l'ha con** me perché sono arrivata in ritardo per la cena e tutti mi hanno dovuto aspettare. *Giampaolo is mad at me because I arrived late for dinner and everyone had to wait for me.*

9] Like a direct-object pronoun, **ci** can precede a conjugated verb or attach to an infinitive. When **ci** is attached to the infinitive, the infinitive's final **-e** is dropped. **Ci** precedes the formal forms of the imperative, but attaches to **tu, noi,** and **voi** in the affirmative forms. See **Capitolo 4**, p. 109, for rules on imperatives and pronouns.

—Non ho mai provato a fare la pasta fresca. *I've never tried to make fresh pasta.*

—Prova**ci!** Non è difficile. *Try it! It's not hard.*

PRATICA

A. Quanto ci vuole? A coppie, formate delle frasi complete con la forma corretta di **volerci** o **metterci** secondo il modello dell'esempio.

ESEMPIO 2 ore / preparare una cena perfetta
ST. 1: Ci vogliono due ore per preparare una cena perfetta.
Tu quanto ci metti?
ST. 2: Io ci metto un'ora.

1. 7 minuti / bollire un uovo
2. 5 minuti / mangiare un buon piatto di pasta
3. 45 minuti / preparare la griglia
4. 1 ora / andare al ristorante italiano più vicino
5. 10 minuti / sparecchiare
6. 6 ore / cuocere un grande tacchino
7. 2 settimane / imparare a memoria 100 ricette di cucina italiana

B. Quanto c'è voluto? A coppie ora volgete al passato le frasi dell'esercizio A secondo il modello nell'esempio.

ESEMPIO 2 ore / preparare una cena perfetta
St. 1: Ci sono volute due ore per cucinare una cena perfetta.
Tu quanto ci hai messo?
St. 2: Ci ho messo un'ora.

C. Modi di dire diversi. Riscrivi le frasi usando i seguenti verbi al posto delle parole in corsivo.

andarci	cascarci	sentirci	vederci
~~avercela~~	~~farcela~~	tenerci	~~volerci~~

1. Due camerieri hanno litigato in sala ed ora il direttore *è arrabbiato* con loro. *Ce l'ha*
2. *Sono necessarie* due ore per andare a quel buon ristorante ad Orvieto. *Ci vogliono*
3. Accendi la luce. Non *posso vedere niente!* *Non ci vedo*
4. C'è troppa pasta. Pensi che la tua mamma si offenderà se non *riesci a finirla?* *Ci faccio*
5. Quel ristorante non ha un buon cuoco. Non voglio *andare a mangiare lì.* *Ci voglio ande*
6. *È molto importante per me* che Lei assaggi almeno un po' di dolci. *Ci tengo*
7. Non *posso sentire* bene. Puoi ripetere ad alta voce? *Ci sento*
8. È troppo intelligente e non *ha creduto alle tue bugie.* *Non ci è cascato*

D. Domande personali. Rispondi alle seguenti domande usando **ci.**
1. Credi sempre a quello che ti dicono i camerieri?
2. Riesci a cucinare tutti i giorni? *riuscire – to so out?*
3. Sei riuscito/a a capire la differenza tra la cucina del nord e quella del sud Italia?
4. Hai mai pensato di seguire un corso di cucina?
5. Da bambino/a andavi spesso al ristorante con i tuoi amici?
6. Sei stato/a al cinema ieri sera, dopo cena?
7. Mangi spesso alla mensa dell'università?
8. Quando esci con i tuoi amici, vai spesso in pizzeria?

ACE Practice Tests, Flashcards

SAM workbook activities

B *Ne*

Like **ci, ne** has a number of uses. As a pronoun, it substitutes for a partitive or expressions of quantity. As an adverb, **ne** most often substitutes prepositional phrases introduced by **di.**

ne = of them

Ne-bevo 3

1] **Ne** can replace a partitive or an expression of approximate quantity.

I drank 3 of them

a. The partitive expresses an indefinite quantity using **di** + *definite article,* **alcune/i, un po' di,** or other expressions of quantity.

Ho ordinato dei biscotti. **Ne** vuoi alcuni?

I ordered some cookies. Do you want a few?

—Hai un po' di zucchero da prestarmi?

Do you have a little sugar that you can lend me?

—Sì, **ne** ho tanto.

Yes, I have a lot.

of them

Pizza, pasta e cappuccino? **133**

b. **Ne** can also replace nouns modified by adjectives such as **molto, troppo,** and **poco** that express indefinite quantities.

Farò molte foto per la nuova rivista di cucina.	*I will take many photos for the new cooking magazine.*
Ne farò molte per la nuova rivista di cucina.	*I will take many of them for the new cooking magazine.*

c. **Ne** can also replace nouns whose quantity is expressed with a number.

—Comprerai tre chili di pasta per la cena?	*Will you buy three kilos of pasta for dinner?*
—No. **Ne** comprerò quattro.	*No. I am going to buy four.*

2] In compound tenses, the past participle agrees with the noun that **ne** replaces, but only when **ne** refers to a partitive, an approximate quantity, or a number.

—Quante ricette hai copiato dal giornale?	*How many recipes did you copy from the newspaper?*
—**Ne** ho copiate **tre.**	*I copied three of them.*

3] Sometimes **ne** is used redundantly.

Che **ne** dici di questo sugo?	*What do you think of this sauce?*

4] **Ne** follows the same rules of placement as other pronouns. When combined with indirect or reflexive pronouns, **ne** appears last. When used with **ci, ne** always comes last and **ci** becomes **ce: ce ne.**

—Hai comprato tante verdure per me?	*Did you buy a lot of vegetables for me?*
—**Te ne** ho comprate **tante** (di verdure).	*I bought a lot of them for you.*
C'era molta gente alla cena sabato sera.	*There were a lot of people at the dinner Saturday evening.*
Ce n'era **molta** sabato sera.	*There were a lot (of people) Saturday evening.*
Per fare la pasta, mi ha chiesto delle uova e io glie**ne** ho date **tre.**	*To make the pasta, he asked me for some eggs and I gave him three (of them).*

5] **Ne** replaces **di** + the following pronouns and **di** + **questo** and **quello.**

di lui *of / about him*	di questo *of / about this*
di lei *of / about her*	di quello *of / about that*
di loro *of / about them*	di questa cosa / persona *about this thing / person*

Il cameriere ti può suggerire un piatto particolare; me **ne** ha suggerito uno (di questi piatti) squisito l'ultima volta.	*The waiter can suggest a special dish; he recommended a delicious one (of those dishes) to me last time.*

Dolci del Forno di Nonna Ebe Così buoni che non ne basta uno!

Il nostro risotto è buonissimo. Ve **ne** porto un assaggio (di quel risotto).	*Our risotto is very good. I will bring you a taste of it.*
I cuochi napoletani sono eccezionali, Giuseppina **ne** parla sempre (di loro).	*Neapolitan chefs are exceptional. Giuseppina is always talking about them.*

6] **Ne** replaces a phrase introduced by **di** after certain verbs. These verbs include:

avere bisogno di	avere voglia di
approfittare di	dire di
parlare di	accontentarsi di
discutiamo di	dubitare di
avere paura di	occuparsi di

Preparerò delle verdure per cena. Che **ne** dici?	*I'm going to make some vegetables for dinner. What do you think about that?*
Per l'antipasto, ho bisogno di salumi. Tu **ne** hai?	*For the appetizer I need some cold cuts. Do you have any?*
—Hai paura di aver bruciato l'arrosto?	*Are you afraid you've burned the roast?*
—Sì, **ne** ho paura.	*Yes, I'm afraid so (of that).*

7] **Ne** is used idiomatically to ask the date: **Quanti ne abbiamo?**

8] The following verbs used with the pronoun **ne** have idiomatic meanings:

accorgersene *to become aware of*	non poterne più *not to be able to put up with*
andarsene *to go away, to leave*	valerne la pena *to be worth it*
importarsene* *to care about something*	

Non **ne posso più** di quel ristorante. È troppo affollato!	*I can't take that restaurant anymore. It's too crowded!*

9] As an adverb, **ne** refers to a location. It can substitute for **da** + *place*.

da lì *from there*	da qui *from here*
Siamo arrivati al ristorante alle 7:00 e ce **ne** siamo andati a mezzanotte.	*We got to the restaurant at 7:00 and left there at midnight.*

---

*impersonal verb

Qualsiasi età è giusta per un buon pasto in trattoria.

PRATICA

A. Un proprietario stressato. È la sera dell'apertura di un nuovo ristorante e tu e il tuo socio (*business partner*) siete nervosi. Completa il seguente dialogo rispondendo alle domande e cercando di usare **ci, ne** o entrambi, facendo tutti i cambiamenti necessari.

TU: Speriamo che arrivi un po' di gente. Quanti inviti abbiamo mandato?

IL SOCIO: *Ne* abbiamo mandat *i* duecento. Se verranno tutti, non sapremo dove metterli. Piuttosto, quanta carne di manzo abbiamo ordinato per stasera?

TU: *Ne* abbiamo ordinat *a* circa 10 chili. Poi c'è un sacco d'altra carne e di pesce. Vedrai, non ci saranno problemi.

IL SOCIO: Mah, speriamo. Sono nervosissimo. Cameriere! Quante forchette hai messo vicino ai piatti?

CAMERIERE: *Ne* ho mess *e* due. Perché?

IL SOCIO: Come perché? *Ci* vogliono tre, una per il primo, una per il secondo e una per il dolce!!! Presto, aggiungi *e* una! Non *ci* posso più!

TU: Rilassati! Non vorrai farti vedere così dai clienti?

IL SOCIO: Hai ragione, ma non *ci* riesco. E poi... Ecco, lo sapevo... il vino bianco... ho dimenticato di ordinarlo! C'è un'enoteca qui vicino?

TU: Sì, *ce* è una in via Farnese. Ma voglio andar *ci* io. Tu sei troppo stressato. Va bene preoccuparsi della salute dei clienti ma dobbiamo pensare anche alla nostra. Se dobbiamo morire per questo ristorante non _____ vale la pena!

B. Festa a sorpresa. A coppie, completate il seguente dialogo coniugando il verbo e usando **ci** e **ne** dove opportuno.

ALESSANDRO: Hai pensato di fare una festa a sorpresa per Federica?

FABIO: Sì, _____ (pensare) ma non so se _____ (riuscire).

ALESSANDRO: Certamente _____ (potere / noi) riuscire! Bisogna pensare però a dove fare la festa.

FABIO: Pensavo di farla «Da Mario».

ALESSANDRO: Sì, ma lì è carissimo. Perché non chiediamo a Massimo? Cosa _____ (dire)?

FABIO: Già. Ma il suo ristorante è troppo piccolo. Quante persone possiamo invitare?

ALESSANDRO: _____ (potere) invitare una ventina. Hai ragione: è piccolo ma la cucina è ottima!

FABIO: È vero. Lo chef è straordinario e possiamo chiedergli di preparare delle lasagne.

ALESSANDRO: E dopo la cena potremo fare due salti.

FABIO: C'è posto per ballare?

ALESSANDRO: _____ (essere) un sacco!

FABIO: Perfetto. Mangiare, bere e ballare. Che serata divertente!

C. Una ricetta per te! Leggi gli ingredienti per fare i ravioli agli spinaci e poi rispondi alle domande usando la particella **ci**.

Ravioli agli spinaci — dose per 6

Per la pasta:
- *500 g di farina*
- *4 uova*
- *sale*

Per il ripieno:
- *3 etti di spinaci freschi bolliti*
- *250 g di ricotta*
- *100 g di parmigiano grattugiato*
- *1 cucchiaino di prezzemolo[1] tritato*
- *1 spicchio d'aglio tritato*
- *2 uova*
- *noce moscata[2]*
- *sale*

Per condire:
- *100 g di burro*
- *75 g di parmigiano grattugiato*
- *1 rametto di salvia[3]*
- *sale*

1. parsley   2. nutmeg   3. sage

1. Hai mai provato a fare i ravioli?
2. Vorresti provare a prepararli?
3. Quali ingredienti metti nel ripieno?
4. Quale condimento metti sui ravioli?
5. Quanta ricotta ci vuole?
6. Quanti spinaci ci vogliono?
7. Quanti spicchi d'aglio ci vogliono?
8. Secondo te, quanto tempo ci vuole tra preparazione e cottura?

Adesso leggi le istruzioni per la preparazione dei ravioli e poi rispondi alle domande usando la particella **ne**.

Preparazione

1. *Unite la ricotta agli spinaci cotti e insaporiti nel burro soffritto e nell'aglio tritato. Poi aggiungete il parmigiano, le uova, un po' di noce moscata grattugiata e un pizzico di sale.*

2. *Versate la farina sulla spianatoia[1], al centro rompetevi le uova, aggiungete un pizzico di sale e impastate[2]. Lavorate la pasta, dividetela in due parti e conservatene una metà avvolta in una tovaglietta.*

3. *Stendete[3] la pasta, ricavatene dei[4] rettangoli e distribuite su una metà di ogni rettangolo un po' di ripieno. Coprite con l'altra metà e formate i ravioli.*

4. *Ripetete no. 3 con la pasta conservata a parte.*

5. *Cuocete i ravioli in 4 litri d'acqua salata.*

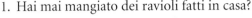

1. counter, pastry board   2. blend, mix   3. roll out   4. **ricavatene...** cut it into

1. Hai mai mangiato dei ravioli fatti in casa?
2. Speri di fare dei ravioli fatti in casa?
3. Quanti spicchi d'aglio aggiungi agli spinaci?
4. Quanto sale deve essere aggiunto alle uova?
5. Quanto ripieno stendi su ogni rettangolo?
6. Quanti litri d'acqua occorrono per cuocere i ravioli?

ACE Practice
Tests,
Flashcards

SAM
workbook
activities

II Il verbo *piacere* ed altri verbi simili

A *Piacere,* to like (literally, to be pleasing)

1] **Piacere** is ordinarily used in the third-person singular or plural. The subject of the sentence is the person or thing liked, while the person who likes is the indirect object.

Ci **piace** il ragù.	*We like ragù.*
Ci **piacciono** le farfalle.	*We like bowtie pasta.*
La salsiccia **piace** a mio padre.	*My father likes sausage.*
I ravioli **piacciono** a mia sorella.	*My sister likes ravioli.*

When followed by one or more infinitives, **piacere** is conjugated in the third-person singular.

Gli **piace preparare** gli gnocchi.	*He likes to prepare gnocchi.*
A me **piace cucinare** e **provare** ricette nuove, ma non mi **piace lavare** i piatti dopo cena.	*I like to cook and try new recipes, but I don't like washing the dishes after dinner.*

2] The most common grammatical constructions using **piacere** are:

oggetto indiretto (o pronome oggetto indiretto)	verbo	soggetto
Ai giovani (Gli)	piacciono	i prodotti biologici.

or

soggetto	verbo	oggetto indiretto
I prodotti biologici	piacciono	ai giovani.

Both sentences mean *Young people like organic products.*

3] **Piacere** can also be conjugated in the first and second persons to express the concept of attraction between individuals. The present tense forms are:

piacere	
piaccio	piacciamo
piaci	piacete
piace	piacciono

Tu mi **piaci** perché sei una persona avventurosa.	*I like you because you are an adventurous person.*
Voi **piacete** al cuoco perché vi **piace** mangiare!	*The cook likes you because you like to eat!*

4] **Piacere** is conjugated with **essere** in compound tenses and agrees with the subject in number and gender.

Gli **è** piaciut**a** quella ricetta.   *He / They liked that recipe.*

Gli **sono** piaciut**e** quelle ricette.   *He / They liked those recipes.*

B Altri verbi simili

1] A number of common verbs are similar to **piacere** in formation and usage.

bastare *to suffice, to be enough*	restare *to remain, to be left (over)*
dispiacere *to be sorry, to mind*	servire *to be useful, to need*
mancare *to miss, to be lacking*	succedere *to happen*
occorrere *to need, to take (time)*	

Pasta od opera d' arte?

—Le **dispiace** che abbiano chiuso quel ristorante?   *Are you sorry that they closed that restaurant?*

—Sì, ma non mi **dispiacerebbe** andare a quell'altro.   *Yes, but I wouldn't mind going to that other one.*

—Gli **bastano** i bicchieri da vino?   *Does he have enough wine glasses?*

—Sì, ma gli **mancano** tre piatti per apparecchiare.   *Yes, but he needs three more plates to set the table.*

Vi **serve** un altro cucchiaio di servizio?   *Do you need another serving spoon?*

2] Like **piacere,** these verbs are conjugated with **essere** in compound tenses.

Perché non sei venuto?   *Why didn't you come?*
Cosa ti **è successo?**   *What happened to you?*

Gli **sono occorsi** vent'anni di lavoro per diventare capocuoco.   *It took him twenty years of work to become head chef.*

3] The pronoun **ne** is commonly used with **piacere** and similar verbs.

—Quanti tovaglioli ti mancano?   *How many napkins do you need?*

—Me **ne** manca uno.   *I need one.*

—Ti dispiace non poter partecipare?   *Are you sorry that you can't participate?*

—Me **ne** dispiace davvero.   *I'm really sorry (that I can't participate).*

A. Per conoscersi un po' di più.   A coppie scambiatevi le seguenti domande.

1. Ti dispiace non poter mangiare tutti i giorni la cucina di casa tua? Perché?
2. Cosa ti manca di più della cucina di casa?
3. Che cosa ti occorre non mangiare per seguire una dieta vegetaliana?
4. Quali ingredienti ti servono per preparare la tua specialità?
5. Che cosa ti occorre per mangiare bene?
6. Che cosa ti piace della tua cucina?
7. Che cosa ti manca nel frigorifero per preparare una buona macedonia?
8. Quante volte al giorno ti basta mangiare?

B. Meglio ieri di oggi?   Con un compagno / una compagna, pensate a come le cose andavano sei mesi fa rispetto ad oggi.

> **ESEMPIO**   occorrere: studiare molto
>
> ST. 1: Ti occorreva studiare molto?
> ST. 2: Sì, mi occorreva studiare molto.
> > *o* No, non mi occorreva studiare molto, ma mi
> > occorreva…
> ST. 1: E oggi ti occorre studiare molto?
> ST. 2: Sì, mi occorre studiare molto.
> > *o* No, non mi occorre studiare molto, ma mi occorre…

1. piacere: i corsi
2. piacere: mangiare in mensa
3. occorrere: un lavoro
4. occorrere: conoscere posti dove mangiare bene
5. bastare: i soldi
6. bastare: le ore di sonno
7. mancare: gli amici a casa
8. mancare: la cucina della mamma

C. Un ottimo ristorante, un pessimo ristorante?   A coppie, parlate di un'esperienza che avete avuto recentemente al ristorante. Parlate della qualità del cibo, del servizio e dell'ambiente. Usate i verbi **bastare, mancare, occorrere, restare, succedere, servire** e **piacere.** Create almeno sei frasi e presentate l'esperienza del compagno / della compagna alla classe.

> **ESEMPIO**   Mi sono piaciute le lasagne ma non mi sono bastate.
> Dopo aver mangiato avevo ancora fame.
> Ero triste a casa e questa cena mi è servita per sentirmi meglio.

ACE Practice Tests, Flashcards, **Raccontami una storia**

SAM workbook and lab activities

RECOGNIZING WORD FAMILIES

A word family is a group of words, related in meaning, that share a common root. For example, **produrre, prodotto,** and **produttore / produttrice** belong to the same word family. **Cuocere, cotto,** and **cuoco** also form a word family. Recognizing word families can help you guess the meanings of unfamiliar words.

P R E - L E T T U R A

A. Il seguente articolo ha vari esempi di famiglie di parole. Guarda l'articolo e trova tutte le parole possibili per completare le seguenti famiglie. Per alcune parole, non ci sarà tutta la famiglia. Poi, cerca di fornire le forme mancanti. Qualche volta ci può essere più di una forma nominale.

infinito	aggettivo	nome
alimentare		
derivare		
estrarre		
produrre		
consumare		
leggere		
conservare		

B. In gruppi di tre o quattro, discutete i vantaggi e gli svantaggi di seguire una dieta vegetariana. Parlate dei cibi che potete mangiare o che non dovete mangiare per mantenere una buona forma fisica e per mantenervi sani.

vantaggi	svantaggi

cibi sì	cibi no

Commenti

Lettere

GIOVEDÌ 22 LUGLIO 1999

Barbara Palombelli è nata e vive a Roma con il marito e quattro figli di cui uno adottato e due in affido. Ha scritto per l'*Europeo, Panorama* ed il *Corriere della Sera* e ha lavorato per la radio e per la televisione italiana (RAI). Attualmente realizza servizi, interviste e brevi editoriali per il TG5.

Non sono chiare le etichette[1] alimentari

Cara signora Palombelli, sono una studentessa milanese di 26 anni e, da quasi 5 anni, sono vegetariana. Ciò significa che ho eliminato dalla mia alimentazione la carne ed il pesce, ma non ho rinunciato ad alcuni prodotti di origine animale, cioè a quelli che non provocano la morte dell'animale (ma purtroppo a causa dell'ottusità[2] umana, continuano a provocare sofferenza). Il motivo della mia protesta è un ingrediente del formaggio: il caglio[3].

Attivisti di associazioni animaliste e antivivisezioniste[4] che ho contattato via Internet (e che pubblicamente devo ringraziare per la loro gentilezza, sollecitudine[5] nel rispondermi e totale mancanza di ideologismo, di cui peraltro[6] spessissimo li si accusa), mi hanno spiegato che il caglio può essere di tre tipi: di derivazione animale (estratto dallo stomaco dell'agnello e del vitello), vegetale e chimico (cioè sintetizzato in laboratorio). Il problema è che non c'è verso[7] di far scrivere sulle etichette dei prodotti che tipo di caglio è stato utilizzato. Basterebbe aggiungere alla parola «caglio» uno dei tre maledetti aggettivi suddetti[8]. Queste persone mi hanno anche spiegato che chiunque, privatamente, avesse chiesto alle industrie produttrici quest'informazione, si sarebbe scontrato con[9] una sorta di «muro di gomma». Come se non fosse un diritto del consumatore sapere esattamente cosa ingoia[10].

Non tutti si possono permettere di fare la spesa nei supermercati biologici. Quindi un atteggiamento di questo tipo da parte dei produttori e la totale indifferenza dei consumatori mi indigna, mi manda in bestia[11]! E non riguarda solo il caglio. Ci sono prodotti con ingredienti scritti solo in una lingua (non inglese o francese, ma magari giapponese) ed etichette che riportano la dicitura[12] «conservanti» o «coloranti» senza elencare dettagliatamente quali coloranti e conservanti sono stati usati. E anche in queste due categorie vengono usati prodotti animali.

Dove sono coloro che si riempiono la bocca di «trasparenza» e «tutela dei consumatori»? Per me questo è un grosso problema, perché io ho scelto un modo di vivere e pretendo che nessuno mi impedisca  di vivere come desidero. Devo avere tutte le informazioni, e ciò non mi è consentito. Per non parlare poi delle industrie cosmetiche che sperimentano i loro prodotti sugli animali e che si guardano bene dal comunicarlo sulle etichette.

ALESSANDRA DRAGONI

---

1. labels   2. slowness   3. rennet (*used to curdle milk*)   4. opponents of medical research on animals   5. attention, concern   6. moreover   7. **non...** there is no way   8. above-mentioned   9. **si...** would run up against   10. swallows 11. **mi manda...** I fly into a rage   12. wording

I VEGETARIANI sono tantissimi sempre di più. Per questo, la battaglia di Alessandra mi sembra sacrosanta[13]. Il problema dell'etichettatura degli alimenti sarà—ne sono certa—una delle grandi battaglie del prossimo secolo. Fra cibi biologici, transgenici[14], con o senza conservanti… il diritto di scelta che noi consumatori dobbiamo pretendere di poter esercitare[15] diventerà un diritto centrale, proprio come furono centrali i diritti civili in quello che è quasi il secolo scorso. Chiederemo sempre di più etichette chiare, leggibili, comprensibili, ci batteremo per sapere cosa mangiamo… E le aziende che per prime forniranno ragguagli[16] sul contenuto dei cibi e delle bevande verranno senz'altro premiate dai cittadini.*

---

13. sacred, indisputable   14. genetically altered   15. to exercise, to exert   16. details, information

COMPRENSIONE

1. Descrivi il problema della ragazza che ha scritto la lettera a Barbara Palombelli.
2. Qual è la sua posizione sulle etichette?
3. Che cosa contesta (*contest*)?
4. Cosa intende dire la studentessa quando scrive: si sarebbe scontrato con una sorta di «muro di gomma»?
5. Molti negozi oggi vendono prodotti biologici e prodotti di origine animale e assicurano che gli animali siano stati trattati bene. Questi prodotti sono spesso molto cari. Cosa pensi di questo tipo di negozi?
6. C'è una differenza significativa tra questi prodotti e gli altri?
7. Tu leggi le etichette sui prodotti che compri? Se sì, le leggi prima o dopo aver comprato i prodotti?
8. Quali sono le informazioni delle etichette che ritieni importanti?

Di propria mano

WRITING A FORMAL LETTER

Both spoken and written language vary with the situation. Although the format of a formal letter is similar to that of an informal letter (**Capitolo 4**), there are several basic differences. First, when writing a formal letter, the polite third-person form (**Lei**) is used. Second, the salutation and closing are more formal than in an informal letter. Finally, the language in general is more formal.

SALUTATIONS
Egregio/a
Distinto/a   } + *title of the person addressed + colon*
Gentile

CLOSINGS
Distinti saluti
Cordiali saluti

In a formal letter, as in a casual letter, the city and date are written in the upper right corner of the first page, and the first sentence begins with a lowercase letter.

PRE-SCRITTURA

Scriverai una lettera chiedendo consiglio su un argomento qualsiasi relativo all'alimentazione che ti sembra importante. Ad esempio, può essere lo spreco (*waste*) di cibo nel mondo, la qualità del cibo nelle mense, i pesticidi sulle verdure e sulla frutta, il costo del cibo biologico oppure le differenze tra il cibo biologico e quello venduto nei supermercati, ecc. Prima, pensa ad un tema e fa' una lista delle idee più importanti che vuoi includere. Poi, scegli quelle più convincenti.

SCRITTURA

Adesso scrivi una lettera formale a Barbara Palombelli in cui chiedi consiglio sull'argomento legato al mangiare che hai deciso è più importante. Prima pensa a come indirizzerai la lettera e poi spiega perché le stai scrivendo. Concludi la lettera con un riassunto dell'argomento e con una domanda per Barbara Palombelli. Prima di mandare la lettera, controlla che il formato, la punteggiatura e l'ortografia siano corretti.

Writing
Tips

BLOCK NOTES

In questo capitolo hai avuto la possibilità di scoprire nuove particolarità relative alla cucina italiana. In base alle letture fatte, all'attività Web e alla discussione in classe, scrivi le tue osservazioni su uno dei seguenti punti.

1. Paragona la cucina italiana che hai scoperto in queste pagine a quella che conoscevi o che ti era stata presentata nel tuo Paese.
2. Quali sono le tue scelte in fatto di cibo? Scegli spesso di acquistare prodotti biologici o guardi prima il prezzo, di solito? Spiegane le ragioni.
3. Descrivi le tue abitudini alimentari settimanali e poi spiega se si tratta di una dieta sana oppure no.

L'arte di mangiar bene: *Pellegrino Artusi*

Pellegrino Artusi nasce a Forlimpopoli il 4 agosto del 1820 da una famiglia agiata[1] e muore a Firenze il 30 marzo del 1911. Dopo gli studi, prima in Romagna e poi a Bologna, si trasferisce nel capoluogo toscano dove si dedica all'attività commerciale con un grandissimo successo che gli permette di smettere di lavorare all'età di 45 anni. Da allora in poi si dedica solo alla letteratura e alla cucina, i suoi interessi di sempre. Se Artusi non è ricordato per i suoi lavori di critica letteraria, il suo libro *La scienza in cucina e l'arte di mangiare bene* gli ha dato una fama internazionale. Questo manuale di cucina, infatti, dopo un inizio tentennante[2], diventerà un vero e proprio best seller presente nelle cucine della maggior parte delle case italiane. Dall'anno della pubblicazione (1891) ad oggi, il libro non ha mai smesso di suscitare[3] interesse: si è già arrivati a 111 edizioni ed è stato tradotto in inglese, tedesco e olandese. Quasi ogni ricetta presentata è accompagnata da aneddoti[4] o cronache che sono una finestra sull'Italia di quegli anni e che rendono questo libro interessante anche per chi non sia un appassionato di cucina. Il grande merito[5] dell'Artusi è stato quello di tentare la riconciliazione tra la cucina toscana e quella emiliano-romagnola, così vicine geograficamente ma così lontane dal punto di vista culinario: dal burro che domina la cucina romagnola e che caratterizza la cucina settentrionale si passa all'olio che caratterizza la cucina italiana dalla Toscana alla Sicilia. Artusi tenta, insomma, di mettere insieme un manuale che sia veramente valido per una cucina italiana nazionale in corrispondenza con la recente unificazione nazionale avvenuta solo trent'anni prima (1861). Da un punto di vista linguistico poi, il libro dell'Artusi può essere considerato alla stregua dei[6] *Promessi Sposi* di Alessandro Manzoni: se in molti vedono nel capolavoro di quest'ultimo la nascita dell'italiano moderno, ad Artusi va il merito di aver cercato di creare un vocabolario italiano uniforme per le svariate cucine regionali italiane.

---

1. well-off   2. shaky   3. provoke   4. anecdotes   5. worth   6. **alla...** like

T R A C C E   D I   R I C E R C A

Web
Links

L'Italia attraverso le ricette dell'Artusi
L'Artusi oggi
La festa artusiana ogni anno a Forlimpopoli

CD 1
46–50

accertarsi *to ascertain*
accorgersene (*p.p.* accorto) *to become aware of*
acqua del rubinetto *tap water*
acqua minerale gasata *sparkling mineral water*
acqua minerale naturale *mineral water*
additivo *additive*
affollato *crowded*
agnello *lamb*
al forno *baked*
alla griglia *grilled*
andarsene *to go away, to leave*
antipasto *appetizer*
aperitivo *aperitif*
apparecchiare (la tavola) *to set (the table)*
arachide (*f.*) *peanut*
arrosto *roast*
arrosto (*adj. inv.*) *roasted*
assaggiare *to taste*
avercela (con) *to have it in for, to be angry with (someone)*
avvenire (*p.p.* avvenuto) *to happen*
avvolgere (*p.p.* avvolto) *to wrap*
bastare *to suffice, to be enough*
bevanda *drink*
biologico *organic*
bollino *stamp*
bollito *boiled (added to boiling water)*
cascarci *to fall for, be tricked*
cenare *to eat dinner / supper*
chiacchierare *to chat*
chilo(grammo) *kilo(gram)*
colorante (*m.*) *food dye*
condimento *dressing*
conservante (*m.*) *preservative*
consumatore (*m.*) *consumer*
consumatrice (*f.*) *consumer*
contorno *side dish*
cottura *cooking (time or type)*
crescita *growth*
diffidare *to distrust*
dimagrire *to lose weight*
dispiacere (*p.p.* dispiaciuto) *to be sorry, to mind*
dolce (*m.*) *dessert*
dolcificante (*m.*) *sugar substitute / sweetener*
dolciumi (*m. pl.*) *sweets*
enoteca *wine shop*

essere a dieta *to be on a diet*
essere pieno / sazio *to be full*
estrarre (*p.p.* estratto) *to extract*
farcela *to be able to do something*
fetta *slice (of bread, of watermelon, etc.)*
formaggiera *bowl for grated cheese*
fornire *to supply, furnish, provide*
fritto *fried*
frutti di mare *seafood*
gioiello *jewel*
grattugiare *to grate*
impedire *to prevent*
importarsene *to care about something*
indagine (*f.*) *inquiry, investigation*
ingrassare *to gain weight*
insaccato *sausage, salami*
lessato *boiled (added to cold water and brought to a boil)*
macedonia *fruit salad*
maiale (*m.*) *pork*
mancare *to miss, to be lacking*
manzo *beef*
morbido *soft (used for food and other objects)*
natalizio *pertaining to Christmas*
non poterne più *not to be able to put up with*
occorrere (*p.p.* occorso) *to need, to take (time)*
ormone (*m.*) *hormone*
osteria *inn, tavern*
paninoteca *sandwich shop*
pizzico *pinch*
polvere (*f.*) *dust, powder*
posate (*f. pl.*) *silverware*
primo (piatto) *first course*
rassicurare *to reassure*
restare *to remain, to be left (over)*
ricavare *to extract, to draw*
ripieno *stuffing*
ripieno (*adj.*) *stuffed*
rischio *risk*
salsa *sauce*
salume *cold cut*
scaduto *expired*
scambiare *to exchange*
secondo (piatto) *second course*
seme (*m.*) *seed*
servire *to be useful, to need*
sfruttamento *exploitation, use*
smettere (*p.p.* smesso) *to stop*

soffice *soft (not used for food)*
sparecchiare (la tavola) *to clear (the table)*
spicchio *clove (as of garlic), segment (of citrus)*
spiedino *food cooked on a skewer*
spuntino *snack*
stagionare *to season*
succedere (*p.p.* successo) *to happen*
sughero *cork*
sugo *sauce (for pasta)*
surgelato *frozen*
tavola calda *café*
tenerci (*p.p.* tenuto) *to attach importance to*
trattoria *family-style restaurant*
tritare *to mince*
truffa *fraud, swindle*
valerne la pena (*p.p.* valso) *to be worth it*
vegano *vegan*
vegetaliano *vegan*
vegetariano *vegetarian*
versare *to pour*
vietato *prohibited*
vitello *veal*
volgere (*p.p.* volto) *to transform*

Le vostre parole

IL MONDO DI OGGI NELLE CITTÀ, NEI PALAZZI E NELLE STRADE DI IERI

Le secolari bellezze naturali, artistiche ed architettoniche italiane si scontrano, giorno dopo giorno, con la vita moderna che ha ritmi diversi e che richiede il suo spazio. In molti casi, l'antico cede il passo al nuovo senza perdere però il fascino che da sempre lo contraddistingue. Anzi, proprio grazie a questo, semplicemente passeggiare o riposare nelle vie di una città, affittare una camera in un albergo o cenare in un ristorante può, il più delle volte, diventare un'esperienza culturale inaspettata. Non si contano più, infatti, le ville ed i castelli che sono stati convertiti in alberghi o le grotte naturali trasformate in ristoranti. Di volta in volta gli antichi spazi diventano musei, teatri, luoghi per sfilate di moda e oasi di riposo per turisti affaticati. A volte, nemmeno i registi stranieri resistono alla tentazione e usano questi spazi come set per i loro film: pensate, solo per ricordarne alcuni, ad *Hannibal* (Firenze e gli Uffizi) e *The Italian Job* (Venezia).

DOMANDE

1. Tra queste foto, quale pensi che sia quella che meglio sottolinea la fusione di antico e moderno e perché? Ci sono luoghi o edifici nel tuo Paese che rappresentano una fusione di antico e moderno? Quali?

2. Di questi incontri tra vecchio e nuovo, quale vorresti sperimentare e perché?

3. Quali film hai visto che sono stati ambientati in Italia? Perché pensi che sia stata scelta proprio l'Italia per girare questi film?

Un castello trasformato in ristorante sulla costiera amalfitana.

Le antiche mura di Lucca sono diventate un paradiso per gli amanti del jogging e delle passeggiate.

Piazza del Popolo a Roma: anche quando si cerca un po' di riposo è possibile farlo senza allontanarsi dalle bellezze architettoniche della capitale.

Anche le più belle ville possono diventare hotel, come qui a Santa Margherita in Liguria.

Il *Giulio Cesare* prende vita sullo sfondo del Colosseo.

La mole Antonelliana di Torino ospita oggi il Museo Nazionale del Cinema, dove è possibile ammirare anche il «Moloc» di *Cabiria*, uno dei capolavori del cinema italiano datato 1910.

Ogni anno a Roma si svolge, sulla famosa scalinata di Piazza di Spagna, la sfilata di moda «Donne sotto le stelle».

Venezia diventa il set cinematografico ideale per *The Italian Job* di Gary Gray.

CAPITOLO

6

PER COMUNICARE

Parlare di tradizioni, sagre e feste italiane

Discutere di superstizioni

Fare riferimento ad avvenimenti del lontano passato

Parlare di favole e fiabe

Internet Café

INDIRIZZO: http://college.hmco.com/pic/ponti2e

ATTIVITÀ: Ritorno al... passato.

IN CLASSE: Stampa lo stemma della tua contrada, portalo in classe e mostralo ai compagni mentre spieghi le caratteristiche che contraddistinguono la contrada.

Web Search Activity

Tarantella, malocchio e... ?

La benedizione del cavallo di una contrada prima del Palio, a Siena.

●○○ Oltre Ponti

MUSICA:

- Francesco De Gregori: «Natale»
- Francesco Guccini: «Venerdì santo»
- Edoardo Bennato: «Il gatto e la volpe»
- Edoardo Bennato: «Il rock di capitan Uncino»

FILM & ALTRI MEDIA:

- Pupi Avati: *La festa di laurea*
- Roberto Benigni: *Pinocchio*

Tarantella, malocchio e... ?

Il grande attaccamento° che lega gli italiani alle proprie città ha contribuito enormemente a mantenere intatte le radici° storiche e folkloriche che caratterizzano l'intera penisola. Alcune ricorrenze° sono comuni a tutta la penisola, ma molte altre appartengono solo a singoli paesi o città. Le feste nazionali si limitano a quelle dettate° dal calendario cattolico (Natale e Pasqua le principali) o a quelle in ricordo di grandi avvenimenti storici e civili (la fine della seconda guerra mondiale, l'istituzione della Repubblica, la festa dei lavoratori, ecc.).

Feste molto importanti sono poi quelle patronali:° ogni città, ogni paesino, infatti, ha un santo protettore (patrono) per il quale si organizzano processioni, sagre° e manifestazioni folkloriche. Sullo stesso piano sono da considerare le numerose feste di rievocazione storica° di cui il Palio di Siena è l'esempio più famoso.

Al mondo folklorico si legano° altri due aspetti fondamentali di ogni cultura: quello favolistico° e quello della superstizione. Ogni regione ha un proprio patrimonio favolistico e proverbiale che si tramanda° oralmente di generazione in generazione e che si lega strettamente alla cultura linguistica, storica e ambientale in cui la favola è nata. Italo Calvino, uno dei più importanti scrittori italiani, ha pubblicato una raccolta di favole italiane ripulite dalle influenze dialettali e diventate così patrimonio comune di tutta la penisola.

Per quanto riguarda le superstizioni, nella maggior parte dei casi, esse appartengono a tutta la cultura occidentale e non alla sola penisola italiana: i gatti neri, gli specchi rotti, il rovesciare° il sale, il passare sotto una scala «portano sfortuna», infatti, non solo in Italia. Quello che caratterizza gli italiani è forse la fantasia con cui inventano modi per tenere lontana la sfortuna: incrociare° le dita, fare le corna°, portare con sé un cornetto° e naturalmente l'aglio che, oltre a proteggere dai vampiri, tiene lontano il malocchio°.

attachment

roots

festivities

dictated

pertaining to a patron saint

festivals

rievocazione... *historical reenactment*

si... *are linked*

pertaining to fables or fairy tales / **si...** *is handed down*

spilling

to cross / **fare...** *an Italian gesture that has the same significance as "knock on wood" / little horn / evil eye*

Un gruppo di danza viene applaudito dopo aver ballato una tarantella.

DOMANDE

1. Quali sono le feste nazionali nel tuo Paese? Quali celebrano avvenimenti storici e quali altri avvenimenti? Quali si celebrano anche in Italia?
2. Quali sono le tradizioni folkloriche della tua città o della tua regione? Sono originarie della tua cultura o sono state assimilate da altri paesi e altre tradizioni?
3. Quali sono le favole che ricordi con più piacere? Ti raccontavano favole quando eri bambino/a? Ci sono favole che hai sentito solamente in casa tua?
4. Pensi che esistano cose che portano sfortuna? Quali sono i gesti scaramantici o gli amuleti che usi per tenere lontana la sfortuna?
5. Nell'attività Web hai potuto vedere come in Italia ci siano alcune tradizioni popolari antiche che vengono mantenute ancora oggi. Ti viene in mente qualcosa di simile nella tua città o in una città che hai visitato?

ACE Video Activities

Lessico.edu

 Le feste

CD 1
51–53

la Befana *a benevolent witch who brings toys to good children and coal to bad ones on January 6 (Epiphany)*
il Capodanno *New Year's Day*
il Carnevale *Carnival*
celebrare / festeggiare *to celebrate*
il cenone *New Year's Eve dinner*
la colomba *traditional Easter cake in the shape of a dove*

il discorso *speech*
i fuochi artificiali *fireworks*
il martedì grasso *fat Tuesday*
il mercoledì delle Ceneri *Ash Wednesday*
il Natale *Christmas*
il pandoro *traditional Christmas cake*
il panettone *traditional Christmas cake*
la Pasqua *Easter*

il patrono / la patrona *patron*
la Quaresima *Lent*
la ricorrenza *yearly festivity*
la sagra *festival*
il Santo Patrono / la Santa Patrona *Patron Saint*
la sfilata *parade*
il torrone *traditional Christmas nougat*
le uova di Pasqua *chocolate Easter eggs*

La superstizione

l'amuleto *amulet*
il / la chiromante *fortune-teller*
fare le corna* *to knock on wood*
In bocca al lupo! / Crepi il lupo! *Good luck! / Thank you!***
il malocchio *evil eye*
l'oroscopo *horoscope*

portare fortuna *to bring good luck*
portare sfortuna *to bring bad luck*
scaramantico/a *superstitious*
la scaramanzia / lo scongiuro *superstitious practice*

scongiurare *to ward off bad luck*
il soprannaturale *supernatural*
il talismano *talisman*
toccare ferro *to knock on wood (literally, to touch iron)*
tramandare *to pass down / to transmit*

---

*__Fare le corna__ has a number of meanings. In this context it refers to an Italian gesture that has the same meaning as knocking on wood.
**Literally, *In the mouth of the wolf! / May the wolf die!*

Altre parole ed espressioni utili

la cultura contadina *peasant culture*

la favola / la fiaba *fairy tale / fable*

il folklore *folklore*

il gesto *gesture*

la giostra *merry-go-round, ride (at an amusement park)*

il luna park *amusement park*

le montagne russe *(f. pl.) roller coaster*

stagionale *(adj.) seasonal*

l'usanza / gli usi / i costumi *customs*

La sfilata dei carri al carnevale di Viareggio in Toscana.

PRATICA

A. La tradizione delle feste. Completa la descrizione delle feste con le parole appropriate.

usanze	torrone	fortuna	Pasqua
tramandano	ricorrenze	uova di Pasqua	Natale
panettone	stagionali	Capodanno	colomba
patronali			

Molto spesso alle _____ religiose più importanti corrispondono tradizioni che si _____ da moltissimo tempo. La tradizione si conserva soprattutto per l'aspetto della cucina e ad ogni festa troviamo diversi piatti che possono definirsi _____. A dicembre il _____ viene festeggiato con grandi pranzi in tutta Italia con tradizioni che differiscono di città in città: ma il _____, il pandoro e il _____ sono riusciti a superare la dimensione cittadina per diventare un patrimonio comune dell'Italia. Il 31 dicembre, per il cenone di _____, si mangiano le lenticchie che si dice portino _____. Dopo il Carnevale, in febbraio o marzo, inizia la Quaresima che termina con la _____: anche qui la tradizione della cucina varia di luogo in luogo ma due dolci, le _____ al cioccolato e la _____, sono consumati in tutta Italia. Per le feste _____ ogni città ha le proprie _____ e durante le sagre vengono preparati menu speciali per festeggiare il Santo protettore della città o del paese.

«E c'è qualcuno che pensa che porti sfortuna!»

B. Paese che vai, usanza che trovi (*When in Rome, do as the Romans do*). Davanti alle cose che portano sfortuna esistono diversi sistemi per difendersi. Con un compagno / una compagna, guardate le due liste qui sotto. Combinate ogni fatto con il sistema per neutralizzarlo.

ESEMPIO malocchio / usare l'aglio
Per difendersi dal malocchio si può usare l'aglio.

1. gatto nero che attraversa la strada	a. rimetterne insieme i pezzi
2. specchi rotti	b. fermarsi e lasciare passare un'altra persona
3. passare sotto le scale	c. raccoglierne un po' e buttarlo dietro le spalle
4. rovesciare il sale	d. tornare indietro e passarci di lato

E ora pensate ad almeno altre due cose che portano sfortuna e offrite alla classe la vostra soluzione per potersene difendere.

C. La mia festa preferita. Con un compagno / una compagna, pensate alle due feste nazionali storiche o civili che per voi sono più importanti. Descrivete come si celebrano questi avvenimenti in casa e nell'intera nazione e presentate la vostra descrizione alla classe.

D. Perché non festeggiamo anche questo? Ora, con un compagno / una compagna, pensate ad un aspetto della vita sociale e / o civile che vorreste festeggiare e che non è contemplato tra le feste nazionali. Spiegate le vostre ragioni e descrivete come lo festeggereste.

E. Le nostre parole. Pensa a due o tre parole relative all'argomento di questo capitolo che ti sembrano importanti e che non sono presenti nella sezione lessicale. Possono essere parole dall'attività Web, parole contenute nella lettura iniziale o semplicemente parole che ti servono per comunicare meglio. Cercale sul dizionario e presentale in classe spiegando il loro significato in italiano. Poi scrivi le parole che tutti pensano siano importanti nel *Dizionarietto* alla fine del capitolo.

LISTENING FOR DETAILS

We listen for details when we need to understand specific information in public announcements at railway stations or airports, for example. In such cases, however, it is not necessary to understand every word. You need to separate essential from nonessential information. You should rely on the language in the announcement, which includes sounds, words, and pauses that create meaning. When listening to the following announcement about a Patron Saint's day, note the words that seem to be stressed. They may be dates, times, or special events.

La sagra di San Giuseppe. Ascolta una notizia che annuncia una sagra e

CD 1
54

completa le seguenti frasi scegliendo tra le possibilità offerte.

1. La celebrazione della Messa per il Santo Patrono sarà _____.
   a. alle 10:00   b. alle 11:00   c. a mezzogiorno

2. Il tradizionale pasto di San Giuseppe sarà preparato da _____ del luogo.
   a. casalinghe   b. ristoranti   c. pizzerie

3. L'unione sportiva «San Lazzaro» organizzerà una _____ per i più piccoli.
   a. tombola   b. discoteca   c. mini-olimpiade

ACE Practice Tests, Flashcards

SAM workbook activities

Studio realia

Web Links

RICERCA USA: IL LORO PELO PROVOCA PIÙ FACILMENTE TOSSE E STARNUTI

SAN DIEGO (California)— Non era una leggenda, dunque, e non è solo superstizione: i gatti neri portano davvero male. Ma solo a chi soffre di allergia: il loro pelo (o meglio, una proteina contenuta nella saliva che i felini usano come «detersivo» per il pelo) avrebbe infatti degli effetti molto più forti sugli allergici; farebbe starnutire[1] e lacrimare[2] di più, rispetto a quello dei soriani[3] o di qualsiasi altro felino di colore chiaro. Questo, almeno, hanno rivelato due ricerche scientifiche presentate al congresso annuale dell'Accademia americana di allergia a San Diego in California. La spiegazione precisa non è stata ancora trovata, anche se i ricercatori ipotizzano che il pelo nero trattenga[4] molti più fattori allergogeni[5] rispetto a quello chiaro. Ma sulla realtà del fenomeno, la statistica lascia pochi dubbi: su 60 proprietari di felini intervistati dagli studiosi, 29 rivelano sintomi moderati di allergia, riconducibili al[6] gatto domestico, mentre 31 hanno sintomi molto deboli o stanno benissimo; e se poi si restringe[7] lo studio ai più sofferenti, trovare nelle loro case un felino color della pece[8] è sei volte più probabile che trovarne uno chiaro. [...]

1. to sneeze   2. to water (one's eyes)   3. European tabby cats   4. retains
5. that cause allergies   6. **riconducibili...** traceable to   7. **si...** is narrowed   8. pitch

PRATICA

A. I gatti neri? Portano davvero male... ma soltanto a chi soffre di allergia!   In questo articolo vengono spiegate le possibili ragioni scientifiche per cui fin dai tempi antichi il gatto nero veniva associato ad eventi sfortunati. Leggi e scopri quali sono queste ragioni.

B. La sfortuna. Come esiste una spiegazione logica per la cattiva fama del gatto nero è possibile che sia così anche per le altre superstizioni che abbiamo visto. In gruppi di tre o quattro, provate a pensare a una o più ragioni possibili per la nascita delle superstizioni sul passare sotto una scala, sul rovesciare il sale e sul rompere uno specchio.

Al centro un uomo, dopo aver espresso un desiderio, getta una moneta dietro le sue spalle nella Fontana di Trevi per vederlo esaudito.

C. Scaramanzie personali. Ci sono persone che pensano di avere indumenti fortunati per gli appuntamenti, altre hanno penne fortunate per gli esami, gli sportivi poi hanno tantissime superstizioni. Leggete le scaramanzie di alcuni studenti universitari di Parma per affrontare gli esami e poi, in gruppi di quattro, pensate a qualcosa che voi usate o fate per evitare la sfortuna o per attirare la fortuna. Se non siete superstiziosi pensate a qualcuno che conoscete. Scrivete almeno un esempio ciascuno e poi presentate i due più originali alla classe.

SUPERSTIZIONI UNIVERSITARIE

Alessandra — Io continuo a vestirmi con la stessa maglietta; se è estate la indosso sopra, se invece è inverno la porto sotto un maglione o un altro capo d'abbigliamento. Perché? Semplice: l'ho indossata per la prima volta all'esame di maturità e mi ha sempre portato bene finora...

Annamaria — Beh, non c'è niente di meglio che i buoni vecchi affidabili santini[1], no? Ne porto sempre uno con me nel portafoglio, e in particolare mi affido a Sant'Antonio: che me la mandi buona! Però non sempre il rito dà risultati: evidentemente talvolta sono così impreparata che neanche una pazienza da santo è in grado di aiutarmi!

Massimo — Io indosso sempre i calzini rossi, come i neozelandesi... no, sto scherzando! Non ho assolutamente alcun rituale scaramantico prima di un esame, anzi, mi diverto a «sfidare»[2] la sorte andando un po' controcorrente[3], magari passando sotto le scale, forzando i gatti neri ad attraversare la strada, aprendo ombrelli in luogo chiuso, ecc. Non rompo gli specchi perché ci si può tagliare[4] e perché poi chi li paga?

---

1. **affidabili...** trustworthy holy pictures   2. challenge   3. **andando...** going a little against the mainstream   4. **ci...** you can cut yourself

D. Superstizioni per tutti. Qui sotto trovate elencate alcune situazioni che vengono considerate come portatrici di sfortuna da alcune persone in Italia. Girate per la classe e trovate due compagni/e un po' superstiziosi/e che credono al pericolo di trovarsi in una delle situazioni riportate o in una non presente nella tabella. Chiedete loro quale azione scaramantica usino per allontanare la sfortuna.

superstizioni	nome	scaramanzia / amuleto
rompere uno specchio in casa		
dovere fare una cosa importante di venerdì 17 (o venerdì 13)		
rovesciare del sale		
passare sotto una scala		
l'oroscopo quotidiano sfavorevole		

RADIO P O N T I

CD 1
55

L'oroscopo di oggi! Ascolta l'oroscopo di oggi per alcuni segni zodiacali e decidi se le seguenti informazioni sono vere o false. Ricordati di ascoltare i dettagli.

	vero	falso
1. I nati sotto il segno del Capricorno possono aspettarsi una promozione.	_____	_____
2. È un pessimo anno per l'Aquario.	_____	_____
3. I nati sotto il segno dell'Acquario dovrebbero cercare un nuovo lavoro.	_____	_____
4. Per i nati sotto il segno dei Pesci gli amici vi aiuteranno con i problemi di cuore.	_____	_____

Grammatica & Co.

Ⅰ Il passato remoto

Ripasso di grammatica elementare: Suffissi

The **passato remoto,** often referred to in English as the *historical past,* is most commonly used in literature when referring to the distant past.

A Formazione del passato remoto

1] The regular forms of the **passato remoto** are as follows.

ballare	possedere	guarire (to heal, to recover)
ballai	possedei (possededetti)	guarii
ballasti	possedesti	guaristi
ballò	possedè (possededette)	guarì
ballammo	possedemmo	guarimmo
ballaste	possedeste	guariste
ballarono	possederono (possededettero)	guarirono

Note that second-conjugation (**-ere**) verbs have alternative first-person singular and third-person forms.

2] **Essere** and **avere** are irregular in the **passato remoto.**

essere		avere	
fui	fummo	ebbi	avemmo
fosti	foste	avesti	aveste
fu	furono	ebbe	ebbero

3] The only irregular first-conjugation (**-are**) verbs are **stare, fare,** and **dare.**

stare		fare		dare	
stetti	stemmo	feci	facemmo	diedi (detti)	demmo
stesti	steste	facesti	faceste	desti	deste
stette	stettero	fece	fecero	diede (dette)	diedero (dettero)

4] Most verbs that are irregular in the **passato remoto** are second-conjugation (**-ere**) verbs. Their irregularities generally occur in the first-person singular and third person singular and plural. The third-person forms follow the pattern of the first person.

accorgersi (to notice / to become aware of)	
mi **accorsi**	ci accorgemmo
ti accorgesti	vi accorgeste
si **accorse**	si **accorsero**

Verbs that follow this pattern include the following.

accendere	**accesi**	piacere	**piacqui**
apparire	**apparvi**	piangere	**piansi**
cadere	**caddi**	prendere	**presi**
chiedere	**chiesi**	rimanere	**rimasi**
chiudere	**chiusi**	rispondere	**risposi**
conoscere	**conobbi**	rompere	**ruppi**

correre	**corsi**	sapere	**seppi**
crescere	**crebbi**	scegliere	**scelsi**
decidere	**decisi**	scendere	**scesi**
dipingere	**dipinsi**	scrivere	**scrissi**
evolvere (*to evolve*)	**evolsi**	spegnere	**spensi**
(rag)giungere	**(rag)giunsi**	spendere	**spesi**
(*tò arrive, to join*)		(*to spend money*)	
leggere	**lessi**	spingere (*to push*)	**spinsi**
mettere	**misi**	succedere	**successi***
		(*to happen*)	
mordere (*to bite*)	**morsi**	tenere	**tenni**
nascere	**nacqui**	vedere	**vidi**
nascondere (*to hide*)	**nascosi**	vivere	**vissi**
parere	**parvi***		

*used rarely in 1st person and more commonly used in 3rd person **successe** and **parve**.

5] **Bere, dire,** and **venire** are also irregular. *he said / she said*

bere		dire		venire	
bevvi	bevemmo	dissi	dicemmo	venni	venimmo
bevesti	beveste	dicesti	diceste	venisti	veniste
bevve	bevvero	disse	dissero	venne	vennero

6] **Produrre** and related verbs follow this pattern in the **passato remoto**.

produrre	
produ**ssi**	producemmo
producesti	produceste
produ**sse**	produ**ssero**

Other verbs like **produrre** include: **condurre** (condu**ssi**), **dedurre** (dedu**ssi**), **ridurre** (ridu**ssi**), and **tradurre** (tradu**ssi**).

B Usi del passato remoto

1] The **passato remoto,** like the **passato prossimo,** expresses a completed past action. It is usually used to refer to events in the distant past.

Mio nonno mi **lesse** tutte le favole di Calvino quando ero giovane.

My grandfather read all of Calvino's fables to me when I was young.

Calvino **nacque** nel 1923 a Cuba e **morì** nel 1985 a Siena.

Calvino was born in 1923 in Cuba and died in 1985 in Siena.

2] The **passato remoto** is less common in speech than in writing. But because it is routinely used in literature and to refer to historical events, it is important to recognize its forms.

Oltre alle sue opere letterarie, Calvino **scrisse** articoli per vari settimanali tra i quali *L'Unità*.

Besides his literary works, Calvino wrote articles for a number of newspapers, including L'Unità.

3] In spoken Italian, the **passato prossimo** is often used in place of the **passato remoto.** Use of the **passato remoto** varies by region: it is more common in Tuscany and in southern Italy, where it is sometimes used to refer to the recent past.

Ieri **preparai** le frittelle di riso per la festa di San Giuseppe.

Yesterday I made rice fritters for Saint Joseph's feast day.

4] In narrations, the **passato remoto** is used like the **passato prossimo**: it relates completed actions, whereas the **imperfetto** is used for description and ongoing and habitual actions.

«Intanto **incominciò** a farsi notte, e Pinocchio, ricordandosi che non aveva mangiato nulla, **sentì** un'uggiolina allo stomaco, che somigliava moltissimo all'appetito.»

"Meanwhile it started to get late and Pinocchio, remembering that he hadn't eaten, felt a pang in his stomach, that was very similar to hunger."

Note that the **passato remoto** and **passato prossimo** are not used together.

PRATICA

A. La ragazza mela. Leggi il seguente brano e sottolinea le forme del passato remoto. Poi scrivi gli infiniti.

«In faccia a questo Re ce ne stava un altro, e quest'altro Re, un giorno che stava affacciato alla finestra, vide sul terrazzo del Re di fronte una bella ragazza bianca e rossa come una mela che si lavava e pettinava al sole. Lui rimase a guardare a bocca aperta, perché non aveva mai visto una ragazza così bella. Ma la ragazza appena s'accorse di essere guardata, corse al vassoio (*tray*), entrò nella mela e sparì.»

gli infiniti	
1. _____	4. _____
2. _____	5. _____
3. _____	6. _____

 B. Pinocchio. A coppie, coniugate i verbi al passato remoto.
Mastro Ciliegia _____ (trovare) un pezzo di legno. Lui _____ (regalare) il pezzo di legno all'amico Geppetto. Geppetto _____ (prendere) il legno e _____ (decidere) di fabbricarsi un burattino meraviglioso. Geppetto _____

(cominciare) subito a lavorare. Quando Geppetto _____ (finire) il burattino gli _____ (dare) il nome «Pinocchio». Poco dopo Pinocchio _____ (conoscere) il Grillo Parlante. Il Grillo Parlante _____ (spiegargli) la differenza tra i ragazzi cattivi e quelli buoni. Pinocchio lo _____ (ascoltare) ma poi _____ (fare) il contrario.

C. Scacciare il demone con la tarantella. Completa con la forma corretta del passato remoto.

La storia della tarantella _____ (avere) inizio nell'Italia del sud con la cultura contadina e _____ (venire) spesso collegata alle favole e ai riti della terra e degli astri. La tarantella _____ (nascere) come pratica di guarigione (*healing*). Secondo la leggenda, un ragno (*spider*) nero _____ (mordere) una persona che a causa del morso _____ (cominciare) a tremare come se ballasse. La leggenda dice che, ballando, il «morsicato» _____ (riuscire) a scacciare il demone che lo possedeva. In seguito, la gente _____ (suonare) anche gli strumenti e le percussioni per animare il ballo con la musica. Tramandandosi oralmente di generazione in generazione, la tarantella _____ (evolversi) in un ballo collettivo con molte funzioni, usata in feste rituali e nelle serenate per gli innamorati.

Riproduzioni del burattino più famoso del mondo sono vendute nei mercati di tutta Italia.

D. Una casa fantasma. Completa il seguente racconto con il passato remoto o l'imperfetto del verbo.

In una casa fantasma non lontano da Chicago i vicini di casa _____ (udire) dei rumori molto forti. I colpi _____ (raggiungere) tutti. Erano tanto continui e fastidiosi che i vicini _____ (volere) demolire l'abitazione che era rimasta vuota. Sei mesi prima la casa _____ (essere) occupata da una famiglia di quattro persone che improvvisamente aveva deciso di abbandonarla. Un giorno quella famiglia _____ (fare) trasloco e nessuno la _____ (vedere) più. I vicini _____ (pensare) che i rumori sarebbero terminati con l'andar via della famiglia ma invece _____ (ripetersi) tutte le notti. _____ (dovere / Loro) assolutamente fare qualcosa. Ma cosa? La demolizione _____ (essere) proposta ma non tutti _____ (accettare) perché _____ (esserci) alcuni che _____ (credere) che la casa fosse abitata dallo spirito di una signora anziana che _____ (conoscere) la magia nera e ne _____ (avere) paura.

👥 **E. Il ventesimo secolo.** In gruppi di tre, fate una lista delle dieci cose più significative avvenute nel ventesimo secolo. Poi presentate i risultati alla classe. Formate frasi complete usando il passato remoto.

ESEMPIO L'uomo mise piede sulla luna.

👥 **F. In famiglia.** Porta in classe una vecchia foto di famiglia. Racconta ad un tuo compagno / una tua compagna la storia dietro la foto.

ACE Practice Tests, Flashcards

SAM workbook activities

ⓘ Il trapassato remoto

The **trapassato remoto** expresses a completed past action that occurred before another completed past action.

Ⓐ Formazione del trapassato remoto

The **trapassato remoto** is formed with the **passato remoto** of **avere** or **essere** and the past participle.

proporre	rimanere
ebbi proposto	fui rimasto/a
avesti proposto	fosti rimasto/a
ebbe proposto	fu rimasto/a
avemmo proposto	fummo rimasti/e
aveste proposto	foste rimasti/e
ebbero proposto	furono rimasti/e

Ⓑ Usi del trapassato remoto

1] The **trapassato remoto** is used only in subordinate clauses, introduced by **quando, dopo che,** or **(non) appena (che),** when the verb in the main clause is in the **passato remoto.**

Dopo che Biancaneve **ebbe mangiato** la mela, la strega sorrise.	*After Snow White had eaten the apple, the witch smiled.*
Non appena fui uscita, vidi un gatto nero.	*As soon as I went out, I saw a black cat.*
Quando avemmo spento la luce, il rumore ritornò.	*When we had turned off the light, the noise came back.*

2] Note that with **dopo che** + *trapassato remoto* the subject of the two clauses is usually different. When the subject is the same, **dopo** + *past infinitive* is preferred.

Dopo essere andati a letto, **spensero** le luci.	*After they had gone to bed, they turned off the lights.*

PRATICA

A. Biancaneve e i sette nani. Abbina le frasi nelle due colonne in modo logico.

1. Dopo che la regina ebbe ordinato al servo (*servant*) di uccidere la principessa, il servo...
2. Appena Biancaneve fu fuggita nel bosco...
3. Appena ebbe sentito le parole dello specchio magico, la regina...
4. Dopo che il principe l'ebbe baciata...
5. Quando ebbe aperto gli occhi...

a. vide il principe.
b. cominciò a piangere.
c. si svegliò.
d. ci rimase male perché non lo voleva fare.
e. capì tutto.

B. La lettera misteriosa. Completa il seguente brano con il passato remoto, il trapassato remoto o l'imperfetto.

Dopo aver messo la chiave nella serratura, io _____ (aprire) lentamente la porta. _____ (entrare) pian piano e _____ (posare) la busta sulla tavola. Non _____ (conoscere) il contenuto della lettera ed _____ (essere) curioso. _____ (guardarsi) intorno. Non _____ (vedere) nessuno. Tutti _____ (dormire). Non appena _____ (decidere) di aprire la busta, _____ (ricordarsi) le parole dell'autore della lettera. Io non _____ (sapere) se era uno scherzo o una minaccia ma _____ (essere) meglio non rischiare. E allora _____ (andarsene).

C. La festa di San Giovanni. Completa il brano con l'imperfetto, il passato remoto, il trapassato prossimo o remoto.

Molti anni fa quando io _____ (venire) a Firenze per la prima volta, _____ (festeggiare) la Festa di San Giovanni, il 24 giugno, con i miei amici fiorentini. Dopo che _____ (sistemarsi / io) in albergo, noi _____ (andare) a vedere la partita di calcio dove _____ (avere) posti a sedere, perché l'anno prima i nostri amici li _____ (prenotare). I fiorentini _____ (arrivare) molto presto per vedere la partita. Allora non _____ (esserci) i maxingorghi (*huge traffic jams*) sui viali come ci sono oggi perché tutti _____ (andare) a piedi. Dopo aver visto la partita, noi _____ (dirigersi) verso i ponti per vedere i fuochi artificiali. Quell'anno i fuochi _____ (durare) 30 minuti. Erano bellissimi e io _____ (divertirsi) tantissimo.

D. Che cosa successe dopo che... Completa le seguenti frasi, inventando la seconda azione e mettendola nella forma corretta del passato remoto.

1. Dopo che ebbe conosciuto Marta, ...
2. Non appena ebbero sentito il rumore, ...
3. Quando si fu svegliato, ...
4. Dopo che foste entrati nell'aula, ...
5. Appena si furono sposati, ...
6. Dopo che ci ebbe letto l'oroscopo, ...
7. Quando ebbero terminato di parlare, ...
8. Dopo che Marco ebbe finito di raccontare la favola, ...

ACE Practice Tests, Flashcards

SAM workbook activities

III Aggettivi e pronomi indefiniti

Indefinite adjectives and pronouns indicate people and things without specifying their number or identity. Some indefinites are used only as adjectives, some only as pronouns, but many can be used as both adjectives and pronouns. An indefinite adjective modifies a noun. An indefinite pronoun stands alone and replaces a noun.

INDEFINITE ADJECTIVE

Molte persone credono ancora alle scaramanzie.

Many people still believe in superstitious practices.

INDEFINITE PRONOUN

Molti credono ancora alle scaramanzie.

Many still believe in superstitious practices.

This chart lists the most common indefinite adjectives and pronouns.

aggettivi	pronomi
ogni *every*	ognuno/a *everyone, each*
qualche *some*	qualcuno/a *someone, some*
qualunque *any*	qualcosa *something*
qualsiasi *any*	chiunque *anyone*
tutto/a *all*	nulla / niente *nothing*

A ogni Santo la sua festa.

A Aggettivi indefiniti

Ogni, qualche, qualunque, qualsiasi, and **tutto** are the most common indefinite adjectives. Except for **tutto,** each of these adjectives is invariable and takes a singular noun, even though the concept it expresses is often plural.

Qualche giovane non crede più al malocchio.

Some young people don't believe in the evil eye anymore.

Ogni paese ha i propri gesti per portare fortuna e per scongiurare la sfortuna.

Every country has its own gestures to invoke good luck and ward off bad luck.

Qualunque amuleto lei si metta, le porta fortuna.

Whatever charm she wears brings her good luck.

Qualsiasi persona è benvenuta alla sagra.

Anyone is welcome at the festival.

Tutti gli abitanti hanno festeggiato.

All of the people celebrated.

B Pronomi indefiniti

1] **Ognuno, qualcuno, qualcosa, chiunque, nulla,** and **niente** are used only in the singular form.

Era sconsigliato fare il malocchio a **qualcuno.**	*It was ill-advised to cast the evil eye on someone.*
Venerdì 17: ad **ognuno** la propria scaramanzia.	*Friday the 17th: to each person his/her own superstition.*
Chiunque ci creda è troppo superstizioso.	*Whoever believes that is too superstitious.*

2] **Qualcosa** is considered masculine for purposes of agreement.

Qualcosa è sbagliato.	*Something is wrong.*

3] When **qualcosa** is followed by an adjective, the adjective is preceded by the preposition **di.**

Vide **qualcosa di strano.**	*He saw something strange.*

When **qualcosa** is followed by an infinitive, the infinitive is preceded by the preposition **da.**

La strega buona offrì **qualcosa da mangiare** ai bambini.	*The good witch offered the children something to eat.*

4] **Niente** and **nulla** are also followed by **di** + *adjective* or **da** + *infinitive*.

Non scoprirono **niente di interessante.**	*They didn't discover anything interesting.*
Non c'era **nulla da fare.**	*There was nothing to be done.*

5] **Niente** and **nulla** can also be used as subjects. In that case, they are not preceded by **non.**

Niente successe quella sera.	*Nothing happened that evening.*
Nulla cambiò dopo aver toccato ferro.	*Nothing changed after having knocked on wood.*

C Aggettivi e pronomi indefiniti

The following indefinites are used as both adjectives and pronouns.

aggettivi indefiniti	pronomi indefinite
alcuni/e *some, a few* **Alcune** favole finiscono bene. *Some fairy tales have happy endings.*	**alcuni/e** *some* **Alcune** finiscono male. *Some have sad endings.*
altro/a/i/e *other, another* Pinocchio ebbe un'**altra** avventura il giorno dopo. *Pinocchio had another adventure the next day.*	**altro/a/i/e** *something / anything else / more* Dopo essersi innamorato della principessa, non desiderò **altro.** *After having fallen in love with the princess,* *he didn't want anything more.*
	altri/e *others* Scrisse solo un romanzo. Non ne scrisse **altri.** *He only wrote one novel. He didn't write others.*
certo/a/i/e *certain* **Certe** persone non credono alle superstizioni. *Certain people do not believe in superstitions.*	**certi/e** *certain people / things* **Certi** hanno poca fiducia nella medicina moderna. *Certain people have little faith in modern medicine.*
ciascuno/a *each, each one* (As an adjective, it follows the same form as the indefinite article: **ciascuna strega; ciascuno specchio.**) **Ciascun** paese ha un proprio Santo Patrono. *Each town has its own patron saint.*	**ciascuno/a** *each one* **Ciascuno** lo festeggia in giorni diversi. *Each one celebrates it on a different day.*
diverso/a/i/e *various, different* Molti Paesi hanno modi **diversi** per fare gli scongiuri. *Many countries have different ways to avert* *bad luck.*	**diversi/e** *various ones* Infatti, ne imparai **diversi.** *In fact, I learned various ones.*
molto/a/i/e *many, much* Studiammo **molte** tradizioni folkloriche. *We studied many folk traditions.*	**molto/a/i/e** *many, much* Ma **molte** non sono studiate. *But many are not studied.*
nessuno/a *no* (As an adjective it follows the same form as the indefinite article.) Non ho **nessuna** paura dei fantasmi. *I'm not at all afraid of ghosts.*	**nessuno/a** *no one, none* Non abbiamo visto **nessuno** alla necropoli. *We didn't see anyone at the necropolis.*
parecchio/a/i/e *some, several, quite a few* C'era **parecchia** gente alla festa. *There were quite a few people at the party.*	**parecchio/a/i/e** *some, several, quite a few* Anch'io ne ho vista **parecchia.** *I saw quite a few too.*

aggettivi indefiniti	pronomi indefinite
poco/a/i/e *few, little* Mancano **pochi** giorni al festival. *It's only a few days until the festival.*	**poco/a/i/e** *few, little* Vero. Proprio **pochi.** *True. Not many at all.*
tanto/a/i/e *so much, so many* Invitarono **tanti** amici. *They invited so many friends.*	**tanto/a/i/e** *so much, so many, many* Ma **tanti** non vennero. *But not that many came.*
troppo/a/i/e *too much, too many* Mangiai **troppo** panettone. *I ate too much Christmas cake.*	**troppo/a/i/e** *too much, too many* Anch'io ne mangiai **troppo.** *I also ate too much of it.*
tutto/a/i/e *all, whole, every* Festeggiava **tutte** le feste quando era piccola. *She used to celebrate every holiday when she was little.*	**tutti/e** *everyone, everybody* Non a **tutti** piace festeggiare. *Not everyone likes to celebrate.*
	tutto *everything* Non hanno bevuto **tutto.** *They didn't drink everything.*
vario/a/i/e *various, different* Ci sono **varie** edizioni di Pinocchio. *There are various editions of Pinocchio.*	**vario/a/i/e** *various ones, different ones* Ne ho lette **varie.** *I have read various ones.*

PRATICA

A. Le cure delle nonne. Completa il seguente dialogo con l'aggettivo o il pronome indefinito adatto e poi leggi ad alta voce.

alcune   ciascuno   molte   nessuna   ogni   qualche   tutte   tutti

PAOLA: Mia nonna aveva una cura particolare per _____ le malattie.

GIORGIO: Che tipi di cura?

PAOLA: Ad esempio, quando mi pungeva una zanzara (*mosquito*), preparava una pomata con prezzemolo tritato e me la metteva dove ero stata punta.

GIORGIO: Ma sono credenze popolari.

PAOLA: Beh, possono sembrare strane ma _____ volta funzionano.

GIORGIO: Devo dire che anche mia nonna _____ tanto preparava un impacco con la polenta per i muscoli che mi facevano male.

PAOLA: Per _____ persone, queste cure non hanno _____ validità. Secondo me, la gente può credere quello che vuole, ma le cure delle nonne sono migliori di _____ medicine che vendono in farmacia.

GIORGIO: Sei un po' esagerata, Paola. _____ sanno che la medicina moderna supera le tradizioni.

PAOLA: A _____ la propria superstizione!

B. Il ciondolo (*The pendant*). Completa il brano con i seguenti aggettivi e pronomi indefiniti.

altri niente ogni qualche chiunque qualcuno nessun' tutti

Nascosi il ciondolo da _____ parte perché non volevo che gli _____ lo trovassero. Ma poi non lo trovai più neanch'io. Dovevo trovarlo a _____ i costi. _____ volta che cercavo di ricordarmi dove l'avevo messo, non mi veniva assolutamente _____ idea. Non c'era _____ da fare. Era perduto. _____ lo avesse trovato, avrebbe posseduto la mia fortuna. Dubitavo che _____ me lo avrebbe restituito.

C. I proverbi. Sostituisci gli aggettivi indefiniti con pronomi indefiniti e viceversa, facendo attenzione anche ai verbi.

ESEMPIO A casa sua *ognuno* è re. → A casa sua *ogni persona* è re.

1. A *ogni Santo* la sua festa.
2. Aiuta i tuoi e *gli altri* se puoi.
3. Con le mani d'un *altro* è facile toccare il fuoco.
4. Chi ascolta *troppa gente* conclude poco o niente.
5. Con le buone maniere si ottiene *tutto*.
6. L'uomo crede vero *tutto quello* che desidera.
7. Quando *tutto* è di *tutti*, i tempi sono brutti.
8. *Molte persone* sono la vernice, *poche persone* sono il legno.

D. Credenze popolari. A coppie, parlate delle credenze popolari nella vostra società. Avete anche voi delle cure non tradizionali che sono cure alternative? I vostri nonni o genitori credevano in certe scaramanzie e scongiuri? Parlate delle credenze popolari con cui voi siete cresciuti. Usate quanti aggettivi e pronomi indefiniti possibili.

Possibili inizi

1. Dove io sono cresciuto/a, molti credevano che l'olio d'oliva curasse tutto e tutti...
2. Mia madre aveva paura ogni volta che vedeva un gatto nero e anch'io ne ho avuto paura per parecchi anni, ma adesso...
3. Mio nonno credeva che la cura di ogni malattia fosse un po' di whiskey, miele e limone in acqua calda...
4. Mia sorella crede che una dieta a base di tofu e soia tenga lontane le malattie...

ACE Practice Tests, Flashcards, **Raccontami una storia**

SAM workbook activities

RECOGNIZING METAPHORS AND SIMILES

In literature, including fiction, poetry, fables, and song lyrics, metaphors and similes are frequently used to heighten the impact of a concept or description.

A simile (**similitudine**) is a comparison that is expressed with the words *like* or *as* in English, and **come** in Italian.

La principessa è **come** una santa.   *The princess is like a saint.*

A metaphor (**metafora**) equates two things without using *like* or *as*.

La principessa è una santa.   *The princess is a saint.*

Metaphors are sometimes implied rather than stated. For example, a description of a room as cool, dark, and stuffy compares it metaphorically with a cave even if the word *cave* isn't used.

PRE-LETTURA

A. A coppie, determinate se le seguenti frasi sono metafore o similitudini.
1. La principessa era bella come un fiore.
2. La matrigna era una vipera.
3. Il re era furbo come una volpe.
4. La regina cattiva era una bestia.
5. Amelia mentiva come Pinocchio.

B. Scorri i primi tre paragrafi della favola a pagina 172 e determina quali sono le similitudini.

C. A coppie, pensate ad una favola che potete ricordare bene. Segnate tra i seguenti elementi quelli che esistono nella favola da voi scelta. Di seguito, confrontate le vostre osservazioni con quelle dei compagni di classe.

_____ la favola inizia con «C'era una volta»   _____ foresta o bosco

_____ personaggi buoni   _____ castello

_____ personaggi cattivi   _____ missione da compiere

_____ nobili   _____ ingiustizia

_____ contadini   _____ streghe, fate, giganti

_____ animali personificati   _____ nani, gnomi

_____ il numero 3   _____ conclusione giusta

_____ la magia   _____ morale

_____ finisce con «vissero per sempre felici e contenti»

La ragazza mela

ITALO CALVINO

Italo Calvino (1923 Santiago de Las Vegas, Cuba – 1985 Siena) è stato uno dei più importanti scrittori del XX secolo. Nel 1947 pubblica il suo primo romanzo *Il sentiero dei nidi di ragno**, a cui fa seguito nel 1952 *Il visconte dimezzato***, primo romanzo della cosiddetta «trilogia degli antenati», che comprende anche *Il barone rampante*† (1957) e *Il cavaliere inesistente* (1959). A questi si dovranno aggiungere *La giornata d'uno scrutatore*‡ (1963), *Le città invisibili* (1972), *Il castello dei destini incrociati*§ (1973), *Se una notte d'inverno un viaggiatore* (1979) e *Palomar* (1983). Interessanti anche le sue traduzioni, gli interventi critici e i saggi. La favola presentata in questo capitolo fa parte di *Fiabe italiane* (1962), una raccolta di favole italiane trascritte dal dialetto originale in italiano dallo stesso Calvino. Questa favola appartiene alla tradizione favolistica di Firenze.

C'era una volta un Re e una Regina, disperati perché non avevano figlioli. E la Regina diceva: —Perché non posso fare figli, così come il melo[1] fa le mele?

Ora successe che alla Regina invece di nascerle un figlio le nacque una mela. Era una mela così bella e colorata come non se n'erano mai viste. E il Re la mise in un vassoio[2] d'oro sul suo terrazzo.

In faccia a questo Re se ne stava un altro, e quest'altro Re, un giorno che stava affacciato[3] alla finestra, vide sul terrazzo del Re di fronte una bella ragazza bianca e rossa come una mela che si lavava e pettinava al sole. Lui rimase a guardare a bocca aperta, perché mai aveva visto una ragazza così bella. Ma la ragazza appena s'accorse d'esser guardata, corse al vassoio, entrò nella mela e sparì. Il Re ne era rimasto innamorato.

Pensa e ripensa, va a bussare al palazzo di fronte, e chiede della Regina: —Maestà, —le dice, —avrei da chiederle un favore.

—Volentieri, Maestà; tra vicini se si può essere utili... —dice la Regina.

—Vorrei quella bella mela che avete sul terrazzo.

—Ma che dite, Maestà? Ma non sapete che io sono la madre di quella mela, e che ho sospirato[4] tanto perché mi nascesse?

Ma il Re tanto disse tanto insistette, che non gli si poté dir di no per mantenere l'amicizia tra vicini. Così lui si portò la mela in camera sua. Le preparava tutto per lavarsi e pettinarsi, e la ragazza ogni mattino usciva, e si lavava e pettinava e lui la stava a guardare. Altro non faceva, la ragazza: non mangiava, non parlava. Solo si lavava e pettinava e poi tornava nella mela.

Quel Re abitava con una matrigna, la quale, a vederlo sempre chiuso in camera, cominciò a insospettirsi[5]: —Pagherei a sapere perché mio figlio se ne sta sempre nascosto!

The Path to the Nest of Spiders*   ***The Cloven Viscount*   †*The Baron in the Trees*   ‡*The Watcher*   §*The Castle of Crossed Destinies*   1. apple tree   2. tray   3. looking out of   4. **ho... I sighed   5. to become suspicious

Venne l'ordine di guerra e il Re dovette partire. Gli piangeva il cuore, di lasciare la sua mela! Chiamò il suo servitore più fedele e gli disse: —Ti lascio la chiave di camera mia. Bada[6] che non entri nessuno. Prepara tutti i giorni l'acqua e il pettine alla ragazza della mela, e fa' che non le manchi niente. Guarda che poi lei mi racconta tutto—. (Non era vero, la ragazza non diceva una parola, ma lui al servitore disse così.)—Sta' attento che se le fosse torto[7] un capello durante la mia assenza, ne va della tua testa.

—Non dubiti, Maestà, farò del mio meglio.

Appena il Re fu partito, la Regina matrigna si diede da fare per entrare nella sua stanza. Fece mettere dell'oppio[8] nel vino del servitore e quando s'addormentò gli rubò la chiave. Apre, fruga[9] tutta la stanza, e più frugava meno trovava. C'era solo quella bella mela in una fruttiera d'oro. —Non può essere altro che questa mela la sua fissazione!

Si sa che le Regine alla cintola[10] portano sempre uno stiletto.[11] Prese lo stiletto, e si mise a trafiggere[12] la mela. Da ogni trafittura usciva un rivolo[13] di sangue. La Regina matrigna si mise paura, scappò, e rimise la chiave in tasca al servitore addormentato.

Quando il servitore si svegliò, non si raccapezzava[14] di cosa gli era successo. Corse nella camera del Re e la trovò allagata[15] di sangue. —Povero me! Cosa devo fare? —e scappò.

Andò da sua zia, che era una Fata e aveva tutte le polverine[16] magiche. La zia gli diede una polverina magica che andava bene per le mele incantate[17] e un'altra che andava bene per le ragazze stregate[18] e le mescolò insieme.

Il servitore tornò dalla mela e le posò un po' di polverina su tutte le trafitture[19]. La mela si spaccò[20] e ne uscì fuori la ragazza tutta bendata[21] e incerottata[22].

Tornò il Re e la ragazza per la prima volta parlò e disse: —Senti, la tua matrigna m'ha preso a stilettate, ma il tuo servitore mi ha curata. Ho diciotto anni e sono uscita dall'incantesimo[23]. Se mi vuoi sarò tua sposa.

E il Re: —Perbacco[24] se ti voglio!

Fu fatta la festa con gran gioia dei due palazzi vicini. Mancava solo la matrigna che scappò e nessuno ne seppe più niente.

E lì se ne stiedero, e se ne godiedero[25],
E a me nulla mi diedero.
No, mi diedero un centesimino[26]
E lo misi in un buchino[27]

---

6. Pay attention   7. bent, crooked   8. opium   9. rummages through   10. belt, girdle   11. stiletto (small knife)   12. to pierce   13. trickle, rivulet   14. **non...** he didn't figure out   15. flooded, inundated   16. powders   17. put under a spell   18. bewitched   19. wounds   20. **si...** broke open   21. bandaged   22. covered with bandages   23. spell   24. Good heavens   25. they enjoyed   26. a cent   27. little hole

---

COMPRENSIONE

A. Tornando indietro alla tabella nella *Pre-lettura*, rifletti sulla favola letta. Quali degli elementi elencati caratterizzano la favola? Quando possibile, fornisci ulteriori dettagli.

> **ESEMPIO** La favola inizia con «C'era una volta».
>
> Sì. La favola inizia con «C'era una volta un Re e una Regina...»

B. A coppie ricreate un possibile dialogo tra il re e la ragazza mela una volta liberata dall'incantesimo. Il re le fa molte domande facendole raccontare quello che era successo quando lui era lontano. Anche lei è molto curiosa di sapere cosa aveva fatto durante la sua assenza.

Di propria mano

Fairy tales are usually short and simple narratives, told by an unidentified narrator. Fairy tales typically share a number of characteristic elements, though not every fairy tale exhibits all of these features.

- good and evil characters
- a practical message or moral
- a conflict and obstacles to overcome
- symbolism: objects, animals, colors
- repeated refrains
- a happy ending

In Italian, fairy tales are narrated in the **passato remoto.** Italian fairy tales begin with **C'era una volta** and usually end with **vissero per sempre felici e contenti.**

PRE-SCRITTURA

A. A coppie, cercate di ricordare le seguenti favole. Per ogni favola (dove possibile), scrivete i seguenti elementi.

	animali	personaggi buoni	personaggi cattivi	colori simbolici	oggetti significativi
Cenerentola					
Pinocchio					
Biancaneve e i Sette Nani					
La Bella Addormentata					
La Bella e la Bestia					
Cappuccetto Rosso					
Ricciolidoro e i Tre Orsetti					
Il Brutto Anatroccolo (*duckling*)					

B. Adesso da solo/a, preparati a scrivere una tua favola moderna. Determina i seguenti elementi.

1. i personaggi buoni e cattivi
2. conflitto e ostacoli da superare
3. il simbolismo: oggetti, animali, colori
4. la risoluzione del conflitto e la conclusione della favola
5. la morale della favola

S C R I T T U R A

Ora, con le informazioni dalla lista precedente, scrivi una favola moderna.

Writing
Tips

ESEMPIO **Cenerentola nel ventunesimo secolo.** C'era una volta una ragazza che si chiamava Cenerentola e lavorava come lavapiatti in un ristorante. Il proprietario del ristorante era molto severo e aveva due figli antipaticissimi. Un giorno Cenerentola lesse sul giornale del concorso di Miss Universo e decise di parteci- parvi. Allora, chiese al suo capo un permesso ma lui non glielo concesse. I figli ridevano e dicevano che Cenerentola era brutta e non avrebbe mai potuto vincere...

BLOCK NOTES

Rifletti sulle caratteristiche della tradizione italiana e sugli stereotipi che hai potuto osservare su Web, in classe e nelle letture del capitolo e commenta su uno dei seguenti punti.

1. Quali sono le feste più importanti per gli italiani?
2. Quali superstizioni sono simili a quelle del tuo Paese?
3. Quali tradizioni della tua famiglia o della tua cultura sono andate perse con il passare degli anni?

NEL MONDO **DEI GRANDI**

Pinocchio e il suo creatore

Tutti conoscono Pinocchio, il burattino a cui le bugie fanno crescere il naso. Chi non ha visto, infatti, la versione a cartoni animati di Disney o quella cinematografica dove Roberto Benigni intrepretava il più famoso burattino del mondo? Ma forse non tutti sanno che il vero titolo del romanzo di Carlo Collodi è *Le avventure di Pinocchio. Storia di un burattino*, e che il vero nome del suo autore era Carlo Lorenzini (Firenze 1826–1890). Lo pseudonimo derivava dal nome del paesino d'origine di sua madre, dove oggi si trovano il Parco di Pinocchio e la Fondazione Collodi. Inizialmente questo romanzo non era stato pensato per i bambini e nella prima versione Pinocchio moriva impiccato a causa dei suoi innumerevoli errori di giudizio. Solo successivamente il romanzo venne modificato nel formato in cui oggi lo conosciamo con il burattino che diventa un bambino in carne ed ossa. Oggi Pinocchio è uno dei libri per ragazzi più conosciuti del mondo ed ha ispirato tantissimi registi e musicisti.

Nel 1977 Edoardo Bennato, un musicista rock napoletano, ha ripreso l'intera favola di Pinocchio e ne ha fatto un disco (*Burattino senza fili*) che ha avuto un incredibile successo a dimostrazione che la storia di Pinocchio non ha perso l'attualità che la contraddistingueva all'inizio della sua uscita. Un'attualità che derivava dalla rigida educazione che caratterizzava l'Italia di fine Ottocento e contro la quale i giovani tendevano a ribellarsi. Il disco di Bennato miscela il ribellismo[1] di Pinocchio e la voglia di restare bambini di Peter Pan, mettendo in guardia i giovani dalla loro voglia di crescere velocemente, di diventare grandi ed entrare a far parte di un mondo in cui la libertà sembra un sogno e dove spesso ci si deve abbassare a innumerevoli compromessi.

---

1. rebellious attitude

TRACCE DI RICERCA

Il Parco di Pinocchio

Pinocchio in Musica (CD: Edoardo Bennato: *Burattino senza fili*; Pooh: *Pinocchio*)

Web Links La letteratura per bambini dell'800 italiano

Il Risorgimento e la letteratura

CD 1
56–60

affacciarsi *to face*
alcuni *some, a few*
altro *other, another*
amuleto *amulet*
antenati (*m. pl.*) *ancestors*
attirare *to attract*
Befana *a benevolent witch who brings toys to good children and coal to bad ones on January 6 (Epiphany)*
burattino *puppet* .
Capodanno *New Year's Day*
Carnevale (*m.*) *Carnival*
celebrare *to celebrate*
cenone (*m.*) *New Year's Eve dinner*
certo *certain*
chiromante (*m./f.*) *fortune-teller*
chiunque *anyone*
ciascuno *each, each one*
ciondolo *pendant*
colomba *traditional Easter cake in the shape of a dove*
contrada *town district* (*in Siena*)
costumi (*m. pl.*) *customs*
cultura contadina *peasant culture*
debole *weak*
demolire *to demolish*
dirigersi (*p.p.* diretto) *to head for, to head towards*
discorso *speech*
diverso *various, different*
esaurire *to run out / to exhaust*
evolvere (*p.p.* evoluto) *to evolve*
fare le corna *to knock on wood*
fastidioso *annoying*
fata *fairy*
favola *fairy tale*
festeggiare *to celebrate*
fiaba *fable*
filo *string*
folklore (*m.*) *folklore*
frittelle *fritters*
fuochi artificiali (*m. pl.*) *fireworks*
gesto *gesture*
giostra *merry-go-round, ride* (*at an amusement park*)
giungere (*p.p.* giunto) *to arrive, to join*
grillo *cricket*
guarire *to heal, to recover*
impacco *compress*
impiccare *to hang*
In bocca al lupo! / Crepi il lupo! *Good luck! / Thank you!*

investimento *investment*
ipotizzare *to assume*
legno *wood*
lenticchie (*f. pl.*) *lentils*
luna park *amusement park*
malocchio *evil eye*
martedì grasso *fat Tuesday*
mercoledì delle Ceneri *Ash Wednesday*
molto *many, much*
montagne russe (*f. pl.*) *roller coasters*
mordere (*p.p.* morso) *to bite*
nano *dwarf*
Natale (*m.*) *Christmas*
nessuno *no*
nulla / niente *nothing*
ogni *every*
ognuno *everyone, each*
oroscopo *horoscope*
pandoro *traditional Christmas cake*
panettone (*m.*) *traditional Christmas cake*
parecchio *some, several, quite a few*
Pasqua *Easter*
patrona (*f.*) *patron*
patrono (*m.*) *patron*
poco *few, little*
portare fortuna *to bring good luck*
portare sfortuna *to bring bad luck*
pungere (*p.p.* punto) *to sting*
qualche *some*
qualcosa *something*
qualcuno *someone, some*
qualsiasi *any*
qualunque *any*
Quaresima *Lent*
ricorrenza *yearly festivity*
rimpiangere (*p.p.* rimpianto) *to regret*
sagra *festival*
saldo *stable / firm*
saltimbanco *acrobat*
Santo Patrono *Patron Saint*
scacciare *to dispel, to drive away*
scaramantico *superstitious*
scaramanzia *superstitious practice*
scongiurare *to ward off bad luck*
scongiuro *superstitious practice*
serratura *lock*
sfilata *parade*
soprannaturale *supernatural*
spendere *to spend* (*money*)
spingere (*p.p.* spinto) *to push*
stagionale *seasonal*

stemma *coat of arms*
talismano *talisman*
tanto *so much, so many*
toccare ferro *to knock on wood* (*literally, to touch iron*)
tombola *bingo (Italian style)*
torrone (*m.*) *traditional Christmas nougat*
tramandare *to pass down / to transmit*
tremare *to tremble*
troppo *too much, too many*
tutto *all, whole, every*
uova di Pasqua *chocolate Easter eggs*
usanza *custom*
usi (*m. pl.*) *customs*
vario *various, different*

Le vostre parole

CAPITOLO 7

PER COMUNICARE

Discutere avvenimenti nel futuro

Fare richieste educatamente

Esprimere desideri ed intenzioni

Parlare di computer, cellulari e cercapersone

Formare frasi complesse

Italia on-line?

Telefoni cellulari anche in gondola!

○○○ Oltre Ponti

MUSICA:

- Alberto Camerini: «Sintonizzati con me»
- Alberto Camerini: «Rock'n'roll robot»
- Eugenio Finardi: «La radio»
- Decibel: «Decibel»
- Francesco Guccini: «Dio è morto»
- Jovanotti: «Il quinto mondo»

FILM & ALTRI MEDIA:

- Gabriele Salvatores: *Nirvana*
- Vari spot cellulari Vodafone (YouTube)
- Vari spot cellulari Wind (YouTube)

Italia on-line?

Gli **enormi progressi** fatti in campo tecnologico hanno modificato, negli ultimi anni, l'aspetto delle città italiane. Tra le strette° vie dei centri storici, di fianco alle maestose chiese medievali e rinascimentali, nei bar e nei romantici ristoranti del centro è un continuo squillare° di telefonini e cercapersone°, ognuno con la sua musichetta particolare. Nato come strumento° indispensabile per persone il cui lavoro comporta° la necessità di un'assoluta reperibilità°, nel giro di pochi anni il telefono cellulare è diventato il nuovo status symbol degli italiani che fanno a gara°, dallo studente all'imprenditore°, a sfoggiare° di volta in volta modelli sempre più piccoli e tecnologicamente avanzati. Di pari passo cresce, naturalmente, la febbre per la «musica da passeggio» che anche in Italia ha ceduto il passo alla nuova moda degli iPod e di altri lettori mp3, facendo sembrare ormai oggetti da museo gli ingombranti lettori CD che avevano caratterizzato il look giovanile degli anni precedenti.

    Il computer, anche se più lentamente che nel Nord America o in Australia, sta penetrando nelle case degli italiani così come la posta elettronica che, specialmente tra i giovanissimi, prova a rimpiazzare° le ore al telefono che facevano disperare° i genitori. Molto popolari sono anche le chat line le quali hanno contribuito al nascere di numerosissime amicizie svincolate° dai limiti, prima difficili da superare, della distanza. Gli «Internet point» e gli «Internet bar», dove è possibile navigare in rete o accedere° alla propria posta elettronica, nati come servizio per i turisti, ora punteggiano° minutamente le grandi città italiane e cominciano ad essere presenti anche nei piccoli centri.

    Ma non si tratta soltanto di mode o di passatempi. Un gran numero di aziende ha trovato nuovi sbocchi° proprio grazie alla rete virtuale° che raggiunge, a costi notevolmente inferiori, un numero elevatissimo di potenziali nuovi acquirenti°.

    L'unico aspetto che sembra andare controcorrente° è quello del mondo della scuola. Infatti, per la scarsezza di fondi°, a volte non riesce a soddisfare le esigenze di professori e di studenti che devono lavorare con un numero minimo di computer o con attrezzature e strumenti antiquati, quasi «pezzi archeologici». Il futuro sembra però promettere un miglioramento anche in questo campo, grazie soprattutto alla ristrutturazione della scuola dell'obbligo° che ha aperto le porte allo studio dell'informatica.

narrow
ringing / pagers
device
requires / availability
fanno... compete / entrepreneur / **a...** to show off
a... to replace
despair
released, freed
to access
dot
outlets / **rete...** Internet
buyers
against the flow
scarsezza... shortage of funds
scuola... compulsory education

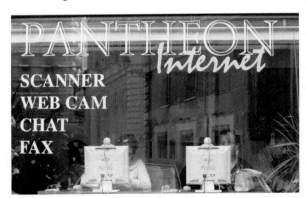

L'interno di un Internet café italiano.

DOMANDE

1. La tecnologia ha cambiato e continua a cambiare il nostro modo di vivere, facendo passi da gigante. Quali pensi siano le novità più importanti introdotte dalle scoperte tecnologiche nel tuo Paese o nella tua città?

2. Pensi che il telefonino sia diventato uno status symbol anche nel tuo Paese? Pensi che venga utilizzato in modo appropriato oppure no?

3. Quanto tempo passi solitamente al computer? Sfrutti tutte le potenzialità del computer? Quali sì e quali no?

4. Hai mai provato ad accedere a una chat room? Quali pensi che siano i vantaggi e gli svantaggi di un'amicizia che si sviluppa attraverso una chat line o attraverso la posta elettronica?

5. Ormai è possibile fare qualunque cosa su Internet: acquistare, vendere, conoscere persone, persino frequentare corsi universitari. Mentre i vantaggi sono evidenti, quali pensi che siano i possibili svantaggi?

6. Per l'attività Web hai visitato un motore di ricerca italiano. Quali pensi che siano i servizi offerti da quella pagina che potrebbero interessare maggiormente le persone non italiane della tua età?

ACE Video
Activities

Lessico.edu

Il mondo virtuale

CD 2
2–4

l'allegato *attachment*
il blog *blog*
la chat, la chat room *chat, chat room*
cliccare *to click on*
immettere (dati) *to upload (information)*

inviare *to send*
il motore di ricerca *search engine*
navigare su Internet *to surf the Internet*
la posta elettronica* *email*

la rete (virtuale)* *Internet, the Web*
scaricare *to download*
il sito *site*
sms *text messaging*

Il computer

bloccarsi *to freeze*
la cartuccia (d'inchiostro) (ink) *cartridge*
la chiavetta *flash drive*
il (computer) portatile *laptop*
il disco fisso *hard drive*

il documento *file*
masterizzare *to burn (a CD / DVD)*
premere *to press (a key or button)*
il pulsante / il tasto *key*

salvare *to save*
lo scanner *scanner*
scannerizzare *to scan*
lo schermo *screen*
scrivere al computer *to type on a computer*

---

*L'uso di questi vocaboli è ancora in evoluzione. Per questa ragione esistono costruzioni diverse tra loro in attesa che una risulti vincente (più usata) sulle altre: si vedano, per esempio, i vari modi con cui ci si riferisce all'uso di Internet e della rete (in rete / nella rete / sulla rete, su(l) Web / nel Web, ecc.), o al genere grammaticale di email: (un email / un'email / una mail).

la stampante *printer* la tastiera *keyboard* il virus *virus*
stampare *to print*

Altre parole ed espressioni utili

il cercapersone *pager*
l'informatica *computer science*

il lettore CD / mp3 *CD/mp3 player*
squillare *to ring*

il telefonino / il (telefono) cellulare *cellular phone*
il videogioco *videogame*

PRATICA

A. Gioie e dolori della tecnologia. Completa il dialogo con le parole appropriate.

virus	pulsante	tastiera	cliccare
stamparlo	informatica	documento	computer
schermo			

Isabella, dopo una giornata disastrosa al computer, telefona a Francesco, un amico esperto d' _____, per un po' d'aiuto.

ISABELLA: Francesco, ti prego, aiutami!

FRANCESCO: Cos'è successo questa volta, Isabella?

ISABELLA: Non lo so. Stavo scrivendo al _____. Ho salvato il _____ che stavo scrivendo e ho provato a _____. In quel momento lo _____ è diventato completamente nero.

FRANCESCO: Mmm... Potrebbe essere un _____. Hai scaricato qualche programma dal Web?

ISABELLA: No, a parte qualche canzone.

FRANCESCO: Sei proprio pazza. Devi stare attenta a quello che metti nel tuo computer!

ISABELLA: Quante complicazioni! Perché deve essere sempre così difficile lavorare con la tecnologia? Puoi aiutarmi?

FRANCESCO: Prova a _____ ALT e ESC insieme sulla _____.

ISABELLA: Fatto... Non succede nulla. Ma un momento...

FRANCESCO: Cosa succede?

ISABELLA: Ho capito qual è il problema... Credo che il computer si sia semplicemente spento. Forse ho premuto il _____ sbagliato.

FRANCESCO: Isabella, perché non torni a scrivere con la macchina da scrivere (*typewriter*)? Non sarebbe tutto più semplice?

B. Il cellulare e l'educazione. Se è vero che l'invenzione di telefonini e cercapersone ha facilitato la vita di alcuni, è anche vero che sembra infastidire altri. Con un compagno / una compagna, cercate di creare un codice di comportamento per l'uso del cellulare e del cercapersone, indicando per quali persone sono veramente necessari e perché, e in quali luoghi non dovrebbero essere usati e perché. Presentate le vostre idee alla classe e confrontatele con quelle degli altri.

chi dovrebbe usarli e perché	
un medico	perché così l'ospedale potrebbe trovarlo in caso d'emergenza

dove non si dovrebbero mai usare	
a teatro	perché interrompono lo spettacolo e disturbano le altre persone

C. Un Internet café. Tu e un amico / un'amica avete deciso di trasferirvi in Italia ed aprire un «Internet café» in una piccola città. A coppie, fate una lista delle cose che sono necessarie per cominciare e di quelle che possono rendere il vostro «Internet café» un posto all'avanguardia.

D. Le nostre parole. Pensa a due o tre parole relative all'argomento di questo capitolo che ti sembrano importanti e che non sono presenti nella sezione lessicale. Possono essere parole dall'attività Web, parole contenute nella lettura iniziale o semplicemente parole che ti servono per comunicare meglio. Cercale sul dizionario e presentale in classe spiegando il loro significato in italiano. Poi scrivi le parole che tutti pensano siano importanti nel *Dizionarietto* alla fine del capitolo.

RADIO PONTI

Selective listening is like scanning for particular information when reading. You practice selective listening when you listen globally but are waiting to hear a specific news item, or a date or time, for example. There are often signals or expressions that let you know the information you seek is about to come up. Here are some language clues which can indicate that information you may be listening for follows:

Il punto più importante
Interessante
In più
Per questa ragione
A causa di questo
Temo che
Da un lato, dall'altro lato
Ripeto
Bisogna stare attenti

CD 2
5

Voglio quello con...   Ascolta parte di un dialogo tra un ragazzo che vuole comprare un telefonino e il commesso di un negozio. Quindi completa le seguenti frasi scegliendo tra le possibilità offerte.

1. Secondo il commesso, è importante sapere _____.

   a. quanti soldi può spendere il ragazzo

   b. quali funzioni il ragazzo desidera nel suo telefonino

   c. se il ragazzo può spendere 350 euro

2. Il ragazzo desidera che il suo nuovo telefonino sia _____.

   a. piccolo e leggero

   b. economico e leggero

   c. piccolo ed economico

3. Il commesso può offrire il nuovo telefonino a 75 euro perché

   _____.

   a. può scaricarci canzoni

   b. è un nuovo modello

   c. può leggerci gli email

ACE Practice
Tests,
Flashcards

SAM
workbook
activities

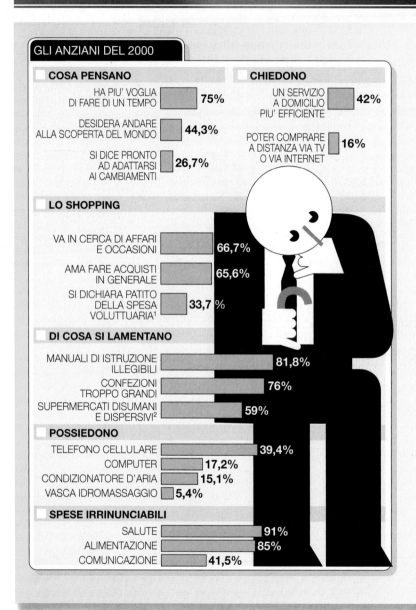

GLI ANZIANI DEL 2000

COSA PENSANO

HA PIU' VOGLIA DI FARE DI UN TEMPO	**75%**
DESIDERA ANDARE ALLA SCOPERTA DEL MONDO	**44,3%**
SI DICE PRONTO AD ADATTARSI AI CAMBIAMENTI	**26,7%**

CHIEDONO

UN SERVIZIO A DOMICILIO PIU' EFFICIENTE	**42%**
POTER COMPRARE A DISTANZA VIA TV O VIA INTERNET	**16%**

LO SHOPPING

VA IN CERCA DI AFFARI E OCCASIONI	**66,7%**
AMA FARE ACQUISTI IN GENERALE	**65,6%**
SI DICHIARA PATITO DELLA SPESA VOLUTTUARIA[1]	**33,7** %

DI COSA SI LAMENTANO

MANUALI DI ISTRUZIONE ILLEGIBILI	**81,8%**
CONFEZIONI TROPPO GRANDI	**76%**
SUPERMERCATI DISUMANI E DISPERSIVI[2]	**59%**

POSSIEDONO

TELEFONO CELLULARE	**39,4%**
COMPUTER	**17,2%**
CONDIZIONATORE D'ARIA	**15,1%**
VASCA IDROMASSAGGIO	**5,4%**

SPESE IRRINUNCIABILI

SALUTE	**91%**
ALIMENTAZIONE	**85%**
COMUNICAZIONE	**41,5%**

1. **patito...** fan of unnecessary expenses   2. wasteful

A. Tecnologia solo per i giovanissimi?

Quando si parla delle ultime novità della tecnica, la nostra immaginazione va immediatamente al ragazzo che naviga in rete, che usa le chat line e che scopre un nuovo mondo dove le barriere spazio-temporali perdono la loro importanza. O forse all'uomo o alla donna d'affari che viaggiano con il portatile e il cellulare. Quello che non ci viene in mente è sicuramente il mondo degli anziani. Ma abbiamo veramente ragione a non collegare il mondo della tecnologia con quello dei pensionati? Guardate il grafico alla pagina 184 e, con un compagno / una compagna, rispondete alle seguenti domande.

1. Qual è la cosa che vi sorprende di più di questa statistica? Quale vi sorprende di meno?
2. Il 17,2% dice di avere un computer. Quale pensate che possa essere la percentuale nel vostro Paese? Perché?
3. Pensando alle persone anziane che conoscete, su quali punti credete che potrebbero essere in disaccordo? Perché?

La tecnologia non entra solo nel mondo dei giovanissimi.

B. La rete e gli anziani.

Con un compagno / una compagna, avete deciso di aprire un sito Internet per anziani. Pensate soprattutto a quali bisogni degli anziani volete andare incontro. Tenete in considerazione il grafico alla pagina 184 e preparate le categorie che vorreste vedere sulla vostra home page.

cosa cercano gli anziani	qual è la categoria

Poi pensate a cosa offrireste in almeno due delle categorie per risolvere alcuni dei problemi che normalmente affliggono le persone anziane. Dopo discutetene con la classe o con un altro gruppo.

C. Si stava meglio quando si stava peggio.

Le scoperte tecnologiche hanno risolto alcuni problemi, ma, a volte, ne hanno creato di nuovi. In gruppi di tre, individuate i pro e i contro dei progressi della scienza elencati qui sotto. Poi confrontate le vostre risposte con quelle dei compagni.

1. televisione
2. bombolette spray (*spray cans*)
3. energia nucleare
4. prodotti usa e getta
5. robotizzazione nelle industrie
6. cellulari
7. computer

CD 2
6

Le nostalgie del nonno! Ascolta il racconto e decidi se le seguenti informazioni sono vere o false.

	vero	falso
1. Il nonno dice che la vita nel passato era migliore di quella moderna, sotto tutti i punti di vista.	_____	_____
2. Il nonno sa usare la posta elettronica da più di un anno.	_____	_____
3. Secondo il nonno, l'email è un buon mezzo da usare per comunicare con gli amori lontani.	_____	_____
4. Per il nonno ci sono certe cose del passato che bisogna salvare.	_____	_____

Grammatica & Co.

Ripasso di
grammatica
elementare:
Numeri
ordinali

I Il futuro semplice

The simple future is used to express an action that will occur.

A Formazione dei verbi regolari

1] The simple future is formed by dropping the final **-e** of the infinitive and adding the following endings. Notice that in the stems of verbs ending in **-are,** the characteristic **-a** changes to **-e.**

restare	scrivere	offrire
rest**erò**	scriv**erò**	offr**irò**
rest**erai**	scriv**erai**	offr**irai**
rest**erà**	scriv**erà**	offr**irà**
rest**eremo**	scriv**eremo**	offr**iremo**
rest**erete**	scriv**erete**	offr**irete**
rest**eranno**	scriv**eranno**	offr**iranno**

2] Verbs that end in **-care** and **-gare** add an **h** between the stem and the ending to maintain the hard sound of the **c** or **g.**

specificare	litigare
specifi**cherò**	liti**gherò**
specifi**cherai**	liti**gherai**
specifi**cherà**	liti**gherà**
specifi**cheremo**	liti**gheremo**
specifi**cherete**	liti**gherete**
specifi**cheranno**	liti**gheranno**

3] With verbs that end in **-ciare** and **-giare**, **-cia-** and **-gia-** become **-ce-** and **-ge-** when forming the future.

lanciare (*to throw*):	lancerò, lancerai, lancerà, lanceremo, lancerete, lanceranno
passeggiare:	passeggerò, passeggerai, passeggerà, passeggeremo, passeggerete, passeggeranno

The only exception is when the **i** is stressed, as in the verb **sciare**.

sciare:	scierò, scierai, scierà, scieremo, scierete, scieranno

B Formazione dei verbi irregolari

Some verbs are irregular in the future tense.

1] Some verbs drop the middle vowel.

andare:	andrò, andrai, andrà, andremo, andrete, andranno
avere:	avrò, avrai, avrà, avremo, avrete, avranno
cadere:	cadrò, cadrai, cadrà, cadremo, cadrete, cadranno
dovere:	dovrò, dovrai, dovrà, dovremo, dovrete, dovranno
potere:	potrò, potrai, potrà, potremo, potrete, potranno
sapere:	saprò saprai, saprà, sapremo, saprete, sapranno
vedere:	vedrò, vedrai, vedrà, vedremo, vedrete, vedranno
vivere:	vivrò, vivrai, vivrà, vivremo, vivrete, vivranno

2] Other verbs acquire a double **rr.**

bere:	berrò, berrai, berrà, berremo, berrete, berranno
rimanere:	rimarrò, rimarrai, rimarrà, rimarremo, rimarrete, rimarranno
tenere:	terrò, terrai, terrà, terremo, terrete, terranno
valere:	varrò, varrai, varrà, varremo, varrete, varranno
venire:	verrò, verrai, verrà, verremo, verrete, verranno
volere:	vorrò, vorrai, vorrà, vorremo, vorrete, vorranno

3] Other irregular verbs include **essere, fare, dare,** and **stare.**

essere	fare	dare	stare
sarò	farò	darò	starò
sarai	farai	darai	starai
sarà	farà	darà	starà
saremo	faremo	daremo	staremo
sarete	farete	darete	starete
saranno	faranno	daranno	staranno

C Usi del futuro semplice

1] The future tense is often accompanied by words like **domani, prossimo,** or **fra / tra** + *time expression.*

Comprerò un nuovo computer il mese **prossimo.**	*I will buy a new computer next month.*
Domani mi **installeranno** un nuovo disco fisso.	*Tomorrow they are going to install a new hard drive for me.*

2] The future tense is often used to express uncertainty, probability, or conjecture.

Dove **sarà** il mio telefonino?	*Where could my cell phone be?*
Quella stampante **costerà** 200 euro.	*That printer probably costs 200 euros.*

3] The future can be used to express a command.

Spegnerete i telefonini in classe!	*You will turn off cell phones in class!*

4] When the verb in the independent clause is in the future, the future is also used after **se, quando,** and **(non) appena** in dependent clauses. English uses the present tense in similar dependent clauses.

Appena arriverai all'Internet café, **potrai** fare l'abbonamento.	*As soon as you arrive at Internet Café, you can buy a membership.*
Se nevicherà domani, non **andrò** al congresso.	*If it snows tomorrow, I'm not going to the conference.*

5] In spoken Italian, the present indicative is frequently used in place of the future tense when discussing the immediate future.

Ti **telefonerò** domani.	
Ti **telefono** domani.	*I'll call you tomorrow.*

P R A T I C A

A. Oggi e domani.   Trasforma le seguenti frasi dal presente al futuro.

1. Daniele viene spesso a fare le sue fotocopie da noi.
2. Scaricate molte canzoni dall'Internet?
3. Paghiamo queste cartucce con la carta di credito.
4. Miriam, scannerizzi i documenti per il professore?
5. Linda e Giovanni lasciano usare il loro cellulare agli amici.
6. Invio email tutti i giorni.

B. Odori dal Web. Olga parla di una novità su Web con la sua amica Grazia. Completa il dialogo con la forma corretta del futuro.

OLGA: Ho letto che presto _____ (arrivare) gli odori dal Web.

GRAZIA: Come _____ (funzionare)?

OLGA: _____ (esserci) un software speciale che _____ (attivare) le cartucce con gli odori che si trovano all'interno del software.

GRAZIA: Cosa mi dici? _____ (noi / passare) dall'odore dei pomodori a quello delle rose—tutto su Web?

OLGA: Proprio così. _____ (tu / potere) anche mandare il tuo profumo preferito in un email a qualche amico speciale!

GRAZIA: Mi sembra impossibile. Solo dopo averlo provato, ci _____ (credere)!

C. La tecnologia entro cinque anni. Come cambierà la vita nei prossimi cinque anni grazie alla tecnologia? A coppie, formate domande usando le seguenti frasi e il futuro semplice. Poi rispondete alle domande e motivate le vostre risposte.

> **ESEMPIO** il terzo mondo / avere presto accesso / al Web
>
> Il terzo mondo avrà presto accesso al Web? (Sì / No, perché...)

1. i robot / fare i lavori in casa
2. il frigorifero / dirti / quando essere necessario fare la spesa
3. esserci / più lavoro per i tecnici
4. tu / fondare un punto com
5. i negozi / essere chiusi / e farsi tutte le spese al computer
6. gli editori / pubblicare i giornali solo su Web
7. noi avere / mezzi di trasporto completamente computerizzati
8. esserci / macchine / che eseguire comandi dati a voce

D. Perché, secondo te? Usando il futuro di probabilità, a coppie cercate di spiegare i seguenti avvenimenti.

1. La posta elettronica dell'università non funziona.
2. La cartuccia non entra nella stampante.
3. Non risponde al telefonino.
4. Non accettano le carte di credito on-line.
5. Non mi è arrivato il libro che ho comprato su Internet.
6. Oggi ho ricevuto 200 messaggi di posta elettronica.
7. Il mio capo vuole fare urgentemente una conferenza telefonica.
8. Stanno tutti guardando lo schermo di quel computer.

E. L'Internet nel terzo mondo? Un tuo amico è un entusiasta dell'Internet e vuole che tutti nel terzo mondo abbiano accesso all'Internet entro tre anni. Invece, un'altra amica è contraria ed è dell'idea che ci siano altre cose molto più importanti. In gruppi di tre o quattro, pensate a quattro modi in cui la tecnologia potrebbe aiutare il terzo mondo e pensate a quattro modi in cui i soldi potrebbero essere spesi diversamente.

ACE Practice Tests, Flashcards

SAM workbook activities

Ⅱ Il futuro anteriore

The future perfect is used to express a future action that will have occurred before another future action.

A Formazione del futuro anteriore

The future perfect is formed with the future tense of the auxiliary verb **essere** or **avere** + *past participle.*

scrivere	restare
avrò scritto	sarò restato/a
avrai scritto	sarai restato/a
avrà scritto	sarà restato/a
avremo scritto	saremo restati/e
avrete scritto	sarete restati/e
avranno scritto	saranno restati/e

B Usi del futuro anteriore

1] The future perfect is almost always used in combination with the future. It is often introduced with the construction **dopo che, (non) appena,** or the adverb **quando.**

Non appena avrò finito di stampare questa lettera, uscirò.
As soon as I have finished printing this letter, I'm going out.

Dopo che avrai fatto le correzioni al documento, te lo stamperò.
After you have revised the document, I'll print it for you.

2] The future is often used in place of the future perfect in spoken Italian.

Appena **tornerò,** ti scriverò.
As soon as I get back, I'll write to you.

3] Like the future, the future perfect can be used to express probability in the past.

—Dove **sarà andato** Giorgio?
Where could Giorgio have gone?

—**Avrà avuto** un appuntamento all'università.
He may have had an appointment at the university.

PRATICA

A. Hi-Tech.   Completa le seguenti frasi con la forma corretta del futuro anteriore dei verbi tra parentesi.

1. Quando io _____ (scoprire) come funziona la nuova stampante laser, potrò consegnare i documenti al direttore.

2. Come vi _____ (dire) il custode, non è permesso tenere accesi i telefonini al museo.
3. I tecnici _____ (ricordarsi) di attivare il collegamento a Internet?
4. Dov'è andata la segretaria? _____ (lei / salire) al secondo piano per consegnare un fax.
5. _____ (noi / potere) anche andare a comprare la cartuccia ieri.
6. Dopo che voi _____ (scegliere) il computer che volete, vi consiglierò una buona stampante.

B. Genitori esigenti. Quando i genitori del tuo compagno di camera chiamano e non trovano il figlio, ti fanno tante domande su di lui. Rispondi usando il futuro anteriore.

> **ESEMPIO** Quando ha riparato il computer? (ieri)
> L'avrà riparato ieri.

1. Marco ha ricevuto il fax? (ieri)
2. Ha stampato il manuale? (la scorsa settimana)
3. Ha comprato uno scanner? (stamattina)
4. È andato alla conferenza? (alle 9:00 stamattina)
5. Ha finito il programma per Internet? (due giorni fa)
6. Gli è arrivato il nuovo software? (da una settimana)

C. La stanza disordinata. Cristina ama passare il suo tempo al computer e ogni volta che i suoi compagni di stanza le chiedono di fare qualcosa trova sempre una scusa. Scopri cosa risponde Cristina ai compagni usando **dopo che** e **non appena (che)** e seguendo il modello fornito dall'esempio.

> **ESEMPIO** Va' al supermercato! / installare il nuovo programma →
> Ci andrò dopo che avrò installato il nuovo programma.
> *o* Ci andrò non appena avrò installato il nuovo programma.

1. Pulisci il bagno! / rispondere al messaggio di Andrea
2. Metti a posto il salotto! / scannerizzare le foto di Baggio
3. Aiutami ad apparecchiare! / scaricare il video di Jovanotti
4. Porta fuori i rifiuti! / stampare l'articolo
5. Lava i piatti! / mandare un email al professore
6. Vieni a fare merenda! / finire di salvare il documento
7. Va' a pagare le bollette (*bills*)! / leggere la mia posta elettronica
8. Fa' la lavatrice! / tornare dall'Internet Train

D. Sognare non è peccato! A coppie, preparate una lista di cinque cose che avrete già fatto nel 2020. Una di queste dovrà essere qualcosa che voi sapete per certo che non avrete ancora fatto per quella data. Presentatele alla classe e vedete se qualcuno riesce ad indovinare quella falsa.

> **ESEMPIO** Mi sarò sposata. (possibile)
> Mi sarò sposata con Eros Ramazzotti. (falso)

ACE Practice
Tests,
Flashcards

SAM
workbook
activities

III Il condizionale presente

The present conditional expresses an event, action, or situation that is possible under certain conditions.

A Formazione del condizionale presente

1] The present conditional is formed by dropping the final **-e** of the infinitive and adding the following endings. As in the future tense, the stems of verbs ending in **-are** change the characteristic **-a** to **-e.**

durare (*to last*)	**accendere** (*to turn on*)	**percepire** (*to perceive*)
dur**erei**	accend**erei**	percepi**rei**
dur**eresti**	accend**eresti**	percepi**resti**
dur**erebbe**	accend**erebbe**	percepi**rebbe**
dur**eremmo**	accend**eremmo**	percepi**remmo**
dur**ereste**	accend**ereste**	percepi**reste**
dur**erebbero**	accend**erebbero**	percepi**rebbero**

2] Verbs that end in **-care** and **-gare** add an **h** between the stem and the ending to maintain the hard **c** or **g** sound.

modificare: modifi**cherei**, modifi**cheresti**, modifi**cherebbe**, modifi**cheremmo**, modifi**chereste**, modifi**cherebbero**

3] Verbs that end in **-ciare** and **-giare** change **-cia-** and **-gia-** to **-ce-** and **-ge-** respectively.

sfoggiare (*to show off*): sfog**gerei**, sfog**geresti**, sfog**gerebbe**, sfog**geremmo**, sfog**gereste**, sfog**gerebbero**

4] Verbs whose stems are irregular in the future have the same irregular stems in the conditional. The endings are always regular.

andare: andrei, andresti, andrebbe, andremmo, andreste, andrebbero
avere: avrei, avresti, avrebbe, avremmo, avreste, avrebbero
cadere: cadrei, cadresti, cadrebbe, cadremmo, cadreste, cadrebbero
dovere: dovrei, dovresti, dovrebbe, dovremmo, dovreste, dovrebbero
essere: sarei, saresti, sarebbe, saremmo, sareste, sarebbero
fare: farei, faresti, farebbe, faremmo, fareste, farebbero
potere: potrei, potresti, potrebbe, potremmo, potreste, potrebbero
sapere: saprei, sapresti, saprebbe, sapremmo, sapreste, saprebbero
vedere: vedrei, vedresti, vedrebbe, vedremmo, vedreste, vedrebbero
vivere: vivrei, vivresti, vivrebbe, vivremmo, vivreste, vivrebbero
volere: vorrei, vorresti, vorrebbe, vorremmo, vorreste, vorrebbero

See the Verb Appendix at the end of the text for other verbs whose stems are irregular in the future and the conditional.

B Usi del condizionale presente

1] The present conditional expresses what would happen under certain conditions or what could or should happen or be done. It often conveys a personal opinion.

Tutti **dovrebbero** imparare ad usare il computer.	*Everyone should learn how to use the computer.*
Non **potrei** mai scrivere gli sms alla stessa velocità con cui li scrivono i giovani.	*I could never write text messages as fast as the young people do.*
Un telefonino **sarebbe** il regalo perfetto per mia madre.	*A cell phone would be the perfect gift for my mother.*

Note that in the conditional, the modal verbs translate as *would like* (**volere**), *should* (**dovere**), and *could* (**potere**).

2] The present conditional is also used to convey courtesy when making requests.

Mi **farebbe** vedere quel modello, per favore?	*Could you please show me that model?*
Vorrei mandare un fax, per favore.	*I'd like to send a fax, please.*

3] The present conditional can be used to convey indignation.

E lui chi **sarebbe** per dire quelle cose?	*And who is he to say those things?*

4] The present conditional is used in hypothetical constructions to express events that could happen if something else comes to pass or were to have taken place. When **se** is used in the dependent clause, the imperfect or past perfect subjunctive must follow. (This is explained in greater detail in **Capitolo 9, Il periodo ipotetico.**)

Sarebbe una bella cosa se lei accettasse quel lavoro.	*It would be a nice thing if she accepted that job.*
Se avessi un computer a casa, **lavorerei** di più.	*If I had a computer at home, I would work more.*
Verrei alla riunione se non avessi detto a Sara che sarei uscito con lei.	*I would come to the meeting if I hadn't told Sara that I would go out with her.*

PRATICA

A. Se ci fosse un black out... Completa il brano con il condizionale presente.

Molti dicono che _____ (potere) vivere senza la tecnologia, ma provate a pensare a come _____ (cambiare) la vostra vita senza computer, Internet od anche un semplice frigorifero. Probabilmente i bambini _____ (giocare) all'aperto come una volta, invece di usare i videogiochi, e i ragazzi _____ (dovere) fare a meno dei telefonini e forse _____ (leggere) più libri. Idealmente io _____ (essere) felice di vivere in un mondo così ma so che non _____ (riuscire) a resistere per più di due giorni. E voi come _____ (stare)?

B. Cosa faresti? A coppie, chiedetevi cosa fareste se aveste la possibilità di scegliere di fare le seguenti cose. Seguite il modello usando i pronomi oggetto diretto e indiretto dove possibile e spiegate le vostre risposte.

> **ESEMPIO** pagare le bollette on-line
> ST. 1: Pagheresti le bollette on-line?
> ST. 2: Sì, le pagherei on-line.
>   *o* No. Non le pagherei on-line. Preferirei usare la posta.

1. usare un Mac o un PC
2. scrivere tutte le lettere con email
3. vietare l'uso del cellulare mentre si guida
4. proibire l'uso del cellulare al ristorante
5. abolire le chat line
6. seguire tutti i corsi on-line
7. fare tutti gli acquisti on-line
8. trovare un amore su Web

—Compreresti un palmare?
—No, non lo comprerei, preferirei un cellulare.

ACE Practice Tests, Flashcards

SAM workbook activities

C. La vita senza computer. In gruppi di tre, scrivete una lista con minimo cinque modi in cui cambierebbe la vostra vita senza un computer. Poi paragonate la lista con le altre.

> **ESEMPIO** Senza il computer dovrei comprare tutto nei negozi.

IV Il condizionale passato

A Formazione del condizionale passato

The past conditional is formed with the present conditional of the auxiliary verbs **essere** and **avere** + *past participle*.

accedere (*to gain access to*)	**rimanere**
avrei accesso	sarei rimasto/a
avresti accesso	saresti rimasto/a
avrebbe accesso	sarebbe rimasto/a
avremmo accesso	saremmo rimasti/e
avreste accesso	sareste rimasti/e
avrebbero accesso	sarebbero rimasti/e

B Usi del condizionale passato

1] The past conditional is used in independent clauses to express opinions and preferences.

Non **sarei** mai **andata** a quell'università.

I would never have gone to that university.

Non **avremmo comprato** un portatile per quel prezzo.

We wouldn't have bought a laptop for that price.

Chi **avrebbe previsto** che in pochi anni l'informatica **sarebbe stata** insegnata anche nelle scuole elementari?

Who would have imagined that in a few years computer science would also be taught in elementary schools?

2] The past conditional is used with the imperfect subjunctive and past perfect subjunctive to express something that would have happened if something else had taken place. (See **Capitolo 9, Il periodo ipotetico.**)

Sarebbe stato un aiuto per il mondo della medicina se ci fosse stato l'Internet cinquant'anni fa.

It would have helped the medical world if the Internet had existed fifty years ago.

Se avessi saputo usare il computer, ti **avrei mandato** un email.

If I had known how to use the computer, I would have sent you an email.

Non **avrei** mai **creduto** che lui fosse il proprietario dell'Internet Train.

I never would have believed that he was the owner of the Internet Train.

3] In indirect discourse—that is, reporting what someone else said—the past conditional is used to express a future action. In English, by contrast, the present conditional is used.

Massimo ha detto che mi **avrebbe aiutato.**

Massimo said he would help me.

Io gli ho detto che **sarei venuto** alle 9:00.

I told him that I would come at 9:00.

PRATICA

A. La fiera di Padova. Trasforma le seguenti frasi al condizionale passato iniziando la frase con **Ha detto che.**

> **ESEMPIO** Alla fiera di Padova ci sarà una festa per gli appassionati della rete.
> Ha detto che alla fiera di Padova ci sarebbe stata una festa per gli appassionati della rete.

1. Tutti si iscriveranno alla festa su Web.
2. Approfitterà dell'offerta trovata nel sito.
3. Dovranno collegarsi al sito Internet per la fiera.
4. Altri potranno collegarsi tramite satellite.
5. Il biglietto d'ingresso costerà cinque euro e tre centesimi.
6. Offriranno lezioni di strategie tecnologiche a tutti.
7. I partecipanti seguiranno i corsi on-line.
8. Alla fine sarà rilasciato un certificato di partecipazione.

B. Che cosa avreste fatto? A turno, raccontate ad un compagno / una compagna di classe quello che avete fatto e poi domandategli/le cosa avrebbe fatto lui / lei. Giustificate la risposta.

> **ESEMPIO** comprare / un IBM invece di un Mac
> ST. 1: Ho comprato un IBM invece di un Mac. Che cosa avresti fatto tu?
> ST. 2: Avrei comprato un IBM anch'io perché non ho mai lavorato con un Mac.

1. usare / un sito Web sulla cucina per preparare una cena romantica
2. stampare / un libro dall'Internet invece di comprarlo
3. volere scaricare / solo una canzone invece di un film
4. entrare / in un sito a pagamento per giocare d'azzardo (*to gamble*)
5. andare / alla lezione d'informatica invece che a quella di latino
6. scrivere / un messaggio elettronico invece di una lettera alla nonna per il suo compleanno
7. scannerizzare / le foto a colori e non in bianco e nero

C. Una conferenza. Completa il seguente brano usando il futuro ed il condizionale presente o passato.

La prossima settimana all'università di Sydney _____ (esserci) una conferenza sulla tecnologia. _____ (esserci) degli esperti che _____ (parlare) sia dell'uso educativo dell'Internet sia del design di un sito Web. Centinaia di compagnie _____ (mandare) i loro rappresentanti che _____ (mostrare) le più recenti novità in un mondo che sta continuamente cambiando. Io _____ (volere) tanto andare, ma non da sola.

Chi < molti prste?

La mia collega Fabiana mi ha detto che mi _____ (accompagnare) alla conferenza ma ieri ha saputo che _____ (avere) un colloquio di lavoro e quindi non _____ (potere) venire. La compagnia è una di quelle per cui lei _____ (volere) lavorare. _____ (essere) bello se le offrissero il lavoro. Io le ho detto che appena lei _____ (tornare) dal colloquio, le_____ (raccontare) com'è andata la conferenza.

ACE Practice
Tests,
Flashcards

SAM
workbook
activities

V I pronomi relativi

A relative pronoun combines a main clause with a subordinate clause. The most common relative pronouns are **che, cui, il che, il / la quale, i / le quali,** and **chi.**

A Che — *Direct object word*

definition of a noun

Che (*who, whom, that, which*) is the most common relative pronoun. **Che** is invariable and refers to both people and things. It can be the subject or the object of a clause.

L'unico computer **che** funzioni è quello nuovo. (soggetto)	*The only computer that works is the new one.*
Il computer **che** vedi è vecchio. (oggetto)	*The computer that you see is old.*

B Il che

Che = that

la sasarra che conosciuto

Il che (*all of which, which*) can substitute for an entire concept or sequence of events.

Il computer si è bloccato e ho perso il mio lavoro, **il che** mi ha fatto veramente arrabbiare.	*The computer froze and I lost my work, which made me really mad.*

C Cui

1] **Cui** (*that, which, whom*) can refer to people or things. It is invariable and is usually preceded by a preposition.

Fra
da
con

Le persone **con cui** lavoro sono tutti esperti di tecnologia.	*The people with whom I work are all technology experts.*
Le persone **a cui** parlavo sono tecnici.	*The people to whom I was speaking are technicians.*
Il computer **su cui** lavoravo non era molto veloce.	*The computer on which I was working wasn't very fast.*

a = to
di
su
per

I was speaking

2] **Cui** preceded by a definite article is used to express possession (*whose*). The article agrees with the noun it modifies, not with the possessor.

Il mese prossimo uscirà il nuovo Mac, **il cui** design è straordinario.

Next month is the release date for the new Mac, whose design is extraordinary.

La Professoressa Pelosi, **le cui** figlie studiano informatica, non sa usare il computer!

Professor Pelosi, whose daughters study computer science, doesn't know how to use a computer!

D Il quale / la quale / i quali / le quali

1] The pronoun **il quale** can replace either **che** or **cui.** It is more often used in writing than in speaking. **Il quale** agrees in number and gender with the noun to which it refers (the antecedent). It can refer to people or things and can be used as a subject or an object.

La ragazza **dalla quale** (**da cui**) ho comprato il mio iPod era proprio maleducata.

The girl from whom I bought my iPod was really rude.

2] **Il quale** is used in preference to **che** and **cui** when the antecedent would otherwise be ambiguous. Unlike those pronouns, **il quale** specifies the antecedent because it indicates gender and number. Its use is more commonplace in writing than in speech.

Mio zio **che** vende cellulari ha quarant'anni.
Mio zio **il quale** vende cellulari ha quarant'anni.

} *My uncle who sells cell phones is forty years old.*

Non so niente del programma **di cui** mi parli.
Non so niente del programma **del quale** mi parli.

} *I don't know anything about the program that you're talking about.*

Note that when **il quale** is used as the object of a preposition, the article contracts with the preposition.

E Chi

1] The relative pronoun **chi** refers to people unspecifically (*those who, the people who, he/she who, one who, whoever*). **Chi** is always singular and masculine in form, though not in meaning. It is used with the third-person singular form of the verb.

Chi non usa l'email è indietro nei tempi.

People who don't use email are behind the times.

Non sempre **chi** è ricco è felice!

Not all rich people are happy!

2] **Chi** is often used in proverbs.

Chi la dura la vince.   *He who endures wins.*

Chi non risica non rosica.   *Nothing ventured, nothing gained.*

Chi non fa, non falla.   *He who does nothing makes no mistakes.*

P R A T I C A

A. Chi cerca trova.   A coppie, formate almeno sei frasi sul mondo tecnologico. Usate i pronomi relativi **che** e **chi** ed il vocabolario del capitolo.

> **ESEMPIO**   Il sito che visito più frequentemente è quello della RAI.
> Chi non sa usare il computer ha meno possibilità di trovare lavoro.

B. Fatene una di due.   Trasforma le coppie di frasi in una frase singola, usando (1) il pronome **che** o il pronome **cui** preceduto da una preposizione o dall'articolo, e (2) la forma corretta di **quale,** preceduto dall'articolo e, se necessario, dalla preposizione.

> **ESEMPIO**   Quello è un programma interessante. Non ricordo il suo nome.
> (1) Quello è un programma interessante <u>di cui</u> non ricordo il nome.
> (2) Quello è un programma interessante <u>del quale</u> non ricordo il nome.

1. Word è un programma di scrittura. Laura scrive i suoi articoli con quel programma.
2. Il telefonino è diventato un nuovo status symbol. Per il telefonino si spendono moltissimi soldi.   *per cui*
3. Ho sentito i miei amici della chat room. Tra i miei amici della chat room c'è anche Cinzia.   *tra cui*
4. Quello è il laboratorio d'informatica. Noi ci siamo conosciuti in quel laboratorio.   *nel/in cui*
5. I lettori mp3 sono diffusi tra i giovani. Ai giovani non importa se sono costosissimi.   *a cui*

C. Una promozione in ditta.   Completa la seguente conversazione con la forma corretta del pronome relativo. — *completion*

Clara lavora per una ditta _____ *presidente è in favore di una sua promozione. Clara deve andare a parlargli,* _____ *la fa innervosire.*

PRESIDENTE: Buon giorno, Clara. Come sta?

     CLARA: Buon giorno. Benissimo. Sono molto interessata al lavoro
       <u>*di cui*</u> mi ha parlato.

PRESIDENTE: Ah sì, quello per editore del sito Web.

     CLARA: Esatto. Ho avuto molte esperienze quest'anno _____ mi
       aiuterebbero a farlo bene.   *che*

PRESIDENTE: È un lavoro __Che__ richiede molta pazienza.

CLARA: Verissimo. __Chi__ non ha pazienza non può lavorare con la tecnologia!

PRESIDENTE: La ragione __Con cui__ le offro questo posto è ~~Che~~ lei è chiaramente qualificata sia dal punto di vista tecnico sia da quello creativo. Questo lavoro è per una persona _____ sappia scrivere e _____ sappia disegnare.

CLARA: Grazie. Infatti, il giornale __per cui__ ho lavorato prima di arrivare qui ha vinto vari premi e in particolare un articolo _____ ho scritto io è stato nominato.

PRESIDENTE: Benissimo, perché questo lavoro richiede un disegnatore Web in tutti i sensi della parola. Quindi, accetterà questo posto?

CLARA: Con tanto piacere. Dieci anni fa _____ diceva che questo tipo di lavoro non aveva futuro si sbagliava! Ma io sono contenta, è un'ottima opportunità.

PRESIDENTE: Allora, siamo contenti tutti e due!

ACE Practice Tests, Flashcards, Raccontami una storia

SAM workbook and lab activities

D. Una telefonata di troppo. In gruppi di tre, formate minimo quattro frasi per descrivere la scena, usando **che, cui, quale** e **chi** almeno una volta ciascuno.

Biblioteca 2000

 Web Links

IMPROVING READING SKILLS AND SPEED

You can adopt a variety of approaches to improve your reading ability and speed in a foreign language. Because Italian sentences tend to be complex and lengthy, the following techniques can help.

1. For textbook readings, review glossed words and post-reading questions before you read.
2. Break yourself of the habit of approaching each word separately. Instead, focus on groups of two to five words and try to get the gist of their meaning. Remember that you don't have to recognize every word to grasp the general meaning of what you read.

3. Italian typically uses less internal punctuation than English, and Italian sentences thus offer fewer cues about the grouping of words within a sentence. When you encounter a long sentence, make a practice of scanning the sentence to identify units of meaning.

4. Set realistic reading goals. In a foreign language, reading 5–10 minutes at a time may be more effective than trying to read an entire text at once. After reading a short passage, summarize it to yourself. Gradually increase the length of your reading sessions.

5. Get rid of distractions. Don't listen to music with lyrics in English while you're reading Italian!

6. Read often. The more you read, the more adept you will become.

P R E - L E T T U R A

A. Leggi la seguente frase di Alessandra Carboni sul modo di esprimersi negli email. Leggila più volte e concentrati sui gruppi di parole segnalati. Dopo fanne un breve riassunto. «Allo stesso modo, / può capitare di ricevere / email di lavoro / da persone conosciute / solo in virtù del ruolo che rivestono, / ovvero mai incontrate / né viste, / che però sembrano completamente / a proprio agio / nel dare del tu / e nel rivolgersi all'interlocutore / con tono amichevole, / spesso trascurando completamente / la punteggiatura / e dimenticando le maiuscole».

B. Rileggi il brano del punto A. Dopo averlo letto e senza guardare il testo, cerca di elencare le caratteristiche di scrittura segnalate da Alessandra Carboni.

C. In gruppi di tre o quattro, scoprite le seguenti informazioni sui vostri compagni di scuola e discutete i risultati. Passate troppo tempo facendo alcune attività e troppo poco facendone altre?

quanto tempo al giorno…	ore
guardare la televisione	
mandare sms	
stare su myspace.com	
passare su Internet	
ascoltare l'iPod	
passare scrivendo email	
lavorare sul tuo Facebook	
fare nuove amicizie on-line	

Il *Guardian*: «Emoticons e frasi amichevoli per essere più espressivi»

Email, «baci» al posto dei «distinti saluti»

La posta elettronica cambia il modo di comunicare, anche al lavoro e tra sconosciuti. Spariscono[1] le frasi troppo formali.

Alessandra Carboni è una giornalista professionista che si occupa principalmente di tecnologia, Internet e telecomunicazioni. È anche redattrice del weblog Tel&Co, collaboratrice del Corriere della Sera on-line e lavora per la redazione di Totem, un sito Internet genovese che offre servizi giornalistici a numerose testate giornalistiche.

Da quando la posta elettronica è entrata nelle nostre vite, lo stile della comunicazione scritta è cambiato. Fino a qualche anno fa le lettere circolari per i dipendenti diffuse[2] negli uffici usavano un tono formale, distaccato[3]: quello che contava era far pervenire[4] il messaggio. Punto. Oggi una email inviata da un capoufficio ai colleghi inizia facilmente con un più che cordiale «Cari tutti», e termina probabilmente con un rilassatissimo «ciao!».

Allo stesso modo, può capitare di ricevere email di lavoro da persone conosciute solo in virtù del ruolo che rivestono[5], ovvero mai incontrate né viste, che però sembrano completamente a proprio agio nel dare del tu e nel rivolgersi[6] all'interlocutore[7] con tono amichevole, spesso trascurando completamente la punteggiatura e dimenticando le maiuscole. E magari il messaggio riguarda una banale richiesta di informazioni tecniche, o un qualsiasi chiarimento di carattere professionale.

ECCESSO DI INFORMALITÀ—Tant'è, lo stile della corrispondenza elettronica inviata e ricevuta per lavoro non ha nulla a che vedere[8] con quello delle ormai antiche lettere commerciali. «Spettabile Rag. Mario Rossi» è diventato «buongiorno mario», mentre al posto dell'usuale «In attesa di un cortese cenno[9] di conferma, porgiamo[10] Distinti Saluti» è probabile leggere «fammi sapere, a presto!». E c'è anche chi non può fare a meno di chiudere con «baci o con un abbraccio», oppure—

potenza dei segni—con una faccina sorridente[11]. Ed ecco che una frase come «ancora non ho ricevuto il pagamento, puoi per favore dare un'occhiata e aggiornarmi? :-)», potrebbe essere interpretata come «vorrei sapere come mai non hai messo mano al portafoglio, ma guarda che non sono mica[12] irritato per questo, fai pure con calma». Ma c'è da scommettere che invece dietro a quelle parole si nasconde una persona scocciata[13], che tuttavia cerca di dare un'immagine serena e distesa[14] di sé, forse per non risultare aggressiva.

COSA C'È DIETRO AL SORRISO—Che il cyberspazio abbia fatto diventare tutti più teneri, pazienti e affettuosi? Difficile. Secondo un redattore del *Guardian*, che dedica un divertente articolo all'analisi del fenomeno in questione, è possibile che l'eccesso di affettuosità, cordialità e smancerie riversate[15] nella moderna corrispondenza corrisponda al tentativo di ingraziarsi[16] il destinatario, per raggiungere più facilmente il proprio obiettivo. Blandire[17] per andare a metà[18], insomma.

Tuttavia, sempre secondo il *Guardian* potrebbe anche trattarsi di un modo per rendere più calda ed espressiva una cosa considerata fredda e impersonale: spesso le email sostituiscono il telefono, ed è quindi normale usare emoticons o frasi più che amichevoli per fissare[19] sulla pagina elettronica l'intonazione e le espressioni che trasparirebbero naturalmente durante una conversazione a voce.

Forse non ce ne rendiamo nemmeno conto, ma sta di fatto[20] che durante una giornata lavorativa scambiamo affettuosità e sorrisi con perfetti sconosciuti, di cui molto probabilmente non ci importa assolutamente nulla. Anzi[21]. E magari quando poi la sera arriviamo a casa dimentichiamo di sorridere alla persona con cui condividiamo molto più che un messaggio di posta. Che sia il caso di comunicare via email anche tra le mura domestiche[22]?

---

1. disappear   2. sent out   3. detached   4. **far...** convey   5. **ruolo...** official position   6. **nel...** addressing   7. person receiving message   8. **non...** has no resemblance   9. sign   10. we offer   11. **faccina...** smiley face   12. at all   13. annoyed   14. accessible   15. **smancerie...** excessive sentimentality   16. to ingratiate oneself   17. to flatter   18. **per...** to achieve the goal   19. **per...** to include   20. it's a fact   21. On the contrary.   22. at home

202   Capitolo 7

A. Secondo l'autore, com'è cambiato lo stile della comunicazione con la diffusione dell'email? Date alcuni esempi per giustificare le vostre risposte.

B. Spiegate perché, secondo voi, è vero o non è vero che...

1. i segni usati nell'email possono nascondere le vere emozioni dello scrittore?
2. lo stile della corrispondenza elettronica non è per niente come quello delle vecchie lettere commerciali?
3. c'è un eccesso di affettuosità nella corrispondenza moderna?
4. l'email sostituisce anche il telefono?
5. si è più educati nello scrivere un email che nei rapporti familiari?

C. Secondo te, è giusto che l'email sia una forma di comunicazione meno formale, o dovrebbe rispettare le stesse regole della comunicazione applicate nelle lettere? Perché?

Di propria mano

USING EMAIL

Technology has changed how many people communicate. Email is replacing the handwritten or word-processed letter. Like other written communication, email lacks signals about intent from facial expression and tone of voice; unlike most other kinds of written communication, it is often composed in haste. It is therefore very important to think about both the message and the tone you want to convey and to be polite.

The following rules of email etiquette can facilitate successful communication by making it more likely that your message will be interpreted as you intend.

1. Include a suitable subject line so that the recipient can prioritize the reading and filing of messages.
2. Make sure your sense of humor isn't misinterpreted. Symbols such as :-) [smile], ;-) [wink], and :-([frown] can help avoid misinterpretation, but only if you are sure your reader is familiar with them.
3. Capital letters mean that you are SHOUTING!
4. When sending an email for business purposes, use the same formal salutations and closings you would in a letter and the formal **Lei** form. (See **Capitolo 5.**)
5. Write with care, be brief, reread what you write before sending it, and, if you have a spell-check tool for Italian in your email program, use it before clicking the SEND button!

PRE-SCRITTURA

Preparatevi all'eventuale email che dovrete mandare al vostro / alla vostra insegnante. A coppie, cercate di rispondere alle seguenti domande.

1. Secondo voi, qual è l'importanza dell'email?
2. Quali sono le caratteristiche che spingono la gente ad usare l'email?
3. Quali sono i problemi creati dall'uso diffuso dell'email?
4. Nel futuro, quali saranno le caratteristiche dell'email che attireranno la gente?
5. Preferireste usare la posta elettronica per tutte le comunicazioni? Perché?

SCRITTURA

Writing Tips

Il tuo / La tua insegnante ha proposto, per il prossimo semestre, di contattarlo/la con l'email invece di presentarsi alle ore di ricevimento. Ha spiegato che usando questo mezzo potrai comunicare con lui / lei a qualsiasi ora invece che solamente durante le ore di ricevimento. Il tuo / La tua insegnante non prenderà comunque una decisione definitiva prima ancora di sentire il tuo parere. Scrivigli/le un email esprimendo la tua preferenza e motivando la tua posizione. Usa il futuro e il condizionale dove appropriato.

Da: Piero Torti <pitor@libero.it>
Data: Mercoledì 22 gennaio 2008
Soggetto: Nuove foto
Allegati: gruppo.jpg

Ciao Clara!
Ti mando in allegato le foto della festa che ho appena finito di scannerizzare. Il tuo costume era proprio bellissimo, ma il mio era più bello. Se non ci credi, apri l'allegato e vedrai. :-)
A presto,
Piero

BLOCK NOTES

Riflettendo sullo scontro fra tradizione ed innovazione che hai potuto osservare in classe, su Web e nelle letture che hai fatto, commenta su uno dei seguenti punti.

1. Come sono cambiate le città e le tradizioni italiane a causa delle innovazioni tecnologiche.
2. Le innovazioni tecnologiche hanno dato molto alla società italiana ma le hanno anche tolto qualcosa.
3. Il mondo dell'informatica offre grandi opportunità anche agli anziani.

=NEL MONDO **DEI GRANDI**

Il creatore di un mito: *Enzo Ferrari*

Quando si parla di tecnologie applicate e di industria italiana l'immaginario collettivo in Italia e nel mondo va subito alla Ferrari, una delle macchine sportive più famose al mondo. Oggi la Ferrari ed il suo simbolo, il cavallino rampante[1], sono riconosciute ovunque[2] e Ferrari, così, non è più soltanto un'automobile ma è diventato anche il nome di un profumo, di orologi e di una linea di abbigliamento. Le origini di questa mitica automobile ci portano a Modena dove il 18 febbraio del 1898 nasceva Enzo Anselmo Ferrari, pilota di auto da corsa[3] prima e poi team manager dell'Alfa Romeo, dove si occupava dello sviluppo delle automobili da corsa. La Ferrari come la conosciamo oggi fu fondata nel 1947 e dopo soli cinque anni, nel 1952, vinse il suo primo titolo mondiale di Formula 1. Sin[4] dagli inizi, per raccogliere i soldi per partecipare alla Formula 1, alla Mille Miglia o alla 24 Ore di Le Mans, l'azienda Ferrari vendeva macchine sportive eccezionali che ancora oggi fanno sognare tantissimi appassionati: si pensi solo, per fare due esempi, alla Dino 308 gtb4 o alla Testarossa. Enzo Ferrari restò alla guida della scuderia[5] Ferrari fino alla morte, avvenuta a Maranello il 14 agosto 1988. Oggi la Ferrari appartiene per il 90% alla FIAT mentre l'altro 10% rimane alla famiglia di Piero Lardi Ferrari. A Maranello, vicino a Modena, è oggi possibile visitare la galleria Ferrari e ammirare molte delle vetture[6] che hanno reso la Ferrari famosa in tutto il mondo.

---

1. stallion rearing up   2. everywhere   3. race car driver   4. Since   5. racing team   6. cars

T R A C C E   D I   R I C E R C A

Web Links

Il museo Ferrari
Altre grandi auto nate dal genio italiano: Alfa Romeo, Lamborghini, Maserati
La moda Ferrari: dai profumi agli abiti nel Ferrari store

CD 2 abbonamento *subscription*
7–10 accedere (*p.p.* accesso) *to gain access to*
affliggere (*p.p.* afflitto) *to afflict, to distress*
allegato *attachment*
attivare (il collegamento) *to activate (the connection)*
bloccarsi *to freeze*
blog (*m.*) *blog*
capitare *to happen*
cartuccia (d'inchiostro) (*ink*) *cartridge*
cercapersone (*m.*) *pager*
chat, chat room (*f.*) *chat, chat room*
chiarimento *clarification, explanation*
chiavetta *flash drive*
cliccare *to click on*
(computer) portatile (*m.*) *laptop*
custode (*m./f.*) *caretaker*
di fianco a *by the side of / next to*
disco fisso *hard drive*
documento *file*
durare *to last*
email (*m.*) *email (message)*
eseguire comandi *to follow orders*
immettere (*p.p.* immesso) (dati) *to upload (information)*
individuare *to identify, to spot*
infastidire *to bother, to annoy*
informatica *computer science*
innervosire *to get nervous, to get on someone's nerves*
inviare *to send*
lanciare *to throw*
lettore CD / mp3 (*m.*) *CD / mp3 player*
masterizzare *to burn (a CD/DVD)*
motore di ricerca (*m.*) *search engine*
navigare su Internet *to surf the Internet*
negare *to deny*
odore (*m.*) *smell, odor, scent*
percepire *to perceive*
posta elettronica *email*
potenza *power*
premere *to press (a key or button)*
pulsante (*m.*) *key*
rete (virtuale) (*f.*) *Internet, the Web*
rilasciare *to release*
riparare *to repair*
salvare *to save*

scanner (*m.*) *scanner*
scannerizzare *to scan*
scaricare *to download*
schermo *screen*
scommettere (*p.p.* scommesso) *to bet*
scontro *encounter, clash*
scrivere al computer (*p.p.* scritto) *to type on a computer*
sfruttare *to take advantage of, to exploit*
sito *site*
sms *text messaging*
sparire *to disappear*
squillare *to ring*
stampante (*f.*) *printer*
stampare *to print*
tastiera *keyboard*
tasto *key*
telefonino, (telefono) cellulare *cellular phone*
trasparire *to appear through*
usa e getta *disposable (products)*
videogioco *videogame*
virus *virus*

Le vostre parole

Internet Café

INDIRIZZO: http://college.hmco.com/pic/ponti2e

ATTIVITÀ: Salvare il pianeta.

IN CLASSE: Scegli un problema ecologico dal sito Web di Greenpeace e descrivilo alla classe. Poi discuti con i tuoi compagni su quali cose si potrebbero fare per aiutare la campagna di Greenpeace.

Web Search Activity

PER COMUNICARE

Esprimere opinioni, credenze, dubbi ed emozioni

Discutere di volontariato e di argomenti sociali

Discutere di argomenti legati alla società

Fratelli d'Italia?

Migliaia di immigranti albanesi alla ricerca di una vita migliore arrivano al porto di Brindisi, in una scena quasi da inferno dantesco.

●○○ Oltre Ponti

MUSICA:

a) Ecologia:
- Pierangelo Bertoli: «Eppure soffia»
- Francesco Guccini: «Un vecchio e un bambino»
- Adriano Celentano «Il ragazzo della via Gluck»

b) Problemi sociali e non:
- Antonello Venditti: «Lilly» (droga)
- Modena City Ramblers: «Ahmed l'ambulante» (razzismo)
- Luciano Ligabue: «Quella che non sei» (anoressia)

- Simone Cristicchi: «Ti regalerò una rosa» (manicomi)
- Francesco De Gregori: «Titanic» (l'immigrazione italiana in America)

c) Il pacifismo e la guerra:
- LigaJovaPelù: «Il mio nome è mai più»
- Fabrizio De Andrè: «La guerra di Piero»

FILM & ALTRI MEDIA:
- Marco Risi: *Mery per sempre*
- Gianni Amelio: *Le chiavi di casa*
- Gianni Amelio: *Il ladro di bambini*
- Giuseppe Piccioni: *Fuori dal mondo*

Fratelli d'Italia?

inno... national anthem

Fratelli d'Italia sono le parole iniziali dell'inno nazionale° italiano, parole che testimoniano l'importanza di aiutarsi l'un l'altro, proprio come fratelli, nel momento del bisogno. Effettivamente, nel corso degli ultimi anni, in Italia l'interesse verso i meno fortunati è diventato sempre più forte e le iniziative per chi si trova in difficoltà si moltiplicano all'interno della società italiana.

gruppi... volunteer organizations

Giornali, televisione e Internet offrono sempre più spazio ai numerosissimi gruppi di volontariato° nati negli ultimi decenni, ed un numero sempre maggiore di giovani offre parte del proprio tempo al successo di tali iniziative. Alle organizzazioni che si muovono a livello mondiale, come Greenpeace, Unesco°, FAO° e Amnesty International, si affiancano° così gruppi italiani e cittadini che cercano di portare aiuto ad un grande numero di persone meno fortunate e in difficoltà. Immigrati, carcerati°, disabili°, tossicodipendenti°, alcolisti°, anziani ed ammalati soli, senzatetto° e, ultimamente, le grandi masse di immigrati sono tra quelli che usufruiscono° dei servizi offerti da operatori sociali° pubblici e privati.

U.N. Educational, Scientific, and Cultural Organization / U.N. Food and Agriculture Organization / **si...** work hand in hand / prisoners disabled people / drug addicts / alcoholics / homeless people / benefit / **operatori...** social workers

Molte sono anche le iniziative indirizzate alla protezione dell'ambiente: in particolare, grande attenzione viene data al controllo dell'inquinamento e al risanamento dei fiumi e dei mari, mentre le città cercano di promuovere piani antismog per proteggere sia la salute delle persone sia il grande patrimonio artistico italiano.

Per molti italiani, comunque, il primo impegno del Governo dovrebbe essere quello di affrontare il problema più recente per la penisola italiana: quello dell'immigrazione che arriva soprattutto dall'Europa dell'est e dal Nord Africa alla ricerca di un improbabile *Eldorado*. Si sente infatti la

campagna... public-awareness campaign

coexistence

necessità di portare avanti una campagna di sensibilizzazione° sia verso quei gruppi non ancora completamente integrati, né a livello sociale né a livello culturale, sia verso alcune delle minoranze etniche presenti da tempo sul territorio. Trovare una via verso una normale convivenza° è il primo obiettivo che l'Italia e gli italiani dovrebbero cercare di centrare.

Volontari italiani in un campo profughi in Albania.

DOMANDE

1. Quali sono i problemi sociali che oggi si cercano di affrontare in Italia e che ritrovi anche nella città dove vivi?
2. In Italia viene fatta molta pubblicità alle iniziative di volontariato e questo sembra avere un grande successo. Quali pensi che siano alcune vie possibili da utilizzare per sensibilizzare le persone verso l'impegno sociale?
3. Quali sono le persone a rischio di emarginazione sociale nel tuo Paese? Perché?
4. Hai mai fatto parte di un'organizzazione che lavora nel campo sociale? A quale tipo di organizzazione vorresti offrire il tuo aiuto?
5. Esistono dei problemi legati all'immigrazione nel tuo Paese? Dove? Cosa pensi che si potrebbe fare per facilitare l'integrazione degli stranieri?
6. Tra i problemi che si affrontano in Italia esistono diverse questioni ecologiche. Quali sono i problemi ecologici più importanti nel tuo Paese? Pensa alle campagne di Greenpeace che hai visto sul sito dell'attività Web e descrivi se queste campagne sono simili a quelle del tuo Paese.

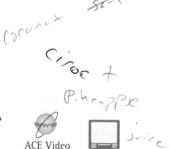

ACE Video
Activities

Lessico.edu

Ecologia

CD 2
11–13

l'ambientalista (m./f.) *environmentalist*
l'ambiente (m.) *environment*
l'animalista (m./f.) *animal-rights supporter*
la bomboletta spray *aerosol spray can*
il canile *dog pound*

depurare *to purify*
l'effetto serra *greenhouse effect*
la fascia dell'ozono *ozone layer*
l'inquinamento *pollution*
inquinare *to pollute*
l'operatore / l'operatrice sociale *social worker*

la pila *battery*
il prodotto usa e getta *disposable product*
la protezione dell'ambiente *environmental protection*
il riciclaggio *recycling*
i rifiuti *garbage*
scaricare *to unload, to dump*

Società

l'adozione (f.) *adoption*
l'alcolista (m./f.) *alcoholic*
l'analfabetismo *illiteracy*
l'animale randagio *stray animal*
il bisognoso *needy person*
il carcerato / il detenuto *prisoner*
il carcere *prison, jail*
la casa di riposo *retirement home*
la casa popolare *low-cost, subsidized housing*

il centro d'accoglienza *shelter*
la comunità *rehabilitation center*
il / la disabile / il portatore / la portatrice di handicap *handicapped person*
l'extracomunitario/a *immigrant from a country outside the European Community*
fare beneficenza *to donate*
l'immigrato/a *immigrant*

l'immigrazione (f.) *immigration*
l'impegno sociale *social obligation*
il recupero *recovery, rescue*
il rifugio *animal shelter*
il / la senzatetto (sing./pl.) / il barbone / la barbona *homeless person*
il / la tossicodipendente *drug addict*
il volontariato *volunteer work*
il volontario *volunteer*

Altre parole ed espressioni utili

beneficenza *charity*
coinvolgersi *to get involved*
i diritti umani *human rights*
discriminare *to discriminate*
discriminazione
  discrimination
impegnarsi *to get involved*
impegnativo/a *demanding,
  time-consuming*

imporre *to impose, inflict*
l'incentivo *incentive,
  stimulus*
il numero verde *800 number*
l'ostracismo *ostracism*
ostracizzare *to ostracize*
la pena *punishment, sentence*
la pena di morte *death
  penalty*

i pannelli solari *solar
  panels*
proteggere *to protect*
reinserimento *reintegration
  (in society after rehab)*
sentirsi a proprio agio *to feel
  at ease*
la solidarietà *solidarity*
sovraffollato/a *overcrowded*

PRATICA

A. L'impegno sociale.   Completa la conversazione con le parole appropriate.

| alcolisti | carcerati | coinvolgermi | recupero | sentirei |
| canile | casa di riposo | comunità | riciclaggio | senzatetto |

Lorenzo, Guido e Sonia sono ragazzi che lavorano per una _____ che si occupa del _____ di ragazzi che, facendo uso d'alcool e droghe, sono diventati tossicodipendenti e _____. Parlano con un'amica, Simonetta, e vorrebbero convincerla a partecipare alla loro attività di volontariato.

LORENZO: Simonetta, domani organizziamo una partita a pallavolo con alcuni ragazzi della nostra comunità. Vorresti venire?

SIMONETTA: Credo di no. Non mi _____ a mio agio.

SONIA: Perché?

SIMONETTA: Perché non sono capace di affrontare con serenità i problemi di altre persone.

GUIDO: Ma saremmo lì anche noi per aiutarti!

SIMONETTA: Guardate, davvero non posso. Ho provato a fare del volontariato in un _____ e dopo tre settimane avevo già portato a casa tre cani. Poi ho provato in una _____ ma ogni volta che qualcuno stava male io mi sentivo peggio.

LORENZO: Certo, capisco. Ma i ragazzi con cui noi lavoriamo stanno abbastanza bene. Sono quasi guariti.

SIMONETTA: Sì, ma non è solo quello il problema. Non sono capace di _____ in una cosa del genere senza farlo completamente. Se lavorassi con i _____, li inviterei a dormire a casa mia; se lo facessi con i _____, parlerei con i loro avvocati per cercare di farli uscire. Sono un caso impossibile!

SONIA: No, non è vero. Qualcosa per aiutare si può sempre trovare. Perché non cominci a dare una mano a un centro che si occupa di _____: non credo che lattine, bottiglie e carta ti creeranno dei problemi.

SIMONETTA: Buona idea! Ci penserò.

B. Siamo tutti ambientalisti.   Anche senza appartenere ad un'organizzazione di volontariato, ci sono cose che possiamo sempre fare per proteggere il mondo intorno a noi. Con un compagno / una compagna, analizzate i seguenti problemi e fornite delle idee su come mitigarli. Dopo l'analisi pensate al problema che vi preoccupa maggiormente e spiegatene le ragioni alla classe.

1. la distruzione delle foreste
2. l'inquinamento delle acque
3. l'inquinamento atmosferico
4. l'effetto serra
5. l'abbandono degli animali

C. L'importanza di poter scegliere.   In gruppi di tre o quattro persone, dovete organizzare una nuova iniziativa sociale che coinvolga due delle seguenti categorie. Sceglietele, indicate il motivo della vostra scelta e presentate alla classe in quale modo pensate di andare incontro ai bisogni di ciascuna delle categorie scelte.

i tossicodipendenti   le persone sole   gli ammalati   i senzatetto   i disabili

> **ESEMPIO**   **chi:** gli alcolisti
> **perché:** sono un grosso numero e c'è una grande possibilità di reinserirli in una vita normale
> **1ª iniziativa:** organizzare incontri con uno psicologo per scoprire le ragioni della loro dipendenza; introdurli in un centro per alcolisti anonimi
> **2ª iniziativa:** attività di gruppo (dalle gite ai tornei di carte o bocce) per tenerli occupati e lontani dalle tentazioni

D. Le nostre parole.   Pensa a due o tre parole relative all'argomento di questo capitolo che ti sembrano importanti e che non sono presenti nella sezione lessicale. Possono essere parole dall'attività Web, parole contenute nella lettura iniziale o semplicemente parole che ti servono per comunicare meglio. Cercale sul dizionario e presentale in classe spiegando il loro significato in italiano. Poi scrivi le parole che tutti pensano siano importanti nel *Dizionarietto* alla fine del capitolo.

RADIO PONTI

LISTENING FOR COMPARISON AND CONTRAST

Communication is built on the relationship of words and ideas. Comparisons and contrasts are one way of establishing a connection between ideas. These comparisons and contrasts are often signalled by expressions such as the following.

nello stesso modo	benché
simile a	ciononostante
altrettanto	invece
però	dall'altro canto
anche se	contrariamente

Vita da cani. Ascolta una notizia sulla condizione degli animali domestici e completa le seguenti frasi scegliendo tra le possibilità offerte.

CD 2
14

1. L'emergenza per l'abbandono degli animali è in _____.

   a. autunno

   b. primavera

   c. estate

2. I rifugi di Liguria, Toscana e Marche non possono accomodare gli animali perché sono _____.

   a. sovraffollati

   b. diminuiti

   c. chiusi

3. La risposta agli aiuti del Governo per gli alberghi che permettono l'ingresso a cani e gatti è stata _____.

   a. grande

   b. minima

   c. insignificante

ACE Practice
Tests,
Flashcards

SAM
workbook
activities

Studio realia Web Links

Duemila bambini adottati!

Con l'iniziativa **"Un cuore si scioglie e libera un bimbo"** sono stati adottati a distanza 320 bambini di Lima (Perù), 1.000 di Salvador Bahia (Brasile), 380 di Beira e Maputo (Mozambico), 250 di Pretoria (Sud Africa) e 150 del Burkina Faso, grazie alla solidarietà di diecimila toscani. Ora stanno andando avanti sette progetti, finanziati dalla cooperativa, per migliorare le condizioni di vita nel sud del mondo.

www.uncuoresiscioglie.it

A. Adottare un bambino. L'adozione è sicuramente un modo per impegnarsi a creare un mondo migliore. L'adozione vera e propria è molto impegnativa, mentre quella a distanza richiede solamente la donazione di denaro. Guardate l'inserzione pubblicitaria (pagina 212) e, con un compagno / una compagna, identificate due o tre vantaggi e due o tre svantaggi di questo tipo d'adozione.

ESEMPIO L'impegno della famiglia adottiva è minimo.
Il bambino / La bambina non è costretto/a a lasciare la famiglia e i luoghi che conosce.

TESTIMONIANZE

Paola Papi Barbato
*volontaria a
Telefono Azzurro*

«Dieci anni fa ero dipendente di una grande azienda per la quale selezionavo il personale. Così è iniziata la mia esperienza di servizio agli altri: mi chiesero di scegliere i volontari da inserire nelle attività che Telefono Azzurro iniziava allora a promuovere. Un'esperienza che subito mi ha coinvolta profondamente. Al punto che il lavoro ha cominciato a rivestire[1] un ruolo marginale nella mia vita. Sei anni fa, finalmente, sono riuscita a decidere, facendo la scelta definitiva. Ho lasciato il mio impiego per dedicarmi a tempo pieno all'associazione. Ho sempre creduto nella necessità di proteggere l'infanzia. E naturalmente credo moltissimo in tutto quello che Telefono Azzurro riesce a fare ogni giorno. Non solo per chi ci contatta per un'emergenza, ma anche per tutte quelle persone che si sono unite a noi. In questi anni abbiamo restituito un senso alla vita di tanti uomini e donne che volevano dare una mano agli altri».

Enrico Silingardi
*volontario nella Croce
d'Oro e fondatore
del Corpo Volontari
Protezione Civile di Milano*

«Ho iniziato a 23 anni. Una notte mio padre si sente male, deve essere ricoverato in ospedale. Arriva l'ambulanza con tre volontari che si muovono con delicatezza e professionalità. Resto colpito. E decido di rendermi utile anch'io. Da allora ogni mercoledì sono in servizio con le ambulanze. Poi, nell'Ottanta, c'è il terremoto in Irpinia. Parto volontario e mi trovo a contatto con unità cinofile[2] arrivate dalla Svizzera, perché in Italia non eravamo attrezzati per queste emergenze. Con un gruppetto di amici decidiamo di organizzare qualcosa di simile alle unità svizzere: vogliamo dare soccorso ai feriti sotto le macerie[3] con l'aiuto dei cani. Nel 1985 abbiamo fondato un'associazione di volontari. E oggi in Italia abbiamo le nostre unità cinofile».

---

1. **a...** to have   2. **unità...** canine units trained for emergency situations   3. rubble

B. Reazione a catena. La vita di Paola Papi Barbato e Enrico Silingardi è improvvisamente cambiata quando hanno deciso di dedicarsi interamente alle associazioni di volontariato in cui ora sono coinvolti. Cosa li ha spinti a donarsi completamente alla causa per cui lavorano? In gruppi di tre, pensate ora ai motivi personali che potrebbero spingere un individuo a coinvolgersi completamente in un'attività sociale e presentateli come le testimonianze che avete letto.

> **ESEMPIO** Sono un ex tossicodipendente e dopo dieci mesi in comunità sono finalmente riuscito a liberarmi della mia dipendenza. Quando sono uscito, ho saputo che molte delle persone che conoscevo non erano state fortunate come me e avevano perso la vita. Da allora ho deciso che potevo fare qualcosa per evitare che questo capitasse ad altre persone. Ogni settimana mi invitano nelle scuole elementari dove parlo delle mie esperienze nella speranza di tenere quei ragazzi lontani dalle droghe.

C. Idee per sensibilizzare. A volte è sufficiente far conoscere i problemi e le necessità esistenti per trovare persone disposte ad aiutare. In gruppi di tre o quattro, pensate a come vorreste informare il pubblico sui problemi elencati qui sotto. Poi sceglietene uno e pensate ad un'idea per un manifesto pubblicitario, sul modello di quello per l'adozione a distanza, per attirare dei possibili volontari. A casa, create il vostro poster e portatelo in classe il giorno dopo per commentarlo insieme a quelli dei vostri compagni.

1. la fame
2. l'immigrazione
3. l'AIDS
4. l'inquinamento
5. l'analfabetismo

RADIO PONTI

CD 2
15

Brrr... Che freddo! Ascolta questa notizia sulla situazione dei senzatetto a Roma e decidi se le seguenti informazioni sono vere o false.

	vero	falso
1. Le chiese hanno risolto il problema dei posti letto.	_____	_____
2. Ci saranno presto delle nuove mense.	_____	_____
3. C'è bisogno di coperte e cibo, non di volontari.	_____	_____
4. È possibile mandare una donazione via telefono.	_____	_____

Grammatica & Co.

I Il modo congiuntivo

Ripasso di grammatica
elementare: Aggettivi
possessivi

The subjunctive mood expresses emotion, opinion, belief, possibility, and uncertainty. By contrast to the indicative mood, which expresses certainty and objective reality, the subjunctive is subjective; it is frequently used to express personal judgments and feelings.

Although the subjunctive is increasingly being replaced by the indicative, it expresses refinements and nuances of meaning that are not possible in the indicative.

The subjunctive has four tenses, two simple (**il congiuntivo presente** and **il congiuntivo imperfetto**) and two compound (**il congiuntivo passato** and **il congiuntivo trapassato**).

IL CONGIUNTIVO PRESENTE
Credo che lui **faccia** il volontario per la Croce Rossa.

I believe he is a volunteer for the Red Cross.

IL CONGIUNTIVO PASSATO
Credo che lui **abbia fatto** il volontario per la Croce Rossa l'anno scorso.

I believe he was a volunteer for the Red Cross last year.

un quiz

IL CONGIUNTIVO IMPERFETTO
Credevo che lui **facesse** il volontario per la Croce Rossa.

I believed he was a volunteer for the Red Cross.

IL CONGIUNTIVO TRAPASSATO
Credevo che lui **avesse fatto** il volontario per la Croce Rossa due anni fa.

I believed he had been a volunteer for the Red Cross two years ago.

USO DEL CONGIUNTIVO

The subjunctive is typically used in a dependent clause introduced by **che.**

1] The subjunctive is used after a verb in the main clause that expresses an opinion, doubt, supposition, wish, demand, or plea. Some verbs that require the subjunctive are:

aspettarsi *to expect*	pensare *to think*
augurarsi *to wish*	rallegrarsi *to be happy, glad*
credere *to believe*	richiedere *to require*
desiderare *to desire*	sperare *to hope*
dubitare *to doubt*	supporre *to suppose*
insistere *to insist*	temere *to fear*
parere *to seem*	volere *to want*

Insistono che i volontari **abbiano** un buon atteggiamento.	*They insist that the volunteers have a good attitude.*
Speriamo che molti **vengano** a mangiare.	*We hope that many will come to eat.*

2] The subjunctive is also used after verbs and expressions of emotion such as:

avere paura *to be afraid*	essere lieto/a *to be pleased*
dispiacere *to displease, to be sorry*	essere sorpreso/a *to be surprised*
essere contento/a *to be content, glad*	essere spiacente *to be sorry, to regret*
essere felice *to be happy*	piacere *to please, to like*

Sei sorpreso che fare il volontariato **possa** essere facile ed allo stesso tempo difficile?	*Are you suprised that being a volunteer can be easy and difficult at the same time?*
Ero contenta che lui **avesse trovato** una buona istituzione per cui lavorare.	*I was happy that he had found a good institution to work for.*

3] The subjunctive is also used after *impersonal expressions* + **che.** Some impersonal expressions that require the subjunctive are:

bisogna *one needs to, it is necessary*	è peggio *it's worse*
è bene *it's good*	è possibile *it's possible*
è difficile *it's difficult, unlikely*	è probabile *it's probable*
è facile *it's easy, likely*	è raro *it's rare*
è giusto *it's fair*	è strano *it's strange*
è importante *it's important*	è utile *it's useful*
è meglio *it's better*	pare *it appears*
è necessario *it's necessary*	peccato *it's a shame*
è normale *it's usual, to be expected*	può darsi *it's possible*
è opportuno *it's a good thing*	sembrare *it seems*

È necessario che lui **vada** al convegno quest'anno.	*It's necessary that he go to the conference this year.*
È importante che **siano** persone sensibili.	*It's important that they are sensitive people.*

4] The indicative is used after impersonal expressions that express certainty.

Era vero che loro non **avevano capito** bene i regolamenti.	*It was true that they hadn't understood the regulations well.*

5] The subjunctive is only used when the subjects of the main clause and the dependent clause differ, as in the preceding examples. When there is no change of subject, an infinitive follows the main verb and is often preceded by the preposition **di.** Most impersonal expressions and the verbs **volere, desiderare, preferire, amare, piacere,** and **dispiacere** are not followed by the preposition **di.**

Spero di andare al convegno quest'anno.	*I hope to go to the conference this year.*
Crediamo di avere tempo per fare volontariato quest'anno.	*We think we have time to volunteer this year.*
È importante essere sensibili.	*It's important to be sensitive.*
Mi piacerebbe lavorare in un canile.	*I'd like to work in a dog pound.*

Il congiuntivo presente

A Formazione del congiuntivo presente dei verbi regolari

1] The present subjunctive is formed by adding the characteristic endings to the stem of the verb.

procurare	pretendere	offrire	distribuire
procur**i**	pretend**a**	offr**a**	distribu**isca**
procur**i**	pretend**a**	offr**a**	distribu**isca**
procur**i**	pretend**a**	offr**a**	distribu**isca**
procur**iamo**	pretend**iamo**	offr**iamo**	distribu**iamo**
procur**iate**	pretend**iate**	offr**iate**	distribu**iate**
procur**ino**	pretend**ano**	offr**ano**	distribu**iscano**

2] Verbs ending in **-care** and **-gare** add an **h** between the stem and the ending to maintain the hard sound of the **c** or **g** (**paghi, paghi, paghi, paghiamo, paghiate, paghino**). Verbs ending in **-ciare** and **-giare** do not double the **i** when forming the subjunctive (**mangi, mangi, mangi, mangiamo, mangiate, mangino**). The only exception is when the **i** in the infinitive is stressed, as in the verb **sciare** (**scii, scii, scii, sciamo, sciate, sciino**).

B Formazione del congiuntivo presente dei verbi irregolari

Some common verbs are irregular in the present subjunctive. (See the Appendix for a more complete list of irregular verbs.)

1] First conjugation

andare: vada, vada, vada, andiamo, andiate, vadano
dare: dia, dia, dia, diamo, diate, diano
fare: faccia, faccia, faccia, facciamo, facciate, facciano
stare: stia, stia, stia, stiamo, stiate, stiano

2] Second conjugation

    bere: beva, beva, beva, beviamo, beviate, bevano
    dovere: debba (deva), debba (deva), debba (deva), dobbiamo, dobbiate, debbano (devano)
    parere: paia, paia, paia, paiamo, paiate, paiano
    potere: possa, possa, possa, possiamo, possiate, possano
    rimanere: rimanga, rimanga, rimanga, rimaniamo, rimaniate, rimangano
    sapere: sappia, sappia, sappia, sappiamo, sappiate, sappiano
    scegliere: scelga, scelga, scelga, scegliamo, scegliate, scelgano
    valere: valga, valga, valga, valiamo, valiate, valgano
    volere: voglia, voglia, voglia, vogliamo, vogliate, vogliano

3] Third conjugation

    apparire: appaia, appaia, appaia, appariamo, appariate, appaiano
    dire: dica, dica, dica, diciamo, diciate, dicano
    morire: muoia, muoia, muoia, moriamo, moriate, muoiano
    uscire: esca, esca, esca, usciamo, usciate, escano
    venire: venga, venga, venga, veniamo, veniate, vengano

Pensi che non abbiano bisogno del tuo aiuto? Ti sbagli. Diventa anche tu un volontario

4] **Avere** and **essere** are also irregular in the present subjunctive.

essere	avere
sia	abbia
sia	abbia
sia	abbia
siamo	abbiamo
siate	abbiate
siano	abbiano

C Uso del congiuntivo presente

The present subjunctive is used in a dependent clause when the verb in the main clause is in the present or future tense, and the action in the dependent clause takes place at the same time or in the future. When the verb or expression in the main clause expresses doubt, belief, hope, or fear about the future, the future tense may be used instead of the subjunctive in the subordinate clause.

Spero che tutti **verranno** (o, **vengano**) alla riunione domani.

I hope that everyone will come to the meeting tomorrow.

Desidererò che lui **vinca** le elezioni solo se continuerà a sostenere la nostra associazione.

I'll want him to win the election only if he continues to support our organization.

A. La necessità dei volontari. Completa le frasi con la forma corretta del congiuntivo presente.

1. Mi auguro che il Comune _____ (cominciare) un programma per aiutare i tossicodipendenti.
2. Credo che il più grande nemico dell'ambiente _____ (essere) l'automobile.
3. Speriamo che tutti _____ (muoversi) per eliminare la povertà nel mondo.
4. Lo Stato è contento che voi _____ (riconoscere) il valore di essere volontari.
5. Se vuole aiutare, suggerisco che Lei, nel tempo libero, _____ (aiutare) gli immigrati ad ottenere l'assistenza sanitaria.
6. Pensi che il nostro obiettivo principale _____ (dovere) essere quello di aiutare gli anziani a mantenere la proprio autonomia?
7. È necessario che le donne _____ (ottenere) pari opportunità.
8. Dubito che la gente _____ (capire) quanto soffrono i bambini nei paesi del terzo mondo.

B. Il sovrappopolamento. Completa il seguente brano con la forma corretta del congiuntivo presente.

avere	crescere	potere
colpire	essere	spettare (*to belong to*)
contribuire	migliorare	

Io credo che l'istruzione _____ una delle soluzioni migliori a tanti problemi. Si dice che le donne istruite _____ meno bambini e che i bambini _____ meglio per l'attenzione data loro. È probabile che il sovrappopolamento _____ alla nascita di più problemi rispetto a qualsiasi altro fenomeno. Credo che il sovrappopolamento _____ essere collegato all'inquinamento, alla fame, alla criminalità, ai problemi economici ed a numerosi altri problemi. Sembra che tutte queste calamità _____ soprattutto il terzo mondo, ma sono presenti anche nei Paesi più sviluppati. Penso che la responsabilità di trovare soluzioni _____ a tutti ma soprattutto ai Paesi industrializzati. Se tutti noi cerchiamo di aiutare, non è improbabile che la situazione mondiale _____.

C. I volontari in un carcere. Dovete fare un orientamento per un gruppo di volontari. A coppie, esprimete le seguenti regole da seguire usando un'espressione impersonale o un verbo che regge il congiuntivo.

ESEMPIO trattare tutti con dignità
È importante trattare tutti con dignità.
o Spero che trattiate tutti con dignità.

1. rispettare le regole
2. essere preparati a conoscere giovani depressi

3. capire che qui dentro c'è un miscuglio (*mix*) di storie umane
4. iniziare alcune attività
5. credere al miracolo del «recupero»
6. conoscere la psicologia dei tossicodipendenti
7. non lasciarsi sopraffare dalla pietà
8. cercare di comprendere gli altri e di lavorare insieme

 D. E voi siete d'accordo? A coppie, rispondete alle seguenti domande e spiegate le ragioni delle vostre risposte.

1. Credete che il sovrappopolamento sia un grave problema?
2. Pensate che l'istruzione possa essere una soluzione ragionevole?
3. Ritenete (*Do you believe*) che la criminalità sia legata al sovrappopolamento?
4. Credete che il sovrappopolamento sia un problema anche nei Paesi industrializzati?

 E. Una mano ai senzatetto. A coppie, pensate a tre soluzioni per il problema dei senzatetto. Poi elencate tre cose che dubitate che possano aiutarli.

ESEMPIO **soluzione sì:** Penso che il Governo debba costruire più case popolari.

soluzione no: Dubito che dargli dei soldi sia una soluzione.

ACE Practice
Tests,
Flashcards

SAM
workbook
activities

soluzioni sì	soluzioni no
1.	1.
2.	2.
3.	3.

(III) Il congiuntivo passato

A Formazione del congiuntivo passato

The past subjunctive is formed with the present subjunctive of **essere** or **avere** + *past participle* of the verb.

procurare	occuparsi
abbia procurato	mi sia occupato/a
abbia procurato	ti sia occupato/a
abbia procurato	si sia occupato/a
abbiamo procurato	ci siamo occupati/e
abbiate procurato	vi siate occupati/e
abbiano procurato	si siano occupati/e

Temo che il Comune non **si sia occupato** dei problemi dei senzatetto.

I'm afraid that city hall hasn't addressed the problems of the homeless.

B Uso del congiuntivo passato

The past subjunctive is used in a dependent clause when the verb in the main clause is in the present or future tense, and the action in the dependent clause preceded that in the main clause.

Temo che i soldi **siano arrivati** nelle mani sbagliate.

I'm afraid the money ended up in the wrong hands.

Pare che voi **abbiate capito** la situazione.

It seems that you understood the situation.

PRATICA

A. La realtà italiana. Completa le frasi con la forma corretta del congiuntivo passato.

1. È un peccato che il numero di volontari _____ (abbassarsi) l'anno scorso.

2. Credo che gli anziani _____ (spendere) di più negli ultimi anni solo per poter sopravvivere.

3. È preoccupante che la disoccupazione _____ (costringere) i giovani a cercare lavoro in altri paesi.

4. Sembra che tu _____ (cambiare) il modo di spendere e pare che tu _____ (cominciare) a cercare negozi sempre più convenienti.

5. Mi rallegra che ieri tu e i volontari _____ (promuovere) le vostre attività e _____ (invitare) gli altri a partecipare.

6. Credo che in passato voi, insieme alla vostra chiesa, _____ (contribuire) molto ad aiutare i senzatetto.

7. Supponiamo che quel senatore _____ (discutere) i problemi dell'immigrazione.

B. La medicina nel terzo mondo. Completa la seguente lettera con la forma corretta del congiuntivo passato.

Cara Grazia,

sono contenta che la Croce Rossa mi _____ (accettare) nel suo programma. I direttori sono felici che l'anno scorso io _____ (scrivere) quella proposta per ottenere fondi. Sembra che anche tu _____ (svolgere) delle attività utili. Temo che quella malattia di cui ti occupi _____ (colpire) tante persone e spero che molti medici _____ (arrivare / già) con le medicine. Mi rallegra il fatto che loro _____ (intervenire). È possibile però che non _____ (loro / mandare) abbastanza medicine. C'e bisogno di molto aiuto. Non credo che la società _____ (capire) a fondo la serietà dei problemi.

Un abbraccio,
Maria

C. La povertà in città.   I poveri in città si sono trovati in situazioni diffi-cili l'inverno scorso. A coppie, parlate dei loro disagi (*hardships*), iniziando ogni frase con un'espressione che regge il congiuntivo. Usate il congiuntivo passato ed i seguenti suggerimenti.

> **ESEMPIO** il cibo
>
> Penso che il costo del cibo sia stato il problema più grave.
> *o* È possibile che la neve abbia bloccato il trasporto del cibo.

1. il clima	4. le mense
2. la fame	5. i soldi
3. i vestiti	6. la disoccupazione

 D. I problemi dell'inquinamento.   Oggi ci sono molti problemi legati all'inquinamento dell'aria, della terra e dell'acqua. A coppie, discutete quelle che pensate ne siano state le cause.

> **ESEMPIO** le macchine
>
> Sт. 1: Penso che le macchine abbiano inquinato l'aria.
> Sт. 2: È possibile, ma io credo che gli scarichi delle fabbriche
>   abbiano avuto un effetto maggiore. *o* Sono d'accordo.
>   Anch'io credo che le macchine siano state la causa
>   principale dell'inquinamento dell'aria.

ACE Practice
Tests,
Flashcards

SAM
workbook
activities

1. gli aerei	5. le pile
2. i prodotti usa e getta	6. i rifiuti
3. il petrolio	7. la distruzione delle foreste
4. le bombolette spray	8. i detersivi

Ⅳ Il congiuntivo imperfetto

A Formazione del congiuntivo imperfetto dei verbi regolari

The imperfect subjunctive is formed by adding the characteristic endings to the stem of the verb.

emigrare	assistere	pentirsi (*to regret, to repent*)
emigr**assi**	assist**essi**	mi pent**issi**
emigr**assi**	assist**essi**	ti pent**issi**
emigr**asse**	assist**esse**	si pent**isse**
emigr**assimo**	assist**essimo**	ci pent**issimo**
emigr**aste**	assist**este**	vi pent**iste**
emigr**assero**	assist**essero**	si pent**issero**

Ero contenta che lui **assistesse** al congresso per i senzatetto.	*I was happy that he attended the conference on the homeless.*
Dubitavo che gli alberghi **avessero** a disposizione dei fondi in più per poter aprire le porte agli animali.	*I doubted that the hotels had extra funds to be able to accommodate animals.*
Sembrava che quella fabbrica **scaricasse** i rifiuti nel fiume.	*It seemed that that factory dumped toxic waste in the river.*
Era difficile che le persone che salvavano gli animali **pagassero** anche le vaccinazioni.	*It was difficult for the people who saved the animals to also pay for the vaccinations.*

B Formazione del congiuntivo imperfetto dei verbi irregolari

Verbs that have irregular forms in the imperfect indicative are also irregular in the imperfect subjunctive. Among the most common:

bere	dare	dire	essere	fare	imporre	stare
bevessi	dessi	dicessi	fossi	facessi	imponessi	stessi
bevessi	dessi	dicessi	fossi	facessi	imponessi	stessi
bevesse	desse	dicesse	fosse	facesse	imponesse	stesse
bevessimo	dessimo	dicessimo	fossimo	facessimo	imponessimo	stessimo
beveste	deste	diceste	foste	faceste	imponeste	steste
bevessero	dessero	dicessero	fossero	facessero	imponessero	stessero

I direttori non volevano che **facessero** la cena in quella sala.	*The directors didn't want them to hold the dinner in that hall.*
Non sapevo che la legge **imponesse** tante restrizioni per l'adozione dei bambini all'estero.	*I didn't know that the law imposed so many restrictions on the adoption of children abroad.*

C Uso del congiuntivo imperfetto

The imperfect subjunctive is used when the verb in the main clause is in a past tense or the conditional and the action of the dependent clause takes place at the same time or later than the action of the main clause.

Speravamo che le associazioni **aiutassero** i detenuti.	*We hoped that the organizations would help the prisoners.*
Ho sempre dubitato che gli anziani **avessero** una pensione sufficiente.	*I always doubted that senior citizens had adequate pensions.*
Vorrei che **aumentassero** la pensione degli anziani.	*I wish they would increase pensions for seniors.*

> *«Quello che noi facciamo è solo una goccia nell'oceano, ma se non lo facessimo l'oceano avrebbe una goccia in meno»*
> (Madre Teresa)

A. Aiutando il prossimo. Completa le frasi con la forma corretta dell'imperfetto del congiuntivo.

1. L'associazione dei cani randagi sperava che il loro obiettivo _____ (realizzarsi).
2. Hai suggerito che l'associazione _____ (gestire) meglio i fondi?
3. I volontari volevano che tutti _____ (dare) il sangue per aiutare i bambini malati.
4. Sembrava che gli italiani _____ (essere) altruisti, visto che dedicavano molte ore alla settimana al volontariato.
5. Il direttore ha insistito che i volontari _____ (portare) gli anziani al cinema.
6. Bisognava che il benefattore non _____ (dettare) il programma ma che l'associazione _____ (continuare) i programmi in autonomia.
7. Erano convinti che gran parte dell'aiuto _____ (dovere) venire dall'Occidente.

B. Un sondaggio. Cento persone di Padova sono state intervistate sulla situazione dei poveri in città. Esprimi le risposte della maggioranza cominciando con **Credeva che.**

1. il Governo / dover pensare ai poveri
2. esserci / più di mille senzatetto in città
3. il centro d'accoglienza / chiudere le porte agli immigrati
4. le cucine popolari / preparare i pasti tutti i giorni
5. i bisognosi / dividersi in due categorie: visibili e invisibili
6. i medici / non contribuire abbastanza
7. il vero problema / essere la disoccupazione
8. la gente / non riuscire a capire come affrontare il problema

C. I volontari preparano una cena. Trasforma le seguenti frasi al congiuntivo imperfetto.

> **ESEMPIO** Credo che i volontari arrivino alle 5:00.
> Credevo che i volontari arrivassero alle 5:00.

1. Spero che i volontari preparino una cena per i senzatetto.
2. Vogliamo che tre o quattro persone facciano la spesa.
3. Insistiamo che i volontari comincino un'ora prima.
4. Loro desiderano che noi prepariamo da mangiare per 300 persone.
5. Dubito che possiamo accomodare così tante persone.
6. Pare che nella sala si possano ospitare solo 100 persone.
7. È possibile che dobbiamo limitarci a 250 persone.
8. Mi auguro che non piova.

D. Cosa ne pensavi tu?   Completa le seguenti frasi esprimendo una tua opinione. Usa l'imperfetto del congiuntivo.

1. Io non credevo che i portatori di handicap...
2. I professori vorrebbero che noi...
3. Quando ero piccolo/a avevo paura che i malati...
4. Vorrei che il Governo...
5. Spererei che gli altri...
6. Era raro che le chiese (non)...
7. Dubitavo che le scuole...
8. Desideravo che gli immigrati...

ACE Practice
Tests,
Flashcards

SAM
workbook
activities

Il congiuntivo trapassato

A Formazione del congiuntivo trapassato

The past perfect subjunctive is formed with the imperfect subjunctive of **essere** or **avere** + *past participle* of the verb.

votare	difendersi
avessi votato	mi fossi difeso/a
avessi votato	ti fossi difeso/a
avesse votato	si fosse difeso/a
avessimo votato	ci fossimo difesi/e
aveste votato	vi foste difesi/e
avessero votato	si fossero difesi/e

Non sapevo che loro **avessero** già **votato.**	*I didn't know they had already voted.*
Speravo che loro **si fossero difesi** meglio dalle accuse.	*I was hoping they had defended themselves better against the accusations.*

B Uso del congiuntivo trapassato

The past perfect subjunctive is used when the verb in the main clause is in a past tense or the past conditional, and the action of the dependent clause takes place prior to the action of the main clause.

Avevo paura che quel senatore **avesse votato** contro la volontà del popolo.	*I was afraid that that senator had voted against the will of the people.*
Non avrei creduto che lui **avesse lavorato** per beneficenza.	*I wouldn't have believed that he had worked for charity.*

A. Alcuni problemi sociali. Trasforma le frasi al passato, usando la forma corretta del congiuntivo trapassato. Segui il modello dell'esempio.

ESEMPIO Ho paura che i politici non abbiano considerato con attenzione il problema dei senzatetto.
Avevo paura che i politici non avessero considerato con attenzione il problema dei senzatetto.

1. Nessuno crede che il Governo abbia preso una decisione giusta sul problema dell'immigrazione.
2. Sembra che non abbiamo capito la gravità della situazione degli orfani.
3. Dubitate che il volontariato sia riuscito a migliorare la condizione di molti?
4. Molti pensano che il mare sia stato inquinato irrimediabilmente.
5. È improbabile che voi abbiate costruito quella casa tenendo in considerazione le esigenze dei disabili.
6. Mi aspetto che la vita in comunità abbia aiutato molti giovani a disintossicarsi.
7. Riteniamo che i politici abbiano sottovalutato la necessità di un'integrazione completa per gli immigrati.
8. Ho l'impressione che il volontariato in Italia abbia avuto degli inizi difficili.

B. Una soluzione? Un'amica afferma che quasi niente è stato fatto per risolvere i problemi sociali ed ambientali. Tu pensi invece che qualcosa sia stato fatto. Seguendo il modello dell'esempio, usa il congiuntivo trapassato per dirle quello che avevi sentito dire.

ESEMPIO Nessuno fa niente per il problema dei rifiuti!
Veramente? Pensavo che il Governo avesse promosso una campagna per il riciclaggio.

1. I musei non hanno strutture adatte per ospitare i disabili!
2. Il Governo non sa come aiutare i senzatetto!
3. Le condizioni di vita in carcere peggiorano di giorno in giorno!
4. In Brasile continuano a distruggere la foresta amazzonica!
5. Le fabbriche continuano ad inquinare le acque!
6. Non si può risolvere il problema dei gas di scarico delle automobili!
7. Non ci sono strutture adatte per ospitare gli animali abbandonati!
8. Nessuno dà una mano per assistere gli anziani soli ed ammalati!

C. Eravamo contenti che... In gruppi di tre, discutete alcuni avvenimenti dell'anno scorso di cui eravate rimasti contenti. Formate almeno quattro frasi e poi condividetele con la classe.

ESEMPIO Eravamo contenti che il Congresso avesse passato la legge per proteggere l'ambiente!

D. La Giornata dell'anziano.   Completa il dialogo inserendo la forma corretta del congiuntivo (presente, passato, imperfetto o trapassato).

TULLIO: Ciao, Domenica. Un'altra dura giornata di lavoro?

DOMENICA: Penso che non _____ (essere) possibile far nient'altro che lavorare. È già tardi e non ho ancora cominciato a fare i pacchi per domani. Inoltre, devo andare a fare la spesa.

TULLIO: Domani? Pacchi? Cosa succede domani?

DOMENICA: Ma come, non ricordi? È possibile che tu _____ (dimenticare) una cosa del genere? È la «Giornata dell'anziano» e noi dobbiamo preparare i pacchi regalo!

TULLIO: Mamma mia! Pensavo che _____ (noi / avere) più tempo. Pensavo che stamattina gli altri volontari _____ (andare) a comprare il cibo e le bevande.

DOMENICA: Non ti preoccupare. È importante soltanto che la festa _____ (andare) meglio dell'anno scorso e che tu mi _____ (potere) aiutare. L'anno scorso non era organizzata per niente bene.

TULLIO: Smettiamo di discutere e mettiamoci al lavoro. Temo che ci _____ (volere) almeno altre tre ore per finire.

DOMENICA: È vero! Ma insisto che tu _____ (prendere) almeno qualcosa da mangiare prima di iniziare. È da stamattina che sei fuori e non credo che quello che hai mangiato alla mensa ti _____ (dare) l'energia sufficiente per continuare a lavorare così a lungo.

TULLIO: Va bene. Mi auguro solo che tutto _____ (funzionare) alla perfezione e soprattutto che gli anziani _____ (divertirsi).

ACE Practice Tests, Flashcards

SAM workbook activities

VOLONTARI CERCASI

Consegne a domicilio per anziani in difficoltà
L'Auser, Associazione nazionale di anziani volontari, ha sedi in molte città, dal Nord al Sud Italia e cerca per agosto e settembre ragazzi disposti a regalare qualche ora al Filo d'Argento, il telefono amico degli anziani e delle famiglie. I giovani devono portare le medicine o la spesa a casa di persone anziane malate. Per fare le consegne senza perdere troppo tempo, bisogna possedere una bicicletta o un motorino. Per chi vuole proporsi come pony[1] della solidarietà, **tel. 068440771.**

---

1. delivery person.

VI **Il congiuntivo con le congiunzioni**

A **Le congiunzioni**

1] Certain conjunctions call for the subjunctive in the clauses they introduce.

a condizione che *provided that*	nonostante *even though*
a meno che... non *unless*	perché* *so that*
affinché *in order that*	prima che *before*
benché *even though*	purché *provided that*
come se *as if*	quantunque *although*
di modo che *so that*	sebbene *even though*
malgrado *despite*	senonché *unless*
nel caso che *in case*	senza che *without*

Benché avessi lavorato molte ore, non ero stanca.

Even though I had worked many hours, I wasn't tired.

Userò quella borsa per la spesa **purché** non **sia** di vera pelle.

I'll use that shopping bag provided that it is not made with real animal skin.

Il padre ha fatto il volontario con sua figlia **affinché** anche lei **potesse** imparare ad aiutare gli altri.

The father did volunteer work with his daughter so that she could also learn how to help others.

Note that the dependent clause can precede or follow the main clause.

2] The subjunctive is used after nearly all of these conjunctions even when the subjects of the main clause and the subordinate clause are the same. After **prima che, senza che,** and **affinché,** however, the subjunctive is used only when the main and subordinate clauses have different subjects. When the subjects are the same, **prima di** + *infinitive* and **senza** + *infinitive* are used. **Affinché** and **perché** are replaced with **per** + *infinitive*. As in other constructions with the subjunctive, the tense of the verb form in the main clause determines the mood of the verb in the subordinate clause.

Usciamo prima che il negozio **chiuda.**

Let's leave before the store closes.

È andato via **prima di finire** il progetto.

He left before finishing the project.

Perché sappiano che non sono soli Progetto «adotta un nonno» Facciamo qualcosa con loro

---

*Note that **perché** used with the indicative means *because* and not *so that.*

Ho preso un biglietto per lui **senza che** lo **sapesse.**	*I got him a ticket without him knowing it.*
Ho preso un biglietto per lui **senza** dirgli niente.	*I got him a ticket without saying anything to him.*
Ho annunciato la cena due settimane fa **affinché venissero** tutti.	*I announced the dinner two weeks ago so that everyone could come.*
Ho annunciato di nuovo la cena ieri **per ricordare** a tutti l'ora.	*I announced the dinner again yesterday so as to remind everyone about the time.*

Il congiuntivo in altri casi

1] The subjunctive is also used in clauses introduced by a relative superlative or a restrictive adjective such as those listed below.

superlativo relativo	aggettivi restrittivi
il più...	l'unico / l'unica
il / la migliore	il solo / la sola
il / la peggiore	il primo / la prima

Sono **le peggiori** case che **abbia** mai **visto.**	*They are the worst houses I've ever seen.*
È **la sola** associazione per i portatori di handicap che non **riceva** soldi dallo Stato.	*It's the only association for the handicapped that doesn't receive money from the government.*

2] Dependent clauses introduced by indefinite expressions like **qualcuno** (*someone*), **qualsiasi** (*whatever, whichever*), and **qualunque** (*whatever*) require the subjunctive.

Qualsiasi cosa loro **possano** fare è un aiuto.	*Whatever they can do is a help.*
Conosci **qualcuno** che **sappia** cucinare per molte persone?	*Do you know someone who knows how to cook for a lot of people?*

3] The subjunctive is also used in dependent clauses introduced by the negative expression (**non**)... **nessuno / niente.**

Non conosco **nessuno** che **lavori** quanto lei.	*I don't know anyone who works as hard as she does.*

A. Una scuola per bambini in difficoltà. Completa la descrizione della scuola con le seguenti congiunzioni.

a meno che   benché   nel caso che   purché

affinché   di modo che   prima che

Tutte le famiglie che hanno bambini di età compresa fra i sei e i dieci anni possono iscriverli alla nostra scuola _____ dimostrino un reddito (*income*) annuo inferiore ai 19.000 Euro. Quando si fa domanda, bisogna presentare un certificato di nascita _____ la commissione possa verificare l'età dei bambini. Inoltre, è necessario mandare la fotocopia della dichiarazione dei redditi (*tax return*) dell'anno precedente, _____ inizi l'anno scolastico. I corsi seguono i programmi del Ministero dell'Istruzione e ci sarà un esame di ammissione _____ il bambino non sia iscritto alla prima elementare. C'è un numero limitato di studenti per classe ed ognuno è seguito individualmente _____ possa raggiungere i suoi obiettivi. È assicurata la presenza di assistenti sociali e di insegnanti di sostegno _____ gli allievi presentino particolari difficoltà di apprendimento o situazioni familiari difficili. _____ la scuola possa ospitare solo 100 studenti, la fondazione che la sostiene ha intenzione di aumentare tale numero e di ampliare l'organico entro la fine dell'anno prossimo.

B. Immaginare un mondo migliore. A coppie, rispondete alle seguenti domande utilizzando gli elementi dati, seguendo il modello dell'esempio. Usate la forma corretta del congiuntivo.

> **ESEMPIO**   I Paesi in via di sviluppo possono contare sugli aiuti internazionali? (benché / esserci / molte barriere burocratiche)
> Benché ci siano molte barriere burocratiche, i Paesi in via di sviluppo possono contare sugli aiuti internazionali.

1. La fascia dell'ozono è stata seriamente danneggiata? (nonostante / molti Paesi / vietare / di usare le bombolette spray)
2. Gli ex carcerati avranno la possibilità di trovare un posto di lavoro? (malgrado / esserci / molta disoccupazione)
3. I disabili riescono ad essere indipendenti? (benché / le città / presentare / molte barriere architettoniche)
4. Offriranno nuove strutture per i senzatetto? (di modo che / tutti / potere / vivere con dignità)
5. È giusto abolire la pena di morte? (qualsiasi cosa / i governi / pensare)
6. Adottereste un orfano? (affinché / i bambini / avere / una vita migliore)
7. Esiste la possibilità di entrare in comunità? (purché / i tossicodipendenti / seguire / alcune regole di comportamento)
8. Aprirebbero una nuova classe? (nel caso che / iscriversi / in molti)

C. Le vostre opinioni. In gruppi di tre, completate le frasi con una congiunzione e una conclusione logica. Poi paragonatele con quelle degli altri. **Ecco alcune congiunzioni:** *affinché, di modo che, perché, come se, malgrado, nel caso che, nonostante, benché, sebbene, quantunque, a meno che non, senonché, prima che, purché, qualsiasi, senza che.*

> **ESEMPIO** Preferisco aiutare i cani randagi...
>
> Preferisco aiutare i cani randagi **benché** abbia paura di loro.

1. L'effetto serra mi preoccupa...
2. I carcerati avevano sempre bisogno di aiuto...
3. Preferiamo fare beneficenza...
4. Gli anziani si sentono soli...
5. I politici non si sono occupati di alcuni problemi sociali...
6. Le leggi sull'immigrazione illegale sono giuste...

ACE Practice Tests, Flashcards, **Raccontami una storia**

SAM workbook and lab activities

Biblioteca 2000

 Web Links

DISTINGUISHING FACT FROM OPINION

How can a reader tell the difference between fact and opinion? Sometimes it's obvious. News stories present facts (and direct quotes that express viewpoints); editorials and signed opinion columns present opinions. Use of the first person—and, in Italian, the subjunctive—signal an expression of opinion. But sometimes the signals are more subtle. The reading in this chapter is a series of strongly worded assertions, and the subjunctive barely appears at all. The author doesn't qualify his statements with tentative constructions like **Penso che** and **Secondo me.** Nevertheless, the very words and illustrations he uses indicate that he is expressing strongly felt personal opinions.

PRE-LETTURA

A. In gruppi di tre, leggete i seguenti commenti tratti dalla lettura che segue, «L'homo audience». Cercate parole o altri indizi che segnalino l'espressione di fatti o di opinioni personali.

1. L'alluvione (*flood*) del Nord-Ovest, oggi, ottobre 2000, è frutto di due atteggiamenti criminali che si moltiplicano a vicenda.
2. Governi e istituzioni assistono complici o impotenti.
3. Quando finirà il mondo, ce lo potremo dire subito e in tanti modi, con email o Web cam, al ralenti o col videofonino Umts (sigla per Ultimo Modello di Telefono Superfluo).
4. Meglio essere pessimisti prima che rassegnati (*resigned*) dopo: potrebbero esserci altre alluvioni quest'inverno in Italia.

5. Viviamo una nuova condizione climatica in cui le vecchie regole di rischio non valgono più.
6. Nel duello elettorale non sentiamo sprecare (*to waste*) molte parole per questi problemi.

B. Stefano Benni usa un certo numero di neologismi (*invented words*) e di espressioni particolari o anche espressioni in inglese. Discutete, in gruppi di tre, le possibili definizioni per le seguenti parole.

| new crime economy | ecofollia | ralenti |
| phew economy | Dio Auto | ecodistruttori |

C. A coppie, pensate a possibili circostanze in cui ritenete che non sia facile essere ottimisti.

«L'homo audience»

STEFANO BENNI

Stefano Benni (Bologna 1947) è un giornalista, scrittore e poeta che collabora a numerosi giornali e riviste. In questo breve passo del racconto «L'homo audience», raccolto in *Il dottor Niù*, è possibile notare la carica ironica e sarcastica che ha caratterizzato il successo dei suoi racconti e romanzi. In questo caso i bersagli* sono l'economia e la politica che a poco a poco stanno distruggendo il mondo in cui viviamo.

È davvero così lontana dalla verità la satira di Benni? Alcuni abitanti di Como e volontari della Protezione Civile si fanno strada nell'acqua a causa dello straripamento del lago.

Qualcuno ritiene eccessiva e apocalittica la mia propensione a scrivere di catastrofe climatica, di distruzione dell'ambiente, di new crime economy. Qualcuno si complimenta quando le peggiori previsioni dei miei libri si avverano[1], come se fosse una gran soddisfazione. Ma quanto sta avvenendo[2], molti lo avevano previsto e denunciato con ben maggiore competenza e scientificità del sottoscritto. L'alluvione del Nord-Ovest, oggi, ottobre 2000, è frutto di due atteggiamenti criminali che si moltiplicano a vicenda[3]. Da una parte la nuova economia globale, detta anche phew economy, ovvero scienza del disprezzo dell'ambiente. Questa dottrina avida e

---

*targets

1. **si...** prove true   2. **sta...** is happening   3. **a...** in turn

sfrenata[4], che più che a Adam Smith* sembra ispirarsi a Charles Manson, sta mutando il clima del globo, trattando le risorse terrestri come se fossero il supermarket delle industrie, e non un bene collettivo[5]. Governi e istituzioni assistono complici, o impotenti. Lo spirito di questa ecofollia[6], ben pubblicizzato dai media, avvelena le economie locali, i piccoli imprenditori[7], chiunque dovrebbe guadagnare o produrre con qualche responsabilità o limite.

Da una parte inquinamenti di interi laghi russi, disboscamento[8] di foreste amazzoniche, atomiche francesi, inquinamento da riscaldamento in Cina, esperimenti di guerra chimica e suolo farcito di[9] plutonio in Usa, petroliere che affondano[10], scarico di veleni in mare e nel terzo mondo, buco dell'ozono, inquinamento elettromagnetico, proliferare del Dio Auto. Dall'altra discariche abusive, incendi dolosi, fabbriche chimiche fuori dalla norma, cementificazione, lavori di ripristino[11] dimenticati, appalti[12] mafiosi, città strangolate dal benzene[13]. Piccoli Crimini di avidità che imitano il Grande Crimine celebrato in Borsa[14], in un mondo dove ognuno ha rinunciato alla responsabilità individuale, per consegnarsi a irresponsabilità globali. Siamo farciti di satelliti, Internet e cellulari, ma non sappiamo più salvare un bosco, un fiume o un campo, e così ci prepariamo all'ultimo grande regalo della tecnologia.

Quando finirà il mondo, ce lo potremo dire subito e in tanti modi, con email o Web cam, al ralenti[15] o col videofonino Umts (sigla per Ultimo Modello di Telefono Superfluo). E l'ultima cosa che vedremo prima dello schianto[16] finale, sarà una bolletta[17]. Questo non solo per colpa del governo insipiente o dell'avida multinazionale, ma anche dei media che virtuosamente, a ogni disastro passano dalla parte degli accusatori, pur essendo spesso e volentieri il motore celebrante degli ecodistruttori[18]. Non solo quando c'è fuoco o fango, i telegiornali e i giornali dovrebbero preoccuparsi della situazione ambientale. Tra uno spot[19] e l'altro, potrebbero criticare lo strapotere[20] della phew economy, pubblicare i rapporti del WWF[21], dei meteorologi giapponesi e svedesi, della Commissione mondiale geologica e di tanti altri.

Un consiglio, caro direttore di «Repubblica»: oltre a Borsa No problem, fai un inserto Ambiente Big problem in cui ogni settimana si parli di queste cose, non solo per salvare la pur simpatica e nobile foca monaca[22], ma anche l'aostano[23] di montagna, il ferrarese anfibio[24], l'esquimese mercuriato, il pescatore sardo, l'africano disidratato, insomma tutti gli esemplari minacciati della razza denominata «homo sapiens», attualmente «homo audience».

Meglio essere pessimisti prima che rassegnati[25] dopo: potrebbero esserci altre alluvioni quest'inverno in Italia. La protezione civile dovrebbe essere dieci volte più numerosa e preparata. Viviamo una nuova condizione climatica in cui le vecchie regole di rischio non valgono più. Servono organismi che impediscano all'avidità della phew economy di peggiorare la situazione, bisogna ascoltare le parole d'allarme lanciate da serissimi studiosi in tutto il mondo.

Nel duello elettorale non sentiamo sprecare molte parole per questi problemi. Il pataccaro ceronato[26] e il cicciobello parlante[27] sembrano due pugili[28] che usano le parole «vincere, abbattere, eliminare» molto più di «salvare, ricominciare, aiutare». Poiché sono occupati al trucco, gli diamo noi qualche idea per la campagna elettorale.

---

4. unrestrained   5. **bene...** collective resource   6. ecological madness   7. entrepreneurs   8. deforestation   9. **suolo...** land full of   10. **petroliere...** oil tankers that sink   11. restoration   12. contracts   13. chemical benzene   14. Wall Street   15. **al...** in slow motion   16. crash   17. bill   18. destroyers of the ecosystem   19. ad   20. superpower   21. World Wildlife Fund   22. **foca...** a species of seal   23. person from Aosta   24. **ferrarese...** person from Ferrara (*near the Po River and, thus, amphibious*)   25. resigned   26. **pataccaro...** swindler (*a reference to Silvio Berlusconi, a leader of the political right in Italy*)   27. **cicciobello...** talking doll (*a reference to Romano Prodi, a leader of the political left in Italy*)   28. boxers

*Adam Smith è stato un economista e filosofo scozzese che ha gettato le basi dell'economia politica liberista.

A. Come caratterizzate questo autore: pessimista o realista? Motivate le vostre scelte.

B. Adesso che avete letto il brano, scrivete le definizioni per le seguenti parole. Le definizioni sono cambiate molto dalle definizioni date nella pre-lettura?

| new crime economy | ecofollia | ralenti |
| phew economy | Dio Auto | ecodistruttori |

C. Parlate del «Dio Auto» e del suo rapporto con l'ambiente.

D. Discutete i problemi ambientali nella vostra città. Come si manifestano?

E. Esprimete, usando il congiuntivo, le vostre interpretazioni del significato del titolo «L'homo audience».

Di propria mano

WRITING OPINIONS

In the grammar section of this chapter you learned verbs and impersonal expressions that are used with the subjunctive to express opinion. In writing, expressions of opinion are usually intended to persuade others to adopt one's point of view.

Both evidence and word choice are important in persuasive writing. Evidence lends substance to an opinion and can be decisive in convincing others that it has merit and is trustworthy. But memorable and compelling examples, vivid language, appeals to shared values, humor, and even sarcasm like Benni's, will hold readers' attention.

Phrases like "I firmly believe," "It is absolutely necessary," or "I strongly doubt" sometimes make your opinions more forceful.

PRE-SCRITTURA

Pensa ad alcune organizzazioni che si occupano di problemi sociali e che tu vorresti costituire nella tua università o nella tua città. Come si chiamano? Chi aiutano? Qual è il loro scopo? Hai mai partecipato?

associazione	problema	settore aiutato	scopo dell'aiuto	hai mai partecipato?

Writing
Tips

Devi fare appello (*appeal*) a un gruppo di studenti della tua università per convincerli a partecipare attivamente in ambito sociale. Scegli un'associazione che per te è importante e spiega le ragioni per cui ritieni che sia un'associazione meritevole, e per cui gli studenti dovrebbero farne parte. Nel tuo comunicato, fa' attenzione a questi suggerimenti.

1. Enfatizza il valore di quest'associazione e i principi dell'altruismo, della solidarietà e dell'impegno sociale.
2. Spiega agli studenti come la loro partecipazione avrà un impatto sulla società civile.
3. Invitali a trovare soluzioni effettive ai problemi posti.
4. Soprattutto, esprimi le tue opinioni per commuovere la gente e per spiegare perché è importante partecipare attivamente al potenziamento (*strengthening*) di questa associazione.

BLOCK NOTES

Rifletti su come si muovono gli italiani in campo sociale ma anche sulle tue esperienze personali, su quello che hai potuto osservare su Web, in classe, nelle letture assegnate, e rispondi a una delle seguenti domande.

1. In base alle tue conoscenze dell'Italia, dove pensi che si dovrebbe concentrare maggiormente l'attenzione delle persone che vogliono impegnarsi in campo sociale?
2. Secondo te, quali sono i mezzi migliori per educare la gente al rispetto dell'ambiente e delle persone meno fortunate?
3. Come pensi che l'Italia potrebbe difendere il suo patrimonio artistico e culturale dagli effetti disastrosi dell'inquinamento ambientale?

NEL MONDO **DEI GRANDI**

Uno per tutti: *Gino Strada*

Quando si partecipa attivamente al mondo del volontariato lo si fa non per farsi vedere, per mettersi in mostra[1], ma per offrire agli altri, nell'ombra[2], quello che non potrebbero avere altrimenti. Con questo piccolo omaggio a Gino Strada vogliamo ringraziare tutti quelli che, lontano dalle telecamere e dai giornali, lavorano per il bene degli altri. Gino Strada nasce a Sesto San Giovanni, in provincia di Milano, il 21 aprile 1948. Studia all'Università Statale di Milano dove si laurea in medicina, con specializzazione in chirurgia d'urgenza[3]. È un medico-chirurgo di guerra e come tale ha fondato Emergency, un'organizzazione umanitaria che intende portare aiuto alle vittime della guerra e delle mine antiuomo[4]. Dopo i primi anni, l'associazione ha allargato[5] il suo raggio[6] d'azione proponendosi, oltre che di portare aiuto medico laddove[7] sia necessario, di diffondere la salvaguardia (protection) dei diritti umani e promuovere una cultura all'insegna della pace. Dal 1994, anno della sua fondazione, ad oggi Emergency è stata attiva in Cambogia, Afghanistan, Iraq, Sierra Leone, Palestina, Algeria, Sudan, Nicaragua e Kosovo. Un'altra delle caratteristiche di Emergency è quella di ambire[8] a formare professionalmente gente locale, funzionando quasi come una scuola di medicina. Nel marzo del 2007 Gino Strada, grazie alla fiducia guadagnatasi tra la popolazione afgana, è stato uno degli uomini chiave per la liberazione del giornalista de *La Repubblica* Daniele Mastrogiacomo, sequestrato[9] precedentemente da forze talebane[10]. Gino Strada è anche autore di due libri che raccontano delle sue esperienze di medico di guerra: *Pappagalli verdi: cronache di un chirurgo di guerra* (2000) e *Buskashì. Storia di un viaggio dentro la guerra* (2002).

---

1. show off   2. in the shadows   3. emergency surgery   4. land mines   5. expanded   6. range
7. where   8. aspire   9. kidnapped   10. Taliban

TRACCE DI RICERCA

Web
Links
Emergency
Italiani volontari nel mondo

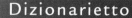

Dizionarietto

CD 2
16–20

a condizione che *provided that*
a meno che... non *unless*
abbassarsi *to lower*
adozione (*f.*) *adoption*
affinché *in order that*
alcolista (*m./f.*) *alcoholic*
allievo *student*
altrettanto *as much as, likewise*
ambientalista (*m./f.*) *environmentalist*
ambiente (*m.*) *environment*
analfabetismo *illiteracy*
animale randagio *stray animal*
animalista (*m./f.*) *animal-rights
    supporter*
appoggio *support*
attrezzare *to equip*
avidità (*f.*) *greed*
avvelenare *to poison*
barbone / barbona *homeless person*
benché *even though*
beneficenza *charity*
bisognoso *needy person*
bomboletta spray *aerosol spray can*
canile (*m.*) *dog pound*
carcerato *prisoner*
carcere (*m.*) *prison, jail*
carico *loaded, laden*
casa di riposo *retirement home*
casa popolare *low-cost, subsidized
    housing*
centrare *to hit the mark, to work
    towards achieving*
centro d'accoglienza *shelter*
ciononostante *nevertheless*
coinvolgersi (*p.p.* coinvolto) *to get
    involved*
come se *as if*
comportamento *behavior*
comunità (*f.*) *rehabilitation center*
convegno *convention*
d'altro canto *on the other hand*
danneggiare *to damage*
decennio *decade*
depurare *to purify*
detenuto *prisoner*
di modo che *so that*
diffondere (*p.p.* diffuso) *to spread,
    to diffuse*
diritti umani (*m. pl.*) *human rights*
disabile (*m./f.*) *handicapped person*
discriminare *to discriminate*
discriminazione *discrimination*

disprezzo *contempt*
doloso *fraudulent, malicious*
effetto serra *greenhouse effect*
esigenza *demand, necessity*
essere spiacente *to regret, to be sorry*
extracomunitario *immigrant from
    a country outside the European
    Community*
farcito *stuffed, filled*
fare beneficenza *to donate*
fascia dell'ozono *ozone layer*
goccia *drop*
immigrato *immigrant*
immigrazione *immigration*
impegnarsi *to get involved*
impegnativo *demanding,
    time-consuming*
impegno sociale *social obligation*
imporre (*p.p.* imposto) *to impose,
    to inflict*
incendio *fire*
incentivo *incentive, stimulus*
inquinamento *pollution*
inquinare *to pollute*
intervenire (*p.p.* intervenuto) *to
    intervene*
malgrado *despite*
mitigare *to mitigate, to appease*
nel caso che *in case*
nonostante *even though*
numero verde *800 number*
operatore / operatrice sociale *social
    worker*
organico *staff*
ostracismo *ostracism*
ostracizzare *to ostracize*
pannelli solari (*m./pl.*) *solar panels*
pena *punishment, sentence*
pena di morte *death penalty*
pentirsi *to regret, to repent*
perché *so that*
pietà (*f.*) *pity*
pila *battery*
portatore / portatrice di handicap
    handicapped person
potenziamento *strengthening*
prima che *before*
prodotto usa e getta *disposable
    product*
profugo *refugee*
promuovere (*p.p.* promosso) *to
    promote*

proteggere (*p.p.* protetto) *to protect*
protezione dell'ambiente
    environmental protection
purché *provided that*
quantunque *although*
rallegrarsi *to be happy, glad*
recupero *recovery, rescue*
reddito *income*
reggere (*p.p.* retto) *to support*
reinserimento *reintegration (in society
    after rehab)*
reinserire *reinsert, reinstate,
    reintegrate*
richiedere (*p.p.* richiesto) *to require*
richiesta *request, requirement*
riciclaggio *recycling*
ricoverato *patient*
rifiuti (*m. pl.*) *garbage*
rifornimento *replenishment*
rifugio *animal shelter*
risanamento *recovery, cure*
risorsa *resource*
ritenere *to believe, to retain*
scaricare *to unload, to dump*
sebbene *even though*
senonché *unless*
sentirsi a proprio agio *to feel at ease*
senza che *without*
senzatetto (*m./f., sing. & pl.*) *homeless
    person*
soffiare *to blow*
solidarietà (*f.*) *solidarity*
sottoscritto *undersigned*
sovraffollato *overcrowded*
straripamento *overflowing*
supporre (*p.p.* supposto) *to suppose*
tossicodipendente (*m./f.*) *drug addict*
vietare *to prohibit*
volontariato *volunteer work*
volontario *volunteer*

Le vostre parole

UNA NUOVA TERRA PROMESSA

All'inizio del ventesimo secolo e fino alla fine della Seconda guerra mondiale l'Italia era una terra di emigranti: tantissimi furono gli italiani a partire per cercare fortuna in Europa e nelle Americhe. Ancora oggi esistono grandi comunità italiane in Canada, negli Stati Uniti, in Australia, in Argentina e nelle maggiori città europee a testimonianza di quegli anni difficili. Oggi la situazione sembra essersi capovolta e sono moltissimi gli stranieri che arrivano in Italia sperando di trovarvi condizioni di vita migliori. Negli ultimi trent'anni, così, la faccia delle città italiane è cambiata profondamente. Molti italiani ricordano gli anni in cui erano loro a cercare ospitalità in altri Paesi e fanno del proprio meglio per aiutare i meno fortunati. Moltissimi sono anche gli italiani impegnati all'estero con organizzazioni umanitarie, così come sono tantissimi gli enti italiani che lavorano per facilitare l'integrazione degli stranieri nelle città della penisola. Naturalmente ci sono ancora numerosi problemi, ma si spera che la buona volontà delle persone contribuisca col tempo a far trovare le soluzioni necessarie.

DOMANDE

1. Quali sono gli aspetti positivi del vivere in una società multiculturale?

2. Se tu dovessi emigrare in un altro Paese per lavoro, quale sceglieresti e perché?

3. Alcune pubblicità, come quella della Benetton, sembrano promuovere la tolleranza e l'amore per chi ci sembra diverso. Ti vengono in mente pubblicità simili che hai visto per strada, su riviste o alla televisione nel tuo Paese?

Un volontario della Croce Rossa Italiana consegna cibo e medicinali durante una missione umanitaria in Albania.

India: la ginecologa italiana Angela Bertoli, impegnata con l'organizzazione «Gynécologues sans frontières», insieme ad alcune pazienti.

Programma missionario italiano a Koungheul, Senegal: l'asilo.

La gioia e la speranza di una vita migliore nei volti di un gruppo di Curdi in arrivo al porto di Gallipoli in Puglia.

Un gigantesco cartellone pubblicitario della Benetton in Piazza Duomo a Milano sembra invitare ad abbracciare ogni tipo di cultura.

L'ex sindaco di Roma Francesco Rutelli con la moglie Barbara Palombelli e i figli Giorgio e Francisco, quest'ultimo adottato in Ecuador.

Villa Literno, Campania: alcuni braccianti agricoli (*farm workers*) immigrati dall'Africa si rilassano durante la pausa con una partita a calcetto (*foosball*).

Venditrice tailandese per le calli di Venezia.

CAPITOLO

9

PER
COMUNICARE

Esprimere opinioni sulla
moda e sull'abbigliamento

Parlare di cose da far fare
ad altri

Chiedere e dare permesso

Esprimere ipotesi

Internet Café

INDIRIZZO: http://college.hmco.com/pic/ponti2e

ATTIVITÀ: Uno stilista tra mille.

IN CLASSE: Porta in classe la foto che hai stampato
e descrivi ai tuoi compagni il tuo «nuovo
acquisto» firmato da uno dei più famosi stilisti
italiani, spiegando anche perché hai scelto
questo regalo per la tua persona speciale.

Web Search
Activity

Tutti in passerella?

●○○ Oltre Ponti

MUSICA:
- I Dik Dik: «L'isola di Wight»
  (i figli dei fiori)
- I Nomadi: «Non ci potete giudicar»
  (i capelloni)
- Adriano Celentano: «Tre passi avanti»
  (contro i capelloni)
- Vasco Rossi: «Siamo solo noi»
  (ribellismo giovanile)
- Luca Carboni: «Ci vuole un fisico bestiale»
  (l'apparire)
- Jovanotti: «Bella» (la bellezza)

FILM & ALTRI MEDIA:
- Carlo Vanzina: *Via Montenapoleone*
- Carlo Vanzina: *Sotto il vestito niente*
- Alessandro Blasetti: *La contessa di Parma*
- Luciano Emmer: *Le ragazze di Piazza
  di Spagna*
- Michelangelo Antonioni: *Le amiche*

VIA
MONTE NAPOLEONE

Un negozio d'abbigliamento
in via Montenapoleone,
la via della moda,
a Milano.

Tutti in passerella?

ra le associazioni di idee che vengono in mente per prime, quando si parla dell'Italia, c'è senza dubbio quella con la moda. Versace, Gucci, Dolce & Gabbana, Ferragamo, Valentino e Krizia rappresentano solo una piccola parte dell'intero panorama della moda italiana. È grazie a loro che la moda italiana ha varcato i confini nazionali° ed ora è quasi impossibile che una grande città, in qualsiasi parte del mondo, non ostenti° una delle loro boutique nelle vie più importanti del centro.

ha... crossed national borders / show off, boast

La popolarità e la diffusione della moda italiana è un fenomeno relativamente recente se si pensa che sarà solamente dopo la fine della Seconda guerra mondiale, grazie agli aiuti americani per la ricostruzione stabiliti dal piano Marshall*, che si potrà parlare di una vera e propria industria della moda. Questa industria oggi rappresenta una delle voci° più importanti tra le esportazioni italiane all'estero.

sectors

Non che gli italiani si vestano esclusivamente con i capi d'abbigliamento delle grandi sartorie°: le boutique dei grandi stilisti sono spesso frequentate da turisti stranieri mentre i giovani italiani sembrano preferire una maggiore libertà, legata soprattutto al continuo cambiamento delle mode. A fianco degli stilisti italiani e delle loro «linee giovani», si dovranno allora prendere in considerazione le case d'abbigliamento italiane e straniere che vanno per la maggiore° in questo momento: Benetton, Diesel, Gap, Levi's, Tommy Hilfiger e tantissimi altri.

fashion houses

vanno... are very popular

Le collezioni dei grandi stilisti influenzano sicuramente il gusto degli italiani che spesso però, per aggirare° il problema degli elevati costi, preferiscono fare le loro spese in negozi dai prezzi più accessibili.

to avoid, to get around

Non solo alta moda per i giovani italiani. Jeans e scarpe da ginnastica sembrano spesso farla da padrone.

*Il piano Marshall o ERP (*European Recovery Program*) deve il suo nome al Segretario di Stato americano George C. Marshall che ne fu l'ispiratore. Con esso, gli Stati Uniti si impegnavano a fornire aiuti economici ai paesi europei coinvolti nella seconda guerra mondiale per facilitarne la ripresa. Dal 1948 al 1953 furono versati sui conti italiani 1.578 milioni di dollari.

DOMANDE

1. Chi sono gli stilisti italiani di cui parla il testo? Ne conosci altri? Esistono boutique di questi stilisti nella tua città?
2. Hai mai comprato qualcosa di uno stilista famoso? Come puoi descrivere il rapporto qualità-prezzo?
3. Credi che vestirsi alla moda possa aprire molte porte? Perché?
4. Quali sono alcune delle cose che hai comprato e che ora sono considerate «sorpassate» dalla moda del momento? E quali cose hai comprato molto tempo fa ma che sono sempre «alla moda»?
5. Nell'attività Web viene mostrato uno stilista che non produce solamente capi d'abbigliamento. Conosci altri stilisti che usano il loro nome anche per cosmetici, profumi e articoli per la casa? Chi sono e cosa producono?

ACE Video
Activities

Lessico.edu

Capi d'abbigliamento

CD 2
21–24

l'abito, il vestito *suit* (*men's and women's*), *dress*
le bretelle *suspenders*
le calze *socks* (*stockings, nylons*)
la camicia *shirt* (camicetta
i collant *pantyhose* for women

il completo *suit* (*men's and women's*) / *coordinated outfit*
il costume da bagno *bathing suit*
la cravatta a farfalla / il papillon *bowtie*
le mutande *underpants*
i pantaloncini *shorts*

la pelliccia *fur coat*
il pigiama *pajamas*
la sciarpa *scarf*
lo smoking *tuxedo*
gli stivali *boots*
il tailleur *woman's suit*
il vestito da sera / l'abito da sera *evening gown*

Stoffe e materiali

l'acrilico *acrylic*
il camoscio *suede*
il cotone *cotton*
il cuoio *leather* (*used for shoes*)
le fibre naturali *natural fibers*

le fibre sintetiche *synthetic fibers*
la lana *wool*
il lino *linen*
la pelle *leather* (*used for clothing or purses*)

il poliestere *polyester*
la seta *silk*
la stoffa *fabric*
il velluto *velvet*

Fare (le) spese / (lo) shopping

calzare *to put on / to fit* (*shoes, gloves*)
farsi fare un vestito *to have a suit / a dress made*
indossare *to wear / to put on*
levarsi / togliersi *to take off* (*clothing*)

la marca *brand name*
la misura / la taglia *size*
il numero *shoe size*
il saldo *sale*
il / la sarto / a *tailor*
lo sconto *discount*

lo spogliatoio / il camerino *dressing room*
lo / la stilista *fashion designer*

maglietta = shirt

titanista

in dose   *Les polta*

Altre parole ed espressioni utili

a coste *ribbed*
a quadri *checked*
a righe *striped*
a tinta unita *solid-color*
l'armadio *closet*

la cifra *amount*
cucire *to sew*
il guardaroba *wardrobe*
mettersi *to put on (clothing, makeup, shoes)*

portare *to wear*
la sfilata *fashion show*
spogliarsi *to undress*
vestirsi *to get dressed*

P R A T I C A

A. In una boutique alla moda.   Completa la conversazione con le parole appropriate.

seta	camerino	calze	completo	taglia
a tinta unita	armadio	farmi fare	stilista	camicia

Maglione

Luisa entra con il suo amico Carlo, per la prima volta, in un negozio d'alta moda per comprare un regalo al suo ragazzo Pietro.

COMMESSA: Buongiorno, signori. Posso aiutarvi?

LUISA: Volevamo vedere qualche cosa da uomo. Una giacca forse.

COMMESSA: *(parlando a Carlo)* Che _____ porta?

CARLO: Non è per me. È per il suo ragazzo.

LUISA: Sì, certo, ma siete alti e magri uguali.

CARLO: OK. Porto la 56.

COMMESSA: Ecco qui il nostro ultimo modello. Se vuole provarla, il _____ è dietro quella parete.

LUISA: Sì, ma quanto costa?

COMMESSA: Per questa solo 450 euro.

LUISA: Solo?!? Forse è meglio vedere qualche _____. La porterà sotto le giacche che ha già nel suo _____.

COMMESSA: Eccole qui. Che colore?

LUISA: Blu o bianca, senza righe, quadri o disegni. Lui le porta solo _____.

COMMESSA: Abbiamo questi due tipi. Come prezzo partiamo dai 250 euro.

LUISA: Che prezzi! Con questi soldi potrei _____ un _____ da un buon sarto. Sono d'oro?

COMMESSA: Sono di _____ purissima. Insomma, quanto vuole spendere?

LUISA: Non so. Pensavo a una cifra vicina ai 50 euro.

COMMESSA: Capisco. Per quella cifra abbiamo solo delle _____. Con i pantaloni giusti, è possibile vedere la nostra marca quando si cammina.

LUISA: Ma siamo matti? Andiamo via, Carlo. Questo _____ forse venderà molto all'estero ma non credo che molti italiani si possano permettere di fare le spese qui. Mi avevano detto che erano cari ma qui si sta proprio esagerando.

B. Il vestito adatto. La prossima settimana devi andare in tre posti diversi e per ogni situazione hai bisogno di un abbigliamento diverso. Decidi cosa ti dovresti mettere per ognuna di queste occasioni. Poi descrivi ai tuoi compagni i tre abbigliamenti e scopri se riescono a capire dove andrai.

1. il matrimonio di due amici
2. una festa informale da amici che hanno una piscina
3. a casa dei tuoi genitori per un po' di relax

C. Chi sarà mai? A coppie, osservate le persone nella vostra classe e descrivete l'abbigliamento di qualcuno/a di loro. Per rendere il gioco più stimolante (e un po' più difficile), cercate di alternare nella vostra descrizione gli abiti che non porta a quelli che porta. La classe cercherà di indovinare di chi state parlando.

ESEMPIO Ha una maglietta bianca e una giacca azzurra ma non ha pantaloni e non porta sandali neri.

D. Le nostre parole. Pensa a due o tre parole relative all'argomento di questo capitolo che ti sembrano importanti e che non sono presenti nella sezione lessicale. Possono essere parole dall'attività Web, parole contenute nella lettura iniziale o semplicemente parole che ti servono per comunicare meglio. Cercale sul dizionario e presentale in classe spiegando il loro significato in italiano. Poi scrivi le parole che tutti pensano siano importanti nel *Dizionarietto* alla fine del capitolo.

RADIO PONTI

INTERACTIVE LISTENING

When you are listening to someone talk and cannot follow what is said, let the speaker know that you don't understand. You can say, "**Scusi, non ho capito**" or ask specific questions such as:

Cosa significa?
Come?
Cosa hai / ha detto?
Puoi / Può ripetere?

Or you can repeat the part of the sentence you did not understand with statements like:

Volevi / Voleva dire...
Hai / Ha detto di girare a destra.

Che fretta, signorina!! Ascolta un dialogo tra una cliente di un negozio di moda e la commessa e completa le seguenti frasi scegliendo tra le possibilità offerte.

CD 2
25

1. La cliente ha bisogno di due _____ e una minigonna.

   a. camicie

   b. camicette

   c. collant

2. La cliente preferisce camicette e gonna _____.

   a. in bianco o in nero

   b. in rosso o in nero

   c. in viola o in nero

3. I due acquisti costano _____.

   a. 280 e 350 euro

   b. 28 e 35 euro

   c. 280 e 630 euro

ACE Practice
Tests,
Flashcards

SAM
workbook
activities

Studio realia

Web Links

La minigonna rivoluziona la moda negli anni Sessanta.

A. La moda negli anni, le idee negli anni. Ogni anno una nuova moda viene presto dimenticata per lasciare spazio alla successiva. Alcune però sopravvivono perché rappresentano un modo di essere, di affrontare il mondo e di affermare la propria appartenenza ad un determinato gruppo o ad una determinata idea. Pensate alla rivoluzione causata dalla minigonna la quale è divenuta presto il simbolo della donna liberata. A coppie, guardate le foto qui sotto e per ognuna rispondete alle sollecitazioni completando la tabella.

Vocabolario utile: a zampa d'elefante (*bell bottoms*), borchiato (*studded*), scarpe con la zeppa (*wedge heels*), taglio alla moicana (*mohawk*)

i figli dei fiori

i punk

gli yuppies

	periodo	caratteristiche dell'abbigliamento e dell'aspetto in generale
i figli dei fiori	*anni Sessanta*	
i punk		
gli yuppies		

B. Abiti come idee. Ora con lo stesso compagno / la stessa compagna, pensate a quali siano le idee associate agli stili che avete appena visto e a quale impressione vi fanno. Scrivete le vostre idee e poi condividetele con la classe.

	idee associate agli stili, impressioni
i figli dei fiori	
i punk	
gli yuppies	

C. Siamo tutti stilisti! In gruppi di tre, descrivete il look maschile e femminile che secondo voi meglio darebbe un'idea degli anni in cui stiamo vivendo. Presentateli poi alla classe.

R A D I O P O N T I

Com'è difficile capirsi al telefono! Ascolta una conversazione telefonica tra Pietro e la segretaria di un centro di bellezza e decidi se le seguenti informazioni sono vere o false.

CD 2
26

	vero	falso
1. Alla Locanda Salute & Bellezza c'è la sauna.	_____	_____
2. Offrono dieci tipi di massaggio.	_____	_____
3. Il massaggio svedese costa 25 euro per un'ora.	_____	_____
4. Pietro si prenota per un massaggio giovedì alle 4:00.	_____	_____

Grammatica & Co.

I Concordanza dei tempi nel congiuntivo

The tense of a subjunctive verb in a dependent clause is determined by the tense of the verb in the main clause and the time relationship between the two verbs.

1] If the main clause is in the present or future tense, the dependent clause will be in the present subjunctive if its action is simultaneous or later, and in the past subjunctive if the action precedes that of the main clause. The verb in the main clause also determines the tense of the verb in the dependent clause when conjunctions are used.

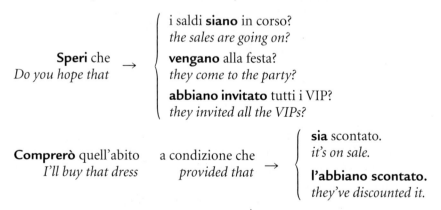

Speri che →	i saldi **siano** in corso? *the sales are going on?*
Do you hope that	**vengano** alla festa? *they come to the party?*
	abbiano invitato tutti i VIP? *they invited all the VIPs?*

Comprerò quell'abito	a condizione che	→	**sia** scontato. *it's on sale.*
I'll buy that dress	*provided that*		**l'abbiano scontato.** *they've discounted it.*

2] If the main clause is in any past tense or the conditional mode (present or past), the dependent clause will be in the imperfect subjunctive if its action is simultaneous or later, and in the pluperfect subjunctive if its action precedes that of the main clause.

Tutti in passerella? **249**

$$\textbf{Credevi}\ \text{che} \rightarrow \begin{cases} \text{Versace } \textbf{arrivasse} \text{ oggi?} \\ \textit{Versace was arriving today?} \\ \text{Versace } \textbf{fosse già arrivato?} \\ \textit{Versace had already arrived?} \end{cases}$$

Did you believe that

$$\textbf{Spererei}\ \text{che} \rightarrow \textbf{avesse}\ \text{quei capi d'abbigliamento.}$$

I would hope that → *he had those clothes.*

$$\textbf{Avrei pensato}\ \text{che} \rightarrow \textbf{avesse lavorato}\ \text{più anni in quel campo.}$$

I would have thought that → *he had worked longer in that field.*

Ho comprato quegli stivali   sebbene $\rightarrow \begin{cases} \text{non ne } \textbf{avessi} \text{ bisogno.} \\ \textit{I didn't need them.} \\ \\ \textbf{ne avessi comprato} \text{ un altro} \\ \text{paio la settimana prima.} \\ \textit{I had bought another pair the} \\ \textit{week before.} \end{cases}$

I bought those boots   even though

P R A T I C A

A. Nuova moda.   Anna, una studentessa di moda, scrive alla sua collega Betta a proposito della nuova moda lanciata in autunno dagli stilisti. Completa la lettera con la forma corretta del congiuntivo.

Cara Betta,

hai visto che in passerella hanno mandato la moda del guardaroba da regina? Siamo di nuovo ai tempi della regina Vittoria! Temo che _____ (essere) una moda troppo deprimente e che l'unico tocco di allegria _____ (venire) dai bottoni! Non avrei mai creduto che una moda così _____ (potere) tornare.

Ho chiesto al Professor Mara chi l'aveva lanciata, e mi ha detto che va dai tailleur di Prada agli stivaletti neri di Vuitton. Dopo la moda così sexy e seducente dell'anno scorso, è naturale che il pubblico _____ (reagire) malamente. Non avrei mai immaginato che una reazione così drammatica _____ (essere) possibile.

Poi c'è da vedere i colori. Credi che questi stilisti _____ (scegliere) il viola melanzana e il grigio per la collezione principale? Vorrei che _____ (passare) questa stagione e che noi _____ (entrare / già) nella prossima!

Ci vediamo il trimestre prossimo!

Anna

B. Anche gli uomini alle beauty farm. Non è solo la donna che ricorre alle beauty farm per farsi più bella. Da qualche anno sono sempre più numerosi gli uomini che richiedono la ceretta (*waxing*) e la tinta dei capelli e che comprano la crema anticellulite. Completa la conversazione di un uomo dall'estetista usando la forma corretta del congiuntivo.

avere	essere (2v.)	potere	vedere
dovere	fare	tingere	volere

PIETRO: Vorrei che mi _____ i capelli biondo-Carrà*.

ESTETISTA: Se gli amici Le domandano del colore?

PIETRO: Non mi importa. Crederanno che _____ il sole a tingerli.

ESTETISTA: Desidera che Le _____ uno shampoo?

PIETRO: Sì. E credo che i miei capelli _____ bisogno anche di un buon balsamo (*conditioner*).

ESTETISTA: Ieri è venuto anche Suo padre. Non pensavo che anche lui _____ la maschera antirughe.

PIETRO: Al momento siamo tutti e due felici che Lei ci _____ aiutare a rimetterci in forma.

ESTETISTA: Pensi che un nostro cliente, di cui non posso dirLe il nome, crede che tutti _____ farsi fare la ceretta per ripulirsi il torace e la pancia.

PIETRO: Ma qui siamo arrivati al ridicolo.

ESTETISTA: Non credo sinceramente che ci _____ molta differenza tra Lei e lui. In realtà entrambi volete che gli altri vi _____ più belli e ringiovaniti.

PIETRO: Forse ha ragione.

Prova la nostra nuova crema antirughe! Oggi come oggi... è vietato invecchiare.

---

blond like Raffaella Carrà, popular Italian television host

C. Cosa volevano che tu facessi? A coppie, formate domande e risposte con la forma corretta del congiuntivo presente, passato, imperfetto e trapassato.

> **ESEMPIO** I tuoi genitori permettevano che tu (truccarsi) quando avevi 14 anni?
> ST. 1: I tuoi genitori permettevano che tu ti truccassi quando avevi 14 anni?
> ST. 2: No, i miei genitori non permettevano che io mi truccassi. *o* Sì, i miei genitori permettevano che io mi truccassi.

1. Il preside della scuola vuole che voi non (portare) le minigonne?
2. I tuoi genitori erano contenti che tuo fratello (mettersi) i pantaloni di pelle?
3. I tuoi amici desiderano che tu (vestirsi) come loro?
4. Tua sorella insisteva che tua madre (comprarle) degli stivali?
5. Tua madre si aspettava che tua sorella (dovere) comprarli lei?
6. Il tuo compagno d'appartamento l'anno scorso era la sola persona che (prendere) i tuoi vestiti senza chiederti il permesso?

D. Cosa dubitate voi? A coppie, formulate quante frasi possibili seguendo il modello: Dubito, Dubitavo, Dubiterei, Avrei dubitato che...

> **ESEMPIO** quel sarto / essere capace / di creare un bel vestito da sposa
> Dubito che quel sarto sia capace di creare un bel vestito da sposa.
> Dubitavo che quel sarto fosse capace di creare un bel vestito da sposa.

1. gli occhiali da sole di Versace / costare / poco
2. Valentino e Gucci / aprire / una nuova linea di moda insieme
3. la collezione primaverile / prediligere / il colore giallo
4. lo shopping on-line / facilitare / le compere
5. le minigonne / potere diventare / più corte
6. i saldi / durare / più di quindici giorni

ACE Practice Tests, Flashcards

SAM workbook activities

Ⅱ Il periodo ipotetico

A hypothetical construction consists of an *if* clause, introduced by **se,** that expresses a hypothesis or condition, and a main clause that expresses a consequence or result. The **se** clause may either precede or follow the consequence. Hypothetical situations may be real, possible, or impossible.

A Periodo ipotetico della realtà

1] The indicative is used to express an action that is very likely or certain to occur if a condition is met.

Se **farà** bel tempo domani, **andremo** alla sfilata.

If it's good weather tomorrow, we will go to the fashion show.

| Gli **telefono** se non **arriva** fra poco. | *I will call him if he doesn't get here soon.* |
| Se non **capivano, dovevano** dirmelo. | *If they didn't understand, they should have told me so.* |

Note that if the future is used in the main clause, then it will also be used in the subordinate clause.

| Se **verrete** domani, ci **troverete**. | *If you come tomorrow, you will find us.* |

2] The verb in the **se** clause is often in the same tense as the verb in the independent clause, but the following configurations are also possible.

PRESENTE → FUTURO

| **Vado** alla sfilata solo se **farà** bello. | *I'm only going to go to the fashion show if the weather is good.* |

PASSATO PROSSIMO → FUTURO, PRESENTE, IMPERFETTO, TRAPASSATO O IMPERATIVO

Se non **è arrivato** alle 7:00, non **arriverà** stasera.	*If he didn't arrive at 7:00, he won't arrive tonight.*
Se lui non **ha telefonato**, io **torno** a casa.	*If he hasn't called, I'll go back home.*
Se non **ha messo** la gonna, **aveva** i suoi buoni motivi.	*If she didn't wear that skirt, she had a good reason.*
Se non **hai ritirato** i miei vestiti dal sarto, **corri** subito a prenderli!	*If you haven't yet picked up my clothes from the tailor, go get them immediately!*

MODA ITALIANA... se inizi a indossarla, non puoi più smettere.

B Periodo ipotetico della possibilità

1] To express a hypothetical action that may or may not occur, the imperfect subjunctive is used in the **se** clause and the present conditional is used in the result clause.

| Se **vi iscriveste** al corso di moda, non lo **rimpiangereste**. | *If you enrolled in the fashion class, you wouldn't regret it.* |
| **Proveresti** molta soddisfazione se **facessi** bene nel corso. | *You would feel very satisfied if you did well in the course.* |

2] This construction can also be used to describe an imaginary situation.

| Se **fossi** in te, non **spenderei** così tanti soldi per quella camicia. | *If I were you, I wouldn't spend that much money on that blouse.* |

3] Sometimes the imperfect subjunctive can be combined with the past conditional.

| Se **pagasse** di più, **avrei accettato** il lavoro da modella. | *If it paid more, I would have accepted that job as a model.* |

C Periodo ipotetico dell'irrealtà

1] To express impossible or contrary-to-fact situations, the past perfect subjunctive is used in the **se** clause and the past conditional is used in the result clause.

Se **foste venuti, vi sareste divertiti.**   *If you had come, you would have had a good time.*

2] Sometimes the past perfect subjunctive can be combined with the conditional present.

Se **avessi guardato** quel programma alla televisione, ora **capiresti** il nuovo stile invernale.   *If you had watched the television program, you'd understand about the new winter fashions.*

PRATICA

A. Tutti in passerella.   Completa le seguenti frasi ipotetiche con i tempi ed i modi appropriati.

1. Se vi vestiste alla moda, _____ (voi / spendere) molti soldi.
2. Se il negozio non avrà il mio numero, io non _____ (comprare) quelle scarpe.
3. Se le ragazze _____ (mettersi) il vestito di lino, adesso non avrebbero caldo.
4. Se avesse risparmiato, lei _____ (potere) vestirsi più elegantemente.
5. Da bambino, se tua madre ti diceva di mettere qualcosa che non ti piaceva, tu _____ (piangere)?
6. Vedreste molte modelle che si truccano se _____ (voi / entrare) nel camerino.
7. La modella non _____ (sfilare) se il sarto non avesse cucito l'abito in tempo.
8. Anche gli adulti comprerebbero jeans a zampa d'elefante se _____ (tornare) di moda.

B. Moda fai da te.   Completa le seguenti frasi ipotetiche.

1. Metterei il mio vestito elegante se...
2. Avremmo indossato anche gli stivali se...
3. Gli stilisti disegnerebbero abiti più corti se...
4. Andiamo alla sfilata se...
5. Cerco i saldi se...
6. Laverò quella maglietta se...
7. Non farebbero i saldi di fine stagione se...
8. I giovani comprerebbero vestiti di marca se...

Se avessi un milione di euro...

C. Immaginate se...   A coppie, rispondete alle seguenti domande con una frase ipotetica.

1. Cosa ti metteresti per il tuo matrimonio se ti sposassi il mese prossimo?
2. Sarebbe giusto se tutti fossero obbligati a portare le divise a scuola? Perché?
3. Se domandassi alla sarta di usare solo fibre naturali, cosa risponderebbe?
4. Se tu volessi comprare un tailleur, dove andresti?
5. Se il tuo negozio preferito fosse chiuso, dove compreresti un cappotto invernale?
6. Se avessi dei pantaloni troppo grandi, ti metteresti le bretelle?

D. Il semestre scorso.   Descrivi a un tuo compagno / una tua compagna di classe tre cose che avresti fatto il semestre scorso se certe situazioni fossero state diverse.

ACE Practice Tests, Flashcards   SAM workbook activities

III   I verbi causativi *fare* e *lasciare*

The verbs **fare** and **lasciare,** used with an infinitive, mean *to cause* or *to allow an action to occur.*

A   *Fare* + infinito

1] **Fare** + *infinitive* means *to make someone do something* or *to have something done.*

La stilista **ha fatto cucire** il vestito da sera alla sarta.	*The designer had the evening gown sewn by a seamstress.*
La sfilata era talmente noiosa che mi **ha fatto addormentare.**	*The fashion show was so boring that it made me fall asleep.*

2] When **fare** + *infinitive* is used with a single object, it is a direct object.

Ho fatto cucire **l'abito.**	*I had the suit made.*
Ho fatto pagare **il sarto.**	*I had the tailor paid.*

3] When there are two objects, the thing acted on is the direct object and the person who performs the action is the indirect object.

Ho fatto cucire **l'abito al sarto.**	*I had the tailor make the suit.*

The indirect object ordinarily takes the preposition **a.** However, when there could be confusion about whether the person performed or received the action, **da** is used for clarity.

Il sarto ha fatto mandare i vestiti **alla** commessa.	*The tailor had the clothes sent to the sales clerk.* (or *The tailor had the sales clerk send the clothes.*)
Il sarto ha fatto mandare i vestiti **dalla** commessa.	*The tailor had the sales clerk send the clothes.*

4] Object pronouns usually precede the conjugated forms of **fare.**

L'ho fatto cucire. (abito)   *I had it made (sewn).*

Object pronouns attach to **fare,** however, when it is an infinitive, a gerund, or an affirmative imperative of **tu, noi,** or **voi** (see **Capitolo 4**). The indirect object pronoun **Loro** always follows the infinitive. Pronouns never attach to the infinitive that follows **fare.**

Facendolo fare su misura, Sabrina era sicura di avere la misura perfetta.	*Having it made to order, Sabrina was sure it was the perfect size.*
Dai! **Faglielo** mettere stasera! È un abito stupendo!	*Come on! Have him wear it this evening! It's a beautiful suit!*

5] When a reflexive verb is used with **fare** + *infinitive,* the reflexive pronoun is omitted.

Falla pettinare subito!	*Have her comb her hair right away!*
Ho fatto truccare le modelle.	*I had the models put on makeup.*

6] **Farsi** + *infinitive* means *to have* or *get something done for oneself (by someone else).* **Da** is used to introduce the name or occupation of the person or entity who performs the action.

Il signore **si è fatto fare** due abiti **da** Versace.	*The man had two suits made for himself by Versace.*
Mi sono fatta disegnare due vestiti da uno stilista milanese.	*I had two dresses designed for myself by a Milanese designer.*

B *Lasciare* + infinito

1] **Lasciare** + *infinitive* means *to let* or *permit someone to do something.* This construction is used in the same way as **fare** + *infinitive* and the same rules regarding direct-object and indirect-object pronouns apply as well.

Quando ero al liceo, mia madre non mi **lasciava comprare** vestiti di marca.

When I was in high school, my mother would not let me buy designer clothes.

Il capo non ci **lascia portare** i jeans al lavoro.

The boss won't let us wear jeans to work.

2] When **lasciare** is followed by **che** and the two clauses have different subjects, the subjunctive is used in the dependent clause.

Lascia che lei **si vesta** come vuole.	*Let her dress the way she wants.*
Lasceresti che Cecilia **portasse** il tuo abito da sera alla festa?	*Would you let Cecilia wear your evening gown to the party?*

3] **Lasciar(e) stare** and **lasciar(e) perdere** have idiomatic meanings.

lasciare stare *to let something be*

lasciare perdere *to forget about something*

Non ne voglio più parlare. **Lascia stare!**	*I don't want to talk about it anymore. Let it be!*
Non pensarci più. **Lascia perdere!**	*Don't think about it any more. Just forget about it!*

4] **Lasciarsi*** + *infinitive* means *to let* or *permit something to be done* or *to happen to oneself*. **Da** is used to introduce the name or occupation of the person or entity who performs the action.

Mi sono lasciata convincere a comprare quel vestito **dalla** pubblicità in televisione.	*I let myself be convinced to buy that dress by the ad on TV.*
Non si è più vestita bene dopo il divorzio. **Si è lasciata andare.**	*She didn't dress well anymore after the divorce. She let herself go.*

PRATICA

A. Modi e mode.   Completa le seguenti frasi mettendo i verbi in parentesi nei tempi suggeriti.

ESEMPIO I genitori non _____ (lasciare) mettere i pantaloncini ai loro figli. (imperfetto)
I genitori non lasciavano mettere i pantaloncini ai loro figli.

1. Lo stilista _____ (fare) pettinare due modelle dal parrucchiere. (trapassato prossimo o passato prossimo)

2. Quei genitori non _____ (lasciare) fare i piercing alle loro figlie. (futuro)

3. La modella _____ (farsi) stirare i vestiti dalla sarta. (passato prossimo)

4. Penso che il fotografo non _____ (lasciare) usare la sua macchina fotografica a nessuno. (congiuntivo passato)

5. Se tu _____ (farsi) truccare troppo saresti sembrata un pagliaccio (*clown*). (congiuntivo trapassato)

6. I figli dei fiori non _____ (lasciarsi) convincere a indossare abiti che non fossero stati in fibre naturali. (condizionale passato)

---

*When used as a reciprocal verb, **lasciarsi** may mean *to split up*. **Esempio: Lucio e Mara si sono lasciati perché non andavano più d'accordo.** *Lucio e Mara split up because they didn't get along anymore.*

B. Chi te lo fa fare? A coppie, prima formate una domanda dalla frase data e poi rispondete usando i pronomi dove possibile.

> **ESEMPIO** Metti un cappello.
> St. 1: Chi ti fa mettere un cappello?
> St. 2: Mia madre me lo fa mettere.

1. Porti una cravatta.
2. Togli le scarpe fuori dalla porta.
3. Compri un nuovo completo.
4. Stiri i pantaloni.
5. Metti il vestito di poliestere.
6. Vai dalla sarta tutte le settimane.
7. Ricami i vestiti.
8. Indossi scarpe a tacchi bassi invece che a tacchi alti.

C. Dalla sarta. Riforma le seguenti frasi usando il soggetto fra parentesi e la costruzione **fare** + *infinito* o **farsi** + *infinito* seguendo gli esempi.

> **ESEMPIO** Gli studenti studiarono la moda degli anni Sessanta.
>
> (i professori)
>
> I professori fecero studiare la moda degli anni Sessanta agli studenti.
>
> Il sarto ha disegnato abiti da sera bellissimi per te. (tu)
>
> Tu ti sei fatta disegnare abiti da sera bellissimi dal sarto.

1. La sarta cuciva tutti i suoi abiti. (la signora)
2. Lo stilista creò un modello per me. (io)
3. Abbiamo pagato poco. (la sarta)
4. Imparavamo a ricamare. (la zia)
5. Mauro porterà il mio smoking domani. (io)
6. Suo marito le comprò delle scarpe nuove. (lei)
7. Aspettai mezz'ora. (l'agente)
8. Rosanna ha disegnato il tailleur. (Donatella)

D. I genitori comandano. Scrivi tre frasi raccontando (a) tre cose che i tuoi genitori ti lasciavano fare e (b) tre cose che non ti lasciavano fare quando vivevi con loro. Una frase per ciascuna categoria deve essere falsa. A gruppi, leggete poi le frasi mentre gli altri dovranno indovinare la frase falsa.

E. Cosa vi farebbe cambiare modo di vestire? In gruppi di tre o quattro, parlate del vostro modo di vestire.

1. Quali sono le influenze che vi farebbero cambiare il modo in cui vestite?
2. Vi farebbero cambiare idea più le influenze degli amici o le influenze dei mass media?
3. Che cosa non vi fareste convincere a portare anche se andasse di moda?
4. Il guardaroba dei cantanti famosi vi influenzerebbe?

5. Per stupire tutti, che genere di vestito vi fareste fare per la prossima festa?
6. C'erano dei vestiti che i vostri genitori vi facevano portare che voi odiavate? Quali?

F. Le abitudini. Una giovane ragazza parla delle sue abitudini per quanto riguarda la moda. Reagisci con sorpresa, seguendo l'esempio.

> **ESEMPIO** Metto i tacchi altissimi.
> I tuoi genitori ti lasciano mettere i tacchi alti?!?

1. Ho comprato tre minigonne.
2. A Milano vado spesso alle sfilate.
3. Comprerò un bikini per l'estate.
4. Vesto solo Versace.
5. Ho usato la carta di credito per comprare una pelliccia.
6. Metterò il rossetto (*lipstick*) nero per la festa.

G. Ancora le abitudini. Adesso, usando le frasi dell'attività E, sostituisci gli oggetti con pronomi dove possibile.

> **ESEMPIO** Metto i tacchi altissimi.
> I tuoi genitori ti lasciano mettere i tacchi alti?
> I tuoi genitori **te li** lasciano mettere?

H. Vivere e lasciar vivere! A coppie, rispondete alle seguenti domande.

1. Il tuo carattere ti permette di vivere e lasciar vivere?
2. Tu lasceresti che le tue figlie vestissero come vogliono?
3. Ti lasci influenzare dalla moda?
4. Hai un amico che non ti lascia mai parlare?
5. Conosci qualcuno che non lascia mai parlare gli altri?
6. Ti lasceresti vestire da uno stilista famoso? Da chi? Perché?
7. Il tuo professore / La tua professoressa ti lascia divertire in classe?

ACE Practice
Tests,
Flashcards,
Raccontami
una storia

SAM
workbook
and lab
activities

Biblioteca 2000

Web Links

MAKING INFERENCES

Understanding in depth what you read sometimes calls for inferring or guessing meanings that are not directly stated in the text. This is the skill known as *reading between the lines,* or in Italian, **leggere tra le righe.** Attentive readers notice clues in the text and absorb what they imply.

Distinguishing between a pure guess and a rational deduction calls for some background knowledge and experience. If a party invitation says "black tie," you can assume that the party will be elegant, formal, and frequented mostly by people who can afford that type of dress. If all the men at the party are wearing Armani suits, you can infer that their incomes are high. This would be true in Italy as well, but the ability to make other kinds of inferences about an unfamiliar culture will take time.

A. In gruppi di tre, pensate alla parola **bellezza**. Poi elencate nelle seguenti categorie tutte le parole che vi vengono in mente quando pensate alla parola **bellezza**.

vista	udito	sentimenti

B. Prima di leggere *Vita e morte di Adria e dei suoi figli*, leggete la seguente descrizione della protagonista Adria e poi decidete, su una scala da 1 a 5 (5 è il valore più alto), se Adria ha le seguenti caratteristiche suggerite.

Caratteristiche: orgogliosa, ambiziosa, intelligente, bella, giovane, egoista, ricca

Adria era stata libera alle otto e mezzo, come ogni sera, dalle mani del parrucchiere, che dopo averla pettinata le aveva calzato[1] con arte sublime il cappello e disposti a quel modo e fermati con invisibili spilli[2] i capelli della fronte contro la gran falda[3] turchina. Tutto il rimanente delle operazioni di abbigliamento si rimandava[4] a dopo il pranzo[5]. Da cinque anni ogni sera così.

C. Leggete la seguente descrizione e poi elencate le caratteristiche di Adria che potete dedurre dal brano letto.

Si recitava, per la prima volta in Italia, un dramma nordico: c'era il pubblico delle grandi occasioni. Il pubblico applaudiva, e tra un atto e l'altro guardava le donne nei palchi: sopratutte Adria.

Ella salutava a sorrisi verso altri palchi con molta gentilezza. Modulava d'istinto il suo sorriso secondo il merito delle persone, qualche volta salutava senza sorridere. Quando Adria non sorrideva la sua faccia era più bianca, il sorriso diffondeva su quel chiarore brevi ombre rosate. Di tratto in tratto dagli occhi azzurri mandava raggi d'argento.

---

1. fit perfectly   2. pins   3. brim (*of a hat*)   4. **si...** she put off   5. dinner (*in this context*)

Vita e morte di Adria e dei suoi figli

MASSIMO BONTEMPELLI

Massimo Bontempelli (1878–1960), prolifico scrittore, è conosciuto principalmente per aver fondato e diretto la rivista *Novecento*. Questo breve passo è tratto da uno dei suoi romanzi, *Vita e morte di Adria e dei suoi figli,* e ci presenta la protagonista nella sua ricerca ossessiva della bellezza a scapito di tutto il resto, compresa la famiglia.

Una bellezza irraggiungibile?

Adria era stata libera alle otto e mezzo, come ogni sera, dalle mani del parrucchiere, che dopo averla pettinata le aveva calzato con arte sublime il cappello e disposti a quel modo e fermati con invisibili spilli i capelli della fronte contro la gran falda turchina. Tutto il rimanente delle operazioni di abbigliamento si rimandava a dopo il pranzo. Da cinque anni ogni sera così. Cinque anni prima, dopo lunghe e tranquille meditazioni davanti allo specchio, Adria aveva capito d'aver raggiunta la perfetta bellezza, aveva stabilito come suo dovere sacro di dedicarvisi tutta. Ebbene un terrore[1] retrospettivo per essersi maritata[2] così giovane, a sedici anni, per aver avuto i due parti[3], la bambina a diciassette e mezzo e il bimbo a meno di venti. Età imprudente; a quell'età una donna ha della propria bellezza un'impressione cupida[4] e inquieta, non quel senso religioso che la fa intendere quale[5] un dovere e un alto sacrificio. Ringraziò il Cielo d'averla salvata dal rischio di sciuparsi[6] per sempre. Chiuse la porta all'amore, agli affetti, a ogni altro interesse di donna. I bambini, che amava, non poterono avvicinarla più che una volta la settimana (come se fossero in collegio[7]) in una breve visita senza espansioni: non temeva che i loro abbracci le sgualcissero[8] i vestiti, ma che l'affetto intorbidasse[9] in lei quella volontà d'essere bella. La bellezza fu la sua cura d'ogni minuto e scopo d'ogni atto; la sentiva come una cosa fuori di lei, che Dio le aveva dato in custodia. Davanti a quella bruciò dunque ogni altra cosa, sentimento, inquietudini, piacere di vivere, ambizioni. Questa non era ambizione, ma un culto. Infatti nessuno la biasimò[10], nessuno la giudicò. Il marito dai gradini[11] dell'altare serviva la cerimonia, i figli adoravano da lontano, gli amici non

---

1. **Ebbene...** It scared her   2. married   3. deliveries (*childbirth*)   4. covetous   5. **che...** that makes her understand it as
6. to wear oneself out   7. boarding school   8. would wrinkle   9. would confuse, muddle   10. blamed   11. steps

chiedevano confidenza, le donne non la chiamavano in gara[12], gli adoratori non se ne innamoravano: tanto quel volere aveva totalmente rifoggiato[13] il mondo per un vasto spazio intorno a lei. Uno solo si era innamorato, perché uno era necessario a compiere[14] il poema dell'aria che la circondava. Il destino aveva estratto a sorte[15], per questo ufficio, Guarnerio. L'amore di Guarnerio, come ogni cosa di quel mondo, non aveva svolgimento[16]; era nato al giusto punto, già maturo e ardente quanto occorreva e non più. Tutti lo avevano accettato; perché nel mondo di Adria non esisteva il segreto. Quale era nato, tale passando i mesi e gli anni rimaneva e sarebbe rimasto per l'eternità; perché nel mondo di Adria non esisteva tempo.

Congedato[17] il parrucchiere, in cappello e camice, tranquillamente era scesa alla sala da pranzo. Il pranzo era semplice, le poche parole che moglie e marito si scambiavano furono, come sempre, cordiali e riposanti. Risalita alle sue stanze, aveva rialzato di un leggerissimo trucco i toni del volto, poi le cameriere finirono d'abbigliarla aggiungendo al camice colore di perla una piccola fascia[18] che la serrava[19] leggermente sotto il seno, e un leggero manto[20] azzurro. Adria e il marito si fecero portare al Teatro Valle.

Si recitava, per la prima volta in Italia, un dramma nordico: c'era il pubblico delle grandi occasioni. Il pubblico applaudiva, e tra un atto e l'altro guardava le donne nei palchi: sopratutte Adria.

Ella salutava a sorrisi verso altri palchi con molta gentilezza. Modulava d'istinto il suo sorriso secondo il merito delle persone, qualche volta salutava senza sorridere. Quando Adria non sorrideva la sua faccia era più bianca, il sorriso diffondeva su quel chiarore brevi ombre rosate. Di tratto in tratto dagli occhi azzurri mandava raggi d'argento.

Adria non vedeva e non guardava come fossero vestite le altre donne qua e là per il teatro. Invece il manto azzurro, il cappello turchino, la corona di capelli neri fissati alla testa, furono in breve il tema di quasi tutte le conversazioni. Negli atrii e per i corridoi si discuteva la commedia e si esaltava la bellezza di Adria. I nomi Ibsen e Adria volavano tra la gente. Si raccontava per la millesima volta la sua storia semplicissima.

A ogni intervallo ebbe qualche visita. Dopo il primo atto fu un vecchio, collega d'affari di suo marito. Dopo il secondo due ufficiali e un banchiere dall'aspetto gioviale. Ognuno veniva a salutarla come si portano fiori a un altare di campagna ogni domenica, per una consuetudine[21] dolce; nessuno aveva grazie da chiederle, l'omaggio ad Adria era una religione accettata con tranquillità da un certo numero di fedeli. Sopraggiunse un bel magistrato con i baffi bianchi, Bellamonte, chiamato da tutti per antonomasia[22] il Giudice, presentandole il figlio, un giovinetto imbarazzato che si chinò[23] a mezzo per baciarle la mano e poi non ebbe il coraggio di finire l'impresa: Adria molto lieta lo ricompensò sfiorandogli[24] con due dita una ciocca[25] di capelli che gli ricadeva sulla fronte. Verso la fine del secondo intervallo arrivò Guarnerio.

---

12. **chiamavano...** tried to compete   13. reshaped   14. **a...** to complete   15. **aveva...** had drawn a name   16. **non...** nothing came of it   17. Having said good-bye   18. band (*around the waistline*)   19. closed   20. cloak   21. customary   22. **per...** par excellence   23. **si...** bent down   24. brushing against him   25. lock (of hair)

COMPRENSIONE

1. Come passa Adria la sua giornata?
2. Più volte in questo brano Adria e la sua bellezza sono menzionate quasi in termini religiosi. Trova le espressioni e il vocabolario che danno quest'idea di religione.
3. Discuti il significato della seguente citazione: «La bellezza fu la sua cura d'ogni minuto e scopo d'ogni atto; la sentiva come una cosa fuori di lei, che Dio le aveva data in custodia».

4. Hai mai conosciuto qualcuno simile ad Adria o qualcuno che si occupasse maggiormente della propria bellezza che delle altre cose?
5. Prima di leggere il racconto, hai cercato di dedurre il carattere di Adria leggendo qualche frase. Dopo aver letto il racconto, pensi che il tuo giudizio fosse accurato oppure no? Spiega.
6. Cosa pensi del carattere di Adria?

Di propria mano

EXPRESSING DIFFERENT POINTS OF VIEW

The point of view a writer chooses determines the perspective from which a story will be told and the kind of information a reader will be given. The most commonly used points of view are (a) first-person, (b) third-person omniscient, and (c) third-person objective.

a. **First person:** The first-person narrator is a character in the story who reveals his or her own experiences, feelings, and thoughts, as well as information directly received from other characters.

b. **Third-person omniscient:** A third-person omniscient narrator has knowledge of the experiences, thoughts, and feelings of all the characters in the story. How much the narrator reveals to the reader about a character or a scene will vary with the importance of the character and the needs of the narrative.

c. **Third-person objective:** An objective narrator also speaks in the third person but is restricted in access and understanding to what is observable through the senses, and what a human being can experience at a given moment. Unlike an omniscient narrator, this narrator can't observe two scenes that take place simultaneously and doesn't know what is going on in the minds of the characters.

PRE-SCRITTURA

A. Leggi il seguente brano e determina se è scritto nella terza persona onnisciente o nella terza persona obiettiva.

«Congedato il parrucchiere, in cappello e camice, tranquillamente era scesa alla sala da pranzo. Il pranzo era semplice, le poche parole che moglie e marito si scambiavano furono, come sempre, cordiali e riposanti. Risalita alle sue stanze, aveva rialzato di un leggerissimo trucco i toni del volto, poi le cameriere finirono d'abbigliarla aggiungendo al camice colore di perla una piccola fascia che la serrava leggermente sotto il seno, e un leggero manto azzurro. Adria e il marito si fecero portare al Teatro Valle.»

Ora riscrivi il brano precedente in prima persona.

B. Se dovessi descrivere il tuo concetto di bellezza ideale, quali sarebbero gli elementi essenziali? Scrivi le parole che ti vengono subito in mente quando pensi alle seguenti categorie.

personalità

moda

fisico

ambiente

SCRITTURA

Writing
Tips

Scegli un personaggio nella tua società che rappresenta la bellezza perfetta secondo i mass media. Descrivi questo personaggio usando la terza persona (onnisciente o obiettiva) in tutti gli aspetti possibili (personalità, modo di vestire, di presentarsi...). Poi esprimi le tue opinioni su questa persona e spiega se, secondo i tuoi criteri, rappresenta la bellezza perfetta oppure no e chiarisci le ragioni della tua risposta.

BLOCK NOTES

Rifletti su quello che hai potuto osservare su Web, in classe e nelle letture che hai fatto e rispondi a una delle seguenti domande.

1. Come ti sembra che sia il rapporto tra i giovani italiani e la moda? Hai notato delle differenze con il Paese in cui vivi?
2. Quali pensi che siano le caratteristiche della moda italiana che la rendono così popolare all'estero?
3. Ogni generazione ha la propria moda o, meglio, le proprie mode e queste sembrano in grado di superare qualsiasi barriera e raggiungere i giovani in ogni angolo del mondo. Come descriveresti la moda dei giovani d'oggi? Quali sono le marche e gli stili più popolari?

NEL MONDO **DEI GRANDI**

Ferragamo e le scarpe

Nato nel 1898 a Bonito in provincia di Avellino, Salvatore Ferragamo è nel 1914 a Napoli dove, dopo aver studiato l'arte del calzolaio[1], apre un piccolo negozio. Le condizioni di vita in Italia allora non erano delle migliori e così nel 1914 Ferragamo raggiunge uno dei suoi fratelli a Boston, dove si mette a lavorare in una fabbrica. Ben presto però convince i fratelli a trasferirsi in California dove apre un piccolo negozio di calzolaio. Dopo

un breve periodo in cui si occupa solo di riparazioni, comincia a creare dei sandali su misura che avranno un grande successo tra le star di Hollywood. Da questo momento in poi la sua fama cresce a dismisura[2] fino al punto di essere chiamato «il Calzolaio delle stelle». In quegli anni Ferragamo crea calzature[3] anche per alcune grandi produzioni hollywoodiane e per esempio, le scarpette di rubino[4] di Dorothy ne «Il mago di Oz» sono realizzate da lui. Tra le tante stelle del cinema che hanno indossato le sue creazioni si possono ricordare Joan Crawford, Greta Garbo, Marilyn Monroe, Audrey Hepburn e, naturalmente, Sophia Loren.

Nel 1927 lo stilista torna in Italia, a Firenze, dove prosegue la sua attività che cresce fino ad arrivare anche ad avere circa 700 artigiani[5] capaci di creare 350 paia di scarpe al giorno. Muore nel 1962 ma il suo nome e la sua famiglia restano dietro a quella che oggi si chiama Salvatore Ferragamo Italia Spa. Nel 1995 a Palazzo Spini Feroni di Firenze viene inaugurato un museo dedicato alla sua opera e alle sue tante innovazioni e nel 2007, a Los Angeles, una targa[6] che lo ricorda è stata inaugurata tra Rodeo Drive e Dayton Way, luogo che gli organizzatori hanno definito come l'incrocio tra moda e film.

1. shoemaker   2. disproportionately   3. footwear   4. ruby slippers   5. shoe craftsmen
6. plaque

T R A C C E   D I   R I C E R C A

Web
Links

Salvatore Ferragamo & Hollywood
Museo della scarpa di Salvatore Ferragamo
Altri stilisti italiani
Salvatore Ferragamo Italia Spa: non solo scarpe

CD 2
27-30

a coste *ribbed*
a quadri *checked*
a righe *striped*
a scapito di *at the expense of, to the detriment of*
a tinta unita *solid-color*
abito *suit (men's and women's), dress*
abito da sera *evening gown*
acrilico *acrylic*
antirughe (*m. sing.*) *anti-wrinkle*
armadio *closet*
bretelle (*f. pl.*) *suspenders*
bruciare *to burn*
calzare *to put on, to fit (shoes, gloves)*
calze (*f. pl.*) *socks (stockings, nylons)*
camerino *dressing room*
camicia *shirt*
camoscio *suede*
chiarire *to clarify*
cifra *amount*
collant (*m. pl.*) *pantyhose*
completo *suit (men's and women's) / coordinated outfit*
conto *account*
costume da bagno (*m.*) *bathing suit*
cotone (*m.*) *cotton*
cravatta a farfalla *bowtie*
cucire *to sew*
cuoio *leather (used for shoes)*
di tratto in tratto *every so often*
divisa *uniform*
estetista (*m./f.*) *beautician*
farla da padrone *to dominate*
farsi fare un vestito *to have a suit, dress made*
fedele *faithful*
fibra naturale *natural fiber*
fibra sintetica *synthetic fiber*
guardaroba (*m.*) *wardrobe*
incrocio *crossroad*
indossare *to wear / to put on*
lana *wool*
levarsi *to take off (clothing)*
lino *linen*
marca *brand name*
mettersi (*p.p.* messo) *to put on (clothing, makeup, shoes)*

minigonna *miniskirt*
misura *size*
mutande (*f. pl.*) *underpants*
numero *shoe size*
ombra *shadow / shade*
pancia *stomach / belly*
pantaloncini (*m. pl.*) *shorts*
papillon (*m.*) *bowtie*
parrucchiere/a *hairdresser*
passerella *runway*
pelle (*f.*) *leather (used for clothing or purses)*
pelliccia *fur coat*
pigiama (*m. sing.*) *pajamas*
poliestere (*m.*) *polyester*
portare *to wear*
preside (*m./f.*) *principal*
raggio *ray*
reagire *to react*
ricamare *to embroider*
ricamato *embroidered*
rimpiangere (*p.p.* rimpianto) *to regret*
ripresa *reconstruction, resumption*
ripulirsi *to clean oneself*
risparmiare *to save*
saldo *sale*
sarto/a *tailor*
sciarpa *scarf*
sconto *discount*
seta *silk*
sfilata *fashion show*
smoking (*m.*) *tuxedo*
sorpassato *dated*
spogliarsi *to undress*
spogliatoio *dressing room*
stilista (*m./f.*) *fashion designer*
stivali (*m. pl.*) *boots*
stoffa *fabric*
stupire *to astonish*
su misura *made to order*
tacco *heel*
taglia *size*
tailleur (*m.*) *woman's suit*
tinta *dye*
togliersi (*p.p.* tolto) *to take off (clothing)*
velluto *velvet*

versare *to deposit, to pour*
vestirsi *to get dressed*
vestito *suit (men's and women's), dress*
vestito da sera *evening gown*

Le vostre parole

Web Search Activity

PER COMUNICARE

Dare indicazioni

Dare e ricevere istruzioni

Parlare di vari tipi di giochi e passatempi

Parlare in maniera impersonale

Fortunato al gioco, sfortunato in amore?

○○○ Oltre Ponti

MUSICA:
- Fabrizio de Andrè: «Volta la carta»
- Paolo Conte: «Bartali»
- Lucio Dalla: «Nuvolari»
- Francesco de Gregori: «Leva calcistica della classe '68»
- Luciano Ligabue: «Una vita da mediano»
- Gianni Morandi: «La partita di pallone»
- Adriano Celentano: «Eravamo in 100.000»

FILM & ALTRI MEDIA:
- Pupi Avati: *Regalo di Natale* (Poker)
- Francesco Nuti: *Casablanca Casablanca* (Biliardo)
- Luigi Comencini: *Un ragazzo di Calabria* (Atletica)
- Luigi D'Amico: *Il presidente del Borgorosso Football Club* (Calcio)
- Alberto Negrin: *Gino Bartali – L'intramontabile* (Ciclismo)

A Napoli si gioca a carte anche per strada mentre i bambini guardano e imparano.

267

Fortunato al gioco, sfortunato in amore?

Tutti sanno dell'importanza dello sport per gli italiani e anche chi non lo pratica segue spesso con passione la sua squadra del cuore. Gli sport più popolari in Italia sono sicuramente il calcio, il ciclismo e la Formula 1, ma anche la pallavolo, la pallacanestro e il rugby sono seguiti da un pubblico numeroso. Ma, aldilà dello sport da praticare o da guardare, oppure delle attività che sono comuni a tutte le culture come leggere libri, andare al cinema o ai concerti, quali sono i passatempi preferiti dagli italiani? Insieme ai giochi di società° come Pictionary™, Trivial™ e Monopoli™, molto popolari in Italia così come nel resto del mondo, il gioco delle carte riveste° un ruolo di primo piano nella cultura italiana, dalle Alpi alla Sicilia. Il luogo preferito per il gioco è sicuramente il bar, dove si possono vedere persone di tutte le età che, con le loro bevande sul tavolo, trascorrono i momenti di svago° sfidandosi° in accese partite°. Ma questo passatempo, capace di resistere all'invasione dei videogiochi, non ha bisogno di un luogo specifico. Infatti, viaggiando per l'Italia, si potranno vedere gli italiani giocare a carte in ogni posto che offra la possibilità di farlo: sulle scalinate delle chiese, in spiaggia sotto l'ombrellone o nei parchi. Non è raro vedere giocare insieme nonni e nipoti, mantenendo viva una tradizione i cui inizi sembrano perdersi in un tempo lontano.

Persino° durante le feste natalizie°, accanto all'immancabile° tombola°, le famiglie si riuniscono e passano pomeriggi e serate giocando a carte. I giochi di questo periodo coinvolgono° un numero maggiore di persone e sono diversi da quelli giocati al bar: si passa dal *sette e mezzo* (una variante di *blackjack*) a *bestia* (una specie di briscola), solo per citarne° due tra i più diffusi. Tra le novità di questi anni è necessario includere il poker che, grazie alla trasmissione in televisione delle World Series of Poker, ha visto crescere enormemente la sua popolarità.

Comunque, le carte non rappresentano solo un momento di socializzazione; c'è anche chi crede che siano capaci di rivelare i segreti del futuro. Esistono infatti carte speciali, come i tarocchi, che vengono utilizzate da maghi e cartomanti° per leggere il destino di chi chiede il loro parere. Forse anche grazie a questa associazione tra magia e carte, dobbiamo la nascita del proverbio «Fortunato al gioco, sfortunato in amore» che sembra invitare a tenersi lontani° dalle carte e dal gioco.

giochi... board games
has

amusement, relaxation
challenging each
other / **accese...**
animated games

even / **feste...** Christmas
holidays / inevitable /
Italian bingo / in-
volve, include

to name

fortune-tellers

tenersi... to stay away
from

Una chiromante legge il futuro di un cliente utilizzando i tarocchi.

1. Secondo l'introduzione, a parte gli sport, quali altri giochi fanno parte della tradizione italiana?

2. Quali pensi che siano le differenze tra un bar italiano e uno del tuo Paese?

3. Quali sono i tuoi passatempi preferiti? Quali giochi di società conosci e a quali hai giocato?

4. Nel tuo Paese esistono delle tradizioni di gioco simili a quelle italiane durante le feste più importanti?

5. Ti sei mai fatto leggere le carte da un / una chiromante? Come è stata l'esperienza? Te le faresti leggere ancora?

6. Nel sito Web hai potuto vedere quanti giochi, solamente di carte, esistono in Italia. Quali sono i giochi di carte e di società più popolari nel tuo Paese? Hai mai giocato a carte? A quali giochi? Quando?

 ACE Video Activities

Lessico.edu

 Gli sport

CD 2
31–33

l'allenatore / l'allenatrice *trainer, coach*
l'arbitro *referee*
l'atletica *track and field*
il calcio *soccer*
il campionato *championship*
il campo *field / court*
il canottaggio *rowing*
il ciclismo *cycling*

la classifica (*sports*) *table / placings / results*
la Formula 1 *Formula One car racing*
il nuoto *swimming*
la pallacanestro *basketball*
la pallanuoto *waterpolo*
la pallavolo *volleyball*
il pareggio *tie / draw*
il rigore *penalty shot*

il rugby *rugby*
lo sci *ski*
la sconfitta *defeat*
lo spettatore / la spettatrice *spectator*
il tempo *period*
il tennis *tennis*
il torneo *tournament*
la vittoria *victory*

Le carte

l'asso *ace*
i bastoni, le coppe, i denari, le spade *clubs, cups, coins, spades* (*suits in a traditional Italian deck of cards*)
i cuori, i fiori, i picche, i quadri *hearts, clubs, spades, diamonds*

distribuire / dare le carte *to deal the cards*
la donna / la regina *queen*
il fante *jack*
fare i segni *to signal*
la / le fiche *poker chips*
la mano *hand*
il mazziere *card dealer*

il mazzo di carte *deck of cards*
pescare una carta *to draw a card*
la prima mano *opening hand*
il re *king*
scartare una carta *to discard a card*
il seme *suit (of cards)*

I giochi e la fortuna

l'avversario/a *opponent*
il banditore / la banditrice
   caller (*in tombola*)
la cartella *card* (*in tombola*)
il / la cartomante /
   chiromante *fortune-teller*
la casella *box* (*on tombola
   card*)
contare *to count*
il dado *dice*
estrarre *to draw*
l'estrazione *drawing*
giocare d'azzardo *to gamble*

il giocatore / la giocatrice
   player
il gioco da tavola / il gioco
   di società *board game*
incoraggiare *to encourage*
il lotto *Italian national
   lottery*
la partita *game*
il passatempo *hobby*
perdere *to lose*
il premio *prize*
il punteggio *score*
raggiungere *to reach*

gli scacchi *chess*
scommettere *to bet*
sconfiggere / battere *to defeat*
il segnalino *marker / game
   piece / token*
lo svago *diversion /
   amusement*
i tarocchi *tarot cards*
la tombola *Italian bingo*
il videogioco *videogame /
   computer game*
vincere *to win*

PRATICA

A. La briscola. Tra i giochi di carte preferiti dagli italiani si può riconoscere una discreta popolarità alla *briscola*, alla *scopa*, alla *scala 40* e al *ramino*. Le carte usate sono sia quelle da poker sia le tradizionali carte italiane, dove ogni mazzo è composto da 40 carte, usate sia per la *briscola* sia per la *scopa*. Completa il seguente brano per scoprire come si gioca a briscola.

coppe	spade	distribuiscono
mazzo	contano	farsi dei segni
giocatori	passatempi	scarta

Sicuramente, tra i giochi di carte, la briscola è uno dei _____ preferiti dagli italiani. Si usa un _____ di carte tradizionali italiane con i denari, i bastoni, le coppe e le _____. Le carte più importanti sono l'asso (11 punti), il tre (10 punti) e il re (4 punti)* e poi si scende fino al due. All'inizio della partita si _____ tre carte ai giocatori, che possono essere due o quattro, e poi si scopre una carta sul tavolo. Se la carta sul tavolo è un denari, la briscola per la partita sarà denari, se è un coppe, allora la briscola sarà _____ e così via. La briscola è la carta più importante, quella che permette ai _____ di prendere le carte degli avversari. Si poggiano le carte restanti sopra la briscola. Per cominciare, il giocatore dopo il mazziere _____ la prima carta. Quando si gioca in quattro, dopo la prima mano, i giocatori che sono in coppia possono

---

*Il cavallo (o, in certi mazzi, la regina) vale tre punti; il fante vale due punti; 2, 4, 5, 6, 7 valgono 0 punti.

_____ per informare il compagno delle carte in proprio possesso. Ogni volta che si scarta, si pesca una carta dal mazzo, fino ad esaurimento dello stesso. Dopo aver finito tutte le carte, si _____ i punti e chi supera i sessanta vince.

B. La saggezza dei proverbi.   Secondo il proverbio «fortunato al gioco, sfortunato in amore», non si possono avere entrambe le cose nella vita. Può darsi però che nel gioco e in amore non sia importante soltanto la fortuna ma anche la strategia. Con un compagno / una compagna, scambiatevi delle buone strategie per vincere una partita a carte e / o conquistare un amore. Elencate nella tabella le vostre idee.

strategie per vincere una partita a carte	strategie per conquistare un amore
1. ricordare le carte già giocate	1.
2.	2.
3.	3.

C. Al di là delle carte: i giochi di società.   Accanto al popolarissimo Monopoli e allo Scarabeo (*Scrabble*)™, tra i giochi di società favoriti dagli italiani possiamo contare anche il Pictionary e il Trivial. Nella foto accanto vedete la carta del Pictionary italiano che indica le varie categorie. Con un compagno / una compagna, create una carta che includa le cinque categorie con parole vostre e poi sfidate un altro gruppo a risolvere in due minuti almeno tre delle parole. Una persona del gruppo cercherà di disegnare le parole che voi avete preparato e gli altri dovranno indovinarle. Una volta scaduto il tempo, proverete voi ad indovinare le parole della carta dei vostri avversari.

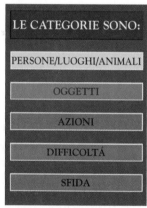

LE CATEGORIE SONO:

PERSONE/LUOGHI/ANIMALI

OGGETTI

AZIONI

DIFFICOLTÁ

SFIDA

PICTIONARY® card is used with permission by Mattel, Inc. © 2008 Mattel, Inc. All Rights Reserved.

D. Le nostre parole.   Pensa a due o tre parole relative all'argomento di questo capitolo che ti sembrano importanti e che non sono presenti nella sezione lessicale. Possono essere parole dall'attività Web, parole contenute nella lettura iniziale o semplicemente parole che ti servono per comunicare meglio. Cercale sul dizionario e presentale in classe spiegando il loro significato in italiano. Poi scrivi le parole che tutti pensano siano importanti nel *Dizionarietto* alla fine del capitolo.

RADIO PONTI

Many of the listening strategies you have already learned can be useful in note taking. Listen for the main point and jot down only important material. Do not get bogged down in detail when taking notes unless you are listening for specific information as in the exercise that follows. The speaker often gives cues to what's important by repeating information or by changing intonation or pace. Listen for both structural cues (introduction, transition words, and summary) and phonological cues (change in voice volume, speed, emotion). When taking notes, listen for signal words: **per esempio, in conclusione, quindi, per questo.** Notes should consist of key words or very short sentences. Use your own words, but try not to change the meaning.

Have a uniform system for punctuation and abbreviation that will make sense to you. Form abbreviations for commonly used words by writing the first few letters. Some forms of shorthand in Italian include:

cmq = comunque	x = per
dx = destro/destra	xché = perché
qlc = qualcosa	xò = però
qln = qualcuno	+ = più
NB = nota bene	− = meno
PS = post scriptum	1°, 2°, ecc. = primo, secondo, ecc.
spt = soprattutto	1ª, 2ª, ecc. = prima, seconda, ecc.
sx = sinistro/sinistra	

Domeniche e calcio!!   Gino lavora per la pagina sportiva del giornale della scuola e ascolta alla radio le partite per preparare il suo articolo. Ascolta anche tu la trasmissione e scegli quali abbreviazioni avrebbe scelto Gino per prendere appunti.

CD 2
34

1. La Juventus vince due a uno al _____ minuto del 2° tempo.
   a. 12°   b. 22°   c. 21°

2. Al 15° minuto il Parma vince tre a uno _____ la partita è ancora aperta.
   a. xò   b. x   c. xché

3. A Genova la partita è stata momentaneamente sospesa xché _____ ha colpito l'arbitro con una bottiglietta.
   a. spt   b. qlc   c. qln

4. Matri ha calciato il rigore con il piede _____.
   a. dx   b. sx   c. spt

ACE Practice
Tests,
Flashcards

SAM
workbook
activities

Nel 1929 la Mondadori pubblicava il primo di tanti romanzi polizieschi in una serie dalla copertina gialla che si chiamava, appunto, Giallo Mondadori. In breve tempo «leggere un giallo» è diventato sinonimo di «leggere un romanzo poliziesco» e ancora oggi «il giallo» è considerato un genere letterario. In questa pubblicità si gioca proprio su tale precedente e ad ogni genere letterario viene dato un colore: quindi «leggere un verde» sarà come «leggere un romanzo storico» mentre «leggere un rosso» vorrà dire «leggere un romanzo fantasy».

A. Che genere è?   Leggi le seguenti trame (*plots*) di romanzi e poi identifica la categoria giusta secondo l'abbinamento fatto nella pubblicità. Scrivi la risposta nello spazio apposito.

   rosso   verde   giallo   azzurro   arancio

1. _____ Due gemelli, un ragazzo e una ragazza, si iscrivono al liceo a metà dell'anno accademico. Avevano fatto parte di un circo per 12 anni e non avevano mai frequentato una scuola normale. Ma non s'accontentano della vita accademica e siccome conoscono molti segreti del mondo magico fanno presto a fare amicizia con gli altri ragazzi. I gemelli invitano i nuovi amici ad accompagnarli in un'avventura che li porterà in altre dimensioni temporali.

2. _____ Molte aspirazioni spingevano verso la libertà e l'uguaglianza ma per ottenerle il popolo aveva dovuto affrontare spesso una forte resistenza politica, regimi ingiusti ed atrocità. Dopo molte ribellioni, però, il risultato fu una società più civile e una possibilità di speranza per le masse.

3. _____ Due cacciatori assistono per caso ad un omicidio nella foresta. Temono di essere scoperti dall'assassino e si nascondono impauriti. Tornati a casa, sentono al telegiornale che la vittima era figlio di un marchese ricchissimo che avrebbe speso anche tutti i suoi soldi per trovare l'assassino. I cacciatori cominciano a credere che si tratti di un crimine organizzato dalla mafia e hanno paura a denunciare la loro scoperta. Le loro vite sono sconvolte. Seguono l'indagine, la fuga, e la caccia.

4. _____ La sua vita in un paesino fuori Torino era rimasta indietro rispetto ai tempi moderni ma quando succedono degli eventi drammatici, si è costretti ad entrare di forza nel presente. Anche la sua onesta famiglia subisce dei soprusi causati da una politica corrotta. Sarà la musica a salvare la sua famiglia, portando il protagonista via dal paese e consegnandolo alla città di Milano dove trova un mondo culturale diverso che sembra pronto ad accoglierlo. La storia racconta appunto la vita di questa famiglia che si sposta trovando nuove prospettive. Il romanzo più autobiografico dello scrittore piemontese.

5. _____ Due ragazzi, dopo essersi laureati, fanno un viaggio in Medio Oriente per la prima volta. Dopo poco tempo vengono scambiati per figli di dignitari. Ad un tratto si trovano in certe situazioni in cui non sanno come comportarsi. Quando cercano di spiegare di non essere imparentati con questi dignitari, non sono creduti. Nessuno gli dà retta. Seguono delle scene in un palazzo ed in giro per la città in cui i protagonisti passano i momenti più belli, comici e surreali della loro vita.

B. Per tutti i gusti. Osservate la pubblicità «Ce n'è per tutti i gusti». Poi pensate ai vostri libri preferiti per ogni categoria. Completate la seguente tabella con le informazioni richieste e dopo, a coppie, raccontate a un compagno / una compagna la trama del vostro libro preferito in assoluto.

categoria	titolo	trama
rosso		
giallo		
arancio		
verde		
azzurro		

C. Commenti, per favore!

Dopo aver fatto queste attività, con un compagno / una compagna, cercate di giudicare la vostra esperienza. Riflettete sui seguenti punti.

1. Siete d'accordo sui colori con cui la pubblicità ha identificato i vari generi di romanzo?

2. Pensate al vostro genere di romanzo preferito e scegliete quello che sarebbe, secondo voi, il colore migliore per descriverlo. Spiegate le vostre ragioni.

D. La tombola.

La tombola viene giocata in tutta Italia da persone di ogni generazione. Il gioco assomiglia al Bingo americano in quanto «il banditore» estrae un numero alla volta, lo annuncia, mentre i giocatori cercano la casella corrispondente sulla loro cartella. Chi possiede il numero chiamato lo ricopre (cover) con un segnalino. Rispetto alla variante americana, nel gioco italiano ci sono più possibilità di vincere e ad ogni passaggio il premio diventa maggiore. I vincitori sono i primi a coprire le caselle nel seguente ordine:

ambo: 2 numeri sulla stessa riga

terno: 3 numeri sulla stessa riga

quaterna: 4 numeri sulla stessa riga

cinquina: 5 numeri sulla stessa riga

tombola: tutti i numeri della cartella

Chi riesce a coprire tutte le caselle della cartella fa tombola e vince un gran premio. Se più di un giocatore dovesse coprire tutta la cartella con lo stesso numero, i vincitori dovranno dividersi la vincita. E ora giocate a tombola!!! In gruppi di due o tre, guardate la vostra cartella e con una matita coprite ogni numero uscito facendo attenzione alle combinazioni vincenti.

3	20		43		64	82
7	28	36	51		77	
12	39		59	68		85

11	30	45	63	72		
4	27	49	67		81	
16		38	52	76		85

14	23	44	60		82	
6	29	31	51	79		
18		37	58	65		90

Una delle tante sale bingo, proprietà dello Stato italiano, dove ogni notte ci si può rilassare giocando a tombola.

16	20		46	64		81
7	23	32		52	70	
18		35		59	67	88

22		40	54		75	
1	10	34		59	77	83
8	25		47		68	86

12	23		40	66		81
1	26	32		57	70	
17		35	44		68	89

E. I giochi. A coppie, dopo aver giocato a tombola, rispondete alle seguenti domande.

1. Perché pensate che la gente trovi la tombola divertente e piacevole?

2. Qual è un gioco che voi fate spesso e che vorreste insegnare ad un italiano? Descrivete il gioco e spiegate come ci si gioca.

RADIO PONTI

Tutti pazzi per il Giro! Ascolta una notizia sui risultati del Giro d'Italia, la più importante corsa ciclistica italiana. Scrivi su un foglio di carta le idee principali e poi decidi se le seguenti informazioni sono vere o false.

CD 2
35

	vero	falso
1. La 9ª tappa ha sconvolto la classifica.	_____	_____
2. La maglia rosa è il simbolo del 1° in classifica nel Giro d'Italia.	_____	_____
3. Sarà soprattutto il freddo a selezionare i corridori più in forma.	_____	_____
4. Ci si aspetta una temperatura di –15 gradi Celsius.	_____	_____

Grammatica & Co.

I La forma passiva

All verbs, transitive and intransitive, have an active form, but only transitive verbs (those that can take a direct object) have a passive form. In the active form of a transitive verb, the subject performs an action that is received by the direct object. In the passive form, the subject of the sentence is acted on. The performer of the action (the *agent*), if mentioned, is introduced by the preposition **da.** The passive voice is used less frequently in Italian than in English. In both languages, it is more common in writing than in speech.

ATTIVA		
L'istruttore	ha spiegato	le regole.
SUBJECT	VERB	DIRECT OBJECT

The instructor explained the rules.

PASSIVA		
Le regole	sono state spiegate	dall'istruttore.
SUBJECT	VERB	**da** + AGENT

The rules were explained by the instructor.

A Formazione della forma passiva

1] The passive voice is formed with the auxiliary verb **essere** + *past participle* of the verb, which agrees in number and gender with the subject. **Essere** may be conjugated in any tense.

2] The agent who performs the action may or may not be named. When named, the agent is preceded by the preposition **da,** which combines with the article when necessary.

presente	Le regole **sono rispettate** da tutti?
	Are the rules observed by everyone?
passato prossimo	La partita **è stata rimandata** al prossimo venerdì.
	The game was postponed until next Friday.
trapassato prossimo	Il premio **era stato vinto** da Remo l'anno precedente.
	The prize had been won by Remo the year before.
passato remoto	Il libro delle regole **fu scritto** dalla persona che inventò il gioco.
	The rulebook was written by the person who invented the game.
imperfetto	Il ragazzo **era** sempre **escluso** dal gioco dagli altri.
	The boy was always excluded from the game by the others.
futuro	I premi **saranno distribuiti** dai bambini.
	The prizes will be distributed by the children.

futuro anteriore	La competizione **sarà stata programmata** per l'estate. *The competition was probably planned for the summer.*
condizionale presente	Con sessantuno punti questa partita **sarebbe vinta.** *With sixty-one points this game would be won.*
condizionale passato	Il futuro **sarebbe stato previsto** dai cartomanti alla festa. *The future would have been predicted by the fortune-tellers at the party.*
congiuntivo presente	È importante che la partita **sia giocata** di sera. *It's important that the game be played in the evening.*
congiuntivo passato	Penso che molti punti **siano stati fatti** disonestamente. *I think many points were scored dishonestly.*
congiuntivo imperfetto	Non pensavo che il poker **fosse amato** così tanto in Italia. *I didn't think that poker was so loved in Italy.*
congiuntivo trapassato	Sarebbe stato meglio se l'asso **fosse stato scartato.** *It would have been better if the ace had been discarded.*

B Altri verbi ausiliari usati nella forma passiva

Andare and **venire** can replace **essere** as an auxiliary verb in passive constructions in the simple tenses. Note that such a use of **andare** often indicates obligation.

Se nessuno fa tombola, un altro numero **è pescato** dal banditore.	*If no one gets tombola, another number is picked by the caller.*
Se nessuno fa tombola, un altro numero **va pescato** dal banditore.	*If no one gets tombola, another number must be picked by the caller.*
Quella mossa **è considerata** un fallo dall'arbitro.	*That move is considered a foul by the referee.*
Quella mossa **viene considerata** un fallo dall'arbitro.	

A. La tombola. Completa con la forma passiva del verbo corretto al presente.

considerare	estrarre	interrompere	organizzare	richiedere
cucinare	giocare	offrire	presentare	vendere

La tombola, una variante del bingo anglosassone, _____ da un gran numero d'italiani. Spesso la tombola _____ da circoli sociali, bar e parrocchie per raccogliere fondi e per offrire un pomeriggio rilassante in compagnia di altre persone. I numeri, quando è possibile, _____ da un bambino, per sottolineare l'imparzialità del gioco. Il gioco è particolarmente divertente quando _____ dai commenti dei giocatori sui numeri estratti o quando i numeri mancanti _____ ad alta voce dai giocatori vicini alla vittoria. In alcuni paesi la tombola _____ l'evento dell'anno: queste tombole prevedono premi grandissimi che spesso _____ da sponsor importanti come la FIAT. Durante queste «super tombole», il paese organizza delle vere e proprie feste dove diversi cibi tradizionali _____ dalle donne locali e poi _____ alle numerose persone che partecipano all'evento. Spesso, alla fine della giornata, uno spettacolo di musica o di danza _____ dalle autorità locali.

B. Giochi diversi, regole diverse. Trasforma le seguenti frasi dalla forma attiva a quella passiva.

1. Il mazziere distribuisce le carte.
2. Il giocatore copriva i numeri con i segnalini.
3. Chi coprirà più numeri vincerà il gioco.
4. Il governo più volte proibì la tombola.
5. I giocatori esperti hanno studiato particolari segni per la briscola.
6. Il banditore della tombola estraeva i numeri.
7. I due ragazzi hanno vinto la partita.
8. I giocatori applicherebbero quasi tutte le regole.

C. Sport e giochi per tutti. A coppie, formate delle domande con la forma attiva e poi rispondete usando la forma passiva. Usate il tempo verbale più logico per il senso della frase che create.

ESEMPIO il ciclismo, seguire, gli italiani
ST. 1: Gli italiani seguono il ciclismo?
ST. 2: Sì, il ciclismo è seguito dagli italiani.

1. il torneo, perdere, la ciclista
2. il campionato, celebrare, lo spettatore
3. l'avversario, sconfiggere, il giocatore
4. il premio, vincere, la squadra
5. il lotto, giocare, tutti
6. il torneo, organizzare il proprietario

Fortunato al gioco, sfortunato in amore? **279**

D. Dal tennis al baseball. Rispondete con la forma passiva seguendo il tempo indicato.

> **ESEMPIO** Sᴛ. 1: Luca Toni ha segnato il gol decisivo?
> Sᴛ. 2: Sì, il gol decisivo è stato segnato da Luca.

1. I tennisti del passato usavano racchette molto più piccole?
2. Pensi che gli italiani seguano la nazionale di rugby?
3. Secondo te, il Milan dominerà la classifica quest'anno?
4. Credevi che i pallavolisti italiani avessero vinto la World League molte volte?
5. La Francia perse la finale della coppa del mondo ai rigori?
6. Oggi i ragazzi italiani sognano una carriera da giocatori professionisti nel baseball?

E. Una partita a Trivial. La settimana scorsa Sebastiano e alcuni amici sono stati a casa di Stefania per giocare a Trivial. Sebastiano afferma che alcuni suoi amici hanno fatto determinate cose. Invece Stefania è sicurissima che le hanno fatte altre persone. A coppie, uno studente legge l'affermazione di Sebastiano. L'altro fa la parte di Stefania e, usando la forma passiva, nega quello che dice Sebastiano.

> **ESEMPIO** Massimo ha perso i dadi. (Graziella)
> No! I dadi sono stati persi da Graziella.

1. Giorgio ha portato il vino. (Damiano)
2. Damiano aveva invitato gli altri. (Francesca)
3. Patrizia ha detto molte bugie quando giocava. (Massimo)
4. Massimo ci aveva spiegato le regole. (Giorgio)
5. Tiziana ci ha offerto la pizza. (Luigi)
6. Luigi aveva sfidato Giorgio. (Alessio)
7. Francesca ha sbagliato tutte le risposte. (Patrizia)
8. Alessio ha vinto la partita. (Tiziana)

ACE Practice
Tests,
Flashcards

SAM
workbook
activities

F. Non è vero! In gruppi di tre, create otto frasi come sopra. Presentatele poi ad un altro gruppo che dovrà contraddirle usando la forma passiva.

> **ESEMPIO** I francesi hanno inventato la tombola.
> No! La tombola è stata inventata dagli italiani.

II Il *si* passivante

The *si* **passivante** is another passive construction in which the agent is not expressed. It is more commonly used than the passive. The *si* **passivante** resembles the third-person singular and plural reflexive forms.

forma attiva	Non hanno capito le istruzioni.
forma passiva	Le istruzioni non sono state capite.
si **passivante**	Non si sono capite le istruzioni.

Formazione del *si* passivante

1] The *si* **passivante** is formed with the pronoun **si** and the third-person singular or plural of a transitive verb. If the subject is singular, the verb is singular; if it is plural, the verb is plural. In the first example that follows, the subject is **il biglietto.** In the second example, the subject is **le istruzioni.**

Si compra il biglietto alla biglietteria.	*You buy the ticket at the ticket counter.**
Si leggerebbero le istruzioni.	*One would read the instructions.*

2] In compound tenses, the *si* **passivante** is conjugated with **essere.** The past participle must agree with the subject in number and gender.

La strategia è stata imparata.	*The strategy was learned.*
Si è imparat**a** la strategia.	*They learned the strategy.*
Tutte le regole **saranno** state imparate.	*All the rules will have been learned.*
Si **saranno** imparat**e** tutte le regole.	*They will have learned all the rules.*

3] *Si* + *pronomi*

When **si** is used with a direct- or indirect-object pronoun, the pronoun precedes **si.** The only exception is **ne,** and in this construction **si** changes to **se** (**se ne**). With direct-object pronouns, the verb is always in the third-person singular. The past participle in a compound verb agrees with the direct-object pronoun.

—Devi sempre giocare quella carta quando la peschi?	*Should you always play that card when you get it?*
—Certamente! **La si** deve giocare sempre quando **la si** pesca.	*Certainly! You should always play that card when you get it.*
Quando si vince, non **se ne** parla.	*When you win, you don't talk about it.*
Gli si danno le carte.	*One (or we) give them the cards.*
Si danno le carte **a loro.**	
Abbiamo vinto tutti i premi. →	*We won all the prizes.* →
Li si è vinti tutti. →	*One (or we) won them all.* →

---

*The *si* **passivante** may be expressed in English in the passive voice with the impersonal *they / you / one.*

A. Il comportamento da tenere allo stadio. Completa le seguenti frasi con la forma corretta del verbo al presente.

1. Si _____ (comprare) i biglietti anticipatamente.
2. Si _____ (guardare) la partita con gli amici.
3. Si _____ (bere) bibite analcoliche.
4. Si _____ (preparare) coreografie per incitare la squadra.
5. Si _____ (cantare) cori tutti insieme.
6. Si _____ (incoraggiare) la squadra del cuore.

B. La lotteria. Trasforma dalla forma passiva al **si** passivante per raccontare le notizie sulla lotteria del Capodanno.

> **ESEMPIO** Gli stessi numeri erano stati scelti da Michele.
> Si erano scelti gli stessi numeri.

1. Per la lotteria sono stati spesi tre milioni di euro dagli italiani.
2. I biglietti erano stati comprati dal pubblico dal primo novembre al 5 gennaio.
3. I numeri sono stati estratti alle 7:00 dal banditore.
4. Poi i numeri sono stati annunciati alla televisione dall'annunciatrice.
5. La lotteria è stata vinta da un ragazzo di 18 anni.
6. La vincita sarà distribuita dal governo per un periodo di 20 anni.

C. Poker a Las Vegas. Trasforma le seguenti frasi attive usando il **si** passivante e i pronomi, quando è possibile.

> **ESEMPIO** Abbiamo fatto le vacanze a Las Vegas.
> Le si è fatte a Las Vegas.

1. Al Venetian, abbiamo imparato le regole per giocare a poker.
2. Quando ci siamo seduti, ci siamo messi gli occhiali da sole.
3. Se hai due buone carte in mano, devi continuare a giocare.
4. Quando avevamo quasi finito le fiche, con tre assi abbiamo vinto la partita.
5. Abbiamo provato grande gioia alla vittoria.
6. Abbiamo conosciuto dei giocatori professionisti.
7. Alla fine, tutti insieme abbiamo bevuto dello champagne.

ACE Practice
Tests,
Flashcards

SAM
workbook
activities

III Il *si* impersonale

The impersonal form is used when a subject is not explicitly named. In English the impersonal form is expressed with *one, people, everyone, they,* or the spoken form *you.* The most common use in Italian is the *si* **impersonale,** but the third-person plural form of the verb or the expressions **la gente** and **uno** can also be used. When using the *si* **impersonale,** the person who completes the action is not identified.

In Italia **si gioca** al lotto il martedì, il giovedì e il sabato.

In Italy people play the lottery on Tuesdays, Thursdays, and Saturdays.

Si va a Las Vegas per divertirsi.

People go to Las Vegas to have fun.

A Formazione del *si* impersonale

The impersonal construction is formed with the pronoun **si** and the third-person singular of any verb, transitive or intransitive. It is used with transitive verbs when the direct object is not expressed.

Con queste carte non **si vincerà.**

You will never win with these cards.

Si arrivò appena in tempo.

They arrived just in time.

Si è usciti tutte le sere.

We went out every night.

B Usi del *si* impersonale

1] **Si** + *verbi intransitivi*

With intransitive verbs (verbs that do not take a direct object), the auxiliary verb in compound past tenses is singular and the past participle is either masculine plural or feminine plural. The feminine plural form is used only when all those referred to are female.

Si è rimasti al bar fino a mezzanotte. (*m.*)

Si è rimaste al bar fino a mezzanotte. (*f.*)

We stayed at the bar until midnight.

2] **Si** + *verbo di stato* + *aggettivo*

When **si** is followed by a verb that expresses a state of being, such as **essere** or **diventare,** and an adjective, the adjective takes the masculine plural form.

Non **si è felici** quando si perde.

People aren't happy when they lose.

Si è coraggiosi se si gioca con Baldino.

You are courageous if you play with Baldino.

Quando **si diventa saggi,** si capisce meglio il mondo.

When you become wise, you understand the world better.

C Verbi riflessivi

1] When the *si impersonale* or *si passivante* is used with reflexive verbs, **ci si** is used to avoid combining **si** + **si.** The verb is in the third-person singular.

Ci si diverte quando si vince.

People are happy when they win.

Dopo che **ci si sarà laureati,** si andrà a Las Vegas!

After we graduate, we'll go to Las Vegas!

2] Past tenses of reflexive verbs follow the same rules as intransitive verbs.

Ci si è divertiti alla partita.   *We had a good time at the game.*

3] When **dovere, volere,** or **potere** is used with a reflexive verb, the modal verb is conjugated.

Ci si può divertire ad   *It's possible to have fun in*
Atlantic City.   *Atlantic City.*

Ci si deve iscrivere ai corsi   *One should enroll in the courses*
prestissimo.   *very early.*

P R A T I C A

A. Le conseguenze...   Svolgi le seguenti frasi nella forma impersonale o passivante secondo il caso.

> **ESEMPIO**   Quando aspetti i numeri del lotto, sei sempre teso.
> Quando si aspettano i numeri del lotto, si è sempre tesi.

1. Quando sei ricco, sei felice.
2. Quando sei stressato, è bene andare in vacanza.
3. Mi stanco se gioco fino a tardi.
4. Sei disonesto se dici bugie.
5. Quando sei sfortunato, è meglio non giocare.
6. Quando perdi tutto, sei disperato.
7. Lui si arrabbia quando non sente chiamare il proprio numero.
8. Sei contento quando vinci la partita.

B. Alla partita.   Rispondi alle seguenti domande usando la forma impersonale e seguendo le indicazioni.

> **ESEMPIO**   A che ora vi siete alzati per andare alla partita? (7:00)
> Ci si è alzati alle 7:00.

1. A che ora vi siete incontrate con Gino e Michele? (11:30)
2. Perché non vi siete vestite con i colori della squadra? (andare a una festa tra amici dopo)
3. Che cosa vi siete dimenticati? (di portare l'ombrello)
4. Dove vi siete fermati dopo la festa? (al bar)
5. A che ora vi siete dati la buona notte? (4:20)
6. E quando vi siete addormentati? (nel primo mattino)

C. Organizzare una festa.   Leggi il seguente brano e identifica tra le forme enumerate il *si* impersonale, la forma passiva, il **si** passivante o il verbo riflessivo.

Avevamo chiesto a Tommaso di organizzare la serata ma lo si riteneva (1) del tutto incapace. Tra di noi, ci si chiedeva (2) spesso se sarebbe stato capace di farlo, o se si sarebbe finiti (3) come l'ultima volta. Quando qualcosa veniva organizzato (4) da lui, come la tombola del mese precedente, nessuno si divertiva (5). Quando si è incapaci (6) come lui, è importante avere il coraggio di dire «Non sono in grado di farlo». Alle nostre serate si balla (7), si fanno (8) giochi di società, ci si incontra (9) con gli amici che spesso, a causa del lavoro, non si possono vedere (10) ogni giorno. Se non si riesce (11) ad organizzarle bene, è un grande problema. La festa è domani. Se va male, ci si dovrà incontrare (12) e dirgli che non si può più andare (13) avanti così.

D. Il gioco dei mimi. A coppie, ricordate una volta in cui avete giocato al gioco dei mimi (*charades*). Poi rispondete alle seguenti domande usando la forma impersonale o quella passivante.

> **ESEMPIO** Sт. 1: Avevate giocato al bar la sera prima?
> Sт. 2: Sì, si era giocato al bar la sera prima.

1. Siete arrivati puntuali per giocare?
2. Era la prima volta che giocavate al gioco dei mimi?
3. Chi o che cosa avete imitato?
4. Gli altri hanno indovinato chi eravate o cosa imitavate?
5. Quante risposte sbagliate hanno dato prima di indovinarlo?
6. Quante persone avete invitato?
7. Per quanto tempo siete rimasti a giocare?
8. Giocherete di nuovo?

E. Indovina il gioco. In gruppi di tre, cercate di ricostruire le istruzioni per un gioco che sapete giocare bene, usando la forma impersonale e il **si** passivante dove necessario. Dopo, raccontate le istruzioni ad un altro gruppo che cercherà di indovinare di quale gioco parlate. Poi scambiatevi di ruolo.

F. Una partita a scopa. Completa il seguente brano con la forma impersonale o con il **si** passivante.

Solitamente una partita a scopa la _____ (giocare) fissando un certo punteggio complessivo da raggiungere. Tale punteggio, che _____ (decidere) all'inizio e di comune accordo, può essere di 11, 16 o 21 punti. In certe regioni _____ (avere) l'abitudine di giocare a «chiamarsi fuori». Cioè, quando con le carte che si sono già conquistate nel corso di una partita _____ (ottenere) tanti punti che, sommati a quelli già realizzati in precedenza, _____ (raggiungere) la quota fissata per la vittoria, ci si deve «chiamare fuori». A quel punto _____ (dovere) sospendere la partita. Ovviamente, avvenuta tale sospensione, occorre controllare che i punti già fatti coincidano con quelli che mancavano. In caso di errore la partita _____ (considerare) vinta dall'avversario.

ACE Practice
Tests,
Flashcards,
Raccontami
una storia

SAM
workbook
and lab
activities

RECOGNIZING CHRONOLOGICAL ORGANIZATION

A text that is organized chronologically presents events and actions in the sequence in which they occurred, from first to last. This strategy is particularly suited to narrative stories, descriptions of processes, and accounts of a series of actions.

PRE-LETTURA

A. La scena che leggerete ha luogo in località Pavaglione, nelle langhe (*foothills*) piemontesi, ma in essa si fa riferimento a molti posti del nord d'Italia. Con un compagno / una compagna, guardate la mappa e osservate dove si trovano Manera, Murazzano, Alba, Asti, Torino e Lequio. Poi, aiutandovi anche con il testo, rispondete alle seguenti domande.

1. Cosa succede al protagonista del racconto, a Manera?
2. Qual è la caratteristica di Murazzano?
3. Qual è la città o il paese più vicino a Monte Carlo?
4. Di dov'era l'uomo che ha vinto molti soldi a Monte Carlo?

B. Nella prima frase il ragazzo che narra, Agostino, parla delle sue conoscenze a Manera: «Non c'era nessuno delle parti del Pavaglione che potessi dirmelo amico, ma non avevo neanche dei nemici...» Scorri il testo ed elenca i nomi delle persone (minimo quattro) menzionate dal ragazzo e cerca di notare una caratteristica per ognuna di loro.

ESEMPIO Mario Bernasca—partitante (*player*) più forte con Baldino

C. A coppie, pensate ad alcuni aggettivi che descrivono una persona che ha il vizio delle carte.

«La malora»

BEPPE FENOGLIO

Nei suoi lavori **Beppe Fenoglio** (1922–1963) prende spunto dalla propria esperienza personale. I suoi romanzi e racconti trattano soprattutto della vita della povera gente nelle Langhe*, dove lo scrittore ha passato la sua vita, e della lotta partigiana durante la seconda guerra mondiale, alla quale ha attivamente partecipato. Da questo passo de «La malora» (*ruin*) scopriamo uno dei pochi divertimenti che i mezzadri (*sharecroppers*) si potevano permettere.

Non c'era nessuno delle parti del Pavaglione** che potessi dirmelo amico, ma non avevo neanche dei nemici, salvo forse un balordo[1] che senza avanzar niente da me e soltanto per far lo spiritoso m'aveva attaccato una festa[2] a Manera, ma m'abbrivò[3] solo a parole. Dai primi tempi conoscevo ormai una partita[4] di gente, e quasi tutta l'ho conosciuta dentro i muri del Pavaglione; perché la casa di Tobia era la prima bisca[5] di quei posti. Baldino, il figlio più giovane, aveva la mano santa con le carte, Tobia gli aveva consegnato il mazzo e lui se lo teneva stretto, non l'imprestava[6] nemmeno a Jano, neanche per lasciargli fare una partita di prova con me. Le sere fisse, Baldino tirava fuori il suo mazzo, che nessuno della casa sapeva dove lo nascondesse, e lo mischiava per mezz'ora e senza mai alzar gli occhi, finché alla porta della stalla bussavano i giovani di tutto lì intorno; e dopo due ciance[7] tanto per mascherar la febbre, si cominciavano i tagli al nove[8]. Tobia s'inginocchiava dietro a Baldino e gli studiava il gioco da sopra la spalla, per ridere forte quando Baldino scopriva la sua carta superiore e dargli uno schiaffetto sul volto quando ramazzava la posta[9].

Un'immagine di Lanzo, cittadina delle Langhe in Piemonte.

Io perdevo più o meno in fretta i miei pochi e m'allungavo da parte sulla paglia[10] a guardare un po' il gioco degli altri e un po' la padrona che filava in un angolo. Jano era come me alle carte, che aveva sempre la sfortuna in favore, ma al contrario di me s'illudeva[11] di potersi rifare, e quando aveva perso tutto il suo chiedeva a Baldino che gli imprestasse sul suo guadagno, ma mai una volta che[12] Baldino gli abbia imprestato un soldo, e in questo era spalleggiato[13] da Tobia che ci speculava e conosceva suo figlio più vecchio per una testa perdente.

A proposito del gioco, anche lassù da noi il vizio è incarnito e giocano forte, specie a Murazzano, ma non

---

*Le Langhe refers to the hills in the southern part of the Piedmont region.
**Pavaglione is the name of a farmhouse in the hills of the Piedmont region.
1. bully   2. **m'aveva...** picked a quarrel with me   3. attacked me   4. group   5. gambling house   6. **non...** wouldn't lend
7. idle chit-chat   8. **si...** everybody started to play the game "nine"   9. **ramazzava...** he collected the money   10. straw
11. he kidded himself   12. **ma...** but never once did   13. supported

c'è nessun confronto con le langhe basse[14], dove in una notte si giocano delle cascine di sessanta giornate[15] e dove spuntano dei giocatori di tanta forza che poi girano il mondo, conosciuti per nome nelle bische d'Alba, d'Asti e di Torino, e che vanno a giocare perfino in Francia. È capitato a me di vedere un uomo di Lequio che aveva vinto un milione a Montecarlo. S'era fermato al bivio[16] di Manera, tutto vestito di nuovo dal cappello alle scarpe, e teneva la vincita in un pacchetto appeso al dito, un pacchetto come quelli che fanno in Alba per le paste dolci. Tutta la gente intorno a Manera correva a vederlo come un baraccone[17], lui aspettava che se ne fosse radunata un po', poi alzava il dito e mostrava in giro il pacchetto dei soldi, e diceva: —Tutto quello che vedo posso comprarmelo. O buona gente, posso farvi diventar tutti miei mezzadri[18] —. Era un uomo di Lequio.

Non fosse stato per il gioco, forse non avrei fatto la conoscenza di Mario Bernasca. Era il partitante[19] più forte con Baldino, e il suo avversario naturale, ma glieli lasciava[20] nove su dieci, e io che tenevo per lui ci pativo[21] io stesso; lui invece sembrava di no, dopo che aveva perso tutto quello che s'era portato dietro diceva sempre di buon umore:

—Tanto non sono miei, sono di quelli che ho piumato[22] lungo questa settimana, —e doveva esser vero perché non perdeva mai meno d'uno scudo[23] e non poteva avercelo se non l'avesse guadagnato al nove o a bassetta[24] da qualche altra parte. E quando aveva ben perso, faceva a Tobia: —Allora, Tobia, stasera ci perdonate il lume[25]—ma Tobia non rinunciava mai a raccogliere la tassa sul lume, anche quando Baldino aveva avuto una sera d'oro.

---

14. **langhe...** low hills, foothills (of Piedmont) 15. **delle...** rich farmhouses 16. crossroad 17. freak 18. sharecroppers 19. player 20. **glieli...** he lost the money 21. I suffered 22. **ho...** I won 23. antique Italian coin 24. a card game 25. **ci...** let us off from paying for the lights

COMPRENSIONE

A.   Metti i seguenti avvenimenti del brano nell'ordine (1–8) in cui sono successi.

_____ a. Un milione era stato vinto da un uomo di Lequio.

_____ b. Tutti gli amici sono stati conosciuti da me dentro i muri del Pavaglione.

_____ c. Il mazzo era tirato fuori tutte le sere da Baldino.

_____ d. I miei pochi soldi furono persi subito.

_____ e. Il mazzo era stato consegnato a Baldino da Jano.

_____ f. Tutte le carte erano mischiate da Baldino.

_____ g. Il gioco è studiato da Jano.

_____ h. I soldi non erano mai imprestati a Tobia da Baldino.

B.   Questo brano è scritto dal punto di vista del ragazzo. Come caratterizza lui i seguenti personaggi?

1. Baldino   2. l'uomo di Lequio   3. Tobia

C.   Che tipo di giocatore è il narratore rispetto a Jano?

D.   Paragona l'immagine di questi giocatori ai giocatori di oggi che vediamo nei film o alla televisione.

E.   Leggi la seguente frase e poi inventa la scena che segue.

«Mi ricordo una notte che Bernasca perdeva già più di due scudi e Baldino rideva come fanno le asine quando le portano al maschio.»

Di propria mano

GIVING INSTRUCTIONS

Giving instructions is a frequent part of everyday life. When relaying oral or written instructions, it is essential to be precise. Use simple language and an easy-to-follow sequence. If the task is complicated, illustrations are very helpful, and at times essential.

In Italian, written instructions and directions typically use the **si impersonale** and / or the **si passivante.**

PRE-SCRITTURA

A coppie, disegnate un oggetto dalla forma semplice. Poi scrivete le istruzioni per disegnare l'oggetto e leggetele ad un'altra coppia di studenti che, seguendole, dovrà creare lo stesso modello. Quando i vostri compagni avranno completato il disegno, paragonatelo al vostro per controllare se hanno seguito bene le vostre istruzioni.

Alcune frasi utili:

fare una linea retta (*to draw a straight line*)
disegnare un cerchio / un quadrato / un rettangolo
unire una linea all'altra / un punto all'altro

SCRITTURA

Prepara un discorso scritto, lungo non più di due minuti, in cui spieghi come fare qualcosa: ad esempio, come giocare a carte, oppure come raggiungere una destinazione, come servire una palla da tennis, come pulire un pesce, come preparare un panino, ecc. Scegli un argomento che pensi di riuscire a spiegare alla classe in meno di due minuti. Ad esempio, per spiegare come si gioca a Monopoli ci metteresti più di due minuti e quindi la scelta di questo argomento è sconsigliata. Dopo che la composizione sarà stata corretta, fai una presentazione orale alla classe portando i materiali visivi necessari per dimostrare la tecnica.

Writing
Tips

BLOCK NOTES

Rifletti su quello che hai potuto osservare su Web, in classe e nelle letture che hai fatto e rispondi ad una delle seguenti domande.

1. Per quanto riguarda i passatempi, esistono grandi differenze tra il tuo Paese e l'Italia?
2. Quali cose faresti in Italia che abitualmente non fai dove vivi? Perché?
3. In base a quello che avevi letto o sentito a proposito dell'Italia, l'immagine data in questo capitolo corrisponde a quella che avevi oppure no?

NEL MONDO **DEI GRANDI**

Un italo-americano nel calcio che conta: *Giuseppe Rossi*

Probabilmente il calcio non raggiungerà mai negli Stati Uniti la popolarità di sport quali il football americano, la pallacanestro e il baseball, ma per i tanti italoamericani e per gli ancor più numerosi latinoamericani che risiedono negli Stati Uniti, rimane lo «spettacolo più bello del mondo». Non sorprenderà, allora, che uno dei più grandi talenti calcistici nati negli States sia proprio un italoamericano. Giuseppe Rossi, nato a Teaneck, in New Jersey, nel febbraio del 1987 da genitori italiani, è stato negli ultimi anni sulle prime pagine dei più importanti giornali sportivi europei. Cresciuto calcisticamente a Clifton, in New Jersey, dove suo padre era allenatore, viene notato dagli osservatori del Parma i quali, all'età di soli quindici anni lo portano in Italia per giocare nelle squadre giovanili. Giuseppe Rossi è un attaccante[1] molto rapido, mancino naturale ma con un gran controllo anche del piede destro, caratteristiche che lo rendono pericolosissimo quando si avvicina alla porta avversaria[2]. Probabilmente per la sua giovane età ma anche per il suo metro e 73 di altezza, si è guadagnato il soprannome di «bambino».

Rossi ha giocato in importanti squadre europee come il Manchester United in Inghilterra, il Parma in Italia e il Villareal in Spagna. Nel 2007 rivela tutte le sue capacità quando, già a metà campionato, arriva al Parma dove i suoi gol salvano la squadra italiana da una retrocessione[3] che prima del suo arrivo sembrava ormai certa. Dopo la parentesi italiana, parte dunque la sua avventura spagnola con il Villareal che lo compra dal Manchester United per una cifra che si aggira sui[4] dieci milioni di euro. Nel 2006 è stato invitato da Bruce Arena al ritiro pre-mondiale della formazione statunitense ma Rossi, che ha una doppia nazionalità, ha rifiutato[5] esprimendo il suo desiderio di giocare per la nazionale italiana e qualcuno non lo ha ancora perdonato per questo. Per ora, resta[6] uno dei più importanti giocatori della nazionale under 21 italiana ma non c'è alcun dubbio che troverà presto spazio anche nella nazionale maggiore. Nel 2008 ha fatto parte della squadra italiana che ha partecipato alle Olimpiadi di Pechino.

---

1. forward   2. opposing goalkeeper   3. relegation   4. is nearly   5. rejected   6. he is still

T R A C C E   D I   R I C E R C A

Web
Links

Altri italoamericani nello sport
Le squadre di calcio italiane
Sportivi italiani in America

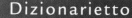

CD 2
36–40

allenatore / allenatrice *trainer, coach*
apposito *appropriate, special*
arbitro *referee*
asso *ace*
atletica *track and field*
avversario *opponent*
banditore / banditrice *caller*
 (*in tombola*)
bastoni (*m. pl.*) *clubs*
battere *to defeat*
caccia *hunt / hunting*
cacciatore / cacciatrice *hunter*
calcio *soccer*
campionato *championship*
campo *field / court*
canottaggio *rowing*
cartella *card* (*in tombola*)
cartomante / chiromante (*m./f.*)
 fortune-teller
casella *box* (*on tombola card*)
cedere *to give*
ciclismo *cycling*
classifica (*sports*) *table / placings /*
 results
contare *to count*
coppe (*f. pl.*) *cups*
cuori (*m. pl.*) *hearts*
dado *dice*
dare le carte *to deal the cards*
dare retta *pay attention to, listen to*
denari (*m. pl.*) *coins*
distribuire *to deal the cards*
donna *queen* (*in cards*)
estrarre (*p.p. estratto*) *to draw*
estrazione (*f.*) *drawing*
fallo *foul*
fante (*m.*) *jack*
fare i segni *to signal*
fiche (*f. sing. & pl.*) *poker chips*
filare *to spin*
fiori (*m. pl.*) *clubs* (*in cards*)
Formula 1 *Formula One car racing*
gemello *twin*
giocare d'azzardo *to gamble*
giocatore / giocatrice *player*
gioco da tavola / di società *board*
 game
imparentato *related*
(im)prestare *to lend*
in prestito *on loan*
incarnito *ingrown*
incoraggiare *to encourage*

indagine (*f.*) *investigation*
inginocchiarsi *to kneel down*
lotto *Italian national lottery*
mano (*f.*) *hand*
mazziere (*m.*) *card dealer*
mazzo di carte *deck of cards*
mischiare *to mix, to mingle*
nuoto *swimming*
pallacanestro (*f.*) *basketball*
pallanuoto (*f.*) *waterpolo*
pallavolo (*f.*) *volleyball*
pareggio *tie / draw*
parrocchia *parish*
partita *game*
passatempo *hobby*
perdere (*pp. perso*) *to lose*
pescare una carta *to draw a card*
picche (*f. pl.*) *spades*
poggiarsi *to lean*
prendere spunto *to take as a starting*
 point
prima mano (*f.*) *opening hand*
punteggio *score*
quadri (*m. pl.*) *diamonds*
radunarsi *to gather*
raggiungere (*p.p. raggiunto*) *to reach*
re *king*
regina *queen*
retrocessione (*f.*) *downfall, demotion,*
 relegation
rigore (*m.*) *penalty shot*
rimandare *to postpone*
rugby (*m.*) *rugby*
saggezza *wisdom*
scacchi (*m. pl.*) *chess*
scartare una carta *to discard a card*
schiaffetto *little slap*
sci (*m. sing. & pl.*) *ski*
scommettere (*p.p. scommesso*) *to bet*
sconfiggere (*p.p. sconfitto*) *to defeat*
sconfitta *defeat*
sconvolgere (*p. p. sconvolto*) *to upset,*
 to disturb
segnalino *game piece / token / marker*
segnare un gol *to make a goal*
seme (*m.*) *suit* (*of cards*)
sopruso *abuse*
spade (*f. pl.*) *spades*
spettatore / spettatrice *spectator*
spostarsi *to move*
spuntare *to sprout / to give rise to*
squadra del cuore *favorite team*

subire *to undergo / to sustain*
svago *diversion / amusement*
tarocchi (*m. pl.*) *tarot cards*
tempo *period* (*ex. quarter, inning*)
tennis (*m.*) *tennis*
teso *tense / tight*
tombola *Italian bingo*
torneo *tournament*
videogioco *videogame / computer*
 game
vincere (*p. p.* vinto) *to win*
vincita *winnings*
vittoria *victory*

Le vostre parole

NON SOLO PER SPORT

La passione degli italiani per gli avvenimenti sportivi è nota a tutti. In un Paese non troppo grande come l'Italia salta subito agli occhi l'esistenza di tre quotidiani a tiratura nazionale dedicati esclusivamente allo sport (*Gazzetta dello sport, Tuttosport* e *Corriere dello sport—Stadio*). Lo sport più popolare è sicuramente il calcio che durante le partite degli *Azzurri*, la squadra nazionale, riesce a fare fermare un'intera nazione. Subito dopo il calcio, vengono la Formula 1 e il ciclismo, ma tutti gli sport sono seguiti quando si tratta di atleti e squadre italiani. Che il calcio sia lo sport nazionale lo si può notare anche girando per le città dove, nei parchi, negli impianti sportivi ma anche nelle strade, si possono vedere giovani e non più giovani calciatori sfidarsi in accese partitelle. Perfino la bicicletta e l'automobile non sono strumenti solamente sportivi: le strade dei centri storici italiani, strette e trafficate, incoraggiano tutti ad utilizzare la bici come mezzo di trasporto e obbligano gli automobilisti a diventare dei veri e propri piloti, non tanto per la velocità ma per evitare pedoni, ciclisti e altre automobili. Italiani, nello sport e nella vita, con atteggiamenti simili.

DOMANDE

1. Quali sono gli sport più praticati nel tuo Paese? È possibile vederli praticati anche nelle strade? Tu quali sport pratichi?

2. Quali tra queste foto ti ha colpito di più e perché?

3. Quali sono gli avvenimenti sportivi più seguiti nel tuo Paese?

Molti cominciano così: come per questi ragazzi in una piazza di Vernazza, in Liguria, ogni luogo è perfetto per una partita di calcio.

Bandiere e canti per protestare a Sorrento.

Bandiere e canti per sostenere
la Sampdoria, una delle
squadre di Genova.

293

I più bravi arrivano qui. Cannavaro solleva la Coppa del Mondo di calcio vinta nel 2006.

Pedoni e camioncini si contendono lo spazio per le strette vie di Lucca.

La Ferrari è prima: ma anche questo non sembra facile.

L'età non conta! A fare la spesa (e due chiacchiere) per le strade del centro
con l'inseparabile bicicletta.

Danilo Di Luca bacia
il trofeo della sua vittoria
al Giro d'Italia del 2007.

Parlare di diversi generi di film

Parlare di fumetti italiani
moderni

Raccontare il dialogo
di un film

Raccontare una conversazione

Internet Café

INDIRIZZO: http://college.hmco.com/pic/ponti2e

ATTIVITÀ: Un lupo... per amico.

IN CLASSE: Scegli una delle strisce che preferisci,
stampala e portala in classe. Presentala ai
tuoi compagni e spiega le ragioni per cui ti è
piaciuta.

Web Search
Activity

Chi li ha visti?

Una scena dal film
di Nanni Moretti,
La stanza del figlio.

●○○ Oltre Ponti

MUSICA:

- Giorgio Gaber: «Snoopy contro
  il barone rosso»

- Eugenio Finardi: «Vil Coyote»

- Samuele Bersani: «Braccio di Ferro»

- Gang: «Paz»

- Lucio Battisti: «Al cinema»

- Lucio Dalla: «Fumetto»

- Litfiba: «Tex»

FILM & ALTRI MEDIA:

- Giuseppe Tornatore: *Nuovo Cinema
  Paradiso*

- Giuseppe Tornatore: *L'uomo delle stelle*

- Renato De Maria: *Paz!*

- Maurizio Nichetti: *Volere volare*

Chi li ha visti?

Dai tempi avventurosi in cui si parlava di «una terra di navigatori, santi ed eroi» molti italiani oggi provano a ritrovare quelle sensazioni al cinema o nei fumetti° che riempiono le edicole di tutta la penisola. Accanto ai prodotti internazionali, l'Italia offre un vasto campionario° di registi cinematografici e disegnatori di fumetti che non ha nulla da invidiare° ai più famosi colleghi nel resto del mondo.

comics
sample
to envy

Il cinema italiano è conosciuto in tutto il mondo soprattutto per i maestri del neorealismo, per i grandi «film d'autore» di registi quali Antonioni, Fellini, Visconti, Pasolini e Bertolucci e per la fama di attori come Marcello Mastroianni e Sophia Loren. In tempi più recenti si è avuta l'esplosione del fenomeno Benigni e, seppur° in tono minore, di Nanni Moretti e sono stati realizzati film di successo quali *Nuovo Cinema Paradiso, Mediterraneo, Il postino, Io non ho paura* e *La meglio gioventù*. Tra i nuovi registi, o tra quelli già affermati° in Italia, figurano Carlo Mazzacurati, Liliana Cavani, Francesca Archibugi, Pupi Avati, Silvio Soldini, Gabriele Muccino e Ferzan Ozpetek (di origine turca ma che si considera regista italiano a tutti gli effetti), i cui lavori presentano un'Italia più vicina ai nostri giorni, osservata attraverso un sapiente° uso della telecamera.

even though

well-known

wise

Nel mondo dei fumetti, oltre al mitico Topolino, quelli che vanno per la maggiore vengono pubblicati dall'editore Sergio Bonelli il quale dà alle stampe vecchie e nuove serie che raggiungono un numero altissimo di lettori. Tra le prime vanno ricordate *Tex, Zagor* e *Comandante Mark*: ambientate tutte e tre nell'America dei pionieri, hanno contribuito enormemente al fascino che gli Stati Uniti hanno esercitato ed esercitano sull'Italia. Tra le seconde, l'«Oscar» della serie di fumetti più venduta va a *Dylan Dog* che come trama° si avvicina agli *X-Files* televisivi, seguita a breve distanza da *Nathan Never*, agente speciale in un mondo del lontano futuro.

plot

DOMANDE

1. Quali sono i film italiani che hai visto o di cui hai sentito parlare?
2. Chi sono i più famosi registi e attori italiani?
3. In Italia i film stranieri vengono doppiati mentre negli altri Paesi molto spesso si preferisce mantenere la lingua originale ed usare sottotitoli. Cosa pensi che sia meglio e perché?
4. Se tu dovessi scrivere un film storico ambientato in Italia, quale periodo sceglieresti e perché?
5. In Italia i fumetti sono letti non solo da giovanissimi. Chi acquista e chi legge fumetti nel tuo Paese? Tu leggi fumetti? Quali erano i tuoi fumetti preferiti da bambino/a?
6. Che tipo di persone pensi che incontreresti se ti iscrivessi alla mailing list di Lupo Alberto? Adulti o giovani? Uomini o donne? Perché?

ACE Video
Activities

Lessico.edu

CD 2
41–44

Il cinema: la produzione

l'attore *actor*
l'attrice *actress*
il cascatore / la cascatrice *stuntman / stuntwoman*
il / la controfigura *double cinematografico cinematographic*
la cinepresa *movie camera*
la colonna sonora *soundtrack*
la comparsa *walk-on / extra (in a film)*
il copione *script*

il costume *costume*
doppiare *to dub*
il doppiatore / la doppiatrice *dubber*
gli effetti speciali *special effects*
girare *to shoot (a film)*
interpretare / fare la parte di *to play the part of*
il produttore (cinematografico) / la produttrice (cinematografica) *filmmaker / producer*

il / la regista *director*
la ripresa *shot*
la scena *scene*
lo sceneggiatore / la sceneggiatrice *screenwriter*
i sottotitoli *subtitles*
il trailer *trailer*

Al cinema

l'anteprima *preview*
la biglietteria *box office*

fare la fila *to stand in line*
la maschera *usher*

lo schermo *screen*

I film

i cartoni animati *cartoons*
la commedia *comedy*
il cortometraggio *short movie*
il documentario *documentary*
il film a colori *color movie*
il film d'animazione *animated movie*

il film d'avventura *adventure movie*
il film d'azione *action movie*
il film dell'orrore *horror movie*
il film di fantascienza *science-fiction movie*

il film giallo *mystery movie*
il film in bianco e nero *black-and-white movie*
il film poliziesco *detective movie*
il film romantico *romantic movie*

il film storico *historical movie*

il lettore DVD *DVD player*

il lungometraggio *feature-length movie*

la (video)cassetta *videotape*

il videoregistratore *video machine (VHS)*

la videoteca *video store*

il western *western (movie)*

I fumetti (*comics*)

il disegnatore / la disegnatrice *cartoon artist*

l'editore / l'editrice *publisher*

l'episodio *episode*

la raccolta *collection*

la ristampa *reprint*

la striscia *comic strip*

PRATICA

A. Tra cinema e fumetti. Quest'anno Luca, Laura e Beppe hanno deciso di affittare un appartamento insieme. Sono tre amici che si conoscono fin dalle elementari e si trovano benissimo insieme con un solo piccolo problema. Inserisci le parole appropriate negli spazi vuoti, per completare il dialogo e scoprire di cosa si tratta.

anteprima	effetti speciali	fila	raccolta
biglietteria	episodio	fumetto	ristampa
comparse	fantascienza		

LUCA: Hai letto l'ultimo numero di *Dylan Dog?*

BEPPE: Sai che amo quel _____! Non potrei proprio fare a meno di comprarlo lo stesso giorno che arriva in edicola. E Laura è come me. Lei ama anche *Zagor.* Non ci crederai, ma ha la _____ completa originale, nessuna _____. Sai quanto costa il primo _____ di *Zagor,* quello uscito nel 1965? Si parla di più di mille euro!

LUCA: Certo che lo so. Sono contento che Laura sia così appassionata di fumetti. Ogni volta che ho voglia di leggerne uno, non devo far altro che andare in camera sua. A proposito di western, stasera sulla RAI danno un film con John Wayne. Ti va di guardarlo?

BEPPE: Veramente preferirei guardare *E.T.* su Canale 5. È un film di _____, e tu sai che sono un appassionato di tutto quello che riguarda gli extraterrestri.

LUCA: Oh no. La scorsa settimana *Blade Runner,* ieri *Star Wars* e oggi ancora? No, vorrei vedere un film realistico, senza troppi _____. Sentiamo cosa dice Laura. Laura, John Wayne o *E.T.* stasera?

LAURA: State scherzando, vero? Non ricordate che per stasera ho comprato i biglietti per l' _____ del nuovo film di Soldini? Per poterli avere, ho fatto la _____ per quattro ore davanti alla _____ del cinema.

BEPPE: È vero! È il film che Soldini ha girato qui a Parma e ci sono anch'io.

LUCA: Tu? Nel film?

BEPPE: Sì. Avevano bisogno di _____. Io sono andato e mi hanno preso.

LUCA: Allora, forse è una buona ragione per non andare.

LAURA: Smettetela di scherzare e preparatevi, che dobbiamo uscire tra 10 minuti.

B. Pollice su, pollice giù. In gruppi di tre, per ogni genere cinematografico elencato qui sotto date l'Oscar ai vostri film preferiti. Poi identificate il peggiore che abbiate mai visto. Presentate e spiegate le vostre scelte alla classe e scoprite quali film sono sicuramente da vedere e quali no, secondo il gusto di tutta la classe.

genere	👍	👎
film d'azione		
film romantico		
film giallo		
film storico		
film di fantascienza		
film d'animazione		

C. Cosa diranno mai? In gruppi di tre, guardate la seguente striscia e completatela con i dialoghi che vi sembrano appropriati.

D. Le nostre parole.   Pensa a due o tre parole relative all'argomento di questo capitolo che ti sembrano importanti e che non sono presenti nella sezione lessicale. Possono essere parole dall'attività Web, parole contenute nella lettura iniziale o semplicemente parole che ti servono per comunicare meglio. Cercale sul dizionario e presentale in classe spiegando il loro significato in italiano. Poi scrivi le parole che tutti pensano siano importanti nel *Dizionarietto* alla fine del capitolo.

R A D I O P O N T I

LISTENING AND INTERPRETING FIGURATIVE LANGUAGE

Speakers of Italian, like many writers and artists, use words to create images. Common examples of figurative language are metaphors, similes, and personification. Figurative language appears in many literary forms but also in advertisements and even in conversation. A metaphor equates two unlike objects to point out the similarities or analogy between them (**Io sono una frana con la matematica.**—*I'm no good at math. / I'm hopeless with numbers.*). A simile compares two unlike objects using *like* or *as* to point out the similarities between them (**È forte come un leone.**—*She's as strong as a lion.*). Personification attributes human qualities to objects (**Il vento accarezza gli alberi.**—*The wind caresses the trees*). Idiomatic expressions (**andare in fumo**—*to go up in smoke*) also evoke images and make speech more colorful.

When listening for figurative language and idiomatic expressions, listen not only for the literal meaning but also for what is associated with it. Remember that even though you may recognize all the words in a sentence, the meanings of those words may be unexpected. If someone says, "**Ha la testa fra le nuvole**," you will understand that it's unlikely that his head is actually in the clouds. Therefore, you would infer that the image expresses an idiomatic meaning.

Nuovi fumetti.   Ascolta una conversazione tra due amiche e poi collega le espressioni della colonna A con le definizioni corrispondenti della colonna B. Ascolta più di una volta e fa' attenzione al contesto.

CD 2
45

A	B
1. essere rose e fiori	a. i criminali
2. cadere dalle nuvole	b. essere distratti
3. la feccia	c. tutto
4. avere la testa fra le nuvole	d. molto astuta
5. furba come una volpe	e. senza pensare
6. capra e cavoli	f. svanire, scomparire
7. a vanvera	g. essere sorpresi
8. dire pane al pane e vino al vino	h. andare bene, senza problemi
9. andare in fumo	i. non nascondere la verità

ACE Practice Tests, Flashcards

SAM workbook activities

Cinemaconcerto 2002 ✪ **Ufficio Cinema Comune di Parma**

MAL D'AMERICA
dal Po al Mississippi

giovedì 1 agosto

ANDY J. FOREST Band in concerto (Blues & Cajun)
Uno dei più noti armonicisti e cantanti della scena blues europea per un sanguigno e incandescente omaggio alla "musica del diavolo".
a seguire film
Alì di Michael Mann (USA, 2001) con Jon Voight, Will Smith, M.Van Peebles
Successo, cadute e lotte di Cassius Clay, il più grande pugile della storia.

giovedì 8 agosto

I BELLI DI WAIKIKI in concerto (Rock'n'Roll Hula Style)
La simpatia, il rock'n'roll anni '50 e le dolci melodie delle isole Hawaii.
"Porta un amico, un costume ed un sorriso e sarai il benvenuto !"
a seguire film
Blow di Ted Demme (USA, 2001) con Penelope Cruz, Jonny Depp, Franka Polente
La vera storia di George Jung, il più noto trafficante di cocaina degli anni '70.

giovedì 22 agosto

Emiliana di Paolo Lasagni e Ferdinando Anceschi (Italia, 2002) **anteprima**
Un angolo di New Orleans nella bassa reggiana, un gruppo di musicisti, i paesaggi del grande fiume, il blues, l'amicizia... Esiste un filo conduttore tra il Po e il Mississippi? Un documentario girato dal fotografo di scena di Ligabue.
a seguire
ORACLE KING & THE PLANTATIONS in concerto (Blues)
Dallo schermo al palco i 6 bluesmen protagonisti di Emiliana: Oracle King, Johnny La Rosa, Oscar Abelli, Armand "the cow", Max Lugli, Martin "Angel Face" Jotti...

Cinema Astra arena estiva

inizio spettacoli h 21.00
ingresso Euro 7,00
Info: 0521 218684 / 0521 960554

www.ufficiocinema.it
e-mail: cinema@comune.parma.it

si ringrazia l'Associazione Lune Nuove per la gentile collaborazione

---

👥 **A. Mal d'America.** Immagini e suoni americani e angoli d'Italia all'americana: ecco come si presenta questa miniserie tra cinema e concerto offerta da un cinema italiano. In gruppi di tre, osservate la grafica di questa cartolina pubblicitaria e leggetene il programma. Poi, riflettendo sui tratti comuni all'Italia e agli Stati Uniti, pensate a tre film che potrebbero far parte di una vostra serie. Pensate anche al tipo di concerto che dovrebbe accompagnare ogni film e trovate un titolo che catturi l'attenzione. Infine, su un foglio di carta, disegnate la grafica del poster per il vostro mini festival «Tra l'Italia e l'America».

Titolo del festival: _____

	titolo	descrizione molto breve del film	tipo di concerto
primo film			
secondo film			
terzo film			

👥 **B. Doppiare: una necessità.** Tutti i film non italiani che arrivano nella penisola vengono doppiati. Fortunatamente i doppiatori italiani sono considerati tra i migliori del mondo. In gruppi di quattro, traducete questo passo da *Harry ti presento Sally* (*When Harry Met Sally*) e poi mettetelo in scena. Due studenti faranno gli attori che parlano inglese, gli altri due proveranno a doppiarli con la traduzione appena fatta.

WAITRESS: What can I get you?

HARRY: I'll have the number three.

SALLY: I'd like the chef salad [**l'insalata dello chef**], please, with the oil and vinegar on the side. And the apple pie à la mode.

WAITRESS: Chef and apple à la mode.

SALLY: But I'd like the pie heated, and I don't want the ice cream on top—I want it on the side. And I'd like strawberry instead of vanilla if you have it. If not, then no ice cream, just whipped cream, but only if it's real. If it's out of a can, then nothing.

WAITRESS: Not even the pie?

SALLY: No, just the pie. But then not heated.

👥 **C. Ciak, si gira.** Alcuni produttori di Cinecittà, la «Hollywood italiana» a Roma, vi hanno appena chiesto di presentare un progetto per un film comico basato sugli stereotipi che caratterizzano gli italiani all'estero. A coppie, preparate un breve progetto. Includete gli stereotipi che vorreste usare, il luogo dove vorreste girare il film, gli attori che vorreste utilizzare e alcune canzoni per la colonna sonora. Fornite spiegazioni per ognuna delle vostre scelte e poi presentatele alla classe.

R A D I O P O N T I

🎧 **Basta brutti voti in storia!!** Ascolta la notizia di una nuova *Storia italiana a fumetti* e decidi se le seguenti informazioni sono vere o false. Fa' attenzione alle espressioni figurative.

CD 2
46

	vero	falso
1. Sembra che l'operazione sia partita bene.	_____	_____
2. Sfortunatamente costa moltissimo.	_____	_____
3. Bisogna rendere la storia piacevole agli studenti.	_____	_____
4. I genitori non dovranno più preoccuparsi per i risultati scolastici dei figli in tutte le materie.	_____	_____

Il discorso diretto e indiretto

© 2008 King Features Syndicate, Inc.
TM Hearst Holdings Inc.

There are two ways to report other people's written or spoken words: direct discourse and indirect discourse.

 A Il discorso diretto

Direct discourse reports the exact words of the speaker, just as they were spoken or written.

Braccio di Ferro disse:	*Popeye said,*
«Mangio spinaci tutti i giorni».	*"I eat spinach every day."*

Direct discourse is the easiest and most objective way to report someone else's words. In writing, the person's words are always enclosed in quotation marks.

Among the verbs commonly used to introduce direct discourse are **dire, chiedere, domandare, esclamare, ordinare, ribattere** (*to retort*), and **rispondere.**

B Il discorso indiretto

In indirect discourse, a narrator restates or rephrases the words of another person rather than repeating them.

Indirect discourse requires an introductory verb like **dire** or **domandare,** but in writing it is not set off by distinctive punctuation, as is direct discourse.

Braccio di Ferro disse che	*Popeye said that*
mangiava spinaci tutti i giorni.	*he ate spinach every day.*

C La trasformazione dal discorso diretto al discorso indiretto

As in English, the transformation of direct discourse into indirect discourse requires several changes:

- change of verb tense
- change of subject
- change of personal pronouns
- change of possessive pronouns and adjectives
- change of demonstrative adjectives and adverbs of location and time
- in some cases, change of verb mood
- **domandare** e **chiedere**

1] Change of verb tense

    a. When the verb that introduces indirect discourse is in the present or future tense, the shift from direct to indirect discourse does not require a change in the verb tense.

discorso diretto	→	discorso indiretto
Antonio dice: «Mi **piacciono** i fumetti».		Antonio dice che gli **piacciono** i fumetti.
Antonio says, "I like comic strips".		*Antonio says that he likes comic strips.*
Antonio dirà: «Non mi **intendo** d'arte».		Antonio dirà che non si **intende** d'arte.
Antonio will say, "I don't know much about art".		*Antonio will say that he doesn't know much about art.*

    b. If, however, the introductory verb is in a past tense, the shift to indirect discourse requires a change in the verb's tense. Note that equivalent changes occur in the indicative and the subjunctive. Below (c, d), each example of a change of tense in the indicative is followed by an example of the same change of tense in the subjunctive.

discorso diretto (presente)	→	discorso indiretto (imperfetto)
Giovanni ha confessato: «Questo film dell'orrore mi **fa** paura».		Giovanni ha confessato che quel film dell'orrore gli **faceva** paura.
Giovanni confessed, "This horror film scares me".		*Giovanni confessed that that horror film scared him.*
Siro ha detto: «Non **credo** che questo cascatore **sappia** fare molto».		Siro ha detto che non **credeva** che quel cascatore **sapesse** fare molto.
Siro said, "I don't believe this stuntman knows how to do much".		*Siro said he didn't believe that that stuntman knew how to do much.*

    c. Verbs in the **imperfetto** and the **trapassato** do not change tense in the shift from direct to indirect discourse.

discorso diretto (imperfetto)	→	discorso indiretto (imperfetto)
Franca ha detto: «Maria non **voleva** restare nel cinema un minuto di più».		Franca ha detto che Maria non **voleva** restare nel cinema un minuto di più.
Franca said, "Maria didn't want to stay at the theater one more minute".		*Franca said that Maria didn't want to stay at the theater one more minute.*

Disse: «**Pensavo** che il giornalino **uscisse** oggi».	Disse che **pensava** che il giornalino **uscisse** quel giorno.
He said, "I thought that the magazine came out today".	*He said that he thought that the magazine came out that day.*

discorso diretto (trapassato) →	discorso indiretto (trapassato)
Ha detto: «L'**avevo** già **vista** in un altro film».	Ha detto che l'**aveva** già **vista** in un altro film.
He said, "I had already seen her in another movie".	*He said that he had already seen her in another movie.*
Rispose: «Non **credevo** che l'**avesse** già **comprata**».	Rispose che non **credeva** che l'**avesse** già **comprata.**
He answered, "I didn't believe that she had already bought it".	*He answered that he didn't believe she had already bought it.*

d. Verbs in other past tenses undergo the following changes.

discorso diretto (passato prossimo / remoto / congiuntivo passato) →	discorso indiretto (trapassato)
Anna aggiunse: «Gli effetti speciali mi **hanno fatto** tremare».	Anna aggiunse che gli effetti speciali l'**avevano fatta** tremare.
Anna added, "The special effects made me tremble".	*Anna added that the special effects had made her tremble.*
Maria ha detto: «Penso che **abbiano girato** il film in Toscana».	Maria ha detto che pensava che **avessero girato** il film in Toscana.
Maria said, "I think they filmed that movie in Tuscany".	*Maria said that she thought they had filmed that movie in Tuscany.*

e. Verbs in the **futuro** and **condizionale** undergo the following changes.

discorso diretto (futuro / condizionale) →	discorso indiretto (condizionale passato)
Hanno commentato: «Non **andremo** mai più ai film di quel regista».	Hanno commentato che non **sarebbero** mai più **andati** ai film di quel regista.
They commented, "We will never go to another film by that director".	*They commented that they would never go to another film by that director.*

f. Hypothetical constructions.

Hypothetical constructions—real, possible, and impossible—undergo the following changes in the shift from direct to indirect discourse.

realtà	
Giulia disse: «Se **avremo** tempo, **andremo** insieme».	Giulia disse che se **avessero avuto** tempo, **sarebbero andati** insieme.
Giulia said, "If we have time, we'll go together".	*Giulia said that if they had time, they would go together.*

possibilità	
Disse: «Se **avessi** tempo, ti **accompagnerei** volentieri».	Disse che se **avesse avuto** tempo, l'**avrebbe accompagnata** volentieri.
He said, "If I had time, I would gladly accompany you".	*He said that if he had time, he would gladly accompany her.*

irrealtà	
Rispose: «Se **avessi avuto** tempo, ti **avrei accompagnato**».	Rispose che se **avesse avuto** tempo, l'**avrebbe accompagnata**.
He said, "If I had had time, I would have accompanied you".	*He said that if he had had time, he would have accompanied her.*

2] Changes of subject, personal pronouns, and possessive pronouns and adjectives

   a. If the introductory verb is in the third person and the subject of the direct discourse is in the first or second person, the subject and verb shift to the third person.

discorso diretto	→	discorso indiretto
Liliana ha ammesso: «**Ho sbagliato**».		Liliana ha ammesso che **aveva sbagliato**.
Liliana admitted, "I made a mistake".		*Liliana admitted that she had made a mistake.*
Cristina e Edoardo urlarono a Liliana: «**Hai sbagliato!**»		Cristina e Edoardo urlarono a Liliana che **aveva sbagliato**.
Cristina and Edoardo yelled at Liliana, "You made a mistake!"		*Cristina and Edoardo yelled at Liliana that she had made a mistake.*

b. If the introductory verb is in the first or second person, or if the indirect-object pronouns **mi, ti, ci,** or **vi** appear in the introductory clause, the subject does not usually change to the third person.

discorso diretto	→ discorso indiretto
Ho ribattuto: «**Io** non lo **guarderò**».	Ho ribattuto che **io** non l'**avrei guardato.**
I said again, "I'm not going to watch it".	*I said again that I would not watch it.*
Tu hai detto: «Non lo **farò**».	Tu hai detto che non l'**avresti fatto.**
You said, "I will not do it".	*You said that you would not do it.*
Luca **ci** ha urlato: «Non **siete** invitati!»	Luca ci ha urlato che non **eravamo invitati.**
Luca screamed at us, "You are not invited!"	*Luca screamed at us that we were not invited.*
Noi abbiamo scritto: «Non **siamo stati** presenti alla riunione».	Noi abbiamo scritto che non **eravamo stati** presenti alla riunione.
We wrote, "We were not present at the meeting".	*We wrote that we were not present at the meeting.*
Io **vi** ho ripetuto: «**Dovete** vedere quel film!»	Io vi ho ripetuto che **dovevate** vedere quel film!
I repeated to you, "You must see that movie!"	*I repeated to you that you had to see that movie!*

c. Indirect discourse reporting the words of a speaker talking about himself or herself can use the infinitive preceded by the preposition **di**. The present infinitive is used to express a contemporary action and the past infinitive to indicate a past action.

discorso diretto	→ discorso indiretto
Tommaso dice: «**Sono** intelligente».	Tommaso dice **di essere** intelligente.
Tommaso says, "I'm intelligent".	*Tommaso says that he is intelligent.*
Tommaso ha detto: «**Ho letto** l'articolo».	Tommaso ha detto **di aver letto** l'articolo.
Tommaso said, "I read the article".	*Tommaso said that he had read the article.*

d. Possessive adjectives and pronouns in the first or second person shift to the third person.

discorso diretto	→ discorso indiretto
mio, tuo	suo
nostro, vostro	loro
Luca dice: «Il **mio** film preferito è *Nuovo Cinema Paradiso*».	Luca dice che il **suo** film preferito è *Nuovo Cinema Paradiso.*
Luca says, "My favorite movie is Nuovo Cinema Paradiso".	*Luca says that his favorite movie is Nuovo Cinema Paradiso.*
Anna e Franco hanno detto: «Il **nostro**, invece, è *Mediterraneo*».	Anna e Franco hanno detto che il **loro**, invece, era *Mediterraneo.*
Anna and Franco said, "Ours, instead, is Mediterraneo".	*Anna and Franco said that theirs, instead, was Mediterraneo.*

e. First- and second-person personal pronouns, direct-object pronouns, indirect-object pronouns, and reflexive pronouns often shift to the third person.

Pronomi oggetto diretto

discorso diretto	→ discorso indiretto
mi, ti	lo, la
ci, vi	li, le
Ferruccio chiese ad Anna: «**Ti** vedrò domani sera al cinema?»	Ferruccio chiese ad Anna se **l'**avrebbe vist**a** la sera dopo al cinema.
Ferruccio asked Anna, "Will I see you tomorrow evening at the movies?"	*Ferruccio asked Anna if he would see her at the movies the following evening.*

Pronomi oggetto indiretto

discorso diretto	→ discorso indiretto
mi, ti	gli, le
ci, vi	gli, ...loro
Gabriella disse: «Anche da grande **mi** piacciono i fumetti».	Gabriella disse che anche da grande **le** piacevano i fumetti.
Gabriella said, "Even as an adult I like comics".	*Gabriella said that even as an adult she liked comics.*

Pronomi riflessivi	
discorso diretto →	**discorso indiretto**
mi, ti	si
ci, vi	si
Annamaria ha detto a Paola: «Sied**ti** qui!»	Annamaria ha detto a Paola di seder**si** là.
Annamaria said to Paola, "Sit here!"	*Annamaria told Paola to sit there.*

3]   Change of demonstrative adjectives and adverbs of location and time

Adjectives and adverbs that express proximity in time or space must be replaced with the corresponding adjectives or adverbs that indicate distance. These changes do not occur if the introductory verb is in the present tense.

discorso diretto →	**discorso indiretto**
questo	quello
qui / qua	lì / là
oggi	quel giorno
l'altro ieri	due giorni prima
ieri	il giorno precedente (prima)
domani	il giorno seguente (dopo)
poco fa	poco prima
ora / adesso	allora
fra poco	poco dopo
scorso	prima / precedente
prossimo	dopo / seguente
a me	a lui / a lei
Sergio ha dichiarato: «**Ieri** ho guardato un film neorealista, ed **ora** sono depresso».	Sergio ha dichiarato che **il giorno prima** aveva guardato un film neorealista e **che allora** era depresso.
Sergio declared, "Yesterday I watched a neorealist film, and now I'm depressed".	*Sergio declared that the day before he had watched a neorealist film and that later he was depressed.*

4]   Changes of verb mood

In indirect discourse, a command can be reported in two ways: with **di** + *infinitive* or with the subjunctive.

POLVERE DI STELLE
Per quelli che dicono di non amare il cinema italiano. Rassegna di film italiani d'autore. Cinema Nuovo Luxor 15–20 maggio 2009

discorso diretto	→ discorso indiretto
imperative	infinito **congiuntivo imperfetto**
Il signore ha urlato: «**Comprate** i biglietti in biglietteria, non qui!»	Il signore ha urlato **di comprare** i biglietti in biglietteria, non lì. il signore ha urlato **che comprassero** i biglietti in biglietteria, non lì.
The man yelled, "Buy the tickets at the ticket booth, not here!"	*The man yelled to buy the tickets at the ticket booth, not there.*

5] **Domandare** and **chiedere**

When the introductory verb in indirect discourse is either **domandare** or **chiedere,** the subsequent verb may be either indicative or subjunctive. Spoken Italian favors the indicative. Questions that are answered with *yes* or *no* are introduced by the word **se.** All other questions are introduced with the same interrogative used in the direct discourse.

discorso diretto	→ discorso indiretto
Carla ha chiesto: «Qual **è** il tuo fumetto preferito?»	Carla ha chiesto quale **era / fosse** il suo fumetto preferito.
Carla asked, "Which one is your favorite comic strip?"	*Carla asked which one was his favorite comic strip.*
Domandò: «**Hai** mai **letto** Paperino?»	Domandò se **avesse / aveva** mai **letto** Paperino.
He asked, "Have you ever read Paperino?"	*He asked if she had ever read Paperino.*

PRATICA

A. Chi l'ha detto? Trasforma le frasi dal discorso diretto al discorso indiretto.

1. Il regista dice: «Non ho ancora scelto l'attore protagonista. Domani farò le audizioni».
2. L'attrice ha chiesto: «Dov'è il mio camerino?»
3. Il cameraman ha urlato: «Andate tutti ai vostri posti, si gira!»
4. Il produttore ha assicurato: «Se useremo la colonna sonora di Ennio Morricone il film sarà un successo».
5. Il pubblico ha commentato: «Il regista non ha rispettato la sceneggiatura».
6. Le comparse hanno dichiarato: «Ieri non abbiamo ricevuto i costumi e il regista si è infuriato».
7. L'attore rispose: «Penso che non ci sia spazio per una prima donna».
8. I doppiatori hanno affermato: «Faremo di tutto per doppiare il film alla perfezione».

B. Lupo Alberto. A coppie, narrate quello che ha detto Lupo Alberto usando il discorso indiretto.

©Silver/McK

C. Un banchetto. Cambia le frasi dal discorso diretto al discorso indiretto.

Nonna Papera disse:

1. «Non potete mancare. Siete nostri ospiti.»
2. «Il banchetto inizierà fra poco.»
3. «Lo zio Paperone ha preparato una grande cena.»
4. «Mangerete dei cibi incredibili.»
5. «Tutto sarà servito.»
6. «I camerieri non sono arrivati.»
7. «Sembra che non ci sia nemmeno un cameriere in giro.»
8. «Allora faremo self-service.»

Nonna Papera concluse: «All'attacco!»

D. Il cinema. In gruppi di tre, uno studente fa la domanda, uno risponde e l'altro narra la risposta usando uno dei verbi introduttivi suggeriti in questo capitolo a pagina 304. Fate attenzione al tempo verbale.

> **ESEMPIO** tu / preferire / film doppiato / sottotitoli
> ST. 1: Preferisci un film doppiato o con i sottotitoli?
> ST. 2: Preferisco un film con i sottotitoli.
> ST. 3: Ha detto che preferiva un film con i sottotitoli.

1. tu / fare / comparsa / scorsa settimana
2. quanto / tu / credere / costare / una cinepresa
3. tu / fare la fila / per / anteprima / ieri
4. tu / pensare / il regista / avere / più autorità / lo sceneggiatore
5. è possibile / a Hollywood / esserci / più sceneggiatori / che film
6. a Hollywood / esserci / più attori / che sceneggiatori
7. quanti / film / tu / vedere / la scorsa settimana
8. tu / preferire andare / cinema / o guardare / film / televisione

E. Intervista allo sceneggiatore di un nuovo film dell'orrore.
Usando il discorso indiretto, ripeti ad un tuo amico / una tua amica le domande che sono state fatte a questo sceneggiatore in un'intervista recente sul suo nuovo film dell'orrore.

ESEMPIO   Cosa comporta esattamente il lavoro di «sceneggiatore»?
Gli hanno domandato che cosa comportava esattamente il lavoro di «sceneggiatore».

1. Che effetto le ha fatto vedere il film?
2. Il viaggio del protagonista è simbolico?
3. In alcune scene ci sono i suoi figli o sono attori bambini?
4. I suoi film sono basati sulla realtà?
5. Cosa ha fatto per creare l'effetto dei colori?
6. Può dirci qualcosa sul suo nuovo progetto?
7. Farebbe di nuovo questo tipo di film se ne avesse l'opportunità?
8. Come si è sentito quando è arrivato l'Oscar?

F. Una serata al cinema.   Cambia il seguente dialogo in discorso indiretto. Introduci ogni frase con uno dei verbi al passato suggeriti a pagina 304.

LUCIA: Vorrei andare al cinema questo pomeriggio.
STEFANO: Proprio ora? Non ne ho voglia.
LUCIA: Ma c'è il nuovo film di Benigni e la mia attrice preferita interpreta la parte della protagonista. Dai! Fammi questo favore.
STEFANO: Se ci tieni così tanto penso di poterti accompagnare. La prossima volta però andiamo a vedere un film di fantascienza che piace a me, con gli effetti speciali, come nei film del mio regista preferito.
LUCIA: D'accordo. Lo farò volentieri. Adesso andiamo!

G. Una puntata del mio programma preferito.   In gruppi di tre, parlate di un film o di una puntata di uno spettacolo televisivo che avete visto recentemente. Raccontate gli avvenimenti principali usando il presente. Poi, usando il discorso indiretto, raccontate ad un altro gruppo quello che avete detto, facendo tutti i cambiamenti necessari. Menzionate almeno sei avvenimenti.

ESEMPIO   Nell'ultima puntata di «House» c'è un giovane che ha una malattia misteriosa. Come sempre gli fanno diversi test senza riuscire a scoprire la causa. Cutty si arrabbia con House perché pensa che lui si sia comportato male...
→ Abbiamo detto che nell'ultima puntata di «House» c'era un giovane che aveva una malattia misteriosa. Poi abbiamo detto che, come sempre, gli facevano diversi test senza riuscire a scoprire la causa. Inoltre abbiamo detto che Cutty si arrabbiava con House perché pensava che lui si fosse comportato male.

ACE Practice Tests, Flashcards, Raccontami una storia

SAM workbook and lab activities

SUMMARIZING

We all summarize constantly in daily life. When you recount a conversation or a scene in a movie or television show—when you render direct discourse as indirect discourse—you typically summarize the intent of individuals' remarks rather than reporting every utterance. Summarizing helps to identify the main ideas of a text and to understand its structure. It requires creative synthesis and condensation of the selection's thrust. Summarizing may begin with an outline, but instead of merely listing the main ideas, a summary creates a new text. The key to the process is to distinguish between the main ideas and the supporting ideas and examples. Putting the main ideas in your own words and in a condensed form can lead to a deeper understanding of any text. Summarized ideas must be attributed to the original source.

PRE-LETTURA

 In gruppi di due o tre, rispondete alle seguenti domande.

1. C'era un adulto che vi ha ispirato quando eravate piccoli/e? Chi era? Che ruolo ha avuto nel formare il vostro futuro?
2. Provate nostalgia per una città o per una persona? Che cosa sentite quando pensate a questa città o a questa persona?
3. Quando eravate piccoli/e, andavate spesso al cinema? Quale tipo di film preferivate e perché? E adesso?

Nuovo Cinema Paradiso

GIUSEPPE TORNATORE

Giuseppe Tornatore (1956–), regista siciliano, ha raggiunto la fama mondiale nel 1988 quando con il suo secondo film, *Nuovo Cinema Paradiso,* ha vinto l'Oscar come migliore film straniero e il premio speciale della giuria al Festival di Cannes. Tra gli altri suoi film ricordiamo *Stanno tutti bene* (1990), *L'uomo delle stelle* (1995) e *Malena* (2000).

L'amore per il cinema negli occhi di un bambino in *Nuovo Cinema Paradiso* di Giuseppe Tornatore.

Roma – Appartamento Salvatore (*Interno notte*)

L'appartamento è ricco, ben arredato. Non c'è nessuno ad aspettare Salvatore. Dalla vetrata[1] della terrazza appare la città immersa nella notte. L'uomo si sveste avviandosi verso[2] la camera da letto. Si muove piano, come non volesse far rumore. Non accende neanche la luce, finisce di svestirsi al chiarore bluastro[3] proveniente dalla[4] vetrata. Un fruscio[5], un movimento sul letto, una voce di donna che si sveglia:

CLARA: Salvatore... Ma che ore sono?...

SALVATORE: È tardi, Clara. Perdonami, ma non ho potuto neanche avvisarti[6] che non sarei arrivato... ... Dormi adesso. Dormi...

(La ragazza...)

CLARA: Ha telefonato tua madre. Mi ha scambiata per un'altra...

SALVATORE: (*sorpreso*) E tu cosa le hai detto?

CLARA: Ho fatto finta di niente, per non deluderla. Abbiamo parlato un bel po'. Dice che non vai a trovarla da anni... Ma è vero?...

SALVATORE: Ha chiamato per dirti solo questo?...

CLARA: Ha detto che è morto un certo Alfredo. E domani pomeriggio ci sono i funerali...

Di colpo gli occhi di Salvatore assumono una strana luce. Non vi si legge più la voglia di prendere sonno. È una notizia che non si aspettava. Che lo coglie impreparato[7]...

CLARA: Ma chi è? Un tuo parente?

SALVATORE: No. Dormi. Dormi.

Lei dorme nel silenzio assoluto della notte.

Una profonda ed inquieta commozione, come un brivido di gelo[8], assale[9] Salvatore. Fissa oltre il vetro la città... ma il suo sguardo va lontano, oltre la linea delle case, oltre il cielo nero, come cercasse di cogliere un volto[10] antico, una espressione che quasi gli sfugge: il volto di Alfredo. Quel nome è come una chiave magica. Evoca mille ricordi, rimuove dai fondali[11] infiniti dell'oblìo[12] un passato che credeva svanito[13], cancellato ed invece ora riemerge, acquista luce per sovrapporsi[14] al suo volto di uomo maturo... un'altra immagine, antica, lontana...

[...]

Sala Cinema Paradiso e cabina (*Interno mattina*)

Il prete[15] è entrato in una sala cinematografica non molto grande.

Lungo le pareti, alternati alle appliques delle luci[16] ci sono i cartelloni con i film imminenti... La donna delle pulizie ha finito, se ne sta andando. In galleria, sopra l'ultima fila di sedie, ci sono i buchi[17] della cabina: quello centrale è mimetizzato[18] da una grande testa di leone che ruggisce[19], tutta in gesso, e tra i denti aguzzi[20] si intravede[21] l'obiettivo del proiettore. Poi ci sono altri due buchi più piccoli dietro i quali si delinea, a tratti, la figura di un uomo...

... È Alfredo, l'operatore. Ha circa quarant'anni, volto duro, da contadino. Ha finito di caricare il proiettore e sta accendendo i carboni nella lanterna. Ora toglie il vetro da uno dei buchi e guarda in sala, verso il prete che gli fa cenno[22]:

PRETE: Alfredo, puoi partire!!

E si siede solitario al centro della sala vuota.

---

1. window   2. **avviandosi...** going toward   3. **chiarore...** bluish light   4. **proveniente...** coming from   5. rustling
6. to inform you   7. **lo...** catches him off-guard   8. **brivido...** shiver (from the cold)   9. comes over   10. face
11. depths   12. oblivion   13. vanished   14. to superimpose   15. priest   16. **appliques...** wall lamps   17. holes
18. camouflaged   19. roars   20. sharp   21. **si...** one catches a glimpse of   22. **fa...** waves

In cabina Alfredo aziona[23] il proiettore...

...Sul quadro appaiono i titoli di testa di un film americano degli anni '40. Il volto del parroco è attento. Nella mano destra, appoggiata sul bracciolo[24] della sedia, tiene il campanello.

In fondo alla platea[25], dietro l'ultima fila, una tenda si muove, si apre una fessura[26], appare il volto piccolo e smunto[27] di Salvatore.

È riuscito a sgattaiolare[28] di nascosto e se ne sta lì silenzioso, affascinato, a seguire la «pellicola» sul quadrato luminoso...

Dal buco della cabina... Alfredo segue il film, ma i suoi occhi vanno spesso verso la sagoma[29] del prete, che adesso tamburella con le dita sul campanello.

Sullo schermo il protagonista e la protagonista, due stars di Hollywood, sono in primo piano, il dialogo è appassionato, romantico.

Salvatore, rapito[30] da quei volti, dal loro modo di parlare, dalla bellezza di lei, scivola piano piano lungo la tenda sino a sedersi per terra, ma i suoi occhi non lasciano mai il quadro...

La scena d'amore è al suo momento più alto, la musica cresce, e finalmente i due protagonisti si abbracciano, si baciano...

Istintivamente il prete alza in aria il campanello, come in un rito antico, e suona con forza...

In cabina Alfredo sente lo squillo, è il segnale che aspettava.

Prende un pezzetto di carta da un mazzetto di fogli pronti all'uso, e lo mette nella bobina[31] che si sta avvolgendo[32], tra le spire di pellicola, in quella precisa scena. La proiezione continua...

... Salvatore ha gli occhi sbarrati[33], forse non ha mai visto un uomo e una donna baciarsi, è un'immagine che ha per lui il fascino del proibito, il terrore del peccato...

Ora sullo schermo è apparsa una figura di donna che si spoglia mostrando per un istante le larghe e voluttuose spalle nude, bianche.

Salvatore guarda a bocca aperta. Il prete, arrabbiato, si attacca alla campanella e la scuote con più forza del solito...

[...]

Cabina Cinema Paradiso (*Interno giorno*)

Nonostante la velocità, dalla bobina appaiono numerosi cerchi[34] bianchi, sono i pezzetti di carta che Alfredo ha inserito. Sta riavvolgendo il film a mano, nell'avvolgifilm. Vicino a lui Salvatore fissa attentamente tutti i suoi movimenti, con occhi svelti, ladri.

ALFREDO: (*duro, urlando*) Qua non ci devi venire!! Ma come te lo devo fare capire?...

ALFREDO: ... Se prende fuoco la pellicola, a come sei piccolo tu, fai una vampata[35] sola: vum!
E diventi un pezzo di carbone...

SALVATORE: (*sovrapponendosi a lui*) ... e diventi un pezzo di carbone!...

Alfredo coglie l'ironia. Fa per dargli uno scappellotto[36], ritira la mano per prendere le forbici.

ALFREDO: (*arrabbiato*) Minchia[37] che lingua lunga che hai! Qualche giorno te la taglio!...

... Salvatore prende lo spezzone[38] e lo guarda da vicino...

SALVATORE: Me lo posso prendere?...

ALFREDO: Minchia ma allora sei sordo! Questo lo devo mettere di nuovo dentro, quando smontiamo la pellicola! Peggio di una piattola[39] sei!?

---

23. starts 24. arm (of a chair) 25. box seats 26. crack 27. pale 28. steal away 29. silhouette 30. fascinated
31. reel 32. winding 33. wide open 34. circles 35. blaze, burst of flame 36. slap, smack 37. *curse used in southern Italy* 38. (literally) a piece of film which has been cut out

Salvatore infila la mano in un cesto pieno di spezzoni. Tira su un ciuffo di pellicola: sono tutti baci tagliati.

SALVATORE: E perché questi non ce l'hai messi quando hai smontato le pellicole?

Alfredo è colto in fallo[40]. Ferma le bobine ad un altro pezzetto di carta, esegue il taglio:

ALFREDO: Perché qualche volta non trovo più il punto giusto e allora... in sostanza... restano qua...

SALVATORE: (*eccitato*) Allora questi me li posso prendere?

Alfredo scoppia, non ne può più. Prende il bambino per le spalle e strattonandolo[41]:

ALFREDO: Senti Totò! Prima che ti do un calcio in culo, facciamo un patto[42]. Questi pezzi qua sono tuoi, te li regalo.

SALVATORE: Grazie!

ALFREDO: Prego! Però! Numero uno: qua non ci devi venire più. Numero due: te li tengo io. Oh!! E ora vattene!!

Lo prende e lo gira verso le scale. Per lui il discorso è chiuso. Torna all'avvolgifilm. Salvatore si volta e, approfittando di un attimo di distrazione di Alfredo, acciuffa una manciata[43] di fotogrammi sparsi sul banco. Li mette in tasca e...

SALVATORE: Però che patto è? I pezzi sono miei. E perché te li devi tenere tu?...

ALFREDO: Vatteneee!!! Non ti fare vedere più!!!

E prima che il calcio giunga a destinazione, Salvatore si è già dileguato[44] correndo veloce giù per la scala a chiocciola[45].

[...]

---

39. nuisance   40. **colto...** caught in the act   41. pulling him   42. pact, agreement   43. **acciuffa...** snatches a handful
44. vanished   45. **scala...** winding staircase

COMPRENSIONE

A. Domande.   In gruppi di tre rispondete alle seguenti domande.

1. Come vi sembra il rapporto tra Clara e Salvatore?
2. Parlate della reazione di Salvatore quando sente la notizia della morte di Alfredo.
3. Cosa avete imparato di Alfredo, del suo lavoro, della sua personalità?
4. Cosa pensate del fatto che il prete censuri il film?
5. Come descrivereste il rapporto tra Salvatore e Alfredo?
6. Secondo voi, Salvatore tornerà per il funerale di Alfredo? Motivate la vostra risposta.
7. Pensate che oggi sia necessario fare la censura dei film?

B. Riassunto.   Per riassumere il testo che avete appena letto, procedete seguendo i passaggi suggeriti qui sotto.

1. Identificate i momenti principali di ogni scena.
2. Riassumete l'azione di ogni scena.
3. Scegliete, nella terza scena, lo scambio centrale tra Alfredo e Salvatore e raccontatelo ai vostri compagni usando il discorso indiretto (riassumetelo invece di riferire ogni parola).

Di propria mano

Reviews of works of fiction (e.g., books and movies) have a double function: to express the reviewer's observations and opinions and to make recommendations to the reader. When reviewing a book, you should examine plot, characters, setting, theme, and information about the author. Does the plot make sense? What is the main character like? How does the setting contribute to the theme?

Because film is a collaborative medium, the contributions of the actors, directors, producers, writers, musicians, and camera operators, as well as the movie's rating, running time, and so forth, all need to be considered when reviewing a film. Were the actors believable? Did the music, special effects, etc., enhance or detract from the movie? Your review ultimately convinces others to see or not to see a film or read a book. Be thorough but concise!

PRE-SCRITTURA

Scriverai una recensione. Prima di scriverla, pensa ai dettagli elencati qui sotto. Scrivi degli appunti per aiutarti a ricordare gli elementi necessari per la recensione. Scrivi più dettagli possibili del film che recensirai.

1. identifica il titolo, il regista e il genere
2. scrivi un riassunto breve della trama
3. nota alcuni dettagli centrali rispetto alla trama
4. paragonalo ad altri film dello stesso regista o a film che trattano lo stesso argomento
5. consiglia ai tuoi lettori di vedere o di non vedere questo film

SCRITTURA

Writing Tips   Adesso, scrivi una tua recensione di un film che hai visto in passato. Segui le strategie suggerite sopra per scriverla.

BLOCK NOTES

Riflettendo su quello che hai potuto osservare su Web, in classe e nelle letture che hai fatto, rispondi alle seguenti domande.

1. Alcuni fumetti interessano agli adulti perché, al di là del piacere della lettura, affrontano problemi del mondo reale. Quali sono alcuni fumetti che conosci e che presentano anche un lato serio?
2. Fumetti e cinema offrono un momento di svago in modo diverso. Quali sono le affinità e le differenze tra i due?
3. Quali sono i film italiani che ti hanno colpito maggiormente? Quali vorresti vedere dopo averne sentito parlare in classe?

NEL MONDO **DEI GRANDI**

Gabriele Salvatores

Gabriele Salvatores, tra i più conosciuti sceneggiatori e registi italiani, nasce a Napoli il 30 luglio del 1950. Presto si trasferisce a Milano dove fonda[1] insieme a Ferdinando Bruni il teatro dell'Elfo, per il quale dirigerà numerosissimi spettacoli. Nel 1981 realizza con Mario Pagani un musical-rock basato sullo shakesperiano *A Midsummer Night's Dream* che arriva a registrare fino a duecentomila presenze.

Questo spettacolo diventerà il suo primo lungometraggio segnando il suo distacco dal teatro e il progressivo avvicinamento al cinema, che si esplica[2] anche attraverso la regia di vari video musicali e di pubblicità televisive. Bisognerà aspettare fino al 1987 per *Kamikazen*, il suo secondo film, seguito poi nel 1989 da *Marrakech Express* e *Turné*. Il grande successo arriva però nel 1990, quando il suo *Mediterraneo* verrà premiato alla notte degli Oscar come migliore film straniero. Al successo di *Mediterraneo* faranno seguito numerosi film tra cui *Sud*, un film denuncia sulle condizioni del meridione[3] dal punto di vista degli emarginati[4], *Nirvana* (1997), uno dei rari film di fantascienza italiani, e *Amnèsia* (2002), incentrato[5] sul difficile rapporto genitori-figli.

Nel 2003 dirige *Io non ho paura*, tratto dal romanzo di Niccolò Ammaniti, con il quale è stato candidato nuovamente all'Oscar. In questo film Salvatores ci riporta ai numerosissimi sequestri[6] perpetrati dall'Anonima Sequestri che hanno terrorizzato l'Italia negli anni '70 e '80 e che hanno visto protagonisti loro malgrado anche personaggi famosi come il cantautore Fabrizio De Andrè e la sua futura moglie, Dori Ghezzi. La grandezza di Salvatores è quella di non sedersi sugli allori[7] e di cercare continuamente nuove strade da percorrere. Ecco allora che nel 2005 si cimenta[8] in un «noir», *Quo vadis, baby?*, tratto dall'omonimo romanzo[9] di Grazia Verasani, in cui alla bellezza del prodotto cinematografico in sé, girato in alta definizione digitale, si dovranno aggiungere le numerosissime citazioni omaggio a film di culto come *Ultimo tango a Parigi* o *M., Il mostro di Düsseldorf*, perfettamente incasellate nelle maglie[10] della trama.

---

1. founded   2. is expressed   3. south   4. outcasts   5. based   6. kidnappings   7. rest on his laurels   8. puts himself to the test   9. novel with the same name   10. enmeshed

TRACCE DI RICERCA

Web Links

I nuovi registi italiani
I sequestri in Italia
L'Italia e gli Academy Awards
Registi e attori italiani a Hollywood

CD 2
47-50

ammettere (*p.p.* ammesso) *to admit*
andare in fumo *to go up in smoke*
anteprima *preview*
attore *actor*
attrice *actress*
avvolgere (*p.p.* avvolto) *to wind,*
   to wrap
banchetto *banquet*
biglietteria *box office*
bobina *reel*
buco *hole*
cartone animato *cartoon*
cascatore *stuntman*
cascatrice *stuntwoman*
cinematografico *cinematographic*
cinepresa *movie camera*
colonna sonora *soundtrack*
commedia *comedy*
comparsa *walk-on, extra (in a film)*
controfigura (*m. f.*) *double*
copione (*m.*) *script*
cortometraggio *short movie*
costume *costume*
dichiarare *to declare, to state*
disegnatore / disegnatrice *cartoon*
   artist
distacco *detachment, separation*
documentario *documentary*
doppiare *to dub*
doppiatore / doppiatrice *dubber*
editore / editrice *publisher*
effetti speciali (*m. pl.*) *special effects*
episodio *episode*
fare la fila *to stand in line*
fare la parte di *to play the part of*
film a colori *color movie*
film d'animazione *animated movie*
film d'avventura *adventure movie*
film d'azione *action movie*
film dell'orrore *horror movie*
film di fantascienza *science-fiction*
   movie
film giallo *mystery movie*
film in bianco e nero *black-and-white*
   movie
film poliziesco *detective movie*
film romantico *romantic movie*

film storico *historical movie*
fumetto *comic book*
girare *to shoot* (a film)
giuria *jury, panel*
guanciale (*m.*) *pillow*
interpretare *to play the part of*
lettore DVD *DVD player*
lungometraggio *feature-length movie*
maschera *usher*
peccato *sin*
presenza (al film) *viewer, presence*
prete (*m.*) *priest*
produttore (cinematografico) /
   produttrice (cinematografica)
   filmmaker, producer
puntata *episode*
raccolta *collection*
regista (*m./f.*) *director*
ripresa *shot*
ristampa *reprint*
scena *scene*
sceneggiatore / sceneggiatrice
   screenwriter
schermo *screen*
scivolare *to slip, to slide*
scoppiare *to burst, to explode*
scuotere (*p.p.* scosso) *to shake*
sguardo *look, glance*
smontare *to take apart*
sottotitoli (*m. pl.*) *subtitles*
spezzone (*m.*) *film strip*
striscia *comic strip*
svago *relaxation, diversion, pastime*
svanire *to vanish, to disappear*
tagliare *to cut*
tamburellare *to tap, to drum*
   (*fingers*)
trailer (*m.*) *trailer*
tratto *trait, feature*
tremare *to tremble, to shake*
urlare *to yell, to cry out*
(video)cassetta *videotape*
videoregistratore (*m.*) *video machine*
   (*VHS*)
videoteca *video store*
western *western (movie)*

Le vostre parole

Internet Café

INDIRIZZO: http://college.hmco.com/pic/ponti2e

ATTIVITÀ: Pacchi, lettere e francobolli.

IN CLASSE: Scegli il francobollo che preferisci, stampalo e portalo in classe. Presentalo ai tuoi compagni e spiega le ragioni per cui è quello che preferisci.

Web Search
Activity

PER COMUNICARE

Parlare dello stile di vita e delle abitudini degli italiani

Parlare degli aspetti della vita quotidiana

Affittare un appartamento in Italia

Riconoscere e usare espressioni idiomatiche

Italiani si diventa?

Manifestando
per i propri diritti

●○○ Oltre Ponti

MUSICA:
- Lucio Battisti: «Il monolocale» (trovare casa)
- Luca Carboni: «Inno nazionale» (il campanilismo)

FILM & ALTRI MEDIA:
- Roberto Rossellini: *Paisà*
- Gianni Amelio: *Lamerica*
- Marco Tullio Giordana: *Quando sei nato non puoi più nasconderti*
- Emanuele Crialese: *Nuovomondo*

Italiani si diventa?

Il sogno di chi viaggia all'estero è, quasi sempre, un'esperienza reale del Paese che visita, non solamente da turista ma da assoluto protagonista.

Sotto parecchi punti di vista l'Italia è il luogo adatto per fare questo tipo di immersione, specialmente quando le mete° del viaggio sono lontane dai percorsi° turistici abituali. Nei piccoli centri italiani, i turisti solitamente trovano cordialità e incoraggiamento° sinceri quando provano a parlare la lingua italiana. Ma la vera immersione avviene quando si è deciso di trascorrere in un Paese straniero un periodo prolungato di tempo. Solo dopo qualche settimana in Italia ci si sarà abituati a bere il caffè in piedi al banco mentre si fanno due chiacchiere° con il barista, a non ordinare il cappuccino a fine pranzo o cena ed a sentirsi parte della città dove si vive.

La comprensione della cultura italiana passa comunque attraverso la lingua. Dopo un po' ci si sente in grado° di usare l'italiano imparato a scuola con le nuove persone e ci si butta° ad assimilare un po' più di lingua gergale°. Risulta più difficile, però, affrontare la burocrazia italiana e le situazioni di tutti i giorni, che si tratti di agenzie immobiliari° o ospedali, stazioni ferroviarie o uffici postali. Le file alle Poste o alle stazioni possono trasformarsi in piccoli incubi° soprattutto quando l'interlocutore non parla altro che l'italiano e la fila dietro comincia ad allungarsi°. Spiegarsi con un agente immobiliare o al pronto soccorso° può risolversi in incomprensioni e/o piccoli disastri.

destinations
routes
encouragement

fanno... chatting

ci... one feels able
ci... one throws oneself / slang
agenzie... real estate agencies
nightmares
to get longer
pronto... emergency room

Tutti in fila alla biglietteria della stazione Termini di Roma.

La ricetta per vivere l'Italia da italiani, insomma, è la stessa che vale per tutti i Paesi del mondo: immergersi completamente in essa nel bene e nel male, senza chiusure mentali e con la lingua come arma principale per affrontare la vita nel nuovo Paese.

DOMANDE

1. Secondo te, perché l'autore del brano pensa che l'Italia sia un luogo perfetto per una vacanza non solo turistica?

2. Nei tuoi viaggi sei mai riuscito/a a «vivere» i luoghi che hai visitato in questo modo? Dove sei andato/a? Perché pensi di esserci riuscito/a o perché credi di averlo vissuto solo da turista?

3. Quali pensi che siano alcune cose necessarie per vivere pienamente in una città o in un Paese stranieri?

4. Nei tuoi viaggi ti sei mai trovato/a in difficoltà a causa della lingua? Quali sono le situazioni in cui non vorresti trovarti in un luogo dove l'inglese è parlato pochissimo?

5. Cosa penseresti di fare per offrire ad un amico straniero che viene nel tuo Paese una «vera» esperienza di immersione? Quali sarebbero, secondo te, le difficoltà più grandi per un italiano che visita il tuo Paese e non ne conosce la lingua?

6. Comprare francobolli on-line elimina il problema di dover fare la fila all'ufficio postale. Quali altri servizi on-line vorresti avere a disposizione per semplificare la tua vita in Italia?

ACE Video
Activities

Lessico.edu

 La burocrazia

CD 2
51–56

l'ambasciata *embassy*
il clandestino / la clandestina *illegal alien*
il consolato *consulate*
l'extracomunitario/a *person from outside the European Union (E.U.) residing in an E.U. country*

l'immigrante (*m./f.*) *immigrant**
l'immigrato/a *immigrant**
il permesso di lavoro *work permit*

il permesso di soggiorno *residency permit*
il visto *visa*

*Immigrante è la persona che viene dall'estero per cercare lavoro; *immigrato* è la persona che si è trasferita in un Paese diverso dal proprio per cercare un lavoro.

MINISTERO DELL'INTERNO

AMMINISTRAZIONE DELLA PUBBLICA SICUREZZA

Questura di CATANZARO

PERMESSO DI SOGGIORNO PER STRANIERI

FOREIGNERS' PERMIT OF STAY

COGNOME
SURNAME

NOME
NAME

LUOGO NASCITA　　　　　　　　　　DATA
PLACE OF BIRTH　　　　　　　　　　　DATE

CITTADINANZA　　　　　　　　　　STATO CIVILE　　RIFUG.
CITIZENSHIP　　　　　　　　　　　CIVIL STATUS　　REFUGEE

RESIDENZA ESTERO
RES. IN THE COUNTRY OF BIRTH

RECAPITO ITALIA–COMUNE　　　　　PROV.
ADDRESS IN ITALY–BOROUGH　　　　　COUNTY

INDIRIZZO
ADDRESS

DOCUMENTO　　　　　　　　　NUMERO　　　SCADENZA　/　　/
DOCUMENT　　　　　　　　　　NUMBER　　　VALID UNTIL

RILASCIATO DA　　　　　　　　DATA　　/　　/
ISSUED BY　　　　　　　　　　DATE

INGRESSO ITALIA–DATA　　　　　FRONTIERA
ENTRY IN ITALY–DATE　　　　　　BORDER OF

VISTO　　　　　　　　　　　RILASCIATO DA　　SCADENZA　/　　/
VISA　　　　　　　　　　　　ISSUED BY　　　　VALID UNTIL

MOTIVO DEL VISTO INGRESSO
REASON FOR VISA

MOTIVO DEL SOGGIORNO
REASON FOR STAY

MEZZO SOSTENTAMENTO
MEANS OF SUPPORT

CONIUGE
WIFE/HUSBAND

PERSONE A CARICO
PERSONS BEING CARED FOR IF LIVING TOGETHER

CONTI CORRENTI POSTALI - Ricevuta di Versamento   Banc

 TELECOM ITALIA   €   sul C/C n. 1404   di Euro   89,00

intestato a:

TELECOM ITALIA S.P.A. BOLOGNA

N. TELEFONO	CODICI		PERIODO
0621931071	15	PR	3 BIM. 2002
FATTURA		SCADENZA	
1H04349463		17/06/2008	

Eseguito da :

CAVATORTA RAG. UGO
60, VIA VERDI
43100 PARMA PR

```
|44/221  02  14-06-08  R1|
|0077              €*89,00*|
|VCY 0320 _____€*0,77*|
```

BOLLO DELL' UFF. POSTALE

IMPORTO DA PAGARE
Euro: **89,00**

SCADENZA 17/06/2008

Le alleghiamo il bollettino per il pagamento

I pagamenti delle fatture precedenti sono regolari. Grazie

Trovare una casa, un appartamento

l'acconto / la caparra *deposit*
l'affitto *rent*
l'allacciamento del telefono *telephone installation*
ammobiliato/a *furnished*
il bilocale *one-bedroom apartment*

la bolletta *bill*
firmare *to sign*
la luce, l'acqua, il gas, il riscaldamento *utilities (electricity, water, gas, heat)*

il monolocale *studio apartment*
il padrone / la padrona di casa *landlord / landlady*

All'ufficio postale

la cartolina *postcard*
il destinatario / la destinataria *recipient*
il francobollo *stamp*

l'impiegato/a *clerk*
il / la mittente *sender*
il pacco *package*
la posta aerea *air mail*

il postino *postman*
il vaglia postale *money order*

Alla stazione

l'andata e ritorno *round trip*
la biglietteria *ticket counter*
la cuccetta *bed in sleeper car (on a train)*
la fila *line*

la prenotazione *reservation*
la prima / seconda classe *first / second class*
la sala d'aspetto *waiting room*

lo sportello *window (for service)*
il supplemento rapido *supplemental fare (for a high-speed train)*

Italiani si diventa?   **325**

Trovare lavoro

compilare *to fill out*
il curriculum vitae *résumé*

il modulo *form*
lo stage *internship*

l'ufficio di collocamento
employment agency

Curriculum Vitae

Nerina Vecchi
Via Pispini 3
53100 Siena
0577-459872

ISTRUZIONE

- Maggio 2008 - Laurea in Economia e commercio - Università degli Studi di Roma.
- Giugno 2004 - Diploma di Ragioneria - Istituto «Melloni» di Siena.

LINGUE

- Inglese, tedesco e spagnolo.

CONOSCENZE INFORMATICHE

- Word, WordPerfect, Adobe Photoshop, Acrobat Reader, Dream Weaver, Multi Edit.

ESPERIENZA LAVORATIVA

- Giugno 2007–presente - Stage per interpreti - Parlamento Europeo, Bruxelles.
- Maggio–Settembre 2006 - Segretaria - Ufficio Commerciale Tidone, Siena.
- Luglio–Agosto 2005 - animatrice - Club Vacanze Sole e Mare, Sciacca.
- Luglio–Agosto 2004 - animatrice - Club Vacanze Savana, Kenia.
- Luglio–Agosto 2003 - animatrice - Club Vacanze Lago d'Idro, Brescia.

Dal medico

avere mal di testa / stomaco /
 denti *to have a headache /
 stomachache / toothache*
la cura *treatment, cure*
la / le diagnosi *diagnosis*
la frattura *fracture*

l'iniezione *injection*
la medicina *medicine*
la pastiglia *pill*
la pomata *ointment*
il pronto soccorso *emergency
 room*

i punti *stitches*
la ricetta *prescription*
il ricovero *hospitalization*
lo sciroppo *medicinal syrup*
sdraiarsi *to lie down*
la vaccinazione *vaccination*

A. Una vacanza disastrosa. Completa il dialogo con le parole appropriate e scopri cos'è successo.

allacciamento   cura   firmare   permesso di lavoro
ambasciata   diagnosi   padrone di casa   visto
biglietteria   fila

GIOVANNI: Amelia, com'è andato il viaggio in Italia?

AMELIA: Non mi va di parlarne... L'Italia era bellissima e credo che ci tornerò, ma farò qualcosa di diverso...

GIOVANNI: Su, per favore, dimmi cos'è successo?

AMELIA: Non ero abbastanza organizzata, non mi ero preparata bene... Tutto era cominciato bene. Ero andata all' _____ per fare mettere il _____ sul passaporto. Come sai, dovevo lavorare al Guggenheim a Venezia e quindi mi sono fatta dare anche il _____. I problemi sono cominciati appena arrivata. Per uno sciopero all'aeroporto di Venezia, siamo stati deviati a Verona. Da lì ho dovuto prendere un treno. Alla _____ c'era una _____ lunghissima e dopo un'ora sono arrivata davanti allo sportello. Purtroppo nessuno parlava inglese e le persone dietro di me non erano molto pazienti. Un vero incubo!

GIOVANNI: Mi sembra solo un piccolo inconveniente...

AMELIA: Questo è solo l'inizio! Una volta arrivata a Venezia, ci sono voluti 25 giorni per l' _____ del telefono e così, per poter chiamare, ho dovuto affittare un telefonino che mi è costato un occhio della testa; il _____, che era stato tanto simpatico prima di _____ il contratto d'affitto, si è rivelato un mostro. Non potevo fare feste, non potevo invitare amici e spesso il riscaldamento non funzionava; per finire mi sono ammalata.

GIOVANNI: Cos'hai avuto?

AMELIA: Non lo so ancora. Il primo dottore ha sbagliato _____, il secondo anche e il terzo finalmente ha capito che avevo una polmonite. Sono stata in ospedale per tre settimane. La _____ era soprattutto a base d'iniezioni... Non voglio più parlarne. Quando sono uscita dall'ospedale, sono dovuta ripartire perché avevano assunto un'altra persona per sostituirmi.

GIOVANNI: Mi dispiace, Amelia. Sei stata davvero sfortunata.

👥 **B. Com'è difficile trovare un appartamento!** A coppie, descrivete il vostro tipo ideale di appartamento, scrivendo la vostra preferenza nell'apposita casella. Poi trovate un compromesso e descrivete un appartamento che accontenti i gusti di entrambi. Aggiungete l'affitto che vorreste pagare e altre cose che per voi sono importanti. Poi presentate la vostra descrizione alla classe.

	studente/studentessa	studente/studentessa
monolocale / bilocale / trilocale		
ammobiliato / non ammobiliato		
al pianterreno / al primo piano / al secondo piano / all'ultimo piano		
numero bagni		
servizi extra indispensabili		
elettrodomestici necessari (lavatrice, lavastoviglie, ecc.)		
con aria condizionata		
con giardino		
con balcone		
affitto massimo		
altre cose importanti		

👥 **C. Al pronto soccorso.** Avete avuto un piccolo incidente in cucina e siete dovuti andare al pronto soccorso. A coppie, fate uno / una la parte del medico, l'altro/a quella del / della paziente. Aiutandovi con le informazioni fornite dal paziente e dal medico nel modulo, ricostruite il dialogo tra i due.

Ospedale San Patrizio — Pronto Soccorso

Nome del paziente: Guido Pisi
Età: 45 anni
Allergie: antibiotici

Parte riservata al medico:

Diagnosi: ferita al dito medio della mano sinistra
Causa: taglio con coltello mentre affettava il salame
Trattamento: vaccinazione antitetanica, 4 punti di sutura
Ricovero: no
Cura: cambiare medicazione una volta al giorno, tenere puliti i punti, non bagnarli per 5 giorni
Note: ritornare tra 10 giorni per la rimozione dei punti

D. E a te com'è andata?   A coppie, chiedete a un vostro compagno / una vostra compagna di classe informazioni sulle sue ultime esperienze, utilizzando le seguenti domande. Quando avete terminato, lasciatevi intervistare da lui / lei.

1. Quando hai viaggiato l'ultima volta in treno? C'era una lunga fila per acquistare il biglietto? Hai viaggiato in prima o in seconda classe?
2. Sei mai stato/a ricoverato/a in ospedale per una frattura? Cosa ti sei rotto/a?
3. Ti hanno mai fatto una diagnosi sbagliata?
4. Hai mai fatto uno stage? Con quale azienda?
5. Di solito compri dei francobolli o vai direttamente all'ufficio postale per spedire le tue lettere?
6. Com'è il tuo padrone di casa? È caro il tuo affitto? In che tipo di appartamento vivi?

E. Le nostre parole.   Pensa a due o tre parole relative all'argomento di questo capitolo che ti sembrano importanti e che non sono presenti nella sezione lessicale. Possono essere parole dall'attività Web, parole contenute nella lettura iniziale o semplicemente parole che ti servono per comunicare meglio. Cercale sul dizionario e presentale in classe spiegando il loro significato in italiano. Poi scrivi le parole che tutti pensano siano importanti nel *Dizionarietto* alla fine del capitolo.

R A D I O   P O N T I

LISTENING TO DETERMINE BIAS AND STEREOTYPING

When you listen to judge a message and interpret a speaker's ideas, you are using critical thinking skills. Try to avoid pre-formed opinions and attitudes toward the speaker or the message, which can distort your perception of the speaker's message. It is a natural tendency to hear what supports your own beliefs, so try to be aware of this bias and its effects in order to combat it. Also, attempt to critically judge both sides of an argument or statement before coming to a conclusion and withhold judgment until comprehension of the message is complete. Your objective should be to seek clarity and understanding.

La stessa idea?   Ascolta le risposte di due politici alla domanda di una giornalista e completa le seguenti frasi scegliendo tra le possibilità offerte.

CD 2
57

1. Il primo politico vuole _____ gli immigranti illegali che hanno un lavoro.
   a. regolarizzare
   b. accogliere
   c. rimpatriare

2. Il primo politico pensa che _____ degli italiani siano più importanti di quelle degli immigrati.

   a. i controlli

   b. le famiglie

   c. le tradizioni

3. Il secondo politico dice che è la sua coalizione a cercare una strada verso _____.

   a. la soluzione

   b. l'integrazione

   c. l'emigrazione

4. Il secondo politico dice che il primo passo deve essere l'incentivazione della _____.

   a. integrazione

   b. comunicazione

   c. festa

ACE Practice Tests, Flashcards

SAM workbook activities

Studio realia

Web Links

A. Offerte di lavoro su Internet.

1.

Nome dell'azienda: Aguar S.a.s.	

Settore: Servizi professionali (consulenze, contabilità)
Società di elaborazione dati contabili[1] in ausilio ad uno studio professionale

CERCHIAMO
1 Segretaria

Non sono richieste conoscenze specifiche se non l'utilizzo di Office e Internet. La candidata dovrà avere meno di 24 anni e svolgerà lavori vari d'ufficio, archivio, segreteria e centralino.

Categoria dell'offerta	Impiegati
Altra categoria	Primo impiego
Area professionale	Amministrazione e Finanza (segreteria, impiegati, contabilità)
Zona di lavoro	Città: Milano (MI), zona Centro (la zona è servita da mezzi pubblici)
Tipo di inquadramento[2]	Assunzione a tempo indeterminato
Stipendio lordo[3] annuo	Fino a 15.000 euro all'anno

---

1. **elaborazione...** bookkeeping   2. position   3. gross

2.

Nome dell'azienda: Mia S.r.l.	
Settore: Turismo (hotel, ristorazione, viaggi) Società di fornitura servizi turistici e animazione turistica	

CERCHIAMO

300 Animatori / Animatrici

Giovani con età compresa tra i 18 e i 35 anni, caratterialmente estroversi, dinamici, disponibili a spostamenti sul territorio nazionale. Bella presenza, conoscenza lingue, buon livello di cultura generale. Individui disponibili a lavorare nell'ambito dell'animazione e intrattenimento turistico.

Categoria dell'offerta	Collaborazioni
Altra categoria	Lavoro temporaneo
Area professionale	Turismo e Lingue (interpreti, guide, alberghieri, animatori)
Zona di lavoro	Nazione: Italia
Tipo di inquadramento	Assunzione a tempo determinato (2 / 6 mesi)
Stipendio lordo annuo	Commisurato alle capacità individuali

3.

Nome dell'azienda: Etjca Milano	
Settore: Vendita al dettaglio[1] Importante catena di supermercati	

CERCHIAMO

50 Cassiere e Cassieri part-time

Giovani, età massima 32 anni, dinamici, anche senza esperienza ma con molta voglia di imparare. Si offre un lavoro di 4 ore giornaliere collocate[2] nel tardo pomeriggio e in chiusura di negozio.

Categoria dell'offerta	Lavoro temporaneo
Altra categoria	Primo impiego
Area professionale	Senza specifiche
Zona di lavoro	Città: Milano (MI)
Tipo di inquadramento	Lavoro temporaneo
Stipendio lordo annuo	Fino a 15.000 euro all'anno

---

1. **al...** retail   2. arranged

Per chi cerca lavoro e non ha paura di spostarsi in città diverse, l'Internet è diventata una fonte d'informazioni preziosissima. Avete visto tre delle offerte dal sito Bancalavoro. Seguendo lo stesso schema, lavorate in coppia create un'offerta per un lavoro che vorreste avere in Italia quando avrete finito l'università. Poi descrivete alla classe il lavoro che avete creato.

Nome dell'azienda:

Settore:

CERCHIAMO

_____

Descrizione:

Categoria dell'offerta	
Altra categoria	
Area professionale	
Zona di lavoro	
Tipo di inquadramento	
Stipendio lordo annuo	

B. Cerco lavoro! A coppie, scoprite quali di queste persone potrebbero fare domanda per uno dei lavori sopra descritti e perché non potrebbero farla per gli altri due.

Cristina Ferrari ha 21 anni e cerca il suo primo lavoro. Preferirebbe lavorare a Milano. Vorrebbe trovare un lavoro che le assicuri un contratto duraturo. No part-time.

Luca Pelosio ha 33 anni. Cerca un lavoro temporaneo mentre aspetta di poter aprire un'attività in proprio.

Chiara Minardi ha 24 anni. Cerca un lavoro lontano dalle grandi città e dove sia possibile fare pratica dell'inglese e del francese che ha studiato all'università.

Guardando poi la vostra offerta di lavoro, decidete chi di queste persone potrebbe andare bene e spiegate perché.

C. Pro e contro. Come avete potuto vedere, in Italia è possibile specificare nelle offerte di lavoro l'età massima dei candidati, mentre in molti altri Paesi è illegale discriminare in base a questo criterio. A coppie, elencate i pro e i contro di questa possibilità.

pro	contro

RADIO PONTI

AAA LAVORO AAA. Ascolta alcuni annunci di lavoro e decidi se le seguenti considerazioni di Marco sono basate su fatti (F) oppure su pregiudizi o stereotipi (P).

CD 2
58

I commenti di Marco, studente universitario:

	F	P
1. Non m'interessa il primo lavoro perché i francesi sono sempre un po' snob.	_____	_____
2. Non mi darebbero mai il secondo lavoro perché non vogliono un uomo per quei lavori.	_____	_____
3. Vorrei lavorare al Teatro Regio perché 600 euro al mese sono un buonissimo stipendio per uno studente.	_____	_____
4. Non voglio lavorare in pizzeria perché sarei impegnato tutto il fine settimana.	_____	_____

Grammatica & Co.

I modi finiti e i modi indefiniti

The conjugated forms of Italian verbs, or **modi finiti** (indicative, subjunctive, conditional, and imperative), specify person, number, time, and sometimes gender. By contrast, the **modi indefiniti** (infinitives, participles, and gerunds) do not specify the subject, and thus never function as the main verb in a sentence. These indefinite forms are used to introduce subordinate clauses that add detail to the statement in the main clause.

Infinitive:	**Dopo aver vinto** la borsa di studio, è potuto andare in Italia per un anno.
	After having won the scholarship, he was able to go to Italy for a year.
Participle:	**Vinta** la borsa di studio, è potuto andare in Italia per un anno.
	Having won the scholarship, he was able to go to Italy for a year.
Gerund:	**Avendo vinto** la borsa di studio, è potuto andare in Italia per un anno.
	Having won the scholarship, he was able to go to Italy for a year.

I L'infinito

The infinitive has two forms: present (simple) and past (compound). The past infinitive consists of the infinitive of the auxiliary verb **avere** or **essere** plus the past participle of the main verb.

infinito presente	infinito passato
affittare	aver(e) affittato
andare	essere andato/a/i/e

Vorrei **affittare** un appartamento in centro.	*I'd like to rent an apartment downtown.*
Dopo **aver affittato** un appartamento in centro, mi sono reso conto che c'era troppo rumore.	*After having rented an apartment downtown, I realized that it was too noisy.*

A Usi dell'infinito presente

1] Like the English *-ing* form, the infinitive often functions as a subject or an object. Sometimes, especially in poetry and proverbs, it is preceded by the definite article **il**.

Vivere in Italia è meraviglioso.	*Living in Italy is wonderful.*
E il **naufragar** m'è dolce in questo mare. (G. Leopardi)	*And sweet to me is being shipwrecked in this sea.*

2] The infinitive can be used as an imperative, particularly in written notices and instructions.

Chiudere il gas!	*Turn off the gas!*

3] The infinitive is used after impersonal expressions containing **essere;** the modal verbs **dovere, potere,** and **volere;** and verbs followed by a preposition.

È necessario **compilare** il modulo completamente.	*It is important to fill out the form completely.*
Vorrei **trovare** un appartamento entro una settimana.	*I'd like to find an apartment within a week.*
Spero di **chiamare** il padrone di casa domani.	*I hope to call the landlord tomorrow.*

B Usi dell'infinito passato

The past infinitive is used to express an action completed before the action of the main verb. The past infinitive may also be introduced by another verb or by **dopo.**

Dopo **aver chiamato** il padrone di casa, sono andata a vedere il bilocale.	*After having called the landlord, I went to see the one-bedroom apartment.*
Mi ricordo di **aver** finalmente **ricevuto** il permesso di lavoro sei mesi fa.	*I remember finally receiving the work permit six months ago.*

C L'infinito e i pronomi

When pronouns are attached to the infinitive, the final **-e** of the infinitive is dropped. With past infinitives, the past participle agrees in gender and number with the pronoun.

Compilar**lo** (il modulo) non è stato facile.	*Filling it out wasn't easy.*
Dopo averglie**le** spedit**e** (le lettere a Remo), sono andata a casa.	*After having mailed them to him, I went home.*
Dopo esser**mi** (io) svegliata presto per portare i documenti in questura, mi sono ricordata che quel giorno dovevo anche andare dal dentista.	*After waking up early to take documents to police headquarters, I remembered that I also had to go to the dentist that day.*

PRATICA

A. Fare o non fare. Luca ha un nuovo lavoro e non vuole fare brutte figure. In gruppi di tre, fate una lista di dieci cose che Luca dovrà fare o non fare domani, quando comincerà a lavorare.

> **ESEMPIO** Luca, non ascoltare l'i-Pod durante le riunioni!
> Luca, devi arrivare sempre puntuale!

B. Sostituzioni. Sostituisci la parte in corsivo con un infinito facendo i cambiamenti necessari.

> **ESEMPIO** *Il pensiero* del trasloco la rendeva nervosa.
> Pensare al trasloco la rendeva nervosa.

1. *La vita* in Italia non è facile.
2. *La perdita dei* soldi dell'acconto era sufficiente per convincerlo a non cambiare casa.
3. Per lui *il viaggio* non era più un'avventura ma era un lavoro.
4. Ci è voluta un'ora per *la lettura degli* annunci.
5. Gli inquilini hanno lottato per *la difesa dei* loro appartamenti.
6. *L'ammissione* che acqua, luce e gas erano troppo cari non era stata una cosa facile per il padrone di casa.

C. Dal medico. Trasforma le seguenti frasi dall'infinito presente all'infinito passato facendo tutti i cambiamenti necessari.

> **ESEMPIO** Penso di *prendere* la medicina stasera.
> Penso di aver preso la medicina ieri sera.

1. Dubito di *comprare* lo sciroppo al supermercato.
2. Temo di *perdere* la pastiglia.
3. Penso di *andare da* un altro medico per questa ricetta.
4. Sono felice di *uscire* dall'ospedale.
5. Spero di *ricevere* una buona diagnosi.
6. Sono contenta di *sdraiarmi* per qualche ora.
7. Credo di *pagare* troppo per le visite mediche.
8. Penso di *guarire*.

D. La burocrazia. Trasforma le seguenti frasi all'infinito passato.

> **ESEMPIO** Dopo *che ebbi ricevuto* il visto, partii.
> Dopo *aver ricevuto* il visto, partii.

1. Dopo *che avrò compilato* il modulo per il permesso di soggiorno, tornerò a casa.
2. Dopo *che ebbe ottenuto* il permesso di lavoro, festeggiò.
3. Dopo *che sarà andata* all'ambasciata, avrà i documenti necessari per viaggiare all'estero.
4. Dopo *che ci saremo sposati*, torneremo al nostro paese per la luna di miele.
5. Dopo *che avrai sentito* il messaggio del consolato, ti sentirai più tranquillo.
6. Dopo *che avrò chiarito* il mio stato, andrò in vacanza.

E. Prima una cosa, poi l'altra. Completa le seguenti frasi con l'infinito passato di un verbo che le completi in modo logico. Attenzione all'accordo.

1. Dopo _corso_, gli piace sdraiarsi sul divano.
2. Dopo _averlo_, manderò cinquanta copie del mio curriculum in giro.
3. Dopo _____, si è recato all'ospedale dove gli hanno dato dieci punti.
4. Dopo _____, spediranno una cartolina al professore d'italiano.
5. Dopo _averlo_, devo chiedere scusa al padrone di casa.— _To apologize_
6. Dopo _____, si sono rese conto che è bene fare una prenotazione.

ACE Practice
Tests,
Flashcards
SAM
workbook
activities

Ⅱ Il participio

Choose between Present or Past Infinitive

The participle has two forms: present and past.

A Il participio presente

The present participle is formed by adding **-ante** to the stem of **-are** verbs, and **-ente** to the stem of **-ere** and **-ire*** verbs. The present participle often serves as a noun or an adjective. Used as an adjective, the present participle agrees with the noun it modifies.

importare   →   import**ante**

dirigere   →   dirig**ente**

seguire   →   segu**ente**

Dopo = past

1] The present participle used as an adjective can replace a relative clause.

I passeggeri **paganti** (che hanno pagato) hanno diritto alla colazione nel vagone ristorante.

Paying passengers have a right to breakfast in the dining car.

Dopo aver pagato tutte le bollette, i soldi **restanti** possono essere usati per la caparra del nuovo appartamento.

After paying all the bills, the rest of the money can be used for the deposit for the new apartment.

2] The present participle can also be used as a noun.

Gli **insegnanti** d'inglese devono avere il permesso di soggiorno.

The English teachers have to have a residency permit.

Quella **cantante** famosa cercherà un posto di lavoro all'Accademia Nazionale di Santa Cecilia.

That famous singer will look for work at the Conservatory of Santa Cecilia.

---

*Note that some **-ire** verbs form the present participle with the suffix **-iente**. Among them: **dormire–dormiente, salire–saliente, venire–veniente.**

B Il participio passato

1] The past participle is already familiar as a component of the compound past tenses. The past participle can also be used alone in a dependent clause to express an action completed before that of the main clause. When used in this way, the past participle agrees with the object or the subject depending on the meaning of the sentence.

Presa la patente, è partito subito in moto.	*Having received his license, he left immediately on a motorcycle.*
Preso per un altro, è stato arrestato.	*Mistaken for someone else, he was arrested.*

2] The past participle can replace a clause beginning with **quando** or **dopo** (**che**) that describes a past action.

Quando **ho finito** di fare le valige, ho chiamato il taxi.	*Having finished packing the suitcases, I called a taxi.*
Finito di fare le valige, ho chiamato il taxi.	

C Il participio passato e i pronomi

When pronouns are used with the past participle, they attach to it.

Fatte **le fotografie**, ci siamo avviati verso il consolato.	*Having taken the pictures (them), we set out for the consulate.*
Fatte**le**, ci siamo avviati verso il consolato.	
Lasciato **il messaggio al direttore**, speravamo di ricevere presto una risposta.	*Having left the message (it) with the director (him), we hoped to get an answer soon.*
Lasciato**glielo**, speravamo di ricevere presto una risposta.	

PRATICA

A. È un participio presente! Sì, ma anche un nome! Molte volte i participi presenti vengono utilizzati come nomi comuni o come aggettivi. Sapresti riconoscere da quali verbi derivano i nomi elencati qui sotto?

1. contenente
2. richiedente
3. agente
4. amante
5. corrente
6. parlante
7. dipendente
8. mancante

*posta... express mail

B. Alla manifestazione. Completa con la forma corretta del participio presente del verbo tra parentesi.

Avendo invitato tutti a partecipare alla manifestazione sui diritti degli _____ (immigrare) africani, ci si aspettava una folla _____ (impressionare). Infatti, tutti i _____ (partecipare) capivano l'importanza della loro presenza per cercare di arrivare ad una vera integrazione. Dopo aver letto tutti i documenti del Governo, era chiaro che molte leggi _____ (importare), avrebbero potuto aiutare la causa di altre culture. I _____ (proporre) delle nuove leggi erano tutti _____ (rappresentare) del comune di Reggio.

 C. Domande per voi. A coppie, rispondete usando il participio passato.

> **ESEMPIO** Quando hai finito i compiti, dove sei andato/a?
> Finiti i compiti, sono andato/a in discoteca.

1. Dopo essere arrivato/a a scuola, sei andato/a subito a lezione?
2. Quando hai aperto la porta, chi hai visto? *Aperta la*
3. Essendo confuso/a, hai deciso di tornare a casa? *Confusa*
4. Dopo aver telefonato agli amici, cosa hai saputo? *Telefonato gli*
5. Quando hai preso il libro, dove l'hai messo?
6. Dopo esserti sdraiato/a sul letto, hai cominciato a leggere? *Sdraito ti*

D. Scambiamoci le parti! Ora ripetete l'esercizio C scambiandovi i ruoli. Questa volta usate i pronomi oggetto diretto, indiretto, doppi, **ci** o **ne** quando possibile.

ACE Practice Tests, Flashcards — SAM workbook activities

III Il gerundio

The gerund is the Italian equivalent of the *-ing* form in English. It is used to describe an action in progress. When a gerund introduces a dependent clause, its subject and the subject of the main clause must be the same.

Pagando (Mentre pagava) la caparra, si rese conto di non avere più soldi.

Paying the deposit, he realized he didn't have any more money.

A Il gerundio presente

1] The present gerund is formed by adding **-ando** to the stem of **-are** verbs and **-endo** to the stems of **-ere** and **-ire** verbs.

consigliare	→	consigli**ando**
credere	→	cred**endo**
preferire	→	prefer**endo**

Some irregular formations include:

bere: **bevendo**   dire: **dicendo**   fare: **facendo**

When a verb is reflexive, the pronoun attaches to the gerund.

togliersi: **togliendosi**   trasferirsi: **trasferendosi**

Non aver paura di commettere errori.
SBAGLIANDO S'IMPARA!
Corsi di lingua per stranieri
«Istituto Astrolabio»
Via Nenni, 10

2] The gerund can replace **mentre** + *imperfect* to indicate an action or condition going on when something else occurred.

Cercando (Mentre cercavo) una farmacia, mi è passato il mal di testa. — *While I was looking for a pharmacy, my headache went away.*

3] A gerund can indicate the manner in which something is done.

Ridendo ha detto: «Perfetto. Non volevo andare comunque.» — *Laughing, she said, "Perfect. I didn't want to go anyway."*

4] A gerund can be used independently to describe a condition that leads to, permits, or causes the action in the main clause. In this case, the subjects of the dependent and independent clauses need not be the same.

Tempo **permettendo,** andremo a Bologna per il weekend. — *Weather permitting, we'll go to Bologna for the weekend.*

Discutendo la situazione con lui di persona, ho capito meglio i problemi che gli stranieri affrontano. — *Discussing the situation with him personally, I better understood the problems that immigrants face.*

5] A gerund can also replace a hypothetical construction.

Pagando (Se paghi) in anticipo, risparmi il 5 per cento. — *By paying ahead of time, you save 5 percent.*

Facendo (Se fai) le valige la sera prima del volo, sarai meno stressato prima di partire. — *By packing your bags the night before your flight, you'll feel less stressed.*

B Il gerundio passato

The past gerund is formed with the present gerund of the auxiliary verb **essere** or **avere** and the past participle. It is used to express actions that took place before the action of the main clause.

mandare → avendo mandato
rimanere → essendo rimasto/a/i/e

Avendo abitato in Italia per un anno, ho imparato ad apprezzare molte tradizioni italiane. — *Having lived in Italy for a year, I learned to appreciate many Italian traditions.*

Essendo arrivata in ritardo, era molto nervosa. — *Having arrived late, she was very nervous.*

C Il gerundio e i pronomi

1] When pronouns are used with the present gerund, they attach directly to it.

Scrivendo **a lui** un email, potrai
avere una risposta più velocemente.

Scrivendo**gli** un email, potrai avere
una risposta più velocemente.

> *By writing him an email,*
> *you'll get an answer faster.*

Andando **a quell'appartamento**,
vedrete quanto è bello.

Andando**ci,** vedrete quanto è bello.

> *If you go to that apartment (there),*
> *you'll see how beautiful it is.*

2] When pronouns are used with the past gerund, they attach to the auxiliary verb. The past participle agrees in gender and number with direct-object pronouns.

Avendo comprato **i biglietti**,
eravamo sicuri di avere un
posto in aereo.

Avendo**li** comprat**i,** eravamo
sicuri di avere un posto in aereo.

> *Having purchased the tickets*
> *(them), we were sure to have*
> *a seat on the plane.*

Essendo**ci** già stata molte volte,
conosceva bene Roma.

> *Having been there many times, she*
> *knew Rome well.*

PRATICA

A. In stazione. Trasforma le seguenti frasi seguendo l'esempio.

ESEMPIO *Mentre andava* alla biglietteria, ha visto un suo amico.
Andando alla biglietteria, ha visto un suo amico.

1. *Mentre si sedeva* in sala d'aspetto, sentì l'annuncio che il suo treno era in arrivo.
2. *Mentre facevi* la prenotazione, hai deciso di comprare un biglietto di prima classe.
3. *Mentre dormivano* nella cuccetta, hanno sentito tanti rumori.
4. *Mentre pagavate* il supplemento rapido, vi accorgeste che il costo del treno era troppo alto.
5. *Mentre lasciavo* lo sportello, vidi il mio portafoglio per terra.
6. *Mentre ordinava* un cappuccino al bar, ha visto arrivare il suo treno.

B. Sempre in stazione. Adesso ripeti l'esercizio usando i pronomi oggetto diretto, indiretto, doppi, **ci** o **ne** quando possibile.

👥 **C. All'ufficio postale.** A coppie, rispondete alle seguenti domande usando il gerundio passato.

> **ESEMPIO** Hai spedito la lettera? (non finirla)
> No. Non avendola finita, non l'ho spedita.

1. Hai incartato il pacco? (dimenticare la carta)
2. È venuto il postino? (essere un giorno di festa)
3. Hai trovato l'indirizzo del destinatario? (perdere l'agenda)
4. Hai preso il vaglia postale? (uscire dall'ufficio alle 8:00)
5. Hai comprato i francobolli? (alzarsi tardi)
6. Sei riuscito/a a leggere il nome del mittente? (lasciare gli occhiali a casa)

👥 **D. Sistemandoti a Roma.** A coppie, chiedete al vostro compagno / alla vostra compagna di classe un aiuto per potervi sistemare a Roma. Rispondete alle domande usando il gerundio. Seguite l'esempio dato.

> **ESEMPIO** trovare un appartamento a Roma
> Sт. 1: Come faccio a trovare un appartamento a Roma?
> Sт. 2: Puoi trovare un appartamento mettendoti in contatto con un'agenzia immobiliare.

1. sapere se ho bisogno di un visto
2. prendere un permesso di soggiorno
3. trovare un monolocale non costoso
4. comunicare con il padrone di casa
5. mandare un pacco ai miei
6. comprare un cellulare

ACE Practice Tests, Flashcards, **Raccontami una storia**

SAM workbook activities

Biblioteca 2000

 Web Links

INTERPRETING IDIOMS

As you learned in **Radio Ponti** in **Capitolo 11,** an idiom is a combination of words that have acquired a special meaning different from the literal meanings of the individual words. One definition of an idiom is a usage that cannot be translated word for word into another language; for this reason, if you find that a literal translation does not seem to make sense with the surrounding context, it may be an idiom.

Some idioms are common to everyday speech. An example of such an idiom in English is *to carry out,* meaning *to put into action.* In Italian a common idiom is **prendere in giro,** meaning *to tease, to fool.*

Other idioms are more colorful, and likely to be baffling to a non-native speaker. Consider what an Italian who had never encountered the term would think if you asked him for a "rain check." You might be similarly baffled if an Italian said that he had been studying English **da un pezzo.**

Advanced language skills call for understanding and using idioms. Some idioms are easy to guess if similar expressions exist in your native language: **stanco morto,** for example, translates as *dead tired.* If you don't recognize an idiom, try to guess its meaning from the context. When using a dictionary to find the meaning of an idiom, search toward the end of the entry.

—Per il permesso di soggiorno, deve compilare questi 56 moduli.
—Mi prende in giro?
—Certo che no! E devono essere tutti in un italiano perfetto!

PRE-LETTURA

A. Studia la seguente lista di frasi idiomatiche e abbina loro il significato corretto.

_____ 1. sfiorare il cielo con le dita
_____ 2. portare i pantaloni

_____ 3. avere cura di sé
_____ 4. tentare la carta sentimentale
_____ 5. ridere a piena gola
_____ 6. groppo in gola
_____ 7. trattenersi a stento
_____ 8. fare la serva
_____ 9. fare per me

a. *to play on someone's emotions*
b. *to barely be able to keep oneself from doing something*
c. *lump in the throat*
d. *to be in seventh heaven*
e. *to be a slave / servant (figuratively)*
f. *to laugh wholeheartedly*
g. *to be the boss*
h. *to take care of oneself*
i. *to suit me*

B. Verifica le tue scelte e poi leggi i seguenti passi e inserisci l'espressione idiomatica dalla lista precedente che descrive meglio la situazione. Fa' tutti i cambiamenti necessari.

1. Giulia ha deciso in giovane età che non voleva essere casalinga e che addirittura non voleva sposarsi. Aveva osservato la vita di sua madre, sempre a pulire, a cucinare, a lavare e stirare, ad aiutare gli altri, ecc., cioè a _____. Giulia aveva deciso che quella vita non _____.

2. Lasciando l'Italia e gli amici per sempre, ha sentito un _____.

3. Quando si incontravano nel weekend, preparavano cibo tradizionale del loro Paese, ascoltavano la loro musica, raccontavano storie divertenti di vecchi tempi e _____.

4. In quella casa, anche se lui credeva di essere il capo, lei prendeva tutte le decisioni importanti e chiaramente era lei che _____.

5. Quando sua madre le disse che poteva andare in Italia, un suo sogno che finalmente si sarebbe realizzato, lei _____.

6. Lei non si trascurava. _____. Tutti i giorni andava in palestra, nuotava in piscina e poi tornava al lavoro.

C. La lettura che segue tratta di una giovane donna emigrata in Italia dal Togo, nell'Africa dell'Ovest. Immaginate quali aspetti della vita italiana le possano sembrare diversi e quali aspetti del suo Paese le possano mancare. Dite le vostre idee alla classe.

Italia: aspetti diversi	Togo: aspetti nostalgici

Mal di...

KOSSI KOMLA-EBRI

Kossi Komla-Ebri è nato in Togo ed è venuto in Italia per studiare medicina. Attualmente lavora all'ospedale di Erba, vicino a Milano. Ha partecipato al premio letterario Eks&Tra* dove ha ricevuto vari riconoscimenti. I suoi lavori sono presenti in numerose antologie.

Turisti e venditori stranieri per le vie della capitale.

Di tutti gli anni trascorsi in Italia, non saprei quale incolpare[1] per quello che mi succede ora. So bene che dovrei decidermi una volta per tutte a recidere[2] il cordone ombelicale che mi lega a questo vizio[3], questa specie di malattia.

Non ricordo neanche come iniziò tutto questo, sicuramente incominciò al mio ritorno in Africa dall'Italia.

«L'Italia!»... allora solo pensarci era come sfiorare il cielo con le dita. Erano anni che Fofo (mio fratello) mi prometteva di portarmi con sé in Europa. Non so descrivere l'immensità della mia gioia quando arrivò la tanto attesa lettera. Ce la portò mio cugino che abitava in città la cui casella postale faceva in pratica da «refugium peccatorum[4]» per tutta la corrispondenza della parentela ed oltre, nel villaggio.

Mio padre fu un po' restio[5] a lasciarmi partire:

—Una ragazza che se ne va da sola nei paesi dei bianchi! Non se ne parla neanche!

Mia madre prese le mie difese:

—Non se ne va da sola, va a raggiungere suo fratello! Al cocciuto[6] «Non se ne parla» reiterato dal marito, lei mi fece segno con la testa di uscire e quel segnale mi rincuorò[7], perché, sapevo, nonostante le apparenze, chi in casa nostra «portava i pantaloni».

Di fatto, il giorno dopo, mia madre mi portò al mercato ad acquistare una valigia, dei pantaloni usati e mio padre andò in città, a richiedere i documenti di viaggio.

---

*Questo concorso è aperto a tutti gli immigrati residenti in Italia e provenienti dall'Europa dell'Est, Africa, Asia e America Latina. Il nome indica la provenienza da altri paesi (Ex) e l'arrivo *tra* gli italiani.

1. to blame   2. to cut   3. habit   4. **refugium...** (Latin) here, a post office box shared by many people   5. reluctant
6. obstinate   7. **mi...** cheered me up

La vigilia della partenza, vidi una tenera lacrima solcare[8] il viso di mia madre ed ebbi un effimero senso di colpa, sapendo di abbandonarla da sola al lavoro dei campi e alle faccende domestiche. Papà si rinchiuse in un silenzio di difesa fino all'ultimo momento, poi nel salutarmi, mi mise nella mano un talismano di cuoio intarsiato[9], con una conchiglia e brontolò:

—Abbi cura di te!

L'Italia! Dio, il freddo! Non immaginavo fosse così pungente. Le mie labbra si screpolarono[10] le dita si irrigidirono e la mia pelle prese quel colore grigio delle lucertole, nonostante mi spalmassi[11] di crema di cocco. La prima notte fu infernale, la passai in un albergo prenotato a Roma da mio fratello; coricata sul letto come usavo fare sulla stuoia[12] nella mia capanna[13], ero mezzo assiderata[14], non sapendo che bisognava infilarsi dentro le lenzuola. Fofo me lo spiegò, sfottendomi[15], il giorno dopo, quando venne a prendermi alla stazione a Bergamo.

Mio fratello mi aveva fatto venire per badare alla sua casa e ai suoi figli, perché lui e la moglie lavoravano tutto il giorno. Lui, la moglie italiana e i loro due bambini abitavano a Torre Boldone, un paesino non lontano dal capoluogo, dove lavorava come medico. Mi avevano destinato una stanza nella taverna[16] della loro villetta. Si vedeva che stavano bene, anche se trovavo mio fratello un po' succube[17] della moglie, che comandava come mia madre, ma in modo più esplicito.

All'inizio fu difficile comunicare con mia cognata e i miei nipotini, perché non capivo la lingua, e mio fratello si rifiutò di farmi da traduttore. Subito mi raccomandò di tenere la mia stanza in ordine, di usare le «pattine[18]» quando entravo in salotto, di non farmi la doccia tutti i giorni perché il riscaldamento costa, di non lasciare le luci accese nelle scale e in bagno, di non impiegare tre ore per stirare, di non parlare nella nostra lingua e di tenere basso il volume di quella «nenia[19]» di musica africana. Incluso nel sacrosanto decalogo[20], vi era il divieto di cucinare cibi che richiedevano troppo tempo di cottura, e che soprattutto impregnavano la casa per giorni con la scia[21] degli aromi dei condimenti (la «puzza»)...

Dovevo badare a loro [ai miei nipoti], ma non riuscivo a farmi obbedire. Un giorno in cui ero fuori di me,

li sgridai nella mia lingua, perché mi era più facile e loro scoppiarono a ridere, scimmiottando[22] letteralmente il mio «parlare africano» con «Abuga, bongo bingo!» «Eppure»—pensai con amarezza—«questa è la lingua dei padri del vostro padre!», ma non proferii[23] parola.

Non sapevo più come comportarmi. Mia cognata mi faceva sentire un'intrusa, mi guardava con aria sospettosa, perché, per educazione, non la guardavo negli occhi quando le parlavo. La sentii un giorno dire a una sua amica al telefono che ero sorniona[24] e ipocrita.

Il mio sogno d'Europa stava tramutandosi in un incubo: troppo freddo, poco tempo, e poi l'indifferenza, la solitudine...

Devo la mia salvezza a Conception, una ragazza filippina che faceva la colf[25] presso una famiglia nella villetta contigua alla nostra e parlava un po' di francese. Ci vedemmo per la prima volta sui balconi, mentre ero intenta a battere un tappeto, poi ci trovammo a fare la spesa al supermercato. Lei era già in Italia da cinque anni e la sua amicizia ed i suoi consigli furono per me come manna nel deserto.

Presto imparai la lingua, a cucinare e a tenere la casa al meglio. Lavoravo svelta e mi avanzava tempo per leggere e guardare la televisione. Ben presto avevo imparato ad apprezzare il cibo. Cercai di assimilare più cose possibili, di dimenticare totalmente quella che ero. Intanto diventai più esigente, volevo che mio fratello mi lasciasse uscire ogni tanto, volevo la mia giornata di libertà come Conception, volevo soldi per poter mandare un regalo a mia madre, per comprare vestiti nuovi come piacevano a me e non più riciclare quelli di mia cognata. Nella discussione che ne nacque con mio fratello, ci scambiammo accuse reciproche, che non avrei mai pensato poter formulare. Disse: «Sei un'ingrata!», quando gli annunciai di aver trovato lavoro presso una signora anziana a Bergamo, perché volevo guadagnarmi la mia indipendenza. Da prima urlò: «Se volevamo pagarci una babysitter o una colf, non c'era bisogno di mandarti a chiamare dall'Africa, sai!», poi di fronte alla fermezza della mia decisione, tentò la carta sentimentale: «Non t'importa di lasciarci così in difficoltà, di abbandonare i tuoi nipoti, fingevi allora di volergli bene! Sei proprio senza cuore!»

---

8. to streak   9. inlaid   10. **si...** got chapped   11. **mi...** I covered myself   12. mat   13. hut   14. frozen to death
15. teasing me   16. basement   17. dominated   18. cloth covers for shoes (to protect floors)   19. monotonous chant
20. decalogue (a set of rules)   21. trail   22. mimicking   23. I uttered   24. sneaky   25. housekeeper

Solo io so quanto mi costò lasciare mio fratello, resistendo alla tentazione di abbracciarlo, per spiegargli che non ero venuta fino in Europa senza tentare di realizzare qualcosa, che a differenza di lui, sognavo di tornare a casa o creare qualche cosa di mio, che non volevo fare la domestica a vita in terra straniera...

Passato il primo momento di rabbia, e dopo una lettera di nostro padre, mio fratello venne a trovarmi di nascosto dalla moglie. Lì da me, ritrovavo il Fofo che avevo sempre conosciuto, parlavamo nella nostra lingua, gli preparavo piatti nostri, piccanti, che inghiottiva golosamente[26]... con le dita, poi spezzava l'osso con i denti e ne succhiava voluttuosamente il midollo[27], facendo un rumore infernale e lo sentii infine ridere come si usa da noi a piena gola e parlare e ricordare della gente, degli episodi del villaggio. Un giorno, vedendolo ballare scatenato al ritmo di una musica tradizionale, lo sfottei:

—Dottore, se ti vedessero i tuoi pazienti!

E lui ribattè ridendo:

—Diranno: eppure sembrava uno come noi!...

Un giorno, Fofo mi trovò a casa con delle amiche [africane] intente a ballare un motivo[28] del paese. Al suo arrivo, si fece un silenzio di rispetto, ma carico di rimprovero, perché in molti lo consideravamo come un «traditore». Non tanto perché aveva sposato una bianca, ma perché, dicevano, era diventato come un bianco: freddo ed indifferente alla sua gente, come se si vergognasse delle sue origini e poi non si capiva perché, con tutto lo spazio che aveva in casa sua, non organizzasse ogni tanto qualche serata per ballare, almeno per le feste importanti. Si sentiva a disagio e dopo un po' scappò via con la scusa di un paziente da visitare. Da allora prese a telefonarmi prima di arrivare come usano in Europa. Non per difenderlo, ma capivo che aveva fatto la scelta di stare definitivamente in Italia, e per la pace della sua famiglia era dovuto scendere a compromessi con se stesso...

«Qui in Europa» sentenziò «ognuno deve pensare per sé, punto e basta, io mi sento in dovere solo nei confronti dei miei parenti stretti e solo se bisognosi o meritevoli.»

Certo non condividevo il suo punto di vista.

Replicai soltanto:

«Fofo, questo paese, questa nebbia, non fa per me, mi manca il sole, le feste al villaggio, il tempo, le risa della gente, il vivere assieme con le persone.»

Eppure, continuai a lavorare, risparmiando, soffocata dalla nostalgia con un unico pensiero e traguardo[29]: tornare a casa per aprire il mio negozio di sartoria[30].

Infine due anni fa, con un groppo[31] in gola,... trattenendo a stento[32] le mie lacrime nascenti, salutai mio fratello, Conception e tutti i miei amici, e me ne tornai a «casa» con la valigia piena di regali, di piatti e posate, con un sogno da realizzare.

Al mio ritorno in Africa, passata la prima settimana d'effervescenza, capii che non potevo più vivere al villaggio, dove non c'era né luce né acqua corrente, abituata com'ero ormai a vivere con certe comodità. Non riuscivo più ad intavolare[33] una conversazione decente con le amiche di un tempo che, ormai, si erano sposate: chi già con due, o tre figli e che, lo sentivo, m'invidiavano malevolmente. I miei vecchi insistevano a volermi scegliere un uomo da sposare, ma io avevo ormai deciso per una vita libera da «single»: non volevo fare la serva di nessun uomo e tanto meno rinunciare ai miei progetti.

Decisi di trasferirmi in città, un po' per sfuggire all'assalto quotidiano dello sciame[34] di parenti, che si allineavano[35] per la questua[36], un po' perché il caldo, le mosche, le zanzare mi erano diventati insopportabili e sentivo la necessità di vivere in un ambiente climatizzato, ordinato e tranquillo.

Il primo anno non fu così facile, ma lentamente incominciai a farmi una certa clientela e una delle mie clienti, Sonia, che ha il suo negozio di parrucchiera dirimpetto[37] al mio, è diventata la mia migliore amica. Sonia è una ragazza formosa, gentile e decisa: è tornata dalla Germania, dove lavorava «nello spettacolo» due anni prima di me, per investire i suoi risparmi nel suo salone.

Ora per me le cose vanno meglio.

In verità dovrei dire, ora andrebbero meglio, se non fosse per quella strana sensazione d'irrequietezza che ogni tanto mi invade tutta fin dentro le ossa.

Allora prendo la mia auto, vado in centro città a girare per i negozi, entro nei supermercati a comprarmi degli spaghetti, delle scatole di pelati[38], della carne

---

26. **inghiottiva...** gobbled gluttonously   27. marrow   28. motif (here, of a dance)   29. goal   30. **negozio...** tailor shop   31. lump   32. **trattenendo...** holding back   33. to start up   34. swarm   35. **si...** lined up   36. donation of money   37. opposite   38. peeled whole tomatoes

venuta dalla Francia, un po' di taleggio[39] e poi ritorno a casa a cucinare il tutto e ad invitare Sonia a cenare con me. A volte andiamo a prendere l'aperitivo al «Gattobar» e poi via di corsa a divorare una pizza «Da Silvia» per concludere la serata a vedere qualche bel film con Mastroianni e Sofia Loren. Oppure ce ne stiamo in casa a vedere le mie foto di quando ero a casa «mia» in Italia ascoltando le canzoni del festival di Sanremo, di Baglioni, Ramazzotti o Zucchero...

Ah, l'Italia! Pensare che in Italia, volevo tanto tornare a casa! Ormai mi sento come inquilina[40] di due patrie: a volte ne sono felice, a volte mi sento un po' dimezzata[41], un po' squilibrata, come se una parte di me fosse rimasta là, eppure so che lì avrei di nuovo il mal d'Africa.

Forse la mia è nostalgia, o più semplicemente mal di... mal d'Europa.

---

39. type of cheese   40. tenant   41. torn two ways

COMPRENSIONE

1. Quali sono i requisiti del «sacrosanto decalogo» specificati alla sorella di Fofo al suo arrivo in Italia? Come avresti reagito a tali ordini?

2. Elenca alcune tradizioni che la protagonista aveva portato con sé in Italia e che inizialmente l'avevano messa in difficoltà.

3. Quando la protagonista viveva in Italia, per quali cose provava nostalgia? Quando tu viaggi, che cosa ti manca di più del tuo Paese?

4. Quando la protagonista torna al suo Paese, come riesce a soddisfare i propri desideri legati all'Italia?

5. Ti sei mai sentito/a diviso/a tra due paesi o città? Spiega.

6. Immaginate una conversazione tra la protagonista e i suoi genitori, dopo il suo ritorno in Africa, in cui lei dica di non volere più vivere nel paese di origine ma di volere trasferirsi in città. Poi recitate la conversazione per la classe.

Di propria mano

ORGANIZING A PAPER

Since the beginning of this book, you have kept a journal of your observations about and reactions to Italian lifestyles, traditions, and behaviors. This chapter's writing assignment is to use your journal entries in an essay on cultural stereotyping. First, reread your entries with an eye to gathering material for your paper.

- Look for recurring themes and ideas and highlight them.
- Think about how they relate to each other.
- Divide your themes into subcategories and try to arrange them in a rational order.

Pensa alle seguenti domande per prepararti a scrivere sull'argomento degli stereotipi.

1. Avevi immagini stereotipiche degli italiani all'inizio dell'anno accademico o prima di aver studiato l'italiano?
2. Quali erano le caratteriche principali delle tue immagini stereotipiche?
3. Secondo te, quali erano le fonti di quelle immagini stereotipiche?
4. Nel corso di quest'anno, hai letto qualcosa che ti ha fatto rivalutare quelle immagini stereotipiche?
5. Pensi di aver acquisito nuove immagini che possano essere anch'esse stereotipiche? Spiega.

SCRITTURA

Writing Tips

Scrivi una composizione in cui rifletti sull'argomento degli stereotipi. Prima di scrivere, fai un abbozzo che tenga conto delle tue risposte alle domande nella Pre-scrittura sugli stereotipi e che si riferisca anche a quello che quest'anno hai scritto nel Block notes. Cerca di giustificare le tue osservazioni facendo riferimento ai tuoi commenti scritti e a quello che hai letto. Dopo aver fatto un abbozzo, scrivi la prima stesura della composizione finale.

BLOCK NOTES

Riflettendo su quello che hai potuto osservare su Web, in classe e nelle letture che hai fatto, rispondi alle seguenti domande.

1. Come pensi che sia meglio comportarsi per vivere pienamente in un Paese straniero?
2. Dopo aver studiato italiano per due anni, quali situazioni credi che potrebbero ancora metterti in difficoltà in Italia?
3. Riferendoti al racconto di Kossi Komla-Ebri come modello, quali pensi che possano essere le situazioni che troveresti più difficili e quelle che troveresti più piacevoli durante un soggiorno in Italia?

NEL MONDO **DEI GRANDI**

Tahar Lamri e l'amore per la lingua italiana

«Per me, scrivere in Italia, paese dove ho scelto di vivere e con-vivere, vivere nella lingua italiana, convivere con essa e farla convivere con le altre mie lingue materne (il dialetto algerino, l'arabo ed in un certo senso il francese) significa forse creare in qualche modo l'illusione di avervi messo radici. Radici di mangrovia, in superficie, sempre sulla linea di confine, che separa l'acqua dolce della memoria, da quella salata del vivere quotidiano.»

Tahar Lamri, *I sessanta nomi dell'amore*

In un capitolo dove si cerca di porre l'accento su come la lingua sia il primo passo necessario verso l'integrazione, la scelta del nostro personaggio non poteva che cadere su Tahar Lamri, scrittore di origine algerina che non perde occasione per dichiarare il suo amore per la lingua del Paese che lo ospita, l'Italia appunto. Tahar nasce in Algeria nel 1958. Si laurea in legge compiendo i suoi studi in parte in Algeria e in parte in Libia dove si trasferisce nel 1979. In Libia lavorerà presso il Consolato di Francia a Bengasi fino al 1984. Da quest'anno cominciano le sue peregrinazioni europee a cominciare dalla Francia per terminare poi in Italia, nel 1986, dove ancora oggi risiede con base a Ravenna. Lamri è stato il primo vincitore nel 1995 del concorso letterario Eks&Tra, riservato a scrittori migranti, con il racconto «Solo allora sono certo potrò capire» oggi raccolto nel suo lavoro più importante, *I sessanta nomi dell'amore*. All'interno di questo romanzo, formato da numerosi racconti racchiusi entro una cornice, si trova anche *Il pellegrinaggio della voce*, testo per il teatro interpretato dallo stesso Lamri in uno spettacolo che lo ha portato in giro per l'Italia prima, l'Europa poi, sino alla sua più recente visita statunitense nella primavera del 2008. Quello che affascina di Tahar è la facilità di scrittura in una persona che nel 1987, al suo arrivo in Italia, non parlava l'italiano. Come lui stesso ricorda, in Algeria studiava l'arabo e il francese che però usava solo a scuola perché a casa si parlava invece il Sabir, «la lingua dei pirati del Mediterraneo e dei naviganti. Una lingua che è un misto di parole arabe, turche, italiane, latine, berbere, francesi, spagnole, africane e persino inglesi». Scegliere di scrivere in italiano (e ne *Il pellegrinaggio della voce* anche in diversi dialetti italiani) diventa dunque un atto d'amore verso la lingua stessa e una scelta che implica un atto di libertà, in contrasto con l'arabo o il francese, lingue imposte dal luogo di nascita. Scrivere in italiano, possederlo, insomma, come si può notare nella citazione in apertura, è il primo passo per pensare di aver messo salde radici nel Paese in cui Tahar ha scelto di vivere.

TRACCE DI RICERCA

Gli scrittori migranti
I sessanta nomi dell'amore (molti racconti sono on-line)
Concorso letterario Eks&Tra
Manifestazioni etniche in Italia

Web Links

Dizionarietto

CD 2
59–63

acconto *deposit*
affettare *to slice*
affitto *rent*
afflusso *flow*
allacciamento del telefono *telephone installation*
amarezza *bitterness*
ambasciata *embassy*
ammobiliato *furnished*
andata e ritorno *round trip*
animatore / animatrice *organizer*
attuare *to carry out*
avere mal di denti *to have a toothache*
avere mal di stomaco *to have a stomachache*
avere mal di testa *to have a headache*
avere una marcia in più *to be a cut above*
avviarsi *to set out for*
badare *to mind, to take care of*
biglietteria *ticket counter*
bilocale (*m.*) *one-bedroom apartment*
bolletta *bill*
brontolare *to grumble*
caparra *deposit*
capillare *widespread*
cartolina *postcard*
centralino *switchboard*
clandestino *illegal alien*
commisurare *to compare, to liken*
compilare *to fill out*
conchiglia *shell*
consolato *consulate*
contabilità (*f.*) *bookkeeping, accounting*
contiguo *adjoining, next to*
cuccetta *bed in sleeper car (on a train)*
cura *treatment, cure*
curriculum vitae (*m.*) *résumé*
da un pezzo *for a while now*
destinatario *recipient*
diagnosi (*f. sing. & pl.*) *diagnosis*
duraturo *lasting, enduring*
extracomunitario *person from outside the European Union (E.U.) residing in an E.U. country*
fila *line*
firmare *to sign*
francobollo *stamp*
frattura *fracture*
grassetto *bold (type)*
immigrante (*m./f.*) *immigrant*

immigrato *immigrant*
impiegato *clerk*
incartare *to wrap*
iniezione (*f.*) *injection*
intrattenimento *entertainment*
irrigidirsi *to stiffen*
luce, acqua, gas, riscaldamento *utilities (electricity, water, gas, heat)*
lucertola *lizard*
medicina *medicine*
mittente (*m./f.*) *sender*
modulo *form*
monolocale (*m.*) *studio apartment*
mostro *monster*
pacco *package*
padrona di casa *landlady*
padrone di casa *landlord*
pastiglia *pill*
peregrinazione (*f.*) *wandering, roaming*
permesso di lavoro *work permit*
permesso di soggiorno *residency permit*
polmonite (*f.*) *pneumonia*
pomata *ointment*
portafoglio *wallet*
posta aerea *air mail*
postino *postman*
prenotazione (*f.*) *reservation*
prima / seconda classe *first / second class*
pronto soccorso *emergency room*
punti (*m. pl.*) *stitches*
puzza *stink*
questura *police station, headquarters*
ragioneria *accounting*
ricetta *prescription*
ricovero *hospitalization*
rimozione (*f.*) *removal*
rimprovero *reprimand*
sala d'aspetto *waiting room*
scatenare *to stir up*
sciroppo *medicinal syrup*
scontrarsi *to clash*
sdraiarsi *to lie down*
sfottere *to tease*
sistemarsi *to settle*
spezzare *to break*
sportello *window (for service)*
spostamento *move, shift*
squilibrato *unbalanced*
stage *internship*

succhiare *to suck*
supplemento rapido *supplemental fare (for a high-speed train)*
traditore / traditrice *traitor*
trascurarsi *to neglect oneself*
ufficio di collocamento *employment agency*
vaccinazione (*f.*) *vaccination*
vaglia postale (*m.*) *money order*
visto *visa*

Le vostre parole

Reference

VERB APPENDIX

A. Avere **and** essere

Avere							
Presente	**Imperfetto**	**Futuro**	**Passato remoto**	**Condizionale**	**Congiuntivo presente**	**Congiuntivo imperfetto**	**Imperativo**
ho	avevo	avrò	ebbi	avrei	abbia	avessi	——
hai	avevi	avrai	avesti	avresti	abbia	avessi	abbi
ha	aveva	avrà	ebbe	avrebbe	abbia	avesse	abbia
abbiamo	avevamo	avremo	avemmo	avremmo	abbiamo	avessimo	abbiamo
avete	avevate	avrete	aveste	avreste	abbiate	aveste	abbiate
hanno	avevano	avranno	ebbero	avrebbero	abbiano	avessero	abbiano

Participio passato: avuto
Passato prossimo: ho avuto, hai avuto, ha avuto, abbiamo avuto, avete avuto, hanno avuto
Participio presente: avente

Infinito presente: avere
Infinito passato: aver(e) avuto
Gerundio presente: avendo
Gerundio passato: avendo avuto

Essere							
Presente	**Imperfetto**	**Futuro**	**Passato remoto**	**Condizionale**	**Congiuntivo presente**	**Congiuntivo imperfetto**	**Imperativo**
sono	ero	sarò	fui	sarei	sia	fossi	——
sei	eri	sarai	fosti	saresti	sia	fossi	sii
è	era	sarà	fu	sarebbe	sia	fosse	sia
siamo	eravamo	saremo	fummo	saremmo	siamo	fossimo	siamo
siete	eravate	sarete	foste	sareste	siate	foste	siate
sono	erano	saranno	furono	sarebbero	siano	fossero	siano

Participio passato: stato/a/i/e
Passato prossimo: sono stato/a, sei stato/a, è stato/a, siamo stati/e, siete stati/e, sono stati/e
Participio presente: ———

Infinito presente: essere
Infinito passato: esser(e) stato/a/i/e
Gerundio presente: essendo
Gerundio passato: essendo stato/a/i/e

B. Regular verbs: simple tenses and compound tenses with avere and essere

	Verbi in -are		Verbi in -ere	Verbi in -ire	
	comprare	**entr**are	**vend**ere	**part**ire	**fin**ire
Indicativo presente	compro	entro	vendo	parto	finisco
	i	i	i	i	isci
	a	a	e	e	isce
	iamo	iamo	iamo	iamo	iamo
	ate	ate	ete	ite	ite
	ano	ano	ono	ono	iscono
Imperfetto	compravo	entravo	vendevo	partivo	finivo
	avi	avi	evi	ivi	ivi
	ava	ava	eva	iva	iva
	avamo	avamo	evamo	ivamo	ivamo
	avate	avate	evate	ivate	ivate
	avano	avano	evano	ivano	ivano
Futuro	comprerò	entrerò	venderò	partirò	finirò
	ai	ai	ai	ai	ai
	à	à	à	à	à
	emo	emo	emo	emo	emo
	ete	ete	ete	ete	ete
	anno	anno	anno	anno	anno
Passato remoto	comprai	entrai	vendei (etti)	partii	finii
	asti	asti	esti	isti	isti
	ò	ò	è (ette)	ì	ì
	ammo	ammo	emmo	immo	immo
	aste	aste	este	iste	iste
	arono	arono	erono (ettero)	irono	irono
Passato prossimo	ho comprato	sono entrato/a	ho venduto	sono partito/a	ho finito
	hai	sei	hai	sei	hai
	ha	è	ha	è	ha
	abbiamo	siamo entrati/e	abbiamo	siamo partiti/e	abbiamo
	avete	siete	avete	siete	avete
	hanno	sono	hanno	sono	hanno
Trapassato prossimo	avevo comprato	ero entrato/a	avevo venduto	ero partito/a	avevo finito
	avevi	eri	avevi	eri	avevi
	aveva	era	aveva	era	aveva
	avevamo	eravamo entrati/e	avevamo	eravamo partiti/e	avevamo
	avevate	eravate	avevate	eravate	avevate
	avevano	erano	avevano	erano	avevano

	Verbi in -are		**Verbi in** -ere		**Verbi in** -ire
	comprare	**entr**are	**vend**ere	**part**ire	**fin**ire
Imperativo	compra	entra	vendi	parti	finisci
	i	i	a	a	isca
	iamo	iamo	iamo	iamo	iamo
	ate	ate	ete	ite	ite
	ino	ino	ano	ano	iscano
Condizionale	comprerei	entrerei	venderei	partirei	finirei
	eresti	eresti	eresti	iresti	iresti
	erebbe	erebbe	erebbe	irebbe	irebbe
	eremmo	eremmo	eremmo	iremmo	iremmo
	ereste	ereste	ereste	ireste	ireste
	erebbero	erebbero	erebbero	irebbero	irebbero
Congiuntivo presente	compri	entri	venda	parta	finisca
	i	i	a	a	isca
	i	i	a	a	isca
	iamo	iamo	iamo	iamo	iamo
	iate	iate	iate	iate	iate
	ino	ino	ano	ano	iscano
Congiuntivo imperfetto	comprassi	entrassi	vendessi	partissi	finissi
	assi	assi	essi	issi	issi
	asse	asse	esse	isse	isse
	assimo	assimo	essimo	issimo	issimo
	aste	aste	este	iste	iste
	assero	assero	essero	issero	issero
Participio presente	comprante	entrante	vendente	partente	finente
Participio passato	comprato	entrato	venduto	partito	finito
Infinito presente	comprare	entrare	vendere	partire	finire
Infinito passato	aver(e) comprato	esser(e) entrato	aver(e) venduto	esser(e) partito	aver(e) finito
Gerundio presente	comprando	entrando	vendendo	partendo	finendo
Gerundio passato	avendo comprato	essendo entrato	avendo venduto	essendo partito	avendo finito

C. Verbs conjugated with essere

The following verbs are conjugated with **essere**. In addition, all reflexive verbs are conjugated with **essere** (for example, **lavarsi,** *to wash oneself*): **mi sono lavato/a, ti sei lavato/a, si è lavato/a, ci siamo lavati/e, vi siete lavati/e, si sono lavati/e.**

accadere to happen
andare to go
arrivare to arrive

bastare to be enough

cadere to fall
cambiare* to change
cominciare* to begin
costare to cost
crescere to grow

dimagrire to lose weight
diminuire to diminish, to decrease
diventare to become
durare to last

entrare to enter
essere to be
evolvere to evolve

fuggire to flee

giungere to arrive
guarire to heal

impazzire to go mad
importare*** to matter
ingrassare to gain weight

mancare to lack
morire to die

nascere to be born

parere to seem
partire to depart
passare**** to stop by
piacere to be pleasing to, to like
porre to put, to place

restare to remain, to be left
rimanere to remain
ritornare to return
riuscire to succeed

salire* to climb up
scappare to escape
scendere* to go down, to get off
scivolare to slide
scomparire to disappear
sembrare to seem
servire** to be useful
sorgere to rise
stare to stay
succedere to happen

uscire to go out

venire to come

*These verbs can also be conjugated with **avere**. See Chapter 2, pages 42–43.

The verb **servire is conjugated with **avere** when it means *to serve.*

***The verb **importare** is conjugated with **avere** when it means *to import.*

****The verb **passare** is conjugated with **avere** when it means *to pass, to hand.*

D. Verbs with irregular past participles

accendere (acceso) to turn on
affiggere (affisso) to post, to affix
aggiungere (aggiunto) to add
apparire (apparso) to appear
appendere (appeso) to hang
apprendere (appreso) to learn
aprire (aperto) to open
assumere (assunto) to hire
attendere (atteso) to wait

bere (bevuto) to drink

chiedere (chiesto) to ask
chiudere (chiuso) to close
cogliere (colto) to gather
comprendere (compreso) to understand
concludere (concluso) to conclude
conoscere (conosciuto) to know
convincere (convinto) to convince
coprire (coperto) to cover
correggere (corretto) to correct
correre (corso) to run
cuocere (cotto) to cook

decidere (deciso) to decide
difendere (difeso) to defend
dipendere (dipeso) to depend
dire (detto) to say
discutere (discusso) to discuss
distruggere (distrutto) to destroy

eleggere (eletto) to elect
esprimere (espresso) to express
essere (stato) to be
evadere (evaso) to evade

fare (fatto) to do, to make
fingere (finto) to pretend

giungere (giunto) to arrive

indire (indetto) to call, to announce
insistere (insistito) to insist
interrompere (interrotto) to interrupt

leggere (letto) to read

mettere (messo) to put
morire (morto) to die
muovere (mosso) to move

nascere (nato) to be born
nascondere (nascosto) to hide

offendere (offeso) to offend
offrire (offerto) to offer

perdere (perso *or* perduto) to lose
permettere (permesso) to permit
persuadere (persuaso) to persuade
porre (posto) to place
prendere (preso) to take
prevedere (previsto) to expect, to foresee
promettere (promesso) to promise
promuovere (promosso) to promote
proporre (proposto) to propose
proteggere (protetto) to protect

raggiungere (raggiunto) to arrive, to reach
rendere (reso) to give back, to render
richiedere (richiesto) to require, to seek
ridere (riso) to laugh
ridurre (ridotto) to reduce
rimanere (rimasto) to remain
riprendere (ripreso) to start again
risolvere (risolto) to resolve
rispondere (risposto) to answer
rompere (rotto) to break

scegliere (scelto) to select
scendere (sceso) to go down, to get off
scomparire (scomparso) to disappear
scrivere (scritto) to write
soffrire (sofferto) to suffer
sorridere (sorriso) to smile
spegnere (spento) to turn off
spendere (speso) to spend
succedere (successo) to happen

togliere (tolto) to remove
trarre (tratto) to draw, to pull
trasmettere (trasmesso) to transmit

uccidere (ucciso) to kill

vedere (visto *or* veduto) to see
venire (venuto) to come
vincere (vinto) to win

E. Irregular verbs

The verbs in this section are irregular in the following tenses only.

accendere to turn on
P. remoto: accesi, accendesti, accese, accendemmo, accendeste, accesero

accogliere to welcome (*compound of* **cogliere**)

affiggere to post, to affix
P. remoto: affissi, affiggesti, affisse, affiggemmo, affiggeste, affissero

andare to go
Ind. pres.: vado, vai, va, andiamo, andate, vanno
Futuro: andrò, andrai, andrà, andremo, andrete, andranno
Imperativo: va', vada, andiamo, andate, vadano
Condizionale: andrei, andresti, andrebbe, andremmo, andreste, andrebbero
Cong. pres.: vada, vada, vada, andiamo, andiate, vadano

apprendere to learn (*compound of* **prendere**)

assumere to hire
P. remoto: assunsi, assumesti, assunse, assumemmo, assumeste, assunsero

bere to drink
Ind. pres.: bevo, bevi, beve, beviamo, bevete, bevono
Imperfetto: bevevo, bevevi, beveva, bevevamo, bevevate, bevevano
Futuro: berrò, berrai, berrà, berremo, berrete, berranno
P. remoto: bevvi, bevesti, bevve, bevemmo, beveste, bevvero
Imperativo: bevi, beva, beviamo, bevete, bevano
Condizionale: berrei, berresti, berrebbe, berremmo, berreste, berrebbero
Cong. pres.: beva, beva, beva, beviamo, beviate, bevano
Cong. imp.: bevessi, bevessi, bevesse, bevessimo, beveste, bevessero

cadere to fall
Futuro: cadrò, cadrai, cadrà, cadremo, cadrete, cadranno
P. remoto: caddi, cadesti, cadde, cademmo, cadeste, caddero
Condizionale: cadrei, cadresti, cadrebbe, cadremmo, cadreste, cadrebbero

chiedere to ask for
P. remoto: chiesi, chiedesti, chiese, chiedemmo, chiedeste, chiesero

chiudere to close
P. remoto: chiusi, chiudesti, chiuse, chiudemmo, chiudeste, chiusero

cogliere to pick
Ind. pres.: colgo, cogli, coglie, cogliamo, cogliete, colgono
P. remoto: colsi, cogliesti, colse, cogliemmo, coglieste, colsero
Imperativo: cogli, colga, cogliamo, cogliete, colgano
Cong. pres.: colga, colga, colga, cogliamo, cogliate, colgano

comprendere to understand (*compound of* **prendere**)

concludere to conclude
P. remoto: conclusi, concludesti, concluse, concludemmo, concludeste, conclusero

conoscere to know
P. remoto: conobbi, conoscesti, conobbe, conoscemmo, conosceste, conobbero

convincere to convince (*compound of* **vincere**)

dare to give
Ind. pres.: do, dai, dà, diamo, date, danno
P. remoto: diedi (detti), desti, diede (dette), demmo, deste, diedero (dettero)
Imperativo: da', dia, diamo, date, diano
Futuro: darò, darai, darà, daremo, darete, daranno
Condizionale: darei, daresti, darebbe, daremmo, dareste, darebbero
Cong. pres.: dia, dia, dia, diamo, diate, diano
Cong. imp.: dessi, dessi, desse, dessimo, deste, dessero

decidere to decide
P. remoto: decisi, decidesti, decise, decidemmo, decideste, decisero

dire to say, to tell
Ind. pres.: dico, dici, dice, diciamo, dite, dicono
Imperfetto: dicevo, dicevi, diceva, dicevamo, dicevate, dicevano
P. remoto: dissi, dicesti, disse, dicemmo, diceste, dissero
Imperativo: di', dica, diciamo, dite, dicano
Cong. pres.: dica, dica, dica, diciamo, diciate, dicano
Cong. imp.: dicessi, dicessi, dicesse, dicessimo, diceste, dicessero

discutere to discuss
P. remoto: discussi, discutesti, discusse, discutemmo, discuteste, discussero

distrarre to distract (*compound of* **trarre**)

dovere to have to, must
Ind. pres.: devo, devi, deve, dobbiamo, dovete, devono
Futuro: dovrò, dovrai, dovrà, dovremo, dovrete, dovranno
Condizionale: dovrei, dovresti, dovrebbe, dovremmo, dovreste, dovrebbero
Cong. pres.: debba, debba, debba, dobbiamo, dobbiate, debbano

eleggere to elect
P. remoto: elessi, eleggesti, elesse, eleggemmo, eleggeste, elessero

esprimere to express
P. remoto: espressi, esprimesti, espresse, esprimemmo, esprimeste, espressero

fare to do, to make

Ind. pres.: faccio, fai, fa, facciamo, fate, fanno
Imperfetto: facevo, facevi, faceva, facevamo, facevate, facevano
P. remoto: feci, facesti, fece, facemmo, faceste, fecero
Imperativo: fa', faccia, facciamo, fate, facciano
Futuro: farò, farai, farà, faremo, farete, faranno
Condizionale: farei, faresti, farebbe, faremmo, fareste, farebbero
Cong. pres.: faccia, faccia, faccia, facciamo, facciate, facciano
Cong. imp.: facessi, facessi, facesse, facessimo, faceste, facessero

indire to call (*compound of* **dire**)

interrompere to interrupt

P. remoto: interruppi, interrompesti, interruppe, interrompemmo, interrompeste, interruppero

leggere to read

P. remoto: lessi, leggesti, lesse, leggemmo, leggeste, lessero

mettere to place, to put

P. remoto: misi, mettesti, mise, mettemmo, metteste, misero

morire to die

Ind. pres.: muoio, muori, muore, moriamo, morite, muoiono
Cong. pres.: muoia, muoia, muoia, moriamo, moriate, muoiano

muovere to move

P. remoto: mossi, mu(o)vesti, mosse, m(u)ovemmo, m(u)oveste, mossero

nascere to be born

P. remoto: nacqui, nascesti, nacque, nascemmo, nasceste, nacquero

nascondere to hide

P. remoto: nascosi, nascondesti, nascose, nascondemmo, nascondeste, nascosero

ottenere to obtain (*compound of* **tenere**)

permettere to permit (*compound of* **mettere**)

piacere to like, to please

Ind. pres.: piaccio, piaci, piace, piacciamo, piacete, piacciono
P. remoto: piacqui, piacesti, piacque, piacemmo, piaceste, piacquero
Cong. pres.: piaccia, piaccia, piaccia, piacciamo, piacciate, piacciano

porre to put, to place

Ind. pres.: pongo, poni, pone, poniamo, ponete, pongono
Imperfetto: ponevo, ponevi, poneva, ponevamo, ponevate, ponevano
P. remoto: posi, ponesti, pose, ponemmo, poneste, posero
Imperativo: poni, ponga, poniamo, ponete, pongano
Cong. pres.: ponga, ponga, ponga, poniamo poniate, pongano

potere to be able

Ind. pres.: posso, puoi, può, possiamo, potete, possono
Futuro: potrò, potrai, potrà, potremo, potrete, potranno
Condizionale: potrei, potresti, potrebbe, potremmo, potreste, potrebbero
Cong. pres.: possa, possa, possa, possiamo, possiate, possano

prendere to take
P. remoto: presi, prendesti, prese, prendemmo, prendeste, presero

prevedere to foresee (*compound of* **vedere**)

promettere to promise (*compound of* **mettere**)

promuovere to promote (*compound of* **muovere**)

raccogliere to collect, to gather (*compound of* **cogliere**)

raggiungere to reach
P. remoto: raggiunsi, raggiungesti, raggiunse, raggiungemmo, raggiungeste, raggiunsero

richiedere to require, to seek (*compound of* **chiedere**)

ridere to laugh
P. remoto: risi, ridesti, rise, ridemmo, rideste, risero

ridurre to reduce
Ind. pres.: riduco, riduci, riduce, riduciamo, riducete, riducono
Imperfetto: riducevo, riducevi, riduceva, riducevamo, riducevate, riducevano
P. remoto: ridussi, riducesti, ridusse, riducemmo, riduceste, ridussero
Imperativo: riduci, riduca, riduciamo, riduciate, riducano
Cong. pres.: riduca, riduca, riduca, riduciamo, riduciate, riducano
Cong. imp.: riducessi, riducessi, riducesse, riducessimo, riduceste, riducessero

rimanere to remain
Ind. pres.: rimango, rimani, rimane, rimaniamo, rimanete, rimangono
Futuro: rimarrò, rimarrai, rimarrà, rimarremo, rimarrete, rimarranno
P. remoto: rimasi, rimanesti, rimase, rimanemmo, rimaneste, rimasero
Imperativo: rimani, rimanga, rimaniamo, rimanete, rimangano
Condizionale: rimarrei, rimarresti, rimarrebbe, rimarremmo, rimarreste, rimarrebbero
Cong. pres.: rimanga, rimanga, rimanga, rimaniamo, rimaniate, rimangano

riprendere to start again (*compound of* **prendere**)

rispondere to answer
P. remoto: risposi, rispondesti, rispose, rispondemmo, rispondeste, risposero

salire to go up
Ind. pres.: salgo, sali, sale, saliamo, salite, salgono
Imperativo: sali, salga, saliamo, saliate, salgano
Cong. pres.: salga, salga, salga, saliamo, saliate, salgano

sapere to know
Ind. pres.: so, sai, sa, sappiamo, sapete, sanno
Futuro: saprò, saprai, saprà, sapremo, saprete, sapranno
P. remoto: seppi, sapesti, seppe, sapemmo, sapeste, seppero
Imperativo: sappi, sappia, sappiamo, sappiate, sappiano
Condizionale: saprei, sapresti, saprebbe, sapremmo, sapreste, saprebbero
Cong. pres.: sappia, sappia, sappia, sappiamo, sappiate, sappiano

scegliere to choose
Ind. pres.: scelgo, scegli, sceglie, scegliamo, scegliete, scelgono
P. remoto: scelsi, scegliesti, scelse, scegliemmo, sceglieste, scelsero
Imperativo: scegli, scelga, scegliamo, scegliete, scelgano
Cong. pres.: scelga, scelga, scelga, scegliamo, scegliate, scelgano

scendere to go down, to get off
P. remoto: scesi, scendesti, scese, scendemmo, scendeste, scesero

scrivere to write
P. remoto: scrissi, scrivesti, scrisse, scrivemmo, scriveste, scrissero

sedere to sit
Ind. pres.: siedo, siedi, siede, sediamo, sedete, siedono
Imperativo: siedi, sieda, sediamo, sedete, siedano
Cong. pres.: sieda, sieda, sieda, sediamo, sediate, siedano

sorridere to smile (*compound of* **ridere**)
P. remoto: sorrisi, sorridesti, sorrise, sorridemmo, sorrideste, sorrisero

spegnere to turn off
P. remoto: spensi, spegnesti, spense, spegnemmo, spegneste, spensero

stare to be
Ind. pres.: sto, stai, sta, stiamo, state, stanno
Futuro: starò, starai, starà, staremo, starete, staranno
P. remoto: stetti, stesti, stette, stemmo, steste, stettero
Imperativo: sta', stia, stiamo, state, stiano
Condizionale: starei, staresti, starebbe, staremmo, stareste, starebbero
Cong. pres.: stia, stia, stia, stiamo, stiate, stiano
Cong. imp.: stessi, stessi, stesse, stessimo, steste, stessero

tenere to keep
Ind. pres.: tengo, tieni, tiene, teniamo, tenete, tengono
Futuro: terrò, terrai, terrà, terremo, terrete, terranno
P. remoto: tenni, tenesti, tenne, tenemmo, teneste, tennero
Imperativo: tieni, tenga, teniamo, tenete, tengano
Condizionale: terrei, terresti, terrebbe, terremmo, terreste, terrebbero
Cong. pres.: tenga, tenga, tenga, teniamo, teniate, tengano

trarre to take out
Ind. pres.: traggo, trai, trae, traiamo, traete, traggono
Imperfetto: traevo, traevi, traeva, traevamo, traevate, traevano
Futuro: trarrò, trarrai, trarrà, trarremo, trarrete, trarranno
P. remoto: trassi, traesti, trasse, traemmo, traeste, trassero
Imperativo: trai, tragga, traiamo, traete, traggano
Condizionale: trarrei, trarresti, trarrebbe, trarremmo, trarreste, trarrebbero
Cong. pres.: tragga, tragga, tragga, traiamo, traiate, traggano

trasmettere to transmit (*compound of* **mettere**)

uscire to go out
Ind. pres.: esco, esci, esce, usciamo, uscite, escono
Imperativo: esci, esca, usciamo, uscite, escano
Cong. pres.: esca, esca, esca, usciamo, usciate, escano

vedere to see
Futuro: vedrò, vedrai, vedrà, vedremo, vedrete, vedranno
P. remoto: vidi, vedesti, vide, vedemmo, vedeste, videro
Condizionale: vedrei, vedresti, vedrebbe, vedremmo, vedreste, vedrebbero

venire to come
Ind. pres.: vengo, vieni, viene, veniamo, venite, vengono
Futuro: verrò, verrai, verrà, verremo, verrete, verranno
P. remoto: venni, venisti, venne, venimmo, veniste, vennero
Imperativo: vieni, venga, veniamo, venite, vengano
Condizionale: verrei, verresti, verrebbe, verremmo, verreste, verrebbero
Cong. pres.: venga, venga, venga, veniamo, veniate, vengano

vincere to win
P. remoto: vinsi, vincesti, vinse, vincemmo, vinceste, vinsero

vivere to live
Futuro: vivrò, vivrai, vivrà, vivremo, vivrete, vivranno
P. remoto: vissi, vivesti, visse, vivemmo, viveste, vissero
Condizionale: vivrei, vivresti, vivrebbe, vivremmo, vivreste, vivrebbero

volere to want
Ind. pres.: voglio, vuoi, vuole, vogliamo, volete, vogliono
Futuro: vorrò, vorrai, vorrà, vorremo, vorrete, vorranno
P. remoto: volli, volesti, volle, volemmo, voleste, vollero
Condizionale: vorrei, vorresti, vorrebbe, vorremmo, vorreste, vorrebbero
Cong. pres.: voglia, voglia, voglia, vogliamo, vogliate, vogliano

Vocabolario italiano-inglese

The vocabulary contains all active words from the **Lessico.edu** chapter lists and words presented in grammar sections, as well as many words used in activities and readings. A number following an entry indicates the chapter in which the word first appears as an active item. Adjectives appear in their masculine singular form. The following abbreviations are used.

adj.	Adjective	*n.*	Noun
adv.	Adverb	*pl.*	Plural
f.	Feminine	*p.p.*	Past participle
inv.	Invariable	*sing.*	Singular
m.	Masculine	*v.*	Verb

A

a condizione che   provided that, 8
a coste   ribbed (*e.g., fabric*), 9
a mani vuote   empty-handed
a meno che... non   unless, 8
a noleggio   rented, 1
a proposito   by the way
a quadri   checked, 9
a righe   striped, 9
a scapito di   at the expense of, to the detriment of, 9
a tinta unita   solid-color, 9
a vicenda   in turn, 2
abbaiare   to bark, 2
abbassare   to lower, 2
abbassare (il volume)   to turn down, to lower (the volume / sound), 4
abbassarsi   to lower, 8
abbonamento   subscription, 2
abbonarsi   to subscribe, 2
abbozzare   to sketch, to outline, 4
abbracciare   to embrace, to hug, 4
abitante (*m./f.*)   inhabitant
abito   suit (*men's and women's*), dress, 9
abito da sera   evening gown, 9
abituarsi   to get used to, 3
abitudine (*f.*)   habit, practice, 9
accadere   to happen, 1
accanto a   next to
accedere   to gain access to, 7

accendere (*p.p.* **acceso**)   to turn on, to light, 2
accertarsi   to ascertain, 5
accettare   to accept
accogliente   cozy, welcoming, 1
accomunare   to join, to unite
acconto   deposit, 12
accordare   to tune, 4
accorgersene   to become aware of, 5
accorgersi   to become aware of, to notice, 2
acqua del rubinetto   tap water, 5
acqua minerale gasata   sparkling mineral water, 5
acqua minerale naturale   mineral water, 5
acquisto   purchase, 1
acre   harsh, 1
acrilico   acrylic, 9
ad un tratto   all of a sudden, 3
adattarsi   to adapt oneself
addirittura   absolutely, even
additivo   additive, 5
adeguarsi   to conform
adozione (*f.*)   adoption, 8
affacciarsi   to face, 6
affascinare   to fascinate, 4
afferrare   to grasp, to grab
affettare   to slice, 11
affidare   to entrust
affinché   in order that, 8

affitto   rent, 12
affliggere (*p.p.* **afflitto**)   to afflict, 7
afflusso   flow, 12
affollato   crowded, 5
affrontare   to face, to confront
aggiungere (*p.p.* **aggiunto**)   to add, 1
agnello   lamb, 5
al forno   baked, 5
alba   dawn
alcolista (*m./f.*)   alcoholic, 8
alcuni/e   some, a few, 6
all'antica   old-fashioned, 3
all'inizio   in the beginning, 3
alla fine   in the end, 3
alla griglia   grilled, 5
allacciamento (del telefono)   (telephone) installation, 12
allegato   attachment, 7
allenatore (*m.*)   trainer, coach, 10
allenatrice (*f.*)   trainer, coach, 10
allestito   prepared, 1
allievo/a   student, 8
allontanarsi   to move away from, to depart, 2
altrettanto   as much as, likewise, 8
altrimenti   otherwise
altro   other, another, 6

alzare (il volume) to turn up (the volume / sound), 4
amarezza bitterness, 12
amaro bitter, 1
ambasciata embassy, 12
ambientalista (*m./f.*) environmentalist, 8
ambiente (*m.*) environment, 8
americaneggiante American style, 8
americanizzato Americanized, 8
ammettere to admit, 11
ammobiliato furnished, 12
amplificatore (*m.*) amplifier, 4
amuleto amulet, 6
analfabetismo illiteracy, 8
andare in fumo to go up in smoke, 11
andarsene to go away, to leave, 5
andata e ritorno round trip, 12
anello ring, 3
animale randagio stray animal, 8
animalista (*m./f.*) animal-rights supporter, 8
animatore (*m.*) organizer, 12
animatrice (*f.*) organizer, 12
annullare to cancel, to annul
annunciatore (*m.*) announcer
annunciatrice (*f.*) announcer
antenato ancestor, 6
anteprima preview, 11
antipasto appetizer, 5
antirughe (*m. sing.*) anti-wrinkle, 9
aperitivo aperitif, 5
apocalittico apocalyptical
apparecchiare to set the table, 5
apparire (*p.p.* **apparso**) to appear, 8
appartenere to belong
applaudire to applaud, 4
appoggiare to support, 3
appoggio support, 8
apposito appropriate, special, 10
apprezzare to appreciate, 4
approfittare to profit; to take advantage of
appropriarsi to appropriate, 1
appunto (*adv.*) exactly, precisely
arachide (*f.*) peanut, 5
arbitro/a referee, 10
argomento subject, topic, 2

arma weapon, 12
armadio closet, 9
arrabbiarsi to get angry
arredamento furnishings
arrossire to blush, 3
arrosto (*n.*) roast, 5; (*adj.*) roasted, 5
artigianale handmade
ascella armpit, 4
asciugatrice (*f.*) clothes dryer, 3
asciutto dry, 3
asilo pre-school, 3
aspettarsi to expect, 8
assaggiare to taste, 5
assai (*adv.*) so much
assenza absence, 1
assicurare to assure
assistere to assist, to attend, 8
asso ace, 10
assomigliare to be like, 3
atletica track and field, 10
atteggiamento attitude, 3
attesa wait, 4
attirare to attract, 6
attivare (il collegamento) to activate the connection, 7
attore (*m.*) actor, 11
attraverso through, 4
attrezzare to equip, 8
attrice (*f.*) actress, 11
attuare to carry out, 12
augurarsi to wish, 8
aula classroom, hall
avanguardia avant-garde
avercela con to have it in for (*someone*), 5
avere mal di denti to have a toothache, 12
avere mal di stomaco to have a stomachache, 12
avere mal di testa to have a headache, 12
avere orecchio to have an ear for music, 4
avere una marcia in più to be a cut above, 12
avidità (*f.*) greed, 8
avvelenare to poison, 8
avvenimento event, 1
avvenire (*n.*) future; (*v.*) (*p.p.* **avvenuto**) to come about, to happen, 5

avversario/a opponent, 10
avvertire to inform
avviarsi to set out for, 12
avvicinarsi to approach, 2
avvisare to inform, to advise
avvolgere (*p.p.* **avvolto**) to wrap, 5; to wind, 11
azienda business
azionista (*m./f.*) stockholder, 2
azzardo hazard, risk

B

badare to pay attention to, 3; to mind, to take care of, 12
baffi (*m. pl.*) moustache, 9
bagaglio luggage
bagnato fradicio soaked, drenched, 1
ballare (una canzone) to dance (to a song), 4
bancarella stand (*at a market*), 1
banchetto banquet, 11
bancone (*m.*) counter
banditore (*m.*) caller (*in tombola*), 10
banditrice (*f.*) caller (*in tombola*), 10
barbona (*f.*) homeless person, 8
barbone (*m.*) homeless person, 8
basare su to be based on
basso bass guitar, 4
bastare to suffice, to be enough, 5
bastoni (*m. pl.*) clubs (*suit in cards*), 10
battaglia battle, fight, 2
battere to defeat, 10
battere a macchina to type on a typewriter
batteria drums, 4
battersi to fight, 1
battuta line (*of song or dialogue*), 4
battuta beat (*music*), 4
bebè (*m.*) baby, 3
Befana a benevolent witch who brings toys to good children and coal to bad ones on January 6 (*Epiphany*), 6

benché   even though, 8
beneficenza   charity, 8
beneficio   benefit, 3
bevanda   drink, 5
biglietteria   box office, ticket counter, 11
biglietto   ticket, 4
bilocale (*m.*)   one-bedroom apartment, 12
bimbo/a   baby
binario   railroad track, railroad platform, 2
biologico   organic, 5
bisognoso   needy person, 8
blindato   armored
bloccarsi   to freeze (*the computer*), 7
bloccato   stopped, blocked
blog (*m.*)   blog, 7
bobina   reel, 11
bolletta   bill, 12
bollettino   bill
bollino   stamp, 5
bollire   to boil, 4
bollito   boiled (*added to boiling water*), 5
bomboletta spray   aerosol spray can, 8
bontà (*f.*)   goodness
bottone (*m.*)   button, 9
bretelle (*f. pl.*)   suspenders, 9
brezza   breeze, 3
brivido   shiver
brodo   broth, 5
brontolare   to grumble, 12
bruciare   to burn, 9
buco   hole, 11
burattino   puppet, 6
bussare alla porta   to knock at the door, 2
buttafuori (*m. sing & pl.*)   bouncer, 4
buttare   to throw
buttarsi   to throw, to fling oneself

C

caccia   hunt, hunting, 10
cacciatore (*m.*)   hunter, 10
cacciatrice (*f.*)   hunter, 10
caderci   to fall for

cadere   to fall
caffè (*m.*)   coffee, 1
caffè corretto   coffee with liqueur, 1
caffè macchiato   coffee with a dash of milk, 1
caffè ristretto   strong coffee, 1
caffeina   caffeine, 1
calcio   soccer, 10
caldo bestiale   unbearable heat, 1
calorosamente   warmly
calza   sock, 9
calzare   to put on, to fit (*shoes, gloves*), 9
cambiamento   change, 1
camerino   dressing room, 4
camicia   shirt, 9
camion (*m.*)   truck
camoscio   suede, 9
campionato   championship, 10
campo   field, 1
canale (*m.*)   channel, 2
cancello di imbarco   boarding gate
canile (*m.*)   dog pound, 8
canottaggio   rowing, 10
cantante (*m./f.*)   singer, 4
cantautore (*m.*)   singer-songwriter, 4
cantautrice (*f.*)   singer-songwriter, 4
caparra   deposit, 12
capillare   widespread, 12
capitare   to happen, 7
capo d'abbigliamento   article of clothing, 9
Capodanno   New Year's Day, 6
carcerato/a   prisoner, 8
carcere (*m.*)   prison, jail, 8
caricare   to load; to weigh down, 2
carico   loaded, laden, 8
Carnevale (*m.*)   Carnival, 6
cartella   card (*in tombola*), 10
cartolina   postcard, 12
cartomante (*m./f.*)   fortune-teller, 10
cartone animato (*m.*)   cartoon, 11
cartuccia (d'inchiostro)   ink cartridge, 7
casa di riposo   retirement home, 8

casa popolare   low-cost / subsidized housing, 8
casalinga   housewife, 3
cascarci   to fall for (*be tricked*), 5
cascatore (*m.*)   stuntman, 11
cascatrice (*f.*)   stuntwoman, 11
casella   box (on tombola card), 10
cassa   speaker, 4
catturare   to capture
catturato   captured
cedere   to give, 10
celebrare   to celebrate, 6
celebre   famous, 1
cellulare (*m.*)   cell phone
cementificazione (*f.*)   overdevelopment, 8
cenare   to eat dinner / supper, 5
cenone (*m.*)   New Year's Eve dinner, 6
centinaia   hundreds
centinaio (*m.*)   hundred
centralino   switchboard, 12
centrare   to hit the mark, to work towards achieving, 8
centro d'accoglienza   shelter, 8
cercapersone (*m.*)   pager, 7
certo   certain, 6
cervello   brain, 3
chat, chat room (*f.*)   chat, chat room, 7
chiacchierare   to chat, 5
chiarimento   clarification, explanation, 7
chiarire   to clarify, 9
chiaro e tondo   in no uncertain terms, 1
chiarore (*m.*)   glimmer, faint light, 9
chiavetta   flash drive, 7
chilo(grammo)   kilo(gram) (*2.2 pounds*), 5
chiromante (*m./f.*)   fortune-teller, 6
chirurgo   surgeon
chitarra   guitar, 4
chiunque   anyone, 6
ciascuno   each, each one, 6
ciclismo   cycling, 10
cifra   figure, amount, 4
cinematografico   cinematographic, 11

cinepresa movie camera, 11

cioè that is

ciondolo pendant, good-luck charm, 6

ciononostante nevertheless, 8

circondare to surround

citare to cite, to quote, 2

civiltà (*f.*) civilization

clandestino/a illegal alien, 12

classifica table, placings, results (*sports*), 10

cliccare to click on, 7

codice (*m.*) code

cogliere (*p.p.* **colto**) to collect, to gather, to pick 2

coinvolgersi (*p.p.* **coinvolto**) to get involved, 8

collant (*m. pl.*) pantyhose, 9

collegare to connect, to link

collegarsi a Internet to connect to the Internet, 2

collina hill

colloquio (di lavoro) job interview

colomba (literally, *dove*) traditional Easter cake in the shape of a dove, 6

colonna sonora soundtrack, 1, 11

colorante (*m.*) food coloring, 5

colpa fault

colpire to strike, to hit, 1

come se as if, 8

comitiva party, group

commedia comedy, 11

commesso/a salesclerk

commisurare to compare, to liken, 12

commuovere (*p.p.* **commosso**) to move, to touch (*emotionally*), 2

comparsa walk-on, extra (*in a film*), 11

compere (*f. pl.*) shopping (*not for food*)

compiacimento satisfaction, pleasure, 4

compilare to fill out (*a form*), 12

complesso band (*music*), 4

completo suit (*men's and women's*); coordinated outfit, 9

comporre (*p.p.* **composto**) to compose, 4

comportamento behavior, 8

(computer) portatile (*m.*) laptop, 7

comune (*m.*) city hall, 3

comunità (*f.*) rehabilitation center, 8

conchiglia shell, 12

condimento dressing (*for salad or sandwich*), 5

condividere (*p.p.* **condiviso**) to share, 3

condurre (*p.p.* **condotto**) to conduct, 6

conduttore anchorman, 2

conduttrice anchorwoman, 2

consegnare to deliver, to hand over, to submit, 2

conservante (*m.*) preservative, 5

consigliare to advise

consolato consulate, 12

consumatore (*m.*) consumer, 5

consumatrice (*f.*) consumer, 5

consumismo consumerism, 1

contabilità (*f.*) bookkeeping, accounting, 12

contare to count, 10

contiguo adjoining, next to, 12

conto account, 9

contorno side dish, 5

contrada town districts (in Siena), 6

contraddistinguere (*p.p.* **contraddistinto**) to mark, 1

controfigura (*m./f.*) double, 11

convegno meeting, conference, 8

convincere (*p.p.* **convinto**) to convince

convivenza cohabitation, 3

convivere (*p.p.* **convissuto**) to live together, 3

copertina cover, 2

copione (*m.*) script, 11

coppe (*f. pl.*) cups (*suit in cards*), 10

coppia di fatto unmarried couple living together without the benefits of a legal union, 2

corista (*m./f.*) singer in a chorus / backup singer, 4

cortometraggio short movie, 11

così like this, this way; thus, 3

così... come as . . . as, 1

costringere (*p.p.* **costretto**) to force, 3

costume da bagno (*m.*) bathing suit, 9

costume custom, 6

cotone (*m.*) cotton, 9

cottura cooking (*time or type*), 5

cravatta a farfalla bowtie, 9

credenza belief

crescere (*p.p.* **cresciuto**) to grow, 6

crescita growth, 5

cronaca news, 2

cronaca nera crime news, 2

cronaca rosa celebrity news, 2

cronista (*m./f.*) reporter, 2

cuccetta bed in sleeper car (*on a train*), 12

cucire to sew, 9

cultura contadina peasant culture, 6

cuocere (*p.p.* **cotto**) to cook, 2

cuoio leather (*used for shoes*), 9

cuori (*m. pl.*) hearts (*suit in cards*), 10

cura treatment, cure, 12

cura termale thermal spa treatment

curare to take care of, 2

curatore (*m.*) curator, 2

curatrice (*f.*) curator, 2

curriculum vitae (*m.*) resumé, 12

custode (*m./f.*) caretaker, 7

D

da asporto take-out, 1

da portar via take-out, 1

da un pezzo for a while now, 12

dado die (singular of *dice*), 10

dai! come on! 1

dall'altro canto on the other hand, 8

danneggiare to damage, 8

dare le carte to deal the cards, 10

dare retta pay attention to, listen to, 10

davanti a in front of, 3

debole weak, 6

decennio decade, 7

decollare to take off *(plane)*

decollo takeoff *(plane)*

dedurre *(p.p.* **dedotto)** to deduce, 6

degno worthy

demolire to demolish, 6

denari *(m. pl.)* coins *(suit in cards)*, 10

deprimente depressing, 9

depurare to purify, 8

destinatario/a recipient, 12

detenuto/a prisoner, 8

dettame *(m.)* dictate, 3

di fianco a by the side of, next to, 7

di fronte a in front of, 3

di modo che so that, 8

di proposito on purpose

di tratto in tratto every so often, 9

diagnosi *(f. sing. & pl.)* diagnosis, 12

dibattere to debate

dichiarare to declare, to state, 3

difendere *(p.p.* **difeso)** to defend, 2

difetto defect

diffidare to distrust, 5

diffondere *(p.p.* **diffuso)** to spread, to diffuse, 8

dimagrire to lose weight, 5

dimenticarsi to forget

dimezzarsi to cut in half, 3

dipingere *(p.p.* **dipinto)** to paint, 2

dirigente *(m./f.)* manager

dirigersi *(p.p.* **diretto)** to head for, to head towards, 6

diritto right *(civil)*, 2

diritto umano human right, 8

disabile *(m./f.)* handicapped person, 8

dischetto diskette

disco record, 4

disco fisso hard drive, 7

discografico/a person in the record industry, 4

discorso speech, 6

discoteca disco, 4

discutere *(p.p.* **discusso)** to discuss

disegnatore *(m.)* cartoon artist, 11

disegnatrice *(f.)* cartoon artist, 11

disperato desperate, 3

dispiacere to be sorry, to mind, 5

disponibile available, 2

disporre *(p.p.* **disposto)** to arrange; to dispose

disprezzo contempt, 8

distacco detachment, separation, 11

distinguersi *(p.p.* **distinto)** to stand out

distribuire to distribute, 8

distribuire le carte to deal cards, 10

disumano inhuman, cruel

ditta company

diverso various; different, 6

dividere *(p.p.* **diviso)** to share, to divide, 2

divieto (di sosta) no parking, 3

divisa uniform 3

divorziare (da) to divorce, 3

documentario documentary, 11

documento computer file, document, 7

dolce *(n. m.)* dessert, 5; *(adj.)* sweet, 5

dolcetto o scherzetto trick or treat, 1

dolcificante *(m.)* sugar substitute, 5

dolciume sweet, 5

doloso fraudulent, malicious, 8

domicilio residence

donna queen *(in cards)*, 10

dopo after, 3

dopo di che after that, 3

doppiaggio dubbing, 1

doppiare to dub, 11

doppiatore *(m.)* dubber, 1

doppiatrice *(f.)* dubber, 1

dubbio doubt, 1

dubitare to doubt, 8

duello elettorale *(m.)* electoral challenge

durante during, 3

durare to last, 7

duraturo lasting, enduring

E

ebbene well then, so, 9

eccetto except, 3

edicola newsstand, 2

editore *(m.)* publisher, 2

editoriale *(m.)* editorial, 2

editrice *(f.)* publisher, 2

edizione straordinaria *(f.)* special edition, 2

effetto serra greenhouse effect, 8

effetto speciale special effect, 11

efficace efficient

elencare to list

elettrodomestico *(m.)* appliance, 3

email *(m.)* email (message), 7

emittente *(f.)* television station, 2

enfatizzare to emphasize, 1

enoteca wine shop, 5

entrambi/e both, 5

entusiasta *(adj.)* enthusiastic

episodio episode, 11

erede *(m./f.)* heir, 3

eredità *(f.)* inheritance, 3

errato wrong

esaltarsi to boast, to get excited about, 9

esaurire to run out, to exhaust, 6

eseguire to execute, to carry out, 7

eseguire comandi to carry out orders, 7

esercito army, 3

esibire to exhibit, 1

esigente demanding

esigenza *(f.)* demand, necessity, 8

esortare to exhort, to urge

esprimere *(p.p.* **espresso)** to express, 2

esquimese *(m.)* Eskimo, 8

essere a dieta to be on a diet, 5

essere a disagio to be uncomfortable, 1

essere a posto to be fine, to be in order, 1

essere a proprio agio to be at ease, 1

essere in tournée to be on tour, 4

essere intonato to have good pitch, 4

essere pieno to be full, 5

essere sazio to be full, 5
essere spiacente to regret, to be sorry, 8
essere stonato to be tone-deaf, 4
estetista (*m./f.*) beautician, 9
estinzione (*f.*) extinction, 3
estrarre (*p.p.* **estratto**) to draw, to extract, 5
estrazione (*f.*) drawing, 10
etto hectogram (*approx. one-quarter pound*), 5
evitare to avoid, 4
evolvere (*p.p.* **evoluto**) to evolve, 6
extracomunitario/a immigrant from a country outside the European Community, 8

F

fabbricare, fabbricarsi to make, 6
faccenda domestica household chore, 3
fallo foul, 10
fan (*m./f*) fan, 4
fango mud, 8
fantasma (*m.*) ghost, 6
fante (*m.*) jack (*in cards*), 10
farcela to be able to do something, 5
farcire to stuff, to fill, 8
farcito stuffed, filled, 8
fare beneficenza to donate, 8
fare concorrenza a to compete with (*in business*), 1
fare i segni to signal, 10
fare il bucato to do laundry, 3
fare impazzire to drive someone crazy, 4
fare la fila to stand in line, 11
fare la parte di to play the part of, 11
fare le corna to knock on wood, 6
fare (le) spese to go (*non-grocery*) shopping, 9
farina flour, 5
farla da padrone to dominate, 9
farsi fare to have something done, 9
farsi fare un autografo to get an autograph, 4
farsi fare un vestito to have a suit / dress made, 9

fascia dell'ozono ozone layer, 8
fastidioso annoying, 6
fata fairy, 6
fattura invoice
favola fairy tale, 6
fedele faithful, 9
femminista (*m./f.*) feminist, 3
ferro da stiro iron, 3
festeggiare to celebrate, 6
fetta slice (of bread, of watermelon, etc.), 5
fiaba fairy tale, 6
fianco hip, side
fibra naturale (*f.*) natural fiber, 9
fibra sintetica (*f.*) synthetic fiber, 9
fiche (*f. sing. & pl.*) poker chips, 10
fidarsi to trust someone, 3
fiducia trust
fila line, 12
filare to spin, 10
film a colori (*m.*) color movie, 11
film d'animazione (*m.*) animated movie, 11
film d'avventura (*m.*) adventure movie, 11
film d'azione (*m.*) action movie, 11
film dell'orrore (*m.*) horror movie, 11
film di fantascienza (*m.*) science-fiction movie
film giallo (*m.*) mystery movie, 11
film in bianco e nero (*m.*) black-and-white movie, 11
film poliziesco (*m.*) detective movie, 11
film romantico (*m.*) romantic movie, 11
film storico (*m.*) historical movie, 11
filo string, 6
fingere (*p.p.* **finto**) to pretend, 2
fino a until, 3
fiori (*m. pl.*) clubs (*suit in cards*), 10
firmare to sign, 12
fisarmonica accordion, 4
fischiare to boo (literally, *to whistle*), 4

flauto flute, 4
folklore (*m.*) folklore, 6
fondo bottom
fonte (*f.*) source, 2
formaggiera bowl for grated cheese, 5
Formula 1 Formula One car racing, 10
fornire to supply, furnish, provide, 5
fornitore (*m.*) supplier
fornitrice (*f.*) supplier
forzare to force
fotoreporter (*m./f.*) news photographer, 2
francobollo stamp, 12
frattura fracture, 12
freccia turn signal, 1; arrow
fregare to cheat, to take someone for a ride; to rub
fregarsene not to care about
frittelle fritters, 6
fritto fried, 5
frontiera border, frontier
frutti di mare (*m. pl.*) seafood, 5
fumetto comic strip, comic book, 2
fuochi artificiali (*m. pl.*) fireworks, 6
fuoco fire, 8
furto theft, 2

G

galleria tunnel, 2
garanzia (*n.*) guarantee
gemello twin, 10
genero son-in-law
gesto gesture, 6
ginocchio (*pl.* **le ginocchia**) knee
giocare d'azzardo to gamble, 10
giocatore (*m.*) player, 10
giocatrice (*f.*) player, 10
gioco da tavola board game, 10
gioco di società board game, 10
gioiello jewel, 5
giornalista (*m./f.*) journalist, 2
giostra merry-go-round, ride (*at an amusement park*), 6
girare to shoot (*a film*), 11
gita excursion
giudizio judgment, 3

giungere (*p.p.* **giunto**) to arrive; to join, 6
giuria jury, panel, 11
giurisprudenza law
goccia drop, 8
godere to enjoy, 1
grassetto bold (type), 12
grattugiare to grate, 5
gravidanza pregnancy
grillo cricket, 6
gruppo band, 4
guanciale (*m.*) pillow, 11
guardaroba (*m.*) wardrobe, 9
guarire to heal, 6
guastare to spoil, to damage
guastarsi to break (down), 1
gusto flavor, 1

I

idromassaggio hydromassage
imbarcare to embark
immettere (dati) (*p.p.* **immesso**) to upload (information), 7
immigrante (*m./f.*) immigrant, 12
immigrato/a immigrant, 8
immigrazione (*f.*) immigration, 8
impacco compress, 6
imparentato related, 10
impedire to prevent, 5
impegnarsi to get involved, 8
impegnativo demanding, time-consuming, 8
impegno commitment
impegno sociale social obligation, 8
impiccare to hang, 6
impiegato/a clerk, 12
imporre (*p.p.* **imposto**) to impose, to inflict, 8
importarsene to care about something, 5
impresario/a entrepreneur
(im)prestare to lend, 10
in assoluto absolutely, 10
In bocca al lupo! / Crepi il lupo! Good luck! / Thank you!, 6
in cattive acque in hot water, 3
in fretta e furia in a real hurry, 3
in prestito on loan, 10
in seguito following that, 3
incarico task, job

incarnito ingrown, 10
incartare to wrap, 12
incendio fire, 8
incentivo incentive, stimulus, 8
inconfondibile unmistakable
incoraggiare to encourage, 10
incrocio crossroad, 9
indagine (*f.*) inquiry, investigation, 5
individuare to identify, to spot, 7
indossare to wear, to put on, 9
indovinare to guess
indumento garment
infastidire to bother, to annoy, 7
infine finally, in conclusion, 3
influsso influence, 1
informatica computer science, 7
inginocchiarsi to kneel down, 10
ingiustizia injustice, 6
ingoiare to swallow
ingrassare to gain weight, 5
ingresso entry
iniezione (*f.*) injection, 12
iniziativa initiative, 8
innamorarsi to fall in love
innamorato cotto madly in love, 1
innanzitutto above all, 3
innervosire to get on someone's nerves, 7
innervosirsi to get nervous, 7
inquinamento pollution, 8
inquinare to pollute, 8
insaccato sausage, salami, 5
insensibilità (*f.*) insensitivity, 4
insieme a together with, 3
insieme con together with, 3
insolito unusual, 3
insipiente silly, foolish, 8
insomma in short, in other words
intanto meanwhile
intendersi (*p.p.* **inteso**) to be an expert, 3
interpretare to play the part of, 11
interprete (*m./f.*) interpreter, 1
interrompere (*p.p.* **interrotto**) to interrupt
intervenire to intervene, 8
intervistare to interview, 2
intorno around, 3

intrattenimento entertainment, 12
invece di instead of; rather than, 3
investimento investment, 6
inviare to send, 7
inviato/a correspondent, 2
ipotizzare to assume, 6
irrigidirsi to stiffen, 12
iscriversi (*p.p.* **iscritto**) to enroll
ispirare, to inspire, 4
italianizzato Italianized, 1

L

lana wool, 9
lanciare to throw, to fling, to launch, 7
lattina (aluminum) can, 1
lavare i piatti to wash the dishes, 3
lavastoviglie (*f.*) dishwasher, 3
lavatrice (*f.*) washer, 3
lavoro a tempo pieno full-time work, 3
lavoro part-time part-time work, 3
lecito lawful, permissible, 3
legame (*m.*) tie, connection, 1
legno wood, 6
lenticchia (*f.*) lentil, 6
lessato boiled (*added to cold water and brought to a boil*), 5
lettore CD/mp3/DVD (*m.*) CD/mp3 player, 7; DVD player, 11
levarsi to take off (*one's clothes or shoes*), 9
lino linen, 9
litigare to fight, to argue, 3
lontano da far from, 3
lotta fight, 3
lotta partigiana partisan struggle, 3
Lotto Italian national lottery, 10
luce (*f.*) light
luce, acqua, gas, riscaldamento utilities (*electricity, water, gas, and heat*), 12
lucertola lizard, 12
luna di miele honeymoon, 3

luna park (*m.*) amusement park, 6

lungo along, 3

lungometraggio feature-length movie, 11

lusinghiero flattering

M

macedonia fruit salad, 5

maestoso majestic

maestro/a teacher

maiale (*m.*) pork, 5

mal di schiena backache, 1

malgrado despite, 8

malinconico melancholy, 1

malocchio evil eye, 6

mancanza lack, 5

mancare to miss; to be lacking, 5

mandare in onda to go on the air, 1

mandolino mandolin, 4

manifesto poster, 8

mano (*f.*) hand; hand of cards, 10

manutenzione maintenance, 3

manzo beef, 5

marca brand name, 9

marchio mark

martedì grasso fat Tuesday, 6

maschera mask; usher, 11

maschilista (*m.*) male chauvinist, 3

masterizzare to burn (a CD/DVD), 7

mazziere (*m.*) card dealer, 10

mazzo di carte deck of cards, 10

medaglia medal

medicina medicine, 12

melanzana eggplant, 9

melodico melodic, 4

mensa cafeteria, 2

mensile (*m.*) monthly publication

mercoledì delle Ceneri Ash Wednesday, 6

meritare to deserve

merito credit, 9

mescolare to mix

mescolarsi to mix, 4

metodo method, 2

mettere to put, to place, 2

mettersi to put on (*clothing/make up/shoes*), 9

Mezzogiorno southern Italy, 3

microfono microphone, 4

migliaia (*f. pl.*) thousands

migliaio thousand

millesimo thousandth

minaccia threat, 6

minacciare to threaten, 1

minigonna miniskirt, 9

miscela mixture, 1

mischiare to mix, to mingle, 10

miscuglio mix, 8

misero miserable, 1

misura size, 9

mitigare to mitigate, to appease, 8

mito myth

mitra (*m.*) machine gun, 3

mittente (*m./f.*) sender, 12

modificare to modify, to change

modulare to modulate

modulo form (*to fill out*), 12

mollare to let go, 3

mollica soft part of bread, 5

moltiplicare to multiply

molto many, much, 6

monolocale (*m.*) studio apartment, 12

montagne russe (*f. pl.*) roller coaster, 6

morbido soft (*used for food and other objects*), 5

mordere (*p.p.* **morso**) to bite, 6

morto stecchito stone dead, 1

mostro monster, 12

motore di ricerca (*m.*) search engine, 7

muovere (*p.p.* **mosso**) to move (*an object*), 2

musicale (*adj.*) musical, 4

musicista (*m./f.*) musician, 4

mutande (*f. pl.*) underwear, 9

mutare to change

N

nano/a dwarf, 6

nascere to be born, 2

nascondere (*p.p.* **nascosto**) to hide, 2

nastro trasportatore conveyor belt

Natale (*m.*) Christmas, 6

natalizio pertaining to Christmas, 5

navigare su Internet to surf the Internet, 7

negare to deny, 7

nel caso che in case, 8

nessuno no; no one, none, 6

niente nothing

noce moscata (*f.*) nutmeg, 5

noleggiare to rent (*a car, video, etc.*)

non poterne più to be unable to put up with, 5

nonostante even though, 8

notevolmente remarkably, considerably, 3

notizia d'apertura lead story (*in a newspaper*), 2

notiziario news bulletin, 2

notizia news, 2

nozze (*f. pl.*) wedding, nuptials

nulla, niente nothing, 6

numero shoe size, 9

numero verde 800 number, 8

nuoto swimming, 10

nutrire to feed

O

occhiello subheading (*newspaper*), 2

occorrere (*p.p.* **occorso**) to need, to take (*time*), 5

occulto hidden, concealed

occuparsi di to be responsible for, 3; to address, to concern oneself with, 8

occupato busy, 1

odore (*m.*) smell, odor, scent, 7

offendere (*p.p.* **offeso**) to offend, 2

ogni every, 6

ognuno everyone, 6

ombra shadow, shade, 9

omonimo having the same name, 3

operatore sociale (*m.*) social worker, 8

operatrice sociale (*f.*) social worker, 8

opporre (*p.p.* **opposto**) to oppose, 3
orecchino earring, 4
organico staff, 7
orgoglio pride
ormone (*m.*) hormone, 5
oroscopo horoscope, 6
osare to dare
ospite (*m./f.*) guest, 4
ostaggio hostage
osteria inn, tavern, 5
ostracismo ostracism, 8
ostracizzare to ostracize, 8
ottenere to obtain

P

pacco package, 12
padrona di casa (*f.*) landlady, 12
padrone di casa (*m.*) landlord, 12
palco box seat, 9
palcoscenico stage, 4
pallacanestro (*f.*) basketball, 10
pallanuoto (*f.*) waterpolo, 10
pallavolo (*f.*) volleyball, 10
pancia stomach, belly, 9
pandoro traditional Christmas cake, 6
panettone traditional Christmas cake, 6
panineria sandwich shop, 1
paninoteca sandwich shop, 1
pantaloncini (*m. pl.*) shorts, 9
papillon (*m.*) bowtie, 9
paradello oar, 3
paragonare to compare, 1
parecchio some, several, quite a few, 6
pareggio tie, draw, 10
parere (*m.*) opinion, 4
parere (*p.p.* **parso**) to seem, to appear, 3
pari opportunità (*f. sing. or pl.*) equal opportunity/ies, 3
parità (*f.*) equality, 3
parrocchia parish, 10
parrucchiera (*f.*) hairdresser, 9
parrucchiere (*m.*) hairdresser, 9
partigiano partisan, 3
partita game, 10
Pasqua Easter, 6
passatempo hobby, 10

passeggiare to walk, to take a walk
passerella runway (*for modeling*), catwalk, 9
pastiglia pill, 12
patito wan, sickly
patrona (*f.*) patron, 6
patrono (*m.*) patron, 6
pazzesco mad, insane
pazzo da legare totally crazy, 1
peccato sin, 3
peggiorare to worsen; to make worse
pelle (*f.*) leather (*used for clothing or purses*), 9
pelliccia fur coat, 9
pena punishment, sentence, 8
pena di morte death penalty, 8
pensionato retired person, 7
pentirsi to regret, to be sorry, 3
pentola pot, 4
per questo for this (*reason*), 3
peraltro moreover
percepire to perceive, 7
perché so that, 8
perdere (*p.p.* **perso**) to lose, 10
peregrinazione (*f.*) wandering, roaming, 12
perfino even
periodico newspaper, 2
permesso di lavoro work permit, 12
permesso di soggiorno residency permit, 12
pesante heavy
pescare una carta to draw a card, 10
pescatore (*m.*) fisherman, 8
pettegolezzo gossip
pettinare to comb
pezzo piece (*musical in this chapter*), 4
piacere to be pleasing, to please; to like, 5
piangere (*p.p.* **pianto**) to cry, 2
pianoforte (*m.*) piano, 4
picche (*f. pl.*) spades (*suit in cards*), 10
picchiare to hit, to strike
piegare to fold
piemontese (*adj. & n.*) person from Piedmont

pieno zeppo jam-packed, 1
pietà (*f.*) pity, mercy, 8
pigiama (*m. sing.*) pajamas, 9
pignolo picky, fastidious, 4
pila battery, 8
pista (*f.*) runway, (train) track
piuttosto rather, 2
pizza al taglio pizza by the slice, 1
pizzicare to pinch, 4
pizzico pinch, 5
poco few, little, 6
poggiarsi to lean, 10
poi then, next, 3
poiché since, 8
poliestere (*m.*) polyester, 9
polmonite (*f.*) pneumonia, 12
poltrona easy chair, armchair
polvere (*f.*) dust, powder, 5
pomata ointment, 12
porre (*p.p.* **posto**) to establish, to set, 1
portafoglio wallet, *12*
portamento the way one carries oneself
portare to wear, 9
portare fortuna to bring good luck, 6
portare sfortuna to bring bad luck, 6
portatile (*m.*) laptop computer, 7
portatore di handicap (*m.*) handicapped person, 8
portatrice di handicap (*f.*) handicapped person, 8
portiere (*m.*) doorman, porter; goalkeeper, 2
posate (*f. pl.*) silverware, 5
possedere to possess, 6
posta aerea air mail, 12
posta elettronica email, 7
postino postman, 12
potenza power, 7
potenziamento strengthening, 8
povero in canna dirt poor, 1
pregio quality, 2
premere to press (*key or button*), 7
premio award, 1
prendere spunto to take as a starting point, 10
prendersi cura di (*p.p.* **preso**) to take care of, 3

prendersela to get angry, 4
prenotare to reserve
prenotazione (*f.*) reservation, 12
presenza (al film) viewer, presence, 11
preside (*m./f.*) principal, 9
presso at, in care of, for, 3
presumere (*p.p.* **presunto**) to presume
prete (*m.*) priest, 11
pretendere (*p.p.* **preteso**) to demand, 8
previsione (*f.*) forecast
prima first, 3
prima che before, 8
prima di before, 3
prima di + infinito before -ing, 3
prima mano (*f.*) opening hand (*in cards*), 10
prima / seconda classe first / second class, 12
primo (piatto) first course, 5
procurare to obtain, 8
prodotto usa e getta disposable product, 8
produrre (*p.p.* **prodotto**) to produce, 6
produttore cinematografico (*m.*) filmmaker, producer, 11
produttrice cinematografica (*f.*) filmmaker, producer, 11
profugo/a refugee, 8
programma (*m.*) program, 2
promettere (*p.p.* **promesso**) to promise
promuovere (*p.p.* **promosso**) to promote, 3
pronto soccorso emergency room, 12
proporre (*p.p.* **proposto**) to propose, 1
proposito purpose, intention, aim
proseguire to pursue
proteggere (*p.p.* **protetto**) to protect, 8
protezione dell'ambiente (*f.*) environmental protection, 8
provare to try
prove (*f./pl.*) rehearsal, 4
proveniente coming from, 4
pubblicità (*f.*) publicity, 1
pubblico audience, 4

pulsante (*m.*) key (*on a keyboard*), 7
pungere (*p.p.* **punto**) to sting, 6
puntata episode, 11
punteggio score, 10
punto (*m.*) stitch, 12
purché provided that, 9
purtroppo unfortunately, 1
puzza stink, 12
puzzare to stink, 3

Q

quadri (*m. pl.*) diamonds (*suit in cards*), 10
qualche some, 6
qualcosa something, 6
qualcuno someone, some, 6
qualsiasi any, 6; whatever, whichever, 9
qualunque any, 6
quantunque although, 8
quarantenne (*m./f.*) person in his/her forties
Quaresima Lent, 6
questura police station, headquarters, 12
quindi therefore, then, 3
quinte (*f. pl.*) scenes
quotidiano daily newspaper, 2

R

raccogliere (*p.p.* **raccolto**) to gather, to collect
raccolta collection, 4
radersi (*p.p.* **raso**) to shave (oneself), 2
radunarsi to gather, 10
ragazza madre young unwed mother with primary care of children, 3
ragazzo padre young unwed father with primary care of children, 3
raggio ray, 9
raggiungere (*p.p.* **raggiunto**) to reach, 2
ragioneria accounting, 12
ragno spider, 4
rallegrare to make glad, 8
rallegrarsi to be happy, 8

rapporto relationship, 4
rassicurare to reassure, 5
ravvicinare to bring closer, 1
razza race, 8
re king, 10
reagire to react, 2
recuperare to recover, 3
recupero recovery, rescue, 8
redattore (*m.*) member of editorial staff, 2
redattore capo (*m.*) editor-in-chief, 2
redattrice (*f.*) member of editorial staff, 2
redattrice capo (*f.*) editor-in-chief, 2
redazione (*f.*) editorial office; editing, 2
reddito income, 8
reggere (*p.p.* **retto**) to support, 8
regina queen, 10
regista (*m./f.*) film director, 11
reinserire reinsert, reinstate, reintegrate, 8
rendere (*p.p.* **reso**) to give back; to produce, to result in, 2
restare to remain, to be left, 5
restituire to return, to give back
rete (virtuale) (*f.*) Internet, the Web, 2
retrocessione (*f.*) downfall, demotion, relegation 10
riassumere (*p.p.* **riassunto**) to summarize, 2
ribellarsi to rebel
ricamare to embroider, 9
ricamato embroidered, 9
ricavare to extract, to draw, 5
ricco sfondato filthy rich, 1
ricetta prescription, 12
richiedere (*p.p.* **richiesto**) to require, 8
richiesta request, 2; requirement, 8
riciclaggio recycling, 8
riconoscere (*p.p.* **riconosciuto**) to recognize
ricorrenza yearly festivity, 6
ricorrere (*p.p.* **ricorso**) to apply, to resort
ricoverato hospitalized, 8

ricovero   hospitalization, 12

ridere (*p.p.* **riso**)   to laugh, 2

ridotto   reduced, 2

ridurre (*p.p.* **ridotto**)   to reduce, 6

riferimento   reference, 4

rifiutare   to refuse, to reject, 3

rifiuti (*m. pl.*)   garbage, 8

rifornimento   replenishment, 8

rifugio   animal shelter, 8

rigore (*m.*)   penalty shot, 10

riguardo a   with regard to, 3

rilasciare   to release, 7

rimandare   to postpone, 10

rimanere (*p.p.* **rimasto**)   to stay, 2

rimozione (*f.*)   removal, 12

rimpiangere (*p.p.* **rimpianto**)   to regret, 6

rimpianto (*n.*)   regret

rimprovero   reprimand, 12

rinascimentale (*adj.*)   of (*pertaining to*) the Renaissance

rincasare   to return home, 2

ringiovanito   rejuvenated

ringraziare   to thank

rinunciare   to renounce

rinviare   to postpone, 4

riparare   to repair, 7

ripieno (*adj.*)   stuffed, 5; (*n. m.*) stuffing, 5

riportare   to take; to achieve; to report, 2

ripresa   reconstruction, resumption, 9; shot (*film*), 11

ripulirsi   to clean oneself (*in this case to remove hair*), 9

risalire   to go up again

risanamento   recovery, cure 8

rischio   risk, 5

riscontrare   to verify

risorsa   resource, 8

risparmiare   to save, 9

rispecchiare   to reflect, 2

rispetto   respect, 3

ristampa   reprint, 11

ritenere   to believe; to retain, 8

ritmo   rhythm, 4

ritornello   refrain, chorus (*in a song*), 4

ritratto   portrait

ritrovarsi   to find oneself again (*in a place or condition*)

riuscire   to succeed

rivista   magazine, 2

rivolta   revolt, 2

romanzo   novel

rossetto   lipstick

rottura   breakup, 2

rovinare   to ruin, 1

rubare   to steal, 2

rugby (*m.*)   rugby, 10

rumore (*m.*)   noise, 6

ruolo   role

S

saggezza   wisdom, 10

saggio   essay, 1; wise

sagra   festival, 6

sala d'aspetto   waiting room, 12

saldo   sale, 6

salire   to climb; to board, to get on, 2

salsa   sauce, 5

saltimbanco   acrobat, 6

salume (*m.*)   cold cut, 5

salvare   to save, 7

salvo   except, 3

Santo Patrono   Patron Saint, 6

sardo (*adj. & n.*)   from Sardinia, 8

sarto/a   tailor, 9

sassofono   saxophone, 4

sbadigliare   to yawn, 2

scacchi (*m. pl.*)   chess, 10

scacciare   to drive away, 6

scadenza   due date, deadline, 2

scaduto   expired, 5

scambiare,   to exchange, 5

scambio culturale   cultural exchange, 1

scanner (*m.*)   scanner, 7

scannerizzare   to scan, 7

scappare   to escape, to get away, 3

scaramantico   superstitious, 6

scaramanzia   superstitious practice, 6

scaricare   to download, 7; to unload, to dump, 8

scartare una carta   to discard a card, 10

scatenare   to stir up, 12

scattare una foto   to take a photo, 2

scegliere (*p.p.* **scelto**)   to choose, 2

scena   scene, 11

scendere (*p.p.* **sceso**)   to descend; to get off, 2

sceneggiatore (*m.*)   screenwriter, 11

sceneggiatrice (*f.*)   screenwriter, 11

scenografo/a   set designer, 1

schermo   screen (*T.V. or movie*), 2

scherzare   to joke

scherzosamente   jokingly, 1

schiaffetto   little slap, 10

schiavitù (*f.*)   slavery, 4

sci (*m. sing & pl.*)   ski, 10

sciare   to ski

sciarpa   scarf, 9

scioccare   to shock, 2

sciogliere (*p.p.* **sciolto**)   to break up, to dissolve, 2

sciogliersi   to loosen

sciopero   strike, 2

sciroppo   medicinal syrup, 12

scivolare   to slide, 2

scommettere (*p.p.* **scommesso**)   to bet, 7

scomparire (*p.p.* **scomparso**)   to disappear, 5

sconfiggere (*p.p.* **sconfitto**)   to defeat, 10

sconfitta   defeat, 10

scongiurare   to ward off bad luck, 6

scongiuro   superstitious practice, 6

sconto   discount, 9

scontrarsi   to clash, 12

scontro   encounter, 7

sconvolgere (*p.p.* **sconvolto**)   to upset, to disturb, 10

sconvolto   upset, 10

scoppiare   to burst, to explode, 11

scoprire (*p.p.* **scoperto**)   to discover, 8

scorrere (*p.p.* **scorso**)   to scroll, 3

scorrevole   flowing, 3

scrivere al computer (*p.p.* **scritto**) to type on a computer, 7

scuotere (*p.p.* **scosso**) to ring (a bell); to shake, 11

sdraiarsi to lie down, 12

sebbene even though, 8

secondo second, 3

secondo (piatto) second course, 5

segnalino marker, game piece, 10

segnare un gol to make a goal, 10

seme (*m.*) seed, 5; suit (*of cards*), 10

sempre meno less and less

sempre più more and more

senonché unless, 8

sentirsi a disagio to be uncomfortable, 1

sentirsi a proprio agio to feel at ease, 1

senza che without, 8

senzatetto (*m./f., sing. & pl.*) homeless person, 8

separarsi to separate, 3

serratura lock, 6

servire to be useful, to need, 5

seta silk, 9

settimanale (*m.*) weekly magazine or newspaper, 2

sfilata parade, 6; fashion show, 9

sfiorare to get close to, 1; to touch lightly, to brush against

sfoggiare to show off

sfogliare to leaf through, 2

sfottere to tease, 12

sfruttamento exploitation, use, 5

sfruttare to make use of, 1; to take advantage of, to exploit, 7

sguardo look, glance, 11

siccome since, 3

sigla acronym (*e.g.*, ASUC *Associazione Uomini Casalinghi*), 3

sintomo symptom

sistemarsi to settle, 12

sito site, 7

smettere to stop, 5

smoking (*m.*) tuxedo, 9

smontare to take apart, 11

sms (*m.*) text messaging, 7

soffiare to blow, 8

soffice soft (*not used for food*), 5

soffio breath, whiff, 1

soffrire (*p.p.* **sofferto**) to suffer

soia soy

soldatessa (*f.*) soldier, 3

soldato (*m.*) soldier, 3

solidarietà (*f.*) solidarity, 8

solito usual, 2

solitudine (*f.*) solitude

sollecitazione (*f.*) solicitation

solleticare to tickle, 4

sollevare to lift

sondaggio survey

sopra (di) above, 3

soprannaturale supernatural, 6

sopruso imposition, injustice, 3; abuse, 10

sorgere (*p.p.* **sorto**) to rise, 4

sorpassare to bypass, 9

sorpassato dated, 9

sorte (*f.*) luck, fortune

sostenere to sustain

sottolineare to underline; to emphasize

sottoscritto/a undersigned, 8

sottotitolo subtitle, 1

sovraffollato overcrowded, 8

sovrappopolamento overpopulation, 8

spade (*f. pl.*) spades (*suit in cards*), 10

sparare to shoot, 3

sparecchiare to clear the table, 5

sparire to disappear, 7

spartito (*musical*) score, 4

spaventare to scare

specificare to specify

spegnere (*p.p.* **spento**) to turn off, to extinguish, 2

spendere (*p.p.* **speso**) to spend (*money*), 7

spettacolo show, 4

spettatore (*m.*) spectator, 10

spettatori (*m. pl.*) audience, 4

spettatrice (*f.*) spectator, 10

spezzare to break, 12

spezzone (*m.*) film strip, 11

spicchio clove (*as of garlic*), segment (*of citrus*), 5

spiedino food cooked on a skewer, 5

spingere (*p.p.* **spinto**) to push, 6

spintone (*m.*) big push, 2

spogliarsi to undress, 9

spogliatoio dressing room, 9

sportello window (*for service*), 12

sposarsi to marry, 3

spostamento move, shift, 12

spostare to move, 4

spostarsi to move, 10

sprecare to waste, 8

spuntare to sprout, to give rise to, 10

spuntino snack, 5

spunto cue, hint, starting point, 4

squadra del cuore favorite team, 10

squilibrato unbalanced, 12

squillare to ring (*phone, buzzer*), 7

staccare to remove, to take down 2

stadio stadium, 4

stage (*m.*) internship, 12

stagionale seasonal, 6

stagionare to season, 5

stampante (*f.*) printer, 7

stampare to print, 1

stanco morto dead tired, 1

starnutire to sneeze, 2

stemma coat of arms, 6

stendere (*p.p.* **steso**) to hang; to lay out; to stretch, 2

stereo stereo system, 4

stereotipo stereotype, 1

stilista (*m./f.*) fashion designer, 9

stipendio salary, wages, 3

stirare to iron, 3

stivale boot, 9

stoffa fabric, 9

stracciare to tear, to rip

straniero (*adj.*) foreign, 1

straniero (*n.*) foreigner

straripamento overflowing, 8

stregare to bewitch

stregato bewitched, 1

striscia comic strip, 11

stupire to astonish, 9

su misura made to order, 9

subire to undergo, to sustain, 10

succedere (*p.p.* **successo**) to happen, 5

succhiare to suck, 12

sudare to sweat

sughero cork, 5
sugo sauce (*for pasta*), 5
suono sound, 4
superare to pass, to overtake, 2
supplemento rapido supplemental fare (*for a fast train*), 12
supporre (*p.p.* **supposto**) to suppose, 8
surgelato frozen, 5
sussurrare to whisper, 3
svago diversion, amusement, 10; relaxation, pastime, 11
svanire to vanish, to disappear, 11
sviluppare to develop, 2
svolgere (*p.p.* **svolto**) to develop, 2
svolgersi to unfold, to develop (*a situation*)
svuotarsi to empty, 3

T

tacco heel, 9
taglia size, 9
tagliare to cut, 11
tagliare l'erba to mow the lawn, 3
tailleur (*m.*) woman's suit, 9
talismano talisman, 6
tamburellare to tap, to drum (*fingers*), 11
tamburello tambourine, 4
tanto so much, so many, 6
tanto... quanto as . . . as, 1
tarocchi (*m. pl.*) tarot cards, 10
tasca pocket
tastiera keyboard, 4
tasto key, 7
tavola calda café, 5
telefonino, (telefono) cellulare cellular phone, 7
telegiornale (*m.*) television news, 2
tempo period (*e.g. quarter, inning*), 10
tenebre (*f. pl.*) darkness, 2
tenerci to attach importance to, 5
tenersi to keep, to hold, 1
tenersi aggiornato to keep oneself up-to-date, 2

tennis (*m.*) tennis, 10
tentare to try, to attempt, 2
terrona (*f.*) southerner (*derogatory*), 4
terrone (*m.*) southerner (*derogatory*), 4
teso tense, tight, 10
testardo stubborn, 1
testata newspaper title, masthead, 2
testo lyrics, 4
tifare, fare il tifo to be a sport's fan
tifo (*wild*) support, enthusiasm, 2
tingere (*p.p.* **tinto**) to dye, 4
tinta dye, 9
titolo headline, 2
toccare ferro to knock on wood (literally, *to touch iron*), 6
tocco touch, 9
togliere (*p.p.* **tolto**) to take away, to remove, 2
togliersi to take off (*clothes*), 9
tombola Italian bingo, 6
torace (*m.*) chest, thorax, 9
torbido turbid
torneo tournament, 10
torrone (*m.*) traditional Christmas nougat candy, 6
tossicodipendente (*m./f.*) drug addict, 8
traccia guideline, 1
traditore (*m.*) traitor, 12
traditrice (*f.*) traitor, 12
tradurre (*p.p.* **tradotto**) to translate, 6
trafittura stabbing, piercing, 6
trailer (*m.*) trailer, 11
trama plot, 1
tramandare to pass down, to transmit, 6
tranne except, 3
trascorrere (*p.p.* **trascorso**) to pass; to spend, 2
trascurarsi to neglect oneself, 12
trasloco relocation, move, 6
trasparire to appear through, 7
trattarsi to treat oneself
tratto trait, feature, 11
trattoria family-style restaurant, 5
tremare to tremble, to shake, 6

tritare to mince, 5
tromba trumpet, 4
troppo too much, too many, 6
trottola spinning top
truccarsi to put on makeup, 9
trucco makeup
truffa fraud, swindle, 5
tulipano tulip, 3
tutto all, whole, every, 6

U

ubriaco fradicio dead drunk, 1
uccidere (*p.p.* **ucciso**) to kill, 2
udire to hear
ufficio di collocamento employment office, 12
uguaglianza equality, 3
uovo di Pasqua (*pl.* **le uova**) chocolate Easter egg(s), 6
urlare to yell, to cry out, 11
usa e getta disposable (*products*), 7
usanza custom, 6
uso custom, 6

V

vaccinazione (*f.*) vaccination, 12
vaglia postale (*m.*) money order, 12
valere (*p.p.* **valso**) to be worth, 2
valerne la pena to be worth it, 3
valutare to evaluate, to value, 4
varcare to cross, to pass, 9
vario various, different, 6
vasca idromassaggio whirlpool bath
vederci (*p.p.* **visto**) to be able to see something
vegano/a vegan, 5
vegetaliano/a vegan, 5
vegetariano/a vegetarian, 5
veleno poison
velluto velvet, 9
vergognarsi to be ashamed of oneself, 3
versare to pour, 5; to deposit, 9
verso toward, 3
vestirsi to get dressed, 9
vestito suit (*men's and women's*); dress, 9

vestito da sera   evening gown, 9
vicenda   business, 2
vicino a   close to, 3
video musicale   videoclip, 4
videocassetta   videotape, 11
videogioco   videogame, computer game, 7
videoregistratore (*m.*)   video machine (VHS), 11
videoteca   video store, 11
vietare   to prohibit, 8
vietato   prohibited, 5
vigile   (traffic) policeman, 3
vigilessa   (traffic) policewoman, 3
vignetta   cartoon, 2

vincere (*p.p.* **vinto**)   to win, 2
vincita   win; winnings, 2
violino   violin, 4
violoncello   cello, 4
virus (*m.*)   virus, 7
visto   visa, 12
vitello   veal, 5
vitellone (*m.*)   self-indulgent young man, 3
vittoria   victory, 10
volantino   flier, 4
voler bene a   to be fond of, to love, 3
volerci   to take (*impersonal construction*), 1

volgere (*p.p.* **volto**)   to transform, 5
volontà (*f.*)   will, willpower, 9
volontariato   volunteer work, 8
volontario/a   volunteer, 8
volpe (*f.*)   fox
voluttuario   luxury

W

western (*m.*)   western (*movie*), 11

Z

zitto   quiet

Index

infinito (infinitive)

after **dovere, potere, volere,** 43–44, 110, 284, 335

as imperative, 334

English equivalent, 334

in causative constructions, with **fare** and **lasciare,** 255–257

passato, 164, 335

preceded by **il,** 334

presente, 334–335

replaced by **ci,** 131

uses, 334–335

vs. congiuntivo, 217

with **di** in indirect discourse, 308

with **dopo** 335

with imperativo negativo, 109

with impersonal expressions, 335

with object pronouns, 335

with **per** to replace **affinché,** 228–229

iniziare

with auxiliary **avere** or **essere,** 42

insistere

participio passato, Appendix D, R6

interrompere

participio passato, Appendix D, R6

passato remoto, Appendix E, R9

intransitive verbs, 41

-ire verbs (third-conjugation verbs); see Appendix B, R3–R4

irregular verbs; see Appendix A, R2; Appendix D, R6; Appendix E, R7–R12

L

lasciare

+ *infinitive* in causative constructions, 256–257

reflexive form with *infinitive* + **da** in causative constructions, 257

with **che** + congiuntivo, 256

with **stare** and **perdere,** 257

leggere

participio passato, Appendix D, R6

passato remoto, 161; Appendix E, R9

lo (invariable pronoun)

placement, 103

uses, 103

M

mai

with trapassato prossimo, 69

male

comparative and superlative, 20

mancare; see also Appendix C, R5

similar to **piacere,** 140

meglio vs. **migliore,** 20

meno, 14, 20

meno... che, 9–11

meno... di, 9–10

mettere

participio passato, 40; Appendix D, R6

passato remoto, 161; Appendix E, R9

with **ci,** 131

migliorare

with auxiliary **avere** or **essere,** 43

migliore vs. **meglio,** 20

modal verbs (dovere, potere, volere)

followed by infinito, 43–44, 335

with condizionale presente, 193

with passato prossimo, 43–44

with pronouns, 44

with reflexive verbs, 284

molto

comparative and superlative, 20

used to express partitive, 134

molto/-i

as indefinite, 168

moods of verbs, 333–334

mordere

passato remoto, 161

morire; see also Appendix C, R5

congiuntivo presente, 218; Appendix E, R9

participio passato, 41; Appendix D, R6

presente, Appendix E, R9

muovere

participio passato, 40; Appendix D, R6

passato remoto, Appendix E, R9

N

nascere; see also Appendix C, R5

participio passato, 40; Appendix D, R6

passato remoto, 161; Appendix E, R9

nascondere

participio passato, 40; Appendix D, R6

passato remoto, 161; Appendix E, R9

ne

agreement with past participle, 134

idiomatic uses, 135

placement, 134

redundant use, 134

to express the date, 135

to replace **da** + *place,* 135

to replace **di** + *pronoun,* 134–135

to replace expressions of quantity with **di,** 133

to replace indefinite quantities with **molto, troppo, poco,** 134

to replace numbered quantities, 134

uses, 133–135

verbs used with, 135

with **ci,** 134

with object pronouns, 134

with **piacere,** 140

nessuno/-a

as indefinite, 168

Credits

TEXT

p. 25, Dictionary definition, «Macchiato,» in Giuseppe Ragazzini, *Il Ragazzini: Dizionario inglese-italiano italiano-inglese*, Second Edition, © 1988, p. 1531. Reprinted by permission of Zanichelli Editore S.p.A.

pp. 26–27, Beppe Severgnini, *Un italiano in America* © 1995, pp. 78–80. Reprinted by permission of R.C.S. Libri S.p.A.

p. 37, Front page of *Corriere della Sera*, April 21, 2008. Reprinted by permission of *Corriere della Sera*.

pp. 51–52, Bruno Persano, «Roma occupata la stazione Tiburina...,» *La Repubblica*, 25 June 2007, from http://repubblica.it. Reprinted with permission.

p. 67, «Casalinghi non disperati» by Antonella Mariotti, *La Stampa*, June 18, 2007.

p. 68, «Casalinghe Addio» from *Corriere della Sera*, March 8, 2000, p. 16. Reprinted by permission of *Corriere della Sera*.

p. 83, «Pochi figli» from *Corriere della Sera*, March 8, 2000, p. 16. Reprinted by permission of *Corriere della Sera*.

pp. 87–88, Renata Viganò, *L'Agnese va a Morire*, © 1952, pp. 80–83. Reprinted by permission.

p. 99, Song lyrics, Jovanotti, «Libera l'anima,» Lorenzo 1990–1995 *Raccolta*. «Libera l'anima.» Music by Michele Centonze, Lorenzo Cherubini and Luca Cersosimo. Lyrics by Lorenzo Cherubini. Publishers: D.J'S Gang Srl / Soleluna Srl / RTI Music SpA / Sony Music Publishing Srl.

pp. 114–115, Excerpt from «Intervista ai SUD SOUND SYSTEM» di Fabio Cangianiello, Thursday, 14 September, from www.rockon.it/modules.php?name=news&file=article&sid=540.

pp. 127–128, «I consigli di un esperto per scegliere i cibi giusti,» *Panorama*, May 17, 1999, p.61, Arnoldo Mondadori Editore.

pp. 143–144, Barbara Palombelli, «Non sono chiare le etichette alimentari,» *La Nazione*, 22 luglio 1999.

p. 157, Excerpt from «Ricerca USA: Il Loro Pelo Provoca Più Facilmente Tosse e Starnuti,» *Corriere della sera*, Medicina section, March 6, 2000. Reprinted by permission of *Corriere della Sera*.

p. 158, Excerpt from «Superstizioni Universitarie,» in «Scaramanzie, scarmanzie, scaramanzie...», from http://www.ultimoappello.it/ita/sos_det.asp?id=104.

pp. 172–173, From Italo Calvino, «La ragazza mela,» in *Fiabe italiane* (Milan: Palomar SRL and Arnoldo Mondadori, 1993). Reprinted by permission of the author's estate.

p. 184, From «Gli anziani del 2000» [poll] from *La Repubblica*, Cronaca section, July 10, 1999. Reprinted with permission.

p. 202, Alessandra Carboni, «Email, «baci» al posto dei «distinti saluti»», Il Guardian, 28 giugno, 2007. Reprinted by permission of *Corriere della Sera* and the author.

p. 213, Paola Papi Barbato & Enrico Silingardi, «Testimonianze,» from *Donna Moderna*, pp. 67, 69.

p. 227, «Volontari cercasi» ad, in *Pratica*, August 2001, p. 90.

pp. 232–233, Stefano Benni, «L'homo audience», pp. 140–152, from «Dottor Niù—Corsivi diabolici per tragedie evitabili», Milano, Giangiacomo Feltrinelli Editore, 2001.

pp. 261–262, Excerpt from Massimo Bontempelli, *Vita e morte di Adria e dei suoi figli*, 3rd Edition, © 1934, pp. 18–21. Reprinted by permission.

pp. 287–288, © Copyright Beppe Fenoglio Estate. All rights reserved. «La Malora» by Beppe Fenoglio is published in Italy by Giulio Einaudi Editore, Torino.

pp. 314–317, Excerpts from *Nuovo Cinema Paradiso* by Giuseppe Tornatore (1990), pp. 15–24.

p. 303, Doppiare: una necessità. Excerpt from Nora Ephron, *When Harry Met Sally* (Random House, 1990), p. 10.

pp. 344–347, From *Destini Sospesi di Volti in Cammino*, ed. Roberta Sangiorgi and Alessandro Ramberti. Reprinted with permission of the publisher and the author, Kossi Komia-Ebri. Copyright © 1998.

p. 349, Excerpt from Tahar Lamri, «Per me, scrivere in Italia, paese dove ho scelto di vivere...», *I sessanta nomi dell'amore*, Fara Editore, 2006.

ILLUSTRATIONS

Patrice Rossi Calkin: pp. 82 (*bottom*), 83, 137 (*bottom*), 138, 184, 286, 300 (*center*).

Bob Walker/Famous Frames: pp. 16, 35, 46, 64, 82 (*top*), 84, 137 (*top*), 156, 172, 194, 200, 250, 254, 300 (*bottom*), 334, 343.

BLACK AND WHITE PHOTOS

p. 30, Associated Press; p. 67, AP Photo; p. 87, Hulton-Deutsch Collection/CORBIS; p. 205, Bettmann/Corbis; p. 247, Bettmann/Corbis; p. 248 (*left*), Graffiti Press; p. 261, © John Springer Collection/CORBIS; p. 265, David Lees/Corbis; p. 349, Cei Enzo Umberto.

COLOR PHOTOS

p. 1, David R. Frazier Photolibrary; p. 2, David R. Frazier Photolibrary; p. 4, Jamies Estrin/The New York Times/Redux; p. 25, David R. Frazier Photolibrary; p. 26, David R. Frazier Photolibrary; p. 32, David R. Frazier Photolibrary; p. 33, David R. Frazier Photolibrary; p. 51, La Repubblica; p. 55, CuboImages srl/Alamy; p. 57, David R. Frazier Photolibrary; p. 58 (*top*), AP Photo/Michael Sohn; p. 58 (*bottom*), Getty Images; p. 59 (*top left*), David R. Frazier Photolibrary; p. 59 (*top right*), Muzzi Fabio/Corbis Sygma; p. 59 (*bottom*), David R. Frazier Photolibrary; p. 60 (*top*), The water machine - from «Open Window», © Municipality of Reggio Emila – Infant-toddler Centers and Preschools, published by Reggio Children 1994. The views expressed in this publication are those of the authors representing their own interpretation of the philosophy and practices of the Municipal Infant-toddler Centers and Preschools of Reggio Emilia. The content of this publication has not been officially approved by the Municipality of Reggio Emilia nor by Reggio Children in Italy; therefore it may not reflect the views and opinions of these organizations; p. 60 (*bottom*), David R. Frazier Photolibrary; p. 61, David R. Frazier Photolibrary; p. 62, David R. Frazier Photolibrary; p. 91, Erich Hartman/Magnum Photos; p. 93, Luca Alfonso d'Agostino; p. 94, AP Photo/Michel Euler; p. 96, AP Photo/Keystone, Peter Klaunzer; p. 103, David R. Frazier Photolibrary; p. 106, Graffiti Press; p. 114, LaMalfaFoto/Team/Grazia Neri; p. 119, Alinari Archives/CORBIS; p. 121, David R. Frazier Photolibrary; p. 122, David R. Frazier Photolibrary; p. 125, David R. Frazier Photolibrary; p. 136, David R. Frazier Photolibrary; p. 140, David R. Frazier Photolibrary; p. 143, Elisabetta Villa/Getty Images; p. 146, Giulian Della Casa; p. 148, David R. Frazier Photolibrary; p. 149 (*top*), David R. Frazier Photolibrary; p. 149 (*bottom left*), David R. Frazier Photolibrary; p. 149 (*bottom right*), David R. Frazier Photolibrary; p. 150 (*top*), Graffiti Press; p. 150 (*bottom*), Getty Images; p. 151 (*top*), © Reuters/CORBIS; p. 151 (*bottom*), Paramount/The Kobal Collection/Claudette Barius; p. 152, Dennis Marsico/Corbis; p. 153, Vyatkin Vladimir/RIA Novosti; p. 155, Getty Images; p. 158, David R. Frazier Photolibrary; p. 163, David R. Frazier Photolibrary; p. 176, Amanda Kamen; p. 178, David R. Frazier Photolibrary; p. 179, AP Photo/Pier Paolo Cito; p. 185, Jaubert Images/Alamy; p. 207, AP Photo; p. 208, AP Photo/Domenico Stinellis; p. 232, AP Photo/Bernasconi; p. 236, AP Photo/Peace Reporter, HO; p. 238, © ARMANDO BABANI/epa/Corbis; p. 239 (*top left*), © Kapoor Baldev/Sygma/CORBIS; p. 239 (*top right*), Beryl Goldberg, Photographer; p. 239 (*bottom*), Getty Images; p. 240 (*top*), © Stephanie Maze/CORBIS; p. 240 (*bottom*), © ORIGLIA FRANCO/CORBIS SYGMA; p. 241 (*top*), © David Turnley/CORBIS; p. 241 (*bottom*), David R. Frazier Photolibrary; p. 242, David R. Frazier Photolibrary; p. 243, David R. Frazier Photolibrary; p. 248 (*center*), David R. Frazier Photolibrary; p. 248 (*right*), David R. Frazier Photolibrary; p. 267, Jonkmanns/Bilderberg; p. 268, Floris Leeuwenberg/The Cover Story/Corbis; p. 275, David R. Frazier Photolibrary; p. 287, David R. Frazier Photolibrary; p. 290, New Press/Getty Images; p. 292, David R. Frazier Photolibrary; p. 293 (*top*), David R. Frazier Photolibrary; p. 293 (*bottom*), AP Photo/Carlo Baroncini; p. 294 (*top*), Nicolas Asfouri/Getty Images; p. 294 (*bottom left*), David R. Frazier Photolibrary; p. 294 (*bottom right*), AFP/Getty Images; p. 295 (*top*), David R. Frazier Photolibrary; p. 295 (*bottom*), AP Photo/Alessandro Trovati; p. 296, Miramax/Dimension Films/The Kobal Collection; p. 314, Cristalidifilm/Films Ariane/The Kobal Collection; p. 319, MEDUSA PRODS/ALQUIMIA CINEMA /THE KOBAL COLLECTION; p. 321, AP Photo/Massimo Sambucetti; p. 322, David R. Frazier Photolibrary; p. 332 (*left*), David R. Frazier Photolibrary; p. 332 (*center*), David R. Frazier Photolibrary; p. 332 (*right*), David R. Frazier Photolibrary; p. 344, Marta Demartini/Alamy.

REALIA

p. 7, Courtesy Sammontana; p. 37, Copyright 2008 © RCS Quotidiani Spa; p. 73, Peanuts © United Feature Syndicate, Inc.; p. 98 (*left*), Courtesy of Warner Music Italia; p. 98 (*center*), Courtesy of Universal Music Italia; p. 98 (*right*), Courtesy of Universal Music Italia; p. 123, Scuola Polo Nazionale/Scuola Elementare di via Varsavia; p. 184, La Repubblica; p. 212, Courtesy ARCI; p. 213 (*left and right*), Tratto da Donna Moderna - Arnoldo Mondadori Editore - Italia; p. 271, Mattel makes no representation as to the authenticity of the materials obtained herein. The authors assume full responsibility for facts and information contained in this book. All opinions expressed are those of the authors, and not of Mattel, Inc.; p. 273, © 2005 Rcs Quotidiani S.p.a.; p. 297, © Sergio Bonelli Editore; p. 302, © 2002 Ufficio Cinema del Comune di Parma; p. 304, Reprinted with permission of Premium Licensing; p. 312, ©Silver/McK; p. 325, Courtesy of Telecom Italia.